专业投资修炼实录
2018—2020

全球国力博弈的中国投资机会

王维钢 谭晓雨 著

文汇出版社

图书在版编目(CIP)数据

全球国力博弈的中国投资机会 / 王维钢，谭晓雨著.
—上海：文汇出版社，2021.3
ISBN 978-7-5496-3431-6

Ⅰ.①全… Ⅱ.①王… ②谭… Ⅲ.①投资–中国–文集 Ⅳ.① F832.48-53

中国版本图书馆 CIP 数据核字（2021）第 028432 号

全球国力博弈的中国投资机会

著　　者　王维钢　谭晓雨
责任编辑　徐曙蕾
装帧设计　薛　冰

出版发行　文汇出版社
　　　　　上海市威海路755号
　　　　　（邮政编码 200041）

照　　排　南京理工出版信息技术有限公司
印刷装订　上海新文印刷厂有限公司
版　　次　2021年3月第1版
印　　次　2021年3月第1次印刷
开　　本　710×1000　1/16
字　　数　430千
印　　张　25.25

ISBN 978-7-5496-3431-6
定　　价　78.00元

前　言

《全球国力博弈的中国投资机会》结集出版了，它包括货币储备篇、金融安全篇、君晟公益篇、国际经验篇、资本市场篇、经济增长篇、科技创新篇。

"货币储备篇"研究了全球主要经济体的汇率稳定性，评价了全球主要货币的稳定性、安全性和收益性，研究表明人民币汇率稳定性是国际储备货币中最高的，人民币资产的稳定性、安全性和收益性三性表现基础牢靠，成绩优秀。文章提出中国应该维持合意外汇储备，引导全球经济体增加人民币外汇储备权重，进而提出了人民币资产市场开放扩容及流动性改善方案。

"金融安全篇"的撰文背景为2017年4月以来金融监管部门以加强监管名义，在执行中异化为"金融去杠杆是重中之重"的不当监管、过度监管，有可能导致人为金融风险。君晟研究平台一方面组织各方专家召开座谈会撰文呼吁，另一方面针对中国金融供给侧改革、制定改善金融监管政策组合、防御中美金融战、合纵区域经济一体化、中国结构化降息、金融反哺实体、扶持中国企业增加盈利和研发投入等问题展开论述，提出系列建议对策。

"君晟公益篇"记录了2019年10月和2020年8月两次总量年度会议嘉宾发言要点。受内外多重因素交困影响，2018年是中国资本市场发展低潮年。在中央一系列高屋建瓴的建设性政策指引下，2019—2020年中国资本市场表现强劲。君晟联合全国部分机构投资者和投资银行研究机构的头部研究员定期研讨资本市场形势和投资机会，并为君晟研究平台推荐的优秀研究员参选各类媒体组织的全国最佳证券分析师打Call。

"国际经验篇"记录了作者参与中国资本市场注册制改革的政策建议历程。通过深入研究香港市场注册制经验提出中国资本市场注册制改革的思路。凭借丰富的金融实践经验，作者提示了改革需要着力避免的各种风险，并就建设"慢牛"证券市场提出了系列对策建议。

"资本市场篇"刻画了2018年到2020年作者对于中国经济增长和中国资本市场投资机会的思考。作者认为，中国政府需要及时出台简政降税政策、发展直接融资市场以支持实体经济；加大资本市场开放以吸引全球权益投资机构持续增配全球市值洼地中国资产；提示把握必选消费品的投资机会，增强投资者对中国资产的信心。

在"经济增长篇"，我们观察到全球多数经济体的经济增长已然减速，预测美国2020年经济将步入衰退。通过构建君晟十年全球增长预测模型，我们提出中国将在后疫情恢复期引领世界经济增长，预测中国2024年人均GDP世界排名比例上升到33%的高收入国家下限并避免跌入中等收入陷阱，2030年中国GDP与美国持平，在世界的占比达到20%。本篇还就深圳提升大湾区世界级核心城市竞争力、中国大都市供给侧结构性改革实现房地产宏观调控量化目标、中国在RCEP基础上促进东亚经济一体化等提出系列建议对策。

"科技创新篇"比较研究了中国资本市场上代表新经济的深创100和代表旧经济的上证50指数2017年度和2018年一季度表现，预测市场从旧经济到新经济的蓝筹行业切换正在且还将持续，呼吁市场转换投资理念，给予注重研发投入的科创公司更高估值，警惕"恶炒金融次新股"、提倡市值增量向科技创新经济集中。我们还对比研究了美国FAANGM 6家科技巨头和34家中国系统重要性新经济公司对中美资本市场代表性指数表现的影响，选择分布在美国、中国沪深港市场的200个成分股构建CII中国创新指数，雄辩地证明中国创新经济蓬勃发展的事实，中国创新指数是包括境外主权基金的全球人民币资产机构投资者最佳的主动管理和ETF被动配置的基准指数。

总体上，七篇内容是我们在中美摩擦加剧、中国经济换挡减速、金融膨胀整顿背景下对中国经济金融和投资市场进行深入观察和思考的阶段性总结。我们立足全球视野，利用大数据量化分析方法进行系统研究，并从参加君晟研究平台定期活动的各方嘉宾朋友中获得有益启发，希望我们的研究能对投资者进行全球资产配置和财富保值增值有帮助。

最后，我还要感谢上海市金融工作委员会和上海市财政局。2017年我获评为上海领军金才，本书的出版得益于该课题经费的支持。

谭晓雨

2020年12月于上海

目 录

前 言 ... 1

第一篇　货币储备篇

第一章　2012—2018年世界主要经济体汇率稳定性研究　2

第二章　中国不退：从安全性角度引导外汇储备增配境外中国权益指数基金　10

第三章　改善流动性：人民币资产市场扩容方案　14

第四章　全球主要货币稳定性、安全性、收益性评价　18

第五章　全球经济体增加人民币外汇储备权重　47

第六章　如何守护国民财富？美元波动长周期分析与全球主要经济体资产收益排名　71

第二篇　金融安全篇

第一章　国家金融安全专题座谈发言汇编　94

第二章　金融行业供给侧结构性改革及对投资银行业影响分析　116

第三章　如何制定改善金融监管的政策组合？　126

第四章　金融战防御准备和合纵区域经济一体化，应对百年未有之大变局　130

| 第五章 | 全球流动性长期宽裕背景下结构化降息有助于金融反哺实体，扶持中国企业增加盈利与研发投入 | 135 |
| 第六章 | 金融供给侧改革是2020年资本市场主轴 | 138 |

第三篇　君晟公益篇

第一章	2019年君晟重阳总量年度会议纪要摘要	146
第二章	君晟推荐2019年最佳分析师获奖统计	164
第三章	年终盘点：中国投行研究机构2017—2019年综合实力变动分析	174
第四章	2020年君晟总量年度会议纪要摘要	181

第四篇　国际经验篇

第一章	借鉴香港经验推行注册制改革的制度建设思路	206
第二章	关于在上海证券交易所新设战略新兴板试点股票发行注册制的建议	218
第三章	学习美国什么资本市场制度优势？——上市公司现金分红免税与监管政策是金融供给侧改革组成部分	221

第五篇　资本市场篇

| 第一章 | 简政减税与发展直接融资等内政改革有助于支持实体经济 | 226 |
| 第二章 | 全球衰退迫使流动性长期宽裕背景下全球权益投资机构持续增配作为全球市值洼地的中国 | 229 |

第三章	全球经济体十年权益市场态势回顾对金融供给侧改革的启示与 2020年态势预测	231
第四章	预警市场风险，做好预案为推进金融供给侧改革护航	244
第五章	2020年历次市场预测的后验分析	249

第六篇　经济增长篇

第一章	预测衰退：美国2020年衰退判断与后续情景预测及对策分析	252
第二章	深圳如何提升大湾区世界级核心城市竞争力	256
第三章	大都市住宅供给侧结构性改革可以实现房地产宏观调控量化目标	265
第四章	君晟十年全球增长预测模型：后疫情恢复期中国引领世界经济	274
第五章	市场低估RCEP对企业盈利拓展和中国加速增长的影响	286

第七篇　科技创新篇

第一章	从旧经济到新经济的蓝筹行业切换仍将持续	300
第二章	转换投资理念，提高注重研发投入的科创企业估值	304
第三章	坚持提升科创企业估值的投资理念，警惕金融次新股损害市场健康发展	311
第四章	科创蓝筹估值有可持续支撑力量	318
第五章	优化居民财富结构，科创板启动有利于提升科创蓝筹估值	322

第六章　不认同全面牛市泡沫，市值增量向科技创新经济集中是美中资本

　　　　市场发展共同路径　　　　　　　　　　　　　　　　　　　　324

第七章　美国、中国系统重要性创新经济体 SIIE 市值预测　　　　　　330

第八章　未来十年慢牛特征是市值增量持续向科技创新集中，率先提倡研发

　　　　引导的中国创新指数投资策略　　　　　　　　　　　　　　　349

第九章　寻找表征中国创新经济的最优投资策略：研发收入比引导的 CII 中国创新

　　　　指数　　　　　　　　　　　　　　　　　　　　　　　　　352

后记　预言季：君晟研究 2021 年十大预测——2021 年新年献词　　　　391

【第一篇】

货币储备篇

第一章
2012—2018年世界主要经济体汇率稳定性研究

2018年8月15日

作者在货币储备篇系列报告《2012—2018年世界主要经济体汇率稳定性研究20180815》中得出重要结论："经济危机期间主要经济体均有择时主动性大幅贬值的行为，2012—2018年中国是少数没有大幅度主动贬值的主要经济体，制造国货币表现普遍比资源国和消费国更稳健，经济危机时新兴市场经济体货币抗风险能力疲弱，2017年美元主动贬值期P6B6阶段和2018年美元主动升值期B6P7阶段主要经济体货币表现差异较大，分析主要经济体汇率稳定性与变化特征可知人民币汇率稳定性是国际储备货币中最高的，新兴市场经济体汇率风险来自弱偿债能力与高通胀，人民币难以在7附近继续大幅贬值，结论是美元过强不可持续、特朗普不会坐视贸易优势国继续大幅贬值，但将继续引发弱能力新兴经济体的汇率危机。"

作者补记：事实上美元升值趋势B6P7阶段虽然从2018年1月末持续到2020年2月20日，但美元指数至2018年8月15日报告日96.8后就维持了一年半稳定，直到2020年1月15日中美第一阶段贸易协议签署后美元指数才从2020年初96冲高到P7高点100。作者在2018年8月15日报告说特朗普不会允许美元持续过强的预测是准确的。

一、经济危机期间除中国以外主要经济体均有择时主动性大幅贬值的行为

本章通过考察20个主要经济体货币兑美元在2012—2018年期间的汇率变化历程，研究近6年21个主要经济体的汇率稳定性比较问题，研究主要经济体主动性贬值问题，研究汇率大幅贬值的诱发因素，研究资源国/制造国/消费国在全球经济波动不同阶段的货币汇率表现特征。本章把全球21个主要经济体划分为6个群组：美国、中国（制造强国和消费大国美国，制造大国中国），欧洲制造强国（德国、法国、

英国、瑞士），亚太发达国家（制造强国日本，资源发达国加拿大、澳大利亚、新西兰）。东亚新兴经济体（四小龙和马来西亚），金砖国家（资源国俄罗斯、巴西、南非，制造国印度），G20其他新兴经济体（墨西哥和土耳其）。

表 1 全球主要经济体分组

群组	经济体1	经济体2	经济体3	经济体4	经济体5
美、中	美国	中国			
欧洲	德国（欧元）	法国（欧元）	英国	瑞士	
亚太	澳大利亚	新西兰	日本	加拿大	
东亚	中国香港	中国台湾	新加坡	韩国	马来西亚
金砖	俄罗斯	巴西	南非	印度	
G20	墨西哥	土耳其			

资料来源：君晟研究

经济危机期间，所有主要经济体中，日本是安倍2012年执政后第一个主动大幅贬值的主要经济体。日元2012—2014年合计兑美元主动贬值36%，欧元2014—2016年合计兑美元主动贬值25%，与欧元贬值同步的是在2014—2016年期间美元指数从80上升到102，累计上升了29%，亚太发达资源国澳大利亚、新西兰、加拿大货币在2013—2015年累计分别贬值30%、17%、28%。在美国以外主要贸易伙伴均大幅贬值的情况下，一直坚持不贬值的人民币最后被迫于2015年8月兑美元主动小幅一次性贬值5%。2017年1月初至2018年2月初，受新总统特朗普鼓励弱美元有利美国出口的意志引导，美元主动对全球主要货币贬值，美元指数大跌13%。

二、过去六年中国是少数没有大幅度主动贬值的主要经济体

中国在2015年8月前一直采用人民币盯住美元政策，2012—2015年人民币实际上相对于欧元被动升值30%、相对于日元被动升值40%，人民币被动升值对中国出口形成较大负面影响，直到2015年8月中国才被迫一次性主动小幅贬值5%。具有贸易优势的中国本不存在内在大幅贬值的需求，但由于一次性贬值引发对冲基金对中国经济负面猜测而诱发2016年1月和4月的人民币投机做空压力。经济危机期间中国盯住美元不贬值为竞相贬值的欧日东盟减轻了贸易竞争压力，但未见得有哪个经济体会对中国表示感谢。在贸易摩擦愈演愈烈的今后，中国必须立足本国利益作出贸易金融决策。

三、制造国货币表现普遍比资源国和消费国更稳健

虽然经济危机期间受欧盟"五猪"债务危机拖累欧盟整体经济疲弱，但出口能力强大的制造强国德国始终经济强劲，德国是欧元2014—2016年主动贬值30%的最大受益者。货币独立的欧洲小国瑞士是制造业强国，仅在2014年追随欧日大幅贬值11%，但2014—2016年合计只贬值15%，幅度与同期贬值13%的中国相似，中国和瑞士都是依靠强大的制造能力和出口贸易顺差而维持汇率的稳健表现。英镑在2014—2015年贬值幅度显著小于欧元，英国脱欧导致2016年英镑大幅贬值17%，三年贬值幅度28%，与欧元持平。

全球制造业强国中，第一梯队包括美日德英法瑞士，中国只能算第二梯队的制造大国而未必是最强国，美国既是最强制造国也是最大消费国，但不具备出口贸易优势。中国以人力资源优势和全球产业链优势而日益蚕食其他制造强国的全球市场份额，因此以出口贸易优势为主要特征的制造强国可以包括德国、瑞士、中国。

从六年来货币汇率表现看，以出口贸易优势为主要特征的制造强国由于长期贸易顺差而积累了内生性货币升值压力，但出口导向制造国为维护贸易优势而更乐见本币相对美元略显弱势，德国于欧元和中国于人民币就是成功案例。主要进口国美国对拥有贸易优势的德国和中国仍维持货币弱势持反对态度，全球贸易体汇率交锋中，美元与欧元及人民币是贸易摩擦的主要货币矛盾。

四、经济危机时新兴市场经济体货币抗风险能力疲弱

在2013—2015年美元指数累计上升28%期间，金砖国家和G20其他新兴经济体货币表现均普遍极差。但因各资源国或制造国经济属性不同，各经济体货币主要贬值阶段有所差异。

受益于高油价，2012年俄罗斯卢布还升值了5%。受资源价格回落和美国制裁双重影响，资源大国俄罗斯货币2013—2015年累计大幅贬值60%。资源大国巴西货币2012—2015年四年大幅贬值49%，资源国南非货币2012—2015年四年大幅贬值51%。制造国印度货币2012—2015年四年大幅贬值27%，相对表现最好，且2014年以后受益于油价大幅下跌，印度卢比贬值幅度明显小于其他新兴经济体。

G20其他新兴经济体和俄罗斯货币贬值起点比其他金砖国家晚了一年，墨西哥2013—2016年四年大幅贬值39%，土耳其2013—2016年四年大幅贬值53%。

表2 2012—2018全球主要经济体汇率表现一览

群组	经济体：货币兑美元 %	汇率2012变幅	汇率2013变幅	汇率2014变幅	汇率2015变幅	汇率2016变幅	汇率2017变幅	汇率2018变幅	汇率2017—2018变幅	2017年1月—2018年2月变幅	2018年2月—2019年8月变幅	标准差2012—2018	标准差2017—2018
美、中	美国指数	-1	1	13	10	4	-10	5	-6	-13	8	6.9	8.9
美、中	中国在岸	1	3	-2	-4	-7	7	-6	1	10	-8	4.6	6.8
美、中	中国离岸	1	3	-2	-5	-6	7	-6	1	11	-8	4.6	6.8
欧洲	德国欧元	2	4	-12	-11	-4	14	-5	8	18	-9	8.5	9.6
欧洲	法国欧元	2	4	-12	-11	-4	14	-5	8	18	-9	8.5	9.6
欧洲	英国	5	2	-6	-5	-17	9	-6	3	15	-10	7.9	9.1
亚大	澳大利亚	2	-14	-8	-11	-1	8	-7	0	12	-10	7.3	8.4
亚大	新西兰	7	0	-5	-13	1	2	-7	-5	6	-10	6.1	7.2
亚大	日本	-11	-18	-12	-1	3	4	1	5	7	-2	8.2	4.0
亚大	加拿大	3	-6	-8	-16	3	7	-4	3	9	-6	7.4	5.7
亚大	瑞士	3	2	-11	-1	-3	5	-2	3	9	-6	4.7	5.6
东亚	中国香港	0	0	0	0	0	-1	0	-1	-1	0	0.3	0.6
东亚	中国台湾	4	-3	-5	-4	2	9	-4	5	11	-5	4.9	5.7
东亚	新加坡	6	-3	-4	-7	-2	8	-3	5	10	-5	5.2	5.5
东亚	韩国	5	0	-2	-9	5	8	-6	1	6	-4	5.6	4.2
东亚	马来西亚	4	-7	-6	-18	-4	11	-1	9	15	-5	8.5	7.3
金砖	俄罗斯	5	-8	-43	-23	20	6	-13	-8	9	-15	19.6	13.6
金砖	巴西	-12	-17	-10	-21	22	-2	-14	-16	2	-18	13.3	12.9
金砖	南非	-13	-19	-5	-27	18	14	-19	-7	14	-19	15.9	14.7
金砖	印度	-7	-15	1	-9	1	6	-10	-4	4	-8	6.9	5.9
G20	墨西哥	3	-5	-11	-17	-13	12	-3	9	11	-1	9.3	4.8
G20	土耳其	1	-22	-8	-17	-22	0	-38	-38	-1	-37	13.0	22.5

资料来源：WIND，君晟研究

2016—2017年期间，俄罗斯、巴西、南非货币分别强势升值28%、20%、34%，而前四年下跌幅度相对小的印度只录得7%升幅。金砖国家2012—2017年汇率先暴跌再暴涨的现象，完整揭示了美国跨国资本从新兴经济体流出引发资产汇率双杀，到再次流入引发资产汇率双升的剪羊毛收割新兴经济体国民财富的全流程。

五、2017年美元主动贬值期和2018年美元主动升值期主要经济体货币表现差异较大

2017年1月初至2018年2月初美元兑全球主要货币主动贬值13%期间（美元指数102—89），欧元、英镑被动大幅升值18%和15%，中国与加拿大、澳大利亚资源国和中国台湾、新加坡、墨西哥这些出口复苏受益经济体的货币兑美元被动升值9%—12%，新西兰元、日元、韩元轻微贬值6%—7%。同期金砖四国的货币表现差异较大，南非大幅升值14%、俄罗斯升值9%，而印度和巴西仅仅微幅升值。

2018年2—8月美元兑全球主要货币主动升值8%期间（美元指数89—96），人民币和欧元、英镑、澳元、新元兑美元被动贬值8%—10%，相当于同期人民币与欧元和英镑等主要货币维持了汇率稳定，日元罕见地未随全球其他主要货币被动贬值、兑美元仅轻微贬值2%，东亚区新兴经济体货币平均贬值5%。同期金砖四国除印度卢比仅贬值9%外，其余三国货币大幅贬值15%—19%，北美区的加拿大元中等贬值6%、墨西哥比索仅贬值1%。

六、分析主要经济体汇率稳定性与变化特征，人民币汇率稳定性是国际储备货币中最高的

2012—2018年汇率变幅的标准差可用于考察各经济体货币兑美元汇率的稳定性。测算结果是，人民币与瑞郎、新台币、坡币都是标准差低于5%的稳定型货币，欧元、英镑、日元等主要国际储备货币的标准差高达8%以上，加拿大、澳大利亚、新西兰资源发达国和印度的货币标准差6%—7%，墨西哥、马来西亚等制造国新兴经济体的货币标准差约9%，俄、巴西、南非等资源国新兴经济体的货币标准差高达13%—20%，是货币稳定性最弱的群体。

2017—2018年汇率变幅的标准差和2012—2018年汇率变幅的标准差两组数据比较，可以发现中国和日本的稳定性变化最大。中国从4.6%上升为6.8%，显示2017年初以来人民币货币波动性加大但仍处于可接受范围，日本从8.2%下降为4.0%，显示2017年初以来日元作为避险货币而波动性显著下降。作为美元指数主要构成货币

的欧元、英镑以及澳元、新西兰元和美元指数本身均出现波动性变大的趋势,表明美元2017年初至2018年2月初主动性大幅贬值13%和2018年2月迄今大幅升值8%是全球货币汇率波动性加大的主要原因,其他主要货币包括欧元和人民币都不是主动贬值的一方。人民币兑美元汇率2017年初迄今的变幅小于1%。CNYX.CNI人民币指数2017年初迄今仅下跌2%,同期美元指数下跌6%。

特朗普上台伊始一年中,特朗普鼓励出口反对强美元的意志影响了美元指数大幅下跌13%。2018年2月初起尤其是4月初起迄今,因特朗普挑起对全球所有主要经济体的关税战,美元指数从89快速上升到96以上。特朗普对美元强弱的偏好无定变化为真实世界的货币波动带来巨大的影响。2018年8月10日,特朗普甚至用关税和汇率作为武器惩罚不服从的北约盟国土耳其,沾沾自喜于强美元和惩罚性钢铝关税导致土耳其里拉汇率崩盘暴跌。

七、新兴市场经济体汇率风险来自弱偿债能力与高通胀,人民币难以在7附近继续大幅贬值

从阿根廷、土耳其等经济体受美元走强而爆发汇率危机的实例启发,可以推出新兴市场经济体汇率风险的判断规则:

短期外债/外汇储备年末比例超过50%的经济体有汇率贬值的较大风险。

短期外债/外汇储备年末比例30%—50%的经济体有汇率贬值的中等风险。

短期外债/外汇储备年末比例低于30%的经济体有汇率贬值的较小风险。

年通胀率超过5%的经济体有汇率贬值的较大风险。

年通胀率3%—5%的经济体有汇率贬值的中等风险。

年通胀率低于3%的经济体有汇率贬值的较小风险。

根据上述判断规则可以推断如下:

2017年短期外债占外储比过高且同时2017年通胀过高的阿根廷、土耳其、南非在2018年均出现汇率较大幅度贬值。

2017年短期外债占外储比适当但2017年通胀过高的墨西哥2018年迄今汇率相对稳定-3%,但预测存在汇率贬值压力。

2017年短期外债占外储比过高但2017年通胀较高的马来西亚虽然2018年迄今汇率轻微贬值-1%,但预测存在汇率大幅贬值的压力。

金砖国家俄罗斯、印度、巴西 2017 年均存在 3%—4% 的中等通胀压力,虽然外债压力较小,俄罗斯受美国制裁而 2018 年贬值幅度较大(13%),巴西和印度受美元回流的冲击而贬值幅度也较大(14% 和 10%)。

表 3 新兴市场经济体汇率风险分析

区域	经济体	短期外债/外汇储备(%)	外债/国民收入 GNI(%)	2017 年通胀(%)
拉美	阿根廷	123.2	35.7	25.7
东欧	土耳其	92.5	47.8	11.1
拉美	墨西哥	30.3	40.7	6.0
金砖	南 非	63.1	51.0	5.3
拉美	哥伦比亚	25.0	43.3	4.3
东盟	印度尼西亚	36.1	35.1	3.8
东盟	马来西亚	87.0		3.8
金砖	俄罗斯	12.0	42.0	3.7
金砖	印 度	23.2	20.4	3.6
金砖	巴 西	15.7	30.9	3.5
东盟	菲律宾	18.0		3.2
拉美	秘 鲁	12.6	37.7	2.8
东欧	捷 克			2.4
东欧	匈牙利			2.4
拉美	智 利			2.2
东欧	波 兰			2.0
东亚	韩 国			1.9
中国	中 国	25.9	12.8	1.6
东亚	中国香港			1.5
东盟	泰 国	30.7	31.4	0.7
东亚	中国台湾			0.6
东亚	新加坡			0.6

资料来源:IMF

中国人民币虽然 2018 年也贬值了 6%，但作者预测人民币兑美元汇率在 7 附近继续大幅贬值难度较大。中国 2017 年短期外债占外储比较低，且 2017 年通胀较低，中国仍然保持了较高的贸易顺差，外汇储备维持全球第一。2018 年人民币贬值压力不是内生性来自偿债压力或通胀高或贸易逆差、外汇储备不足，而是来自中国应对关税压力的外在因素。中国如果允许人民币继续贬值容易遭受特朗普反制，进入 2018 年 8 月后中国外汇管理当局做出了防御的态势。综上所述，人民币兑美元汇率在 7 附近难以继续大幅贬值，在缓和阶段人民币汇率有可能回归均衡。

八、美元过强不可持续，特朗普不会坐视贸易优势国继续大幅贬值

美元过强显然将削弱特朗普对欧盟、中国、日本等主要经济体关税战的效果，但部分抗风险能力疲弱的新兴经济体将受害于因美元过度走强而诱发汇率大幅贬值危机，墨西哥、马来西亚、印度尼西亚、印度可能是下半年汇率危机风险较大的主要经济体。

制造能力强劲的制造国如德国、中国可以因本国货币兑美元走弱而对冲美国的关税压力，但贸易优势将限制造国汇率进一步大幅贬值的空间，特朗普不会坐视贸易优势制造国继续纵容本币兑美元大幅贬值的。进入长期僵持阶段后，试图尽快结束或强硬对撼或软弱投降都是不切实际的，中国做好简政减税等改革内功、做好金融市场防御才是当务之急。

第二章
中国不退：从安全性角度引导外汇储备增配境外中国权益指数基金

2019 年 8 月 19 日

一、中国减持美元资产必要性提高，继续看多黄金和中国资产

在《贸易战升级后的中国对策 20190511》中我提出："建议用外汇储备增持黄金、原油储备、境外中国国债与境外中国权益指数基金等多种战略性大类资产，适当降低美国国债和美国权益资产的比重。"该报告通过多个渠道转给了决策人士。自 2019 年 5 月 11 日 1287 美元到 8 月 19 日 1504 美元，黄金已经暴涨 17% 了。

随着中美贸易摩擦升级，中国必须要为 5—10 年内因重大政治军事冲突而美国全面制裁中国的小概率事件做好准备，香港平乱和执行反分裂法都有可能触发美国冻结中国外汇储备，外汇管理当局必须未雨绸缪。

随着 2019 年 6—8 月香港暴乱愈演愈烈，中国被迫选择协助香港政府恢复香港法治与秩序的概率有所提高。在中美贸易谈判迟迟没有进展和特朗普随机决策推特发布的情况下，美国随时有可能铤而走险依据台湾旅行法派官员访问台湾，中国有可能被迫执行反分裂法。

这三个月中美进入系统性摩擦进程以来，中国外汇储备管理当局减持美元资产，增配黄金、原油储备、境外中国国债与境外中国权益指数基金的必要性比 5 月提高了。

二、外汇储备转配置境外中国权益指数基金的安全性和长期稳定回报率高于美元资产

中国外汇储备达 3.1 万亿美元，哪怕只有 1% 转配置到境外，中国权益指数基金也有 300 亿美元或 2000 亿元人民币。外汇储备管理机构可以委托多个机构投资者，以分身形式使用中港通渠道间接持有外币计价中国权益指数基金资产。境外中国权益指数基金未来十年年化收益率不会低于 5%，许多红利蓝筹股的股息回报率已经高于

5%，收益率和资产安全性都高于美国国债了。

三、资金性质决定了外资是相对长期战略持有的

外资来源不仅有外国居民投资者和主权基金，还可以包含中国外汇储备部分资产，资金性质决定了外资是相对长期战略持有的。外汇储备配置境外中国权益基金资产是长期稳定持有的，不可能靠高抛低吸获利。居心叵测者总是在社交平台上善意提醒要割散户的韭菜了。普通投资者应摒弃追涨杀跌的投资行为，转变为长期持有自己认同理念的蓝筹股甚至 ETF 基金，买与卖都要随本心而定，不要再受所谓割韭菜的诛心之论蛊惑了。

成熟投资者要靠能力和时间获得长期回报，投机者追涨杀跌择时进出所获有限。成熟投资者如巴菲特从来都是凭战略选股能力与长期持有获得可观回报的，没听说哪个投资者是靠高抛低吸择时投机成为投资大家的。无论市场涨跌牛熊，都有一批投资者能找到可持续投资的成长价值蓝筹股的。追涨杀跌的投机者不是踏空就是在上涨过程中止盈退场，很少有好的投资结果，很少见到哪个奇才可以精准把握每个涨跌转折点的。

四、看准国家大趋势才可以把握大机会：全球投资者应中美两边下注

看准国家大趋势才可以把握大机会：美股筑复合头、A 股磨复合底，在美国衰退风险下，中国占全球 GDP 增量 1/3 与 6% 以上增速是弥足珍贵的，全球投资者应中美两边下注。

美股在牛市头部区域筑复合头，A 股在熊市底部区域磨复合底，这是很多人的共识，投资者必须看清楚这个大趋势。许多人担心美股调整时 A 股也会继续跌，宁可持有高估值的房产也不愿意持有低估值的权益资产。2019 年 8 月 14 日美股再次暴跌 800 点，次日 A 股已经不再无厘头跟跌反而飘红了。

2020 年 10 月至 2021 年 6 月期间美国存在衰退风险，2019 年第四季度美股面临确认牛转熊的真正考验。在全球经济体普遍徘徊在衰退与复苏的边缘之际，欧日强国已经增长乏力危悬于衰退之侧，仍维持 GDP 增速 6% 以上的中国与印度等少数几个发展中大国和 2019/2020 年 GDP 增速 2.5%/1.7% 的美国是延缓全球衰退到来的主要力量了。

只看到中国增速在减缓就对宏观经济悲观的投资者，还要看看中国 2018 年新增 8 万亿元，占据了全球 GDP 增量的三分之一。

投资者看不清大趋势，就会在趋势底部离场。1984 年 30 万元卖掉北京四合院移

民意大利的北京人 30 年后带着一辈子积蓄 100 万欧元返乡时，发现自家四合院已经挂牌 8000 万元了。同样惨的还有，深圳儿童 1999 年随母亲卖掉深圳祖屋移居香港，深圳近十年旧城改造时城中村动辄每户一亿多元拆迁补偿款，他们痛失巨额拆迁款。

全球机构投资者包括主权基金不下注中国只下注美国资产是重大战略方向性失误，两边下注中美双方高安全性与合理回报的优质资产是最优选择。

五、美国权威研究机构对关税实际效果的量化分析结果与特朗普愿望背道而驰

只看到特朗普加征关税对中国股市沉重压力的投资者，也要看到黔驴技穷、急于私聊达成协议的特朗普面对极限施压失灵的窘境，每天靠狂发推特重复中国损失很大会妥协签协议的谎言打气安抚受害于关税的股民、农民、企业、消费者。以下是几家美国权威研究机构对关税实际效果的量化分析，结果与特朗普的愿望几乎背道而驰。

（1）美国商会 2019 年 5 月在华企业生产转移意向调查显示：仅 6% 回美国、60% 留中国、34% 去低成本国。2018 年迄今一年里中国对美出口增加 40 亿美元，占出口额 1%；美国对华出口下跌 330 亿美元，占出口额 21%。

（2）美联储纽约分行研究报告指出："美国在 2018 年对中国产品增加的关税百分之百地反映在进口的物价上，也就是说中国的出口商并没有因此降低出口价格，美国消费者承担全部关税。"替代进口第三国进口价和中国货税前价之差对于美国经济来讲就是"无谓损失"（deadweight loss），无人因此受益。"美国提高关税对美国消费者增加的负担相当于每个家庭每年增加开支 831 美元，美国大约有 1.28 亿个家庭，所以总和每年超过 1000 亿美元。而'无谓损失'相当于每个美国家庭每年承担 620 美元，总和为 800 亿美元，是美国国内生产总值（GDP）的 0.4%。"实际上美国消费者和进口商承担了关税损失，美国的贸易赤字反而扩大了。

（3）美国彼得逊国际经济研究所的研究报告指出："自 2018 年元旦至今，中国对除美国之外的贸易伙伴平均关税从 8% 降低到 6.7%，同期对美国的关税从 8% 飙升到 20.7%。"

2019 年 6 月情报系统给特朗普献了资助香港暴乱逼迫中国妥协的围魏救赵之计，特朗普也批给了情报机构及附属机构 NED 活动经费。一直闹矛盾的美国两党在搞乱香港恶心中国一事上终于取得了共识。

全世界 10 个国家有 9 个不是服软就是被搞乱，只剩下中国不退了。关于香港，

1997年香港金融危机时中国没有退，2019年中国还是不退。中国不会拿贸易谈判利益换取美国停止扰动香港的。

六、看好创业板 ETF 及科创蓝筹股和龙头券商

在中美金融战威胁面前，中国不退。重申 2019 年 8 月 4 日君晟会议提出的"2800 点底部不卖"的少数派观点，看好创业板 ETF 及科创蓝筹股和龙头券商。

2019 年 8 月 18 日中央发布《中共中央国务院关于支持深圳建设中国特色社会主义先行示范区的意见》，8 月 19 日市场在创业板蓝筹股和深圳本地股带领下大涨，其中上证综指上涨近 60 点 2.1%，创业板指大涨 3.5%。

中央一碗水端平，上海科创板有的政策深圳创业板也会有，上海、深圳都是中国的"亲儿子"。因此，看好创业板 ETF 和科创蓝筹成分股后期估值回升。

龙头券商是金融供给侧结构性改革的主要受益者，新业务资源、抗风险能力优势、银行融资融券额度（2019 年 6 月 22 日出台）集聚在前四大投行中信、国泰君安、海通、华泰，小券商难以分享金融供给侧改革盛宴。

外汇储备增配境外中国权益指数基金部分同样构成了持续增持蓝筹股的境外长期资金来源，有些投资者要反思为什么在市场底部减持带血蓝筹筹码给持续增持的外资机构投资者。我不认为市场从此就能一片坦途，通往光明的道路必然是曲折的，但是在美国金融战威胁的极限施压下我要重申，中国不退。

第三章
改善流动性：人民币资产市场扩容方案

2020 年 6 月 20 日

一、如何改善人民币流动性？

人民币国际化近五年来进展不大的原因是人民币资本项下可兑换进度不足和人民币资产市场规模扩大力度不够。如果中国能按君晟提议的推行人民币在资本项下可兑换开放政策，随着外资可持有的中国股票和债券人民币资产市场规模稳步有序扩容，可以期待未来五年中人民币全球贸易结算使用率从近五年的约 2% 排名第 5—6 名提高到 6%，超过英镑约 7% 和日元约 3.4% 成为排名在美元和欧元之后的第三大国际贸易结算货币。中国要设定合理可实现的人民币国际化目标，在 50 年内中国应继续尊重美元为主的国际贸易结算体系，维护美元霸主地位，中国的战略目标只是设定为人民币的全球贸易结算使用率从不足 2% 提升到 IMF 赋予人民币的 SDR 权重 11% 的一半左右约 6%、人民币在全球外汇储备中占比从约 2% 提升到 6% 超过日元和英镑。

表 1　2019 年货币占 SWIFT 全球支付市场份额和 IMF 特别提款权（SDR）货币篮子权重

货　币	2019 年货币占 SWIFT 全球支付市场份额（%）	IMF 特别提款权（SDR）货币篮子权重（%）
美　元	40.1	41.7
欧　元	34.2	30.9
英　镑	7.1	8.1
日　元	3.3	8.3
人民币	2.2	10.9
加　元	1.7	
港　元	1.5	
澳　元	1.4	
其　他	8.6	

资料来源：IMF，SWIFT

二、人民币资产市场扩容方案

君晟再次倡议尽早实现人民币在资本项下可兑换开放,未来六年中国将迎来人民币资产市场规模加速扩大的黄金期,外资持有人民币股票和债券资产合计规模将从2019年末的5000亿美元稳定增长到2025年末的2.4万亿美元。人民币资产市场有序稳步开放的规划完成后,外资持总市值比例5%和持流通市值比例6.8%及持债市值比例4.5%、持有人民币资产市值比例4.7%都在中国金融安全可控的范围之内,监管当局无须担忧有序开放人民币资产市场期间人民币在资本项下可兑换对人民币汇率的冲击。

已知2019年末外资持有股票市值1.6万亿元、债券1.9万亿元、合计3.5万亿元。根据中国债券市场每年递增14%的情况假设未来六年债市变幅维持15%,考虑到股市波动性较大,假设外资持股市值规模每年递增10%,可测算出股市市值规模从2019年末的66万亿元增长到2025年末的152万亿元,债券市场规模从2019年末的87万亿元增长到2025年末的109万亿元,中国股债市场规模从153万亿元增长到261万亿元。

表 2 中国债券和权益人民币资产市场规模2020—2030年加速扩容的规模测算分析

年	股	债	合计外资	美元外资	股市	债市	合计规模	流通	外股变幅	债变幅	股市变幅	债市变幅	外股比	外债比	外资比	外资流比
2017	0.6	1.0	1.7	0.24	63	67	130	45	*111*	*25*		*15*	1.5	1.5	1.3	*1.5*
2018	0.8	1.5	2.3	0.33	49	76	112	35	*22*	*50*	*−23*	*14*	2.2	2.0	2.1	*2.2*
2019	1.6	1.9	3.5	0.49	66	87	153	48	*99*	*25*	*35*	*14*	2.4	2.2	2.3	*3.3*
2020	2.1	2.4	4.5	0.64	76	100	176	55	*30*	*30*	*15*	*15*	2.7	2.4	2.6	*3.7*
2021	2.7	3.2	5.8	0.83	87	116	202	64	*30*	*30*	*15*	*15*	3.1	2.7	2.9	*4.2*
2022	3.5	4.1	7.6	1.09	100	133	233	73	*30*	*30*	*15*	*15*	3.5	3.1	3.3	*4.7*
2023	4.5	5.4	9.9	1.41	115	153	268	84	*30*	*30*	*15*	*15*	3.9	3.5	3.7	*5.3*
2024	5.9	7.0	12.8	1.83	132	176	308	97	*30*	*30*	*15*	*15*	4.4	4.0	4.2	*6.0*
2025	7.6	9.1	16.7	2.38	152	202	354	111	*30*	*30*	*15*	*15*	5.0	4.5	4.7	*6.8*
2026	9.9	11.8	21.7	3.10	175	232	407	128	*30*	*30*	*15*	*15*	5.7	5.1	5.3	*7.7*
2027	12.9	15.3	28.2	4.03	201	267	468	147	*30*	*30*	*15*	*15*	6.4	5.7	6.0	*8.7*
2028	16.7	19.9	36.7	5.24	231	307	539	169	*30*	*30*	*15*	*15*	7.2	6.5	6.8	*9.9*
2029	21.8	25.9	47.7	6.81	266	354	619	195	*30*	*30*	*15*	*15*	8.2	7.3	7.7	*11.2*
2030	28.3	33.7	62.0	8.85	306	407	712	224	*30*	*30*	*15*	*15*	9.3	8.3	8.7	*12.6*

资料来源:君晟人民币资产市场扩容方案、中国证券登记结算有限责任公司

除美元外资单位为万亿美元外,股债市场规模单位均为万亿元人民币,变幅单位为%。

假设外资持股市值和债券持有市值均连续六年递增30%，可测算出外资持股市值从2019年末的1.6万亿元增长到2025年末的7.6万亿元、外资债券市值从2019年末的1.9万亿元增长到2025年末的9.1万亿元，合计外资持有人民币资产规模达到16.7万亿元即2.4万亿美元（按兑美元汇率7计算）。外资持股比例从2019年末的2.4%增长到2025年末的5.0%（流通股比例从3.3%增长到6.8%），外资持债比例从2019年末的2.2%增长到2025年末的4.5%，以上人民币资产市场有序稳步开放的规划完成后，外资持总股本比例5%和持流通股比例6.8%及持债比例4.5%，都在中国金融安全可控的范围之内，监管当局无须担忧有序开放人民币资产市场期间人民币在资本项下可兑换对人民币汇率的冲击。

三、美元在2020年流动性危机时如何改善流动性

由于新冠肺炎疫情和经济衰退而美联储大规模扩张资产负债表，美联储在特朗普政治压力下纠结于维持正利率还是向欧日看齐选择负利率以无限提供流动性，因此长期来看美国利用美元铸币税优势超发美元稀释美元实际价值，将导致美元内在价值长期潜在趋势转为边际负值。

疫情与经济衰退威胁下，在美元回流美国补充美国国内流动性的带动下，全球各国均出现美元流动性短缺，美联储向多数主要贸易伙伴央行提供美元流动性。美联储设立海外央行回购工具，实质是将海外央行持有的美国国债"美元货币化"。加码向全球提供美元流动性，有助于稳定海外金融市场，尤其是深受资本流出困扰的新兴经济体金融市场。随着全球疫情加剧，资本市场风险偏好下降，海外资金加速流出新兴市场。IIF统计显示，3月组合投资累计流出达646亿美元，日均流出28亿美元，速度远快于2008年金融危机时期。如此迅速的资本流出对新兴经济体金融稳定施加了较大压力，外汇市场尤其明显。2020年3月新兴经济体货币兑美元汇率大幅下跌，包括墨西哥 -16%、俄罗斯 -14%、巴西 -14%、印尼 -12%、南非 -12%，土耳其、印度约下跌 -4%，资源型发达经济体也有较大幅度下跌，澳大利亚 -8%、加拿大 -6%、新西兰 -4%，而人民币和欧元、日元等主要货币及东亚经济体普遍下跌幅度有限。

2020年3月中旬紧随欧美疫情升级而突然暴发的全球美元流动性危机，直到2020年6月下旬才逐步缓解，全球14家中央银行向美联储申请的货币互换余额开始

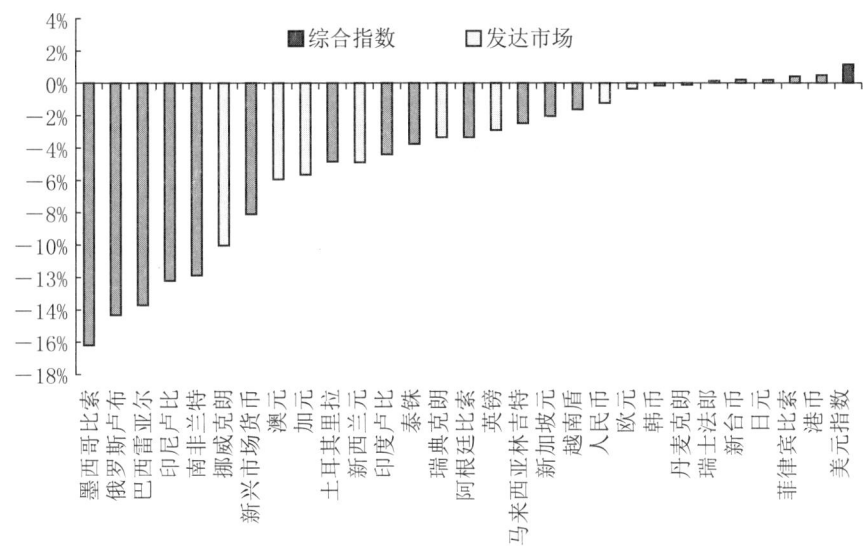

图1　2020年3月新兴经济体货币兑美元汇率大幅下跌

资料来源：WIND

快速下降，美联储对欧、日、英、瑞、澳等14个国家和货币区域的注资总量由4500亿美元下降到低于3000亿美元。美联储资产负债表收缩已经开始，从在新冠病毒暴发后作为危机应对机制的货币互换开始退出。欧洲、日本、英格兰三大央行从美联储的借款金额最大，日本央行借款峰值高达2200亿美元，6月下旬已经归还了1/3。外汇储备全球第一的中国是少数未受美元流动性危机影响的主要经济体，中国央行并不需要向美联储货币互换以获得美元流动性。

作者在第五章《全球经济体增加人民币外汇储备权重》中展开更详细的讨论，主要结论是美元兑各主要货币稳定性低于人民币，新兴经济体在美元流动性短缺期间很容易受美元回流美国影响而汇率大幅下跌，发达经济体也受美元流动性短缺压力而需要依赖向美联储申请货币互换获得美元流动性。中国应制定国策，通过外交努力和介绍人民币资产市场的流动性、稳定性、安全性、收益性，鼓励发达经济体和新兴经济体从各自外汇储备安全性和流动性的角度考虑选择增加人民币资产占外汇储备的权重，中国有序开放股票和债券人民币资产市场的举措将为各经济体配置外汇储备提供回报稳定、流动性良好的资产池。

第四章
全球主要货币稳定性、安全性、收益性评价

2020 年 8 月 20 日

第一节 人民币的稳定性、安全性、收益性、流动性概述

从货币稳定性、安全性、收益性、流动性来考察人民币和美元、欧元、日元、英镑等主要储备货币，通过大数据验证了人民币汇率在近 15 年各阶段比美元、欧元、日元等储备货币相对其他主要货币有更低波动性和抗跌性构成的稳定性，基于政局稳定和巨额外汇储备及长期贸易顺差的人民币有相对美元更强的安全性，人民币有更好收益性源于仍维持正常利率水平的中国比长期为零或负利率的欧日和因疫情及经济危机逐渐趋于负利率的美国有更高收益率的国债和高股息率低估值蓝筹权益人民币资产，但资本项下自由兑换仍在过程中的人民币在流动性上要弱于美元和欧元、日元。随着中国扩大人民币资产市场规模和进一步扩大境外资本金融资产投资资本项下可自由兑换规模，全球经济体迎来因流动性提高而增加外汇储备的人民币资产权重的良机。

一、人民币汇率稳定性

过去 15 年汇率波动实践表明人民币比美元、欧元、日元等主要储备货币有更强抗跌性和防波动性构成的稳定性，中国政局稳定、经济总量大、外汇储备高、历史上从未像美国那样做过利用国际资本阶段性进出新兴经济体导致新兴经济体货币贬值及国民财富缩水的收割新兴经济体财富的剪羊毛行为，人民币是世界各经济体配置外汇储备的最安全货币。中国全球最庞大的外汇储备和贸易顺差，以及最大逆差国美国反人民币贬值的汇率操纵防范政策是人民币不可能出现持续贬值的财富保障。

二、人民币资产的安全性

中国连续 20 年以上保持贸易顺差，自 2006 年超过日本起一直拥有全球第一的外

汇储备，中国政局稳定，不会出现美国或部分新兴经济体那样由于政权更迭而对外资保护政策出现重大反复的极端情况。美国政府对中国可能采取的极端金融制裁措施包括冻结中国在美资产，表明中国外汇储备中美元资产存在严重不安全性，美元的高流动性优势在不安全性面前荡然无存。美国在过去50年每隔12年有一次美元波动周期，一般情况下是美元上升7年后贬值5年，在美元波动周期中不少新兴经济体因接受美国直接投资和美元债务过多而在美元资本外逃时本币汇率失控持续贬值，并影响本国富裕居民失去对本币信心而加剧本国资本外逃，如阿根廷、土耳其这些曾经的发达经济体国民财富损失、GDP规模缩水而重新落入中等收入陷阱并回到新兴经济体范畴，美国跨国资本利用资本跨境流动冲击新兴经济体汇率以实现转移收割国民财富的做法俗称剪羊毛。中国从未像美国那样试图利用资本跨境流动对其他经济体实施国民财富转移的掠夺行为，而且中国本身就是美国跨国资本多年剪羊毛而未能成功的富裕新兴经济体，在华尔街刻意营造的人民币贬值预期带动下不少本国富裕居民以移民并向美国转移资产的方式把在中国创造的财富转移到美国。因此，全球经济体外汇储备增加配置人民币资产有比美元资产更强的安全性，持有人民币资产外汇储备对其自身抵御美国资本跨境流动有较好的支持作用。

三、人民币资产的收益性

中国资产市场在收益性上显著优于美国、欧洲、日本市场。仍然维持正常利率的中国在国债持有收益率上长期高于负利率市场的欧洲、日本和纠结于低利率与负利率的美国。中国大型蓝筹上市公司的股息率仍然维持在4%左右且估值在全球仍然是偏低的，估值较高的科技创新企业并不适用于全球经济体主权基金，但中国传统经济蓝筹股以全球偏低估值和长期较高股息率成为全球经济体主权基金的大规模长期持有的人民币权益资产。在特朗普限制中国企业到美国上市融资政策的帮助下，2019年开始的未来几年将有较多优质中国企业以在中国港沪深资本市场二次上市或退市后IPO的方式从美元权益资产转换为人民币权益资产，部分独角兽科技创新企业将出现一年前不敢想象的放弃在美国上市而是选择在中国资本市场上市，这些全球创新经济的领先企业是未来几十年全球市场市值增量的主要来源。

2020年是全球经济体外汇储备增加中国人民币资产市场配置权重的较有利阶段。在2020年3月20日至8月20日美元主动贬值10%的过程中，多数主要货币都出现一定幅度的升值，只有人民币仅升值2%。美国因自身过度发行货币和经济危机原因导致美元存在长期内在贬值压力，但中国在疫情恢复期是全球经济复苏最快且GDP全球增量占比最大、继续维持最大规模贸易顺差的经济体，正常情况下人民币应该追随欧元和日元相对美元更大幅度升值，但实际情况是美国生病中国却陪美国一起吃药。真实情况是人民币已经被国际资本力量误判低估5%—10%，而且中国政府虽并未通过公开市场操作有意压低汇率但乐见人民币汇率阶段性低估以获得更大贸易优势，美国政府也不能以操纵汇率为由来制裁中国。人民币现阶段处于低于实际价值的低位，因此良好的收益性决定了目前是增加配置人民币资产的良好时机。

四、人民币的流动性

人民币流动性不充分、在资本项下自由兑换还在开放进程中是人民币还没有成为主要储备货币的重要原因。人民币在资本项下自由兑换是渐进过程，首先是中国已经实现并正在扩大在人民币资产市场投资资本项下可自由兑换，但仍需要防范美国通过集中性资本流出实现冲击汇率贬值的剪羊毛目标，因此实业直接投资资本项下自由兑换需时机成熟时再推行。

美国政府《2015年贸易便利化和贸易执法法案》制定的反汇率操纵政策主要限制贸易伙伴通过汇率操纵实现贬值以获取贸易优势，并没有限制经济体通过公开市场操作防御本币汇率贬值。中国从未通过公开市场操作主动性影响汇率贬值来实现增加贸易优势。在2013—2016年美元单边升值期间，其他主要货币都出现数年累计贬值30%—40%的汇率变动，始作俑者是日本2012—2014年单边贬值40%，欧元在2013—2015年单边贬值30%，而中国承担了不参与竞争性贬值的不必要的道义责任并维持了与美国的汇率，直到2015年8月汇改一次性贬值。中国为不参加竞争性贬值的道义责任付出了代价，在2016年承受了可能导致资本外逃的本币贬值预期。

第二节　各主要货币的特征概述

通过美元、欧元、日元、英镑和资源经济体、新兴经济体等全球主要货币的稳定性、收益性、安全性、流动性比较分析，相比而言人民币是高稳定性（包括抗跌性、贬值后修复能力、长期低贬值概率）、最高收益性、相对低流动性、高政治安全性的主要货币。中国政府应努力为全球经济体提供流动性和收益性比美欧日更好的人民币债券和权益市场资产，努力维持人民币资产市场的相对稳定，避免资产价格大起大落，坚决遏制部分权益投资者追求全面大牛市一夜暴富的短视心态，建设引导全社会形成较合理收益率预期和较长稳定增长年度预期的人民币资产市场理性环境，让全球经济体可以安心增加外汇储备配置长期投资于中国国债和低估值高股息率蓝筹权益的人民币资产中。相比美元、欧元、日元资产而言，中国人民币资产的国债收益率为2%—3%、低估值蓝筹股股息率为4%—5%，已经是低风险需求的全球经济体及其众多基金管理者很满意的收益预期了。至于是否有一定比例外汇储备被基金管理者配置在高风险高收益预期的中国科技创新权益资产，那是全球经济体外汇储备管理人的配置策略决定的，中国政府不需要为此承担损益波动的道义责任。

一、人民币是高稳定性、最高收益性、相对低流动性、高安全性的主要货币

人民币是高稳定性（包括抗跌性、贬值后修复能力、长期低贬值概率）、最高收益性、相对低流动性、高政治安全性的主要货币。

作者建议人民币资本项下自由兑换可以分两步走。中国进一步放宽资产投资资本项下自由兑换并扩大人民币资产市场规模来提高人民币资产流动性进而改善全球经济体持有人民币资产外汇储备的比重，扩大债券市场和权益市场的外资流入通道，实业直接投资资本项下自由兑换可以在以后条件成熟时再逐步放宽，央行应允许境外汇入外汇的居民和企业自主持有外汇、不再纳入外汇储备管理范畴，居民出境服务贸易用汇通过银行自主市场化交易买卖，不再纳入外汇储备使用范畴，中国政府应加大力度鼓励中国境内企业进一步减少美元等外币结算，改为人民币结算报价，在可以选择进口来源的行业和商品中优先使用人民币支付，并为持有人民币的境外居民和企业提供更便捷的人民币资产交易渠道和人民币买卖交易渠道。

二、美元是高波动低稳定性、高贬值概率、高收益性、超高流动性、低政治安全性的最主要货币

在政治安全性无忧的假设下，美元是全球比重最大的外汇储备币种。但美国在特朗普执政期间加大了对俄罗斯、委内瑞拉、伊朗的经济制裁和金融制裁，2020年开始酝酿对中国的金融制裁，金融制裁包括冻结被制裁国的外汇储备在内的在美财产和限

制使用 SWIFT 全球支付清算系统。中国相当部分主流决策者和经济学家仍然从人性本善和美国不敢的角度幻想美国不会使用限制中国银行业使用 SWIFT 和冻结中国外汇储备美元资产的终极制裁"核武器"。美国为了压制中国的常规潜在经济增长率发展路径和延后中国经济规模超越美国的进度,已经不惜主动挑起在台湾和南海的军事冲突。一旦军事冲突爆发,美国政府可以第一时间宣布金融制裁中国,所有外汇储备在美国境内的美元资产都将成为中国被冻结财产,甚至被美国政府非法裁定用于赔偿所谓的经济损失。只要中美贸易不彻底中断,中国只能保留相当部分的美元资产储备并做好在发生严重军事政治冲突时被美国政府冻结的思想准备,作者建议在将外汇储备规模从 3.1 万亿美元压缩到 2.5 万亿美元的基础上,维持 20% 比重即 0.5 万亿美元的美元外汇储备,假设中国持有 1.1 万亿美元的美元资产,需要减持汇出美国国境 0.6 万亿美元。

三、欧元是中等稳定性、低收益性、高流动性、相对高政治安全性的主要货币

在中美发生严重政治军事冲突时,欧盟作为第三方应美国要求加入对中国经济金融制裁体系的可能性相对最低,在中国外汇储备大而无处安置的情况下,只能选择超过半数外汇储备配置在欧洲资产市场。作者建议在外汇储备规模从 3.1 万亿美元压缩到 2.5 万亿美元的基础上,增持欧元到 60% 比重即 1.5 万亿美元的欧元外汇储备。

四、日元和英镑是相对高稳定性、低收益性、相对高流动性、政治安全性不确定的主要货币

日本是被美国控制军事政治的亚洲第二大经济体,英国是英语国家"五眼联盟"的第二大经济体,在中美发生严重政治军事冲突时,美国一定会寻求日本和英国加入对中国的经济金融制裁体系,中国外汇储备持有日元和英镑在安全性上与美元一样低落,在流动性和收益性上低于美元和欧元,因此中国外汇储备应把日元和英镑转换为欧元储备。中国应通过大额货币互换协议实现中日和中英只使用两国货币进行贸易,不再为中日贸易和中英贸易预留美元外汇储备。

五、资源优势经济体货币受大宗商品及经济景气影响,是币值不稳定、波动巨大的货币

近十年资源新兴经济体汇率有较大持续贬值,资源发达经济体澳大利亚货币有较大波动但持续贬值幅度相对较小,澳元是低稳定性和弱收益性的主要币种,卢布和巴

西里亚尔是低稳定性和差收益性的次要币种。

六、新兴经济体货币不适合担任储备货币

大部分资源新兴经济体和制造新兴经济体的货币由于低稳定性和高贬值预期带动的差收益性而并不适合做储备货币，而且新兴经济体在过去十几年很容易受美元资本流入和流出冲击造成持续贬值。中国政府应鼓励新兴经济体用一部分人民币外汇储备替代美元外汇储备，以增加各国自己的汇率抗贬值能力和抗美元资本流动冲击能力。

第三节 全球主要经济体分组观察

为了对全球主要经济体历史各阶段货币的稳定性、安全性、收益性、流动性表现做出客观评价与归因分析，作者对全球主要经济体进行多重分组规划。以经济总量、贸易结算量、全球产业链地位、发展水平、区域相关性等因素来衡量，对全球主要经济体分组观察。根据以持续贸易顺差为表征的全球产业链地位，可以把全球主要经济体简单划分为资源经济体、制造经济体、消费经济体，根据经济发展水平可以简单划分为新兴经济体和发达经济体，根据经济特征和区域相关性等因素可以进一步划分为SDR5国、金砖五国、五眼联盟、东亚四小龙、东盟十国、石油国等观察组别。美、欧、英、日、中同时是消费经济体和制造经济体，根据是否常年连续贸易顺差来划分中德为代表的以制造经济体特征为主，还是美英为代表的以消费经济体特征为主。作者根据发展水平和特征相关性，把各经济体划分为欧洲发达经济体、五眼/英语发达经济体、金砖新兴经济体、东亚发达经济体、东盟新兴经济体、G20新兴经济体共6组30个经济体。制造业占比可以用于判定是否为制造经济体及其制造业优势强度。

一、美、中、欧、日、英作为SDR5国是全球最核心经济体，同时也是全球制造强国

美、欧、英、日、中同时是消费经济体和制造经济体，根据是否常年连续贸易顺差来划分中德为代表的以制造经济体特征为主，还是美英为代表的以消费经济体特征为主。美英是消费经济体，同时也是全球强制造经济体，但相比中德等长期维持对全世界20年以上贸易顺差的全球强制造经济体已经失去竞争优势，表现为美英对全世界已维持20年以上长期贸易逆差，长期来看有贬值压力。英美货币在近两百年中曾先后担任全球最主要储备货币，国家财富家底殷实，虽然没有外汇储备做保障，但可自由兑换的美元和英镑汇率不易显著贬值。以高端制造业见长的瑞士是独立于欧盟以外的欧洲制造强国。

2015年11月30日，国际货币基金组织正式宣布人民币于2016年10月1日加入SDR（特别提款权）。2016年10月1日，特别提款权的价值由美元、欧元、人民币、日元、英镑这五种货币所构成的一篮子货币的当期汇率确定，所占权重分别为41.73%、30.93%、10.92%、8.33%和8.09%。

金砖五国都是新兴经济体大国，除中印的主要特征是制造经济体以外，俄罗斯、巴西、南非主要特征都是资源经济体。能源和矿产价格下跌使资源供给经济体受到重创，让中印等有资源需求的制造经济体受益。新兴资源经济体受资源大宗商品价格波动而汇率剧烈波动，稳定性差而且收益性更差，经常连续多年贬值。

资源经济体还包括加拿大、澳大利亚、新西兰等发达经济体。发达资源经济体受资源大宗商品价格波动而汇率剧烈波动，稳定性差但不至于连续多年贬值。

结论：制造立国、贸易导向是货币稳定和长期正收益预期的根本原因。货币最稳定的经济体是中国与瑞士、德国，都是制造业强大的制造经济体且有长期贸易优势和升值压力。拥有全市场最庞大制造能力的中国难以受外力冲击而出现货币大幅贬值，而资源经济体无论是新兴经济体还是发达经济体，都较容易受外力冲击而出现货币大幅贬值。

二、全球主要经济体分组情况与拟研究的问题

通过考察30个主要经济体货币兑美元在2005—2020年期间分阶段汇率变化历程，研究近15年30个主要经济体的汇率稳定性比较问题，研究主要经济体2012—2016年期间主动性贬值问题，研究新兴经济体汇率持续大幅贬值的诱发因素，研究资源/制造/消费经济体在全球经济波动不同阶段的货币汇率表现特征。

作者把30个全球主要经济体根据特征相关性和发展水平划分为六个群组：欧洲发达经济体（制造强国德、法、意、西、荷和瑞士），英语发达经济体——五眼联盟（制造强国和消费大国美国和英国，资源发达经济体加、澳、新），东亚发达经济体（制造强国日本、东亚四小龙是发达经济体），东盟新兴经济体（东盟的印尼、马、泰、越是新兴经济体，东盟的新加坡已经是小型发达经济体），金砖新兴经济体（资源大国俄罗斯、巴西、南非，制造大国中国、印度），G20其他新兴经济体（阿根廷、

墨西哥、土耳其、沙特），沙特实际是石油资源发达经济体。

表 1　全球主要经济体分组

群组	发展水平	经济体 1	经济体 2	经济体 3	经济体 4	经济体 5
欧洲	发达	德国	法国	意大利	西班牙	荷兰/瑞士
五眼	发达	美国	英国	加拿大	澳大利亚	新西兰
金砖	新兴	中国	印度	巴西	俄罗斯	南非
东亚	发达	日本	韩国	中国台湾	中国香港	新加坡
东盟	新兴	印度尼西亚	马来西亚	越南	泰国	
G20	新兴	墨西哥	土耳其	阿根廷	沙特	

资料来源：君晟研究

注：G20 国家是由美国、日本、法国、德国、加拿大、意大利、俄罗斯、澳大利亚、中国、巴西、阿根廷、墨西哥、韩国、印度尼西亚、印度、沙特阿拉伯、南非、土耳其等 19 个国家以及欧盟组成。这些国家的国民生产总值约占全世界的 85%，人口将近世界总人口的 2/3

三、全球经济体各分组的制造业及服务业产业结构

作者把美、中、欧、日全球四大经济力量合称为 TOP 4，TOP 4 的制造业世界占比高达 71%、农业占 45%、工业占 63%、服务业占 70%。世界前 20 大经济体合计制造业占比 81%，农、工、服三大产业的占比分别为 40%、52%、45%。

欧洲发达经济体：欧盟制造业及工业和服务业占比 16%—18%，农业比重较低，为 7%。

五眼/英语发达经济体：五个意识形态接近的英语经济体美、英、加、澳、新合称"五眼联盟"，五眼联盟服务业优势最强占 36%、制造业及工业合计占 20%—21%。

在联合国分组中，全世界分为亚洲、非洲、拉美、东欧、西欧及其他五组。西欧及其他组主要包括欧盟和五眼两组国家。

金砖新兴经济体：金砖国家是中、俄、印、巴、南五个新兴经济体，金砖合计制造业占比高达 34%，农业占比高达 45%。

东亚发达经济体：日本和东亚四小龙。东亚合计工业及制造业占比 13%—15%。

东盟新兴经济体：东盟十国除新加坡以外的印度尼西亚、马来西亚、泰国、越南。

G20 新兴经济体：墨西哥、土耳其、阿根廷、沙特。

表 2　各分组 2018 年制造业占比和三大产业世界占比统计

分组	制造业世界占比	农业世界占比	工业世界占比	服务业世界占比
TOP 4	71%	45%	63%	70%
TOP 20	81%	40%	52%	45%
五眼	20%	10%	21%	36%
金砖	34%	45%	31%	19%
东亚	15%	11%	13%	11%
欧洲	16%	7%	15%	18%
石油	2%	3%	5%	2%
CEPA	44%	42%	38%	25%
东盟	4%	9%	4%	3%

资料来源：君晟研究统计，世界银行

四、制造业占比可以用于判定是否为制造经济体及其制造业优势强度

制造业占比超过 20% 可以是拥有较高经济增速和制造比较优势、长期商品贸易顺差的制造经济体的判定标准。德国（20%）、韩国（27%）、日本（21%）是最强制造经济体。中国（29%）、印度尼西亚（20%），是较强制造经济体。意大利（15%）、印度（15%），是较弱制造经济体。美国（11%）、英国（9%）、法国（10%），是最强消费经济体，也是较强制造经济体。加拿大（10%）、巴西（10%）、澳大利亚（6%），是制造业占比较低的资源经济体。

美国制造业占比在 20 世纪 90 年代已经完成了从 16% 下降到 13% 的去工业化过程，随后每 10 年下降 1%，近 5 年已经稳定在 11%。美国已经失去制造业比较优势，从制造经济体转型为消费经济体。美国是世界最大消费经济体和较强的制造经济体。

中国制造业占比近 40 年一直维持在 30% 左右。中国是较强的制造经济体。

日本制造业占比在 20 世纪 90 年代完成从 23% 下降到 21% 后，制造业占比近 30 年一直维持在 21% 左右。日本是最强的制造经济体。

德国制造业占比在 20 世纪 90 年代完成从 25% 下降到 20% 后，制造业占比近 30 年一直维持在 20% 左右。德国是最强的制造经济体。

英国制造业占比在 20 世纪 90 年代完成从 17% 下降到 11% 的去工业化过程，随后每 10 年下降 1%，近 5 年已经稳定在 9%。英国已经失去制造业优势，从制造经济体转型为消费经济体。英国是世界较大消费经济体和较强的制造经济体。

法国制造业占比在 20 世纪 90 年代完成从 16% 下降到 10% 的去工业化过程，近

10年已经稳定在10%。法国已经失去制造业优势，从制造经济体转型为消费经济体。法国是世界较大消费经济体和较强的制造经济体。

印度制造业占比在近40年一直维持在15%—17%，作为一个制造类新兴经济体，印度的制造业占比是明显偏低的，印度是较弱的制造经济体。

韩国制造业占比近40年一直有所提高，从1990年的25%上升到2018年的27%，新兴经济体在向发达经济体过渡过程中制造业占比不减反增是难能可贵的。韩国是最强的制造经济体之一。

印度尼西亚制造业占比从1990年的20%上升到2000年的28%又逐步回落到2018年的20%。印度尼西亚是新兴经济体的后起之秀，未来经济增长潜力会超过印度，成长为中等强度的制造经济体之一。

表3 世界前20大经济体1990、2000、2010、2018年制造业占比变化

经济体	2018年制造业	2010年制造业	2000年制造业	1990年制造业
美国	11	12	13	16
中国	29	32	32	29
日本	21	21	21	23
德国	20	20	20	25
英国	9	10	11	17
印度	15	17	16	17
法国	10	10	13	16
意大利	15	14	16	20
巴西	10	13	15	22
加拿大	10	10	15	
俄罗斯	12	13	15	
韩国	27	28	26	25
澳大利亚	6	8	11	14
西班牙	11	11	14	16
墨西哥	17	16	17	19
印度尼西亚	20	22	28	20
荷兰	11	10	12	17
沙特	13	11	10	9
土耳其	19	15	17	22

资料来源：君晟研究统计，世界银行

五、新冠肺炎疫情对服务业冲击相比工农业更大，疫情后期服务业恢复难度比工农业更大

三大产业中工业占比超过30%的新兴经济体有中国（41%）、俄罗斯（32%）、韩国（35%）、印度尼西亚（40%），复合增速相对较高。

表4 世界前20大经济体2018年三大产业占比和2018—2021年GDP增速

经济体	农业占比	工业占比	服务业占比	2018增速	2019增速	2020E增速	2021E增速	2020—2021年复合增速
世界	4	27	65	3.6	2.9	−4.9	5.4	0.1
美国	1	18	77	2.9	2.3	−8.0	4.5	−1.9
中国	7	41	52	6.8	6.1	1.0	8.2	4.5
日本	1	29	69	0.3	0.7	−5.8	2.4	−1.8
德国	1	27	62	1.5	0.6	−7.8	5.4	−1.4
英国	1	18	71	1.3	1.4	−10.2	6.3	−2.3
印度	15	27	49	6.1	4.2	−4.5	6.0	0.6
法国	2	17	70	1.7	1.5	−12.5	7.3	−3.1
意大利	2	21	66	0.8	0.3	−12.8	6.3	−3.7
巴西	4	18	63	1.3	1.1	−9.1	3.6	−3.0
加拿大	1	28	65	2.0	1.7	−8.4	4.9	−2.0
俄罗斯	3	32	54	2.5	1.3	−6.6	4.1	−1.4
韩国	2	35	54	2.7	2.0	−2.1	3.0	0.4
澳大利亚	2	24	67	2.7	1.8	−4.5	4.0	−0.3
西班牙	3	20	68	2.4	2.0	−12.8	6.3	−3.7
墨西哥	3	31	60	2.1	−0.3	−10.5	3.3	−3.8
印度尼西亚	13	40	43	5.2	5.0	−0.3	6.1	2.9
荷兰	2	18	70	2.6	1.8	−7.7	5.0	−1.6
沙特	2	50	48	2.4	0.3	−6.8	3.1	−2.0
土耳其	6	29	54	2.8	0.9	−5.0	5.0	−0.1

资料来源：IMF、世界银行

三大产业中服务业占比超过 65% 的发达经济体有美国（77%）、日本（69%）、英国（71%）、法国（70%）、意大利（66%）、加拿大（65%）、西班牙（68%）、荷兰（70%），复合增速相对较低（-2%—-3%）。

第四节 2005—2020 年美元指数波动按趋势和极值划分为 8 个周期 16 跌涨阶段

作者选择 2005—2020 年 15 年为美元指数波动周期观察窗口，以月线为观察刻度，观察期按明显趋势和其间极值划分为 8 个周期 16 跌涨阶段，试图逐段分析所有涨跌阶段 30 个主要经济体的货币变动表现，从中发现与印证货币稳定性、安全性、收益性、流动性与经济体发展水平和全球产业链地位等经济特征的复杂关系。作者进一步比较分析了 2017 年初前 3—4 年和 2018 年初至 2019 年末两个连续非美元贬值年度期间全球 30 个主要经济体货币兑美元汇率贬值幅度，发现 G20 和金砖及东盟新兴经济体九大国普遍受到美元跨国资本频繁流入流出收割国民财富的伤害而连续 7 年巨幅贬值累计 30%—93%，是外汇储备不足覆盖短期外债和美元储备过高流动性和波动性的长期受害国。研究 2005—2020 年美元指数波动各阶段所有货币表现，大致可以论证前文提及的以下结论：尽管 2015 年 8 月人民币已经放弃盯住美元的汇率政策，但人民币一直是美元单边升值各阶段抗跌性最好的主要货币。人民币在美元升值或贬值各周期稳定性最强，平均表现强于大多数主要货币，且远胜于所有新兴经济体货币。

一、各阶段峰谷值、阶段变幅、阶段月数

2005 年 11 月 P1, 92, 跌 22%, 28 个月、2008 年 3 月 B1, 72, 涨 23%, 11 个月；
2009 年 2 月 P2, 88, 跌 15%, 9 个月、2009 年 11 月 B2, 75, 涨 16%, 6 个月；
2010 年 5 月 P3, 86, 跌 16%, 11 个月、2011 年 4 月 B3, 73, 涨 14%, 25 个月；
2013 年 5 月 P4, 83, 跌 4%, 11 个月、2014 年 4 月 B4, 80, 涨 26%, 19 个月；
2015 年 11 月 P5, 100, 跌 7%, 5 个月、2016 年 4 月 B5, 93, 涨 10%, 8 个月；
2016 年 12 月 P6, 102, 跌 13%, 13 个月、2018 年 1 月 B6, 89, 涨 12%, 25 个月；
2020 年 2 月 20 日 P7, 100, 跌 5%, 0.6 个月、2020 年 3 月 9 日 B7, 95, 涨 8%, 0.3 个月；

2020 年 3 月 19 日 P8, 103, 至 8 月 20 日 B8, 93, 跌 10%, 5 个月, 底部并未到达。

表5 2005—2020年美元指数波动明显趋势周期分阶段峰谷值、变幅、月数观察

峰谷值	峰谷月	人民币指数	美元指数	指数阶段变幅%	美元兑人民币	阶段月数
P1，92	2005/11/30	120	92		8.08	28
B1，72	2008/3/31	104	72	−22	7.02	11
P2，88	2009/2/28	101	88	23	6.84	9
B2，75	2009/11/30	101	75	−15	6.83	6
P3，86	2010/5/31	101	86	16	6.83	11
B3，73	2011/4/30	96	73	−16	6.50	25
P4，83	2013/5/31	111	83	14	6.18	11
B4，80	2014/4/30	108	80	−4	6.16	19
P5，100	2015/11/30	124	100	26	6.40	5
B5，93	2016/4/30	120	93	−7	6.46	8
P6，102	2016/12/31	117	102	10	6.94	13
B6，89	2018/1/31	119	89	−13	6.33	25
P7，100	2020/2/20	114	100	12	7.00	0.6
B7，95	2020/3/9	113	95	−5	6.93	0.3
P8，103	2020/3/19	115	103	8	7.05	5
B8，93	2020/8/13	112	93	−10	6.96	

资料来源：君晟、WIND

二、所有涨跌阶段30个主要经济体的货币变动表现

美元指数P1，92—B1，72阶段：

2005年11月末—2008年3月末即金融危机年度最低点美元兑全球主要货币主动贬值22% P1B1期间，发达经济体中，欧元大幅升值34%，日元升值20%，英镑15%，瑞郎32%，加元14%，澳元24%，新元12%。东亚四小龙中，韩元最弱只涨5%，新台币10%，坡币23%，港币盯住美元。新兴经济体中，人民币13%，马币18%，泰铢31%，印尼盾9%，越南盾 −1%。同期金砖四国受全球繁荣和资源景气推动货币大涨，俄罗斯升值23%，巴西26%，印度15%，但南非下跌20%。表现最差的新兴经济体墨西哥微跌1%，土耳其只微涨2%，阿根廷反而下跌6%。

美元指数 B1, 72—P2, 88 阶段：

2008年3月末—2009年2月末美元兑全球主要货币在危机后第一次升值23% B1P2期间，发达经济体中，欧元大幅贬值20%，日元逆势升值2%，英镑贬值28%，瑞郎 -15%，加元 -20%，澳元 -30%，新元 -36%。东亚四小龙中，韩元最弱暴跌28%，新台币 -13%，坡币 -11%，港币盯住美元。新兴经济体中，人民币逆势升值3%，马币 -14%，泰铢 -14%，印尼盾 -23%，越南盾 -8%。同期金砖四国受全球繁荣和资源景气推动货币大涨，俄罗斯大幅贬值35%，巴西 -27%，印度 -22%，南非继续下跌20%。表现最差的新兴经济体墨西哥大跌30%，土耳其 -22%，阿根廷继续下跌11%。在美元危机后第一次升值阶段表现最抗跌的是逆势兑美元升值的日元和人民币，在危机前美元贬值阶段发达经济体和新兴经济体货币所取得兑美元的升值幅度大部分被消除。能维持2005年11月末—2009年2月末两个高点汇率升值的货币只有日元、人民币、欧元、瑞郎和新马泰货币少数几种。

美元指数 P2, 88—B2, 75 阶段：

2009年2月末—2009年11月末美元兑全球主要货币危机后第一次贬值15% P2B2期间，发达经济体中，欧元大幅升值18%，日元升值13%，英镑15%，瑞郎16%，加元21%，澳元43%，新元43%，受中国"四万亿"复苏政策带动下资源经济体澳、新、加是发达经济体中货币升值幅度最大的。东亚四小龙中，韩元18%，新台币9%，坡币12%，港币盯住美元。新兴经济体中，人民币盯住美元，马币9%，泰铢10%，印尼盾27%，越南盾继续贬值5%。同期金砖四国俄、巴、南资源经济体受中国"四万亿"复苏政策带动下的资源景气推动货币大涨，俄罗斯大幅升值23%，巴西36%，南非38%，新兴制造经济体印度只升值10%。表现最差的新兴经济体墨西哥18%，土耳其12%，阿根廷第三阶段继续下跌6%。在美元危机后第一次贬值阶段，发达或新兴的资源经济体货币升值表现惊人，澳、新、巴、南普遍有40%左右。

美元指数 B2, 75—P3, 86 阶段：

2009年11月末—2010年5月末美元兑全球主要货币危机后第二次升值16% B2P3期间，发达经济体中，欧元大幅贬值18%，日元贬值5%，英镑贬值12%，瑞郎 -13%，加元逆势升值1%，澳元 -8%，新元 -5%。东亚四小龙中，韩元 -3%，新台币0，坡币 -1%，港币盯住美元。新兴经济体中，人民币继续盯住美元，马币4%，泰铢2%，印尼盾3%，越南盾第四阶段贬值3%。同期金砖四国中，俄罗

斯 −5%，巴西 −4%，南非 −4%，印度 0。表现最差的新兴经济体墨西哥 0，土耳其 −3%，阿根廷第四阶段继续下跌 3%。这一阶段亚洲新兴经济体明显抗跌性较好，马、泰、印尼货币小幅升值，金砖和其他新兴经济体仅轻微下跌，但发达经济体普遍显著下跌，欧元、瑞郎、英镑起领跌作用，显示欧盟债务危机对欧洲货币形成压力。

美元指数 P3，86—B3，73 阶段：

2010 年 5 月末—2011 年 4 月末美元兑全球主要货币危机后第二次贬值 16% P3B3 期间，发达经济体中，欧元大幅升值 20%，日元升值 12%，英镑升值 15%，瑞郎 33%，加元 10%，澳元 30%，新元 18%，本阶段制造强国瑞士表现最佳。东亚四小龙中，韩元 10%，新台币 12%，坡币 14%，港币盯住美元。新兴经济体中，人民币不再盯住美元而是升值 5%，马币 10%，泰铢 9%，印尼盾 7%，越南盾第五阶段贬值 9%。同期金砖四国资源经济体俄、巴、南货币大幅升值，俄罗斯 13%，巴西 15%，南非 13%，印度只有 5%。表现最差的新兴经济体墨西哥 13%，土耳其 3%，阿根廷第五阶段继续下跌 4%。在本阶段人民币放弃盯住美元的政策小额升值 5%，大部分亚洲经济体和欧洲发达经济体升值 10% 左右，欧元领涨 20%，瑞郎大涨 33%。

美元指数 B3，73—P4，83 阶段：

2011 年 4 月末—2013 年 5 月末美元兑全球主要货币危机后第三次升值 14% B3P4 期间，发达经济体中，欧元贬值 12%，日元 −19%（在安倍 2012 年末上台后日本主动贬值），英镑贬值 9%，瑞郎 −9%，加元 −9%，澳元 −13%，新元仅 −2%。东亚四小龙中，韩元 1%，新台币 −5%，坡币 −3%，港币盯住美元。新兴经济体中，人民币逆势升值 6%，马币 −4%，泰铢 −2%，印尼盾 −13%，越南盾第六阶段小幅贬值 2%。同期金砖四国俄罗斯贬值 14%，巴西仅 −1%，南非 −33%，印度 −22%。表现最差的新兴经济体墨西哥 −10%，土耳其 −19%，阿根廷第六阶段继续下跌 23%。在本阶段人民币继续放弃盯住美元的政策小额逆势升值 6%。在本阶段后期日本开启发达经济体主动贬值的序幕，金砖和其他新兴经济体分别开启连续三年的大幅贬值。

美元指数 P4，83—B4，80 阶段：

2013 年 5 月末—2014 年 4 月末美元兑全球主要货币危机后第三次贬值 5% P4B4 期间，发达经济体中，欧元升值 7%，日元逆势第二阶段贬值 2%，英镑升值 11%，瑞郎 9%，加元 −5%，澳元 −3%，新元 9%，本阶段发达经济体汇率表现分化，欧元和英镑、瑞郎强势升值，日元、加元、澳元贬值幅度大于美元。东亚四小龙中，韩元 -4%，新台币 -1%、坡币 $+1\%$、港币盯住美元。新兴经济体中，人民币不再盯住美元而是逆势贬值 2%，马币 -5%，泰铢 -6%，印尼盾 -15%，越南盾第七阶段贬值 0。同期金砖四国俄罗斯 -10%，巴西 0，南非 -4%，印度 -6%。表现最差的 G20 新兴经济体墨西哥 -2%，土耳其 -11%，阿根廷第七阶段继续下跌 -34%。在本阶段大部分亚太区经济体包括中、日、澳、加在美元指数自身下跌 5% 的基础上继续对美元有小幅贬值。

美元指数 B4，80—P5，100 阶段：

2014 年 4 月末—2015 年 11 月末美元兑全球主要货币危机后第四次升值 26% B4P5 期间，发达经济体中，欧元贬值 24%，日元连续第三阶段贬值 17%，英镑贬值 11%，瑞郎 -15%，加元 -18%，澳元 -22%，新元 -24%。东亚四小龙中，韩元逆势 3%，新台币 -8%，坡币 -11%，港币盯住美元。新兴经济体中，人民币基本盯住美元承担了不竞争性贬值的道义责任，只轻微贬值 2%，马币 -23%，泰铢 -10%，印尼盾 -16%，越南盾第八阶段小幅贬值 6%。同期金砖四国俄罗斯暴跌 46%，巴西暴跌 59%，南非 -27%，印度 -9%。表现最差的 G20 新兴经济体墨西哥 -21%，土耳其 -28%，阿根廷第八阶段继续下跌 17%。在本阶段人民币继续放弃盯住美元政策小额逆势升值 6%。在本阶段后期资源经济体全部进入主动大幅连续数年贬值期，本阶段巴西跌幅高达 59%、俄罗斯 46%、南非 27%、新西兰 24%、澳大利亚 22%、加拿大 18%。发达经济体欧元也进入连续三年的持续贬值，本阶段贬值 24%。

美元指数 P5，100—B5，93 阶段：

2015 年 11 月末—2016 年 4 月末美元兑全球主要货币危机后第四次贬值 7% P5B5 期间，发达经济体中，欧元升值 8%，日元升值 16%，英镑逆势贬值 3%，瑞郎 7%，加元 7%，澳元 5%，新元 6%。东亚四小龙中，韩元 2%，新台币 1%，坡币 5%，港币盯住美元。新兴经济体中，人民币继续盯住美元轻微贬值 1%，马币 9%，泰铢 3%，印尼盾 5%，越南盾第九阶段首次小幅升值 1%。同期金砖四国俄罗斯升值 3%，巴西 13%，南非 -2%，印度 0。表现最差的新兴经济体墨西哥 -4%，土耳其 4%，阿根廷第九阶段继续暴跌 -32%。

美元指数 B5，93—P6，102 阶段：

2016 年 4 月末—2016 年 12 月末美元兑全球主要货币危机后第五次升值 10%

B5P6期间，发达经济体中，欧元贬值8%，日元贬值9%，英镑因脱欧公投通过而大幅贬值15%，瑞郎−6%，加元−7%，澳元−5%，新元−1%。东亚四小龙中，韩元−11%，新台币0，坡币−7%，港币盯住美元。新兴经济体中，人民币在汇改后本阶段贬值7%，马币−13%，泰铢−3%，印尼盾−2%，越南盾第十阶段小幅贬值2%。同期金砖四国俄罗斯6%，巴西6%，南非5%，印度−2%。表现最差的新兴经济体墨西哥−17%，土耳其−21%，阿根廷第十阶段继续下跌10%。

美元指数 P6，102—B6，89 阶段：

2016年12月末—2018年1月末美元兑全球主要货币危机后第五次特朗普主动贬值13% P6B6期间，发达经济体中，欧元大幅升值18%，日元升值12%，英镑升值15%，瑞郎9%，加元9%，澳元12%，新元6%。东亚四小龙中，韩元13%，新台币11%，坡币10%，港币盯住美元。新兴经济体中，人民币继续不再盯住美元而是升值10%，马币10%，泰铢9%，印尼盾7%，越南盾第11阶段开始盯住美元变幅0。同期金砖四国俄罗斯升值9%，巴西2%，南非19%，印度7%。表现最差的新兴经济体墨西哥11%，土耳其−6%，阿根廷第11阶段继续下跌19%。

美元指数 B6，89—P7，100 阶段：

2018年1月末—2020年2月20日美元兑全球主要货币主动升值12% B6P7期间，人民币贬值12%，发达经济体中，欧元贬值13%、英镑贬值9%，相当于同期人民币与欧元和英镑等主要货币维持了汇率稳定，日元罕见地未随全球其他主要货币被动贬值、兑美元仅轻微贬值3%，加拿大贬值7%，瑞郎贬值5%，澳元和新元大幅贬值18%和14%。东亚四小龙中，韩元−11%，新台币−4%，坡币−6%，港币盯住美元。新兴经济体中，人民币贬值12%，马币−7%，泰铢0，印尼盾−2%，越南盾第12阶段小幅贬值2%。同期金砖四国中，卢布和卢比贬值12%，巴西和南非货币大幅贬值28%和22%。表现最差的新兴经济体土耳其、阿根廷第12阶段继续暴跌39%和68%，墨西哥比索仅贬值1%。

美元指数 P7，100—B7，95 阶段：

2020年2月21日—3月9日因新冠肺炎疫情在欧美失控而美元兑全球主要货币主动快速贬值5% P7B7期间，人民币、英镑、澳元、新元和东亚四小龙货币维持兑美元汇率大约不变，发达经济体中，欧元和瑞郎被动升值6%，日元升值10%，英镑升值2%，加元逆势贬值3%，澳元贬值0，新元升值0。东亚四小龙中，韩元0，新台币1%，坡币1%，港币盯住美元。新兴经济体中，人民币升值1%，马币－1%，泰铢0，印尼盾－5%，越南盾第13阶段开始盯住美元变幅0。同期金砖四国中，卢布贬值14%，里亚尔贬值7%，兰特贬值6%，卢比贬值3%。持续暴跌的新兴经济体土耳其、阿根廷在P7B7第13阶段稍稳定小跌1%，墨西哥比索大跌9%。

美元指数B7，95—P8，103阶段：

2020年3月9日—3月20日因美元流动性快速回流美国而美元兑全球主要货币主动快速升值8% B7P8期间，人民币仅轻微贬值2%，欧元贬值7%，日元贬值8%，瑞郎贬值6%，加元继续贬值6%，英镑、澳元均暴跌13%，新元大跌9%，除了港元、新台币盯住美元维持汇率大约不变，东亚区新兴经济体新、马、泰、韩平均贬值5%，越南盾升值，印尼盾继续暴跌10%。金砖四国货币继续大幅贬值，卢布贬值6%，里亚尔贬值7%，兰特贬值8%，但卢比仅贬值1%。持续暴跌的新兴经济体土耳其、阿根廷在B7P8第14阶段稍稳定后再度下跌6%和2%，墨西哥比索继续暴跌14%。

美元指数P8，103—B8，93阶段：

2020年3月20日—8月20日因美元流动性危机缓解和美元过度超发引发美元强烈贬值预期而美元兑全球主要货币主动快速大幅贬值10% P8B8期间，人民币仅轻微升值3%，欧元被动大幅升值11%，日元小幅升值4%，英镑大幅升值14%，加元大涨10%，瑞郎大涨8%，澳元报复性大涨25%，新元大涨14%，除了港元盯住美元维持汇率大约不变，新台币小幅升值3%，东亚区新兴经济体新、马、泰、韩平均升值5%，前期盯住美元的货币中，越南盾和港币维持轻微升值，暴跌的印尼盾回升7%。同期金砖四国货币继续大幅贬值，卢布回升8%，里亚尔继续贬值8%，兰特和卢布暂时稳住跌势，持续暴跌的新兴经济体土耳其、阿根廷再继续暴跌10%和14%，墨西哥比索回升8%。

由于美元自身流动性危机导致国际资本快速进出美国和其他主要经济体，2020年上半年在短期内除人民币和东亚经济体外大多数货币经历两轮暴涨暴跌，在本章中有必要视为不同阶段来描述。这改变了从2005—2020年期间各阶段一般12—24个月周期的常态，P7B7和B7P8阶段长度只有20天和10天。P8B8阶段并未完成，美元指数93不会是美元本轮贬值阶段的最低点。

研究 2005—2020 年美元指数波动各阶段所有货币表现，大致可以论证前文提及的以下结论：即使 2015 年 8 月前人民币采用盯住美元的汇率政策，在汇改后人民币仍然是美元单边升值各阶段抗跌性最好的主要货币。人民币在美元升值或贬值各周期稳定性最强，平均表现强于大多数主要货币且远胜于所有新兴经济体货币。

三、人民币略强于弱阶段美元的表现可增强全球经济体和投资者对人民币的持续信心

人民币应根据全球最大外汇储备和长期贸易顺差的实际情况维持持续略强于弱阶段美元的表现，以增强全球经济体和投资者对人民币的持续信心。

在 2008 年和 2012—2015 年全球货币争相对美元大幅贬值期间中国恪守道义坚守不贬值，这一做法不符合丛林法则，不会有其他国家对中国的仗义行为表示感谢。当其他多数经济体完成大幅贬值过程后，中国再单独贬值可能会被美国政府冠以汇率操纵的指责。2015 年中国人民币"8·11"汇改一次性对美元贬值 5% 是对美元以外的货币主动对人民币贬值的反向修正，且在 2016 年承受国际热钱基于人民币贬值预期的套利冲击。比较理性的汇率政策选择是，在美元单独升值期，人民币应跟随欧元、日元等主要货币有所贬值而不能一味盯住美元，在美元单独贬值期，人民币也应跟随欧元、日元等主要货币有所升值而不能让全球经济体外汇储备基金管理者认为人民币是弱势货币。美元未来几年长期趋势是对主要货币持续贬值，人民币应根据全球最大外汇储备和长期贸易顺差的实际情况表现出持续略强于美元的表现，增强全球经济体和投资者对人民币的持续信心。

人民币被动升值可以对冲美国资本长期带有的人民币高估的偏见且不至于削弱中国出口。2015 年 8 月的一次性的人民币贬值对中国出口有一定积极作用，在全球经济下行、国际贸易萎缩期，中国出口额下降幅度仅为 2.2%，远低于欧盟、美国、日本等主要国家。

人民币大幅贬值难以实现的原因在于：中国处于对多数经济体的贸易比较优势地位，中国与中国香港合计全球贸易比重为 21%，高于美国的 12%，如果人民币短期内大幅贬值，将导致中国出口优势暴增。在当前全球性结构性危机前各国经济下行压力很大，美国执政当局对维护本国产业与贸易竞争力的重视超过了美国垄断资本通过推动人民币贬值以低价收购中国股权资产的企图。从巴西、俄罗斯等国的案例可以看出，货币受外部冲击而大幅贬值后，国际热钱将重返股市收购股权资产。美国跨国资

本想故伎重演难度较大，中国已经有成熟的汇率防御体系与防御能力，巨额外汇储备本来就是用于应对汇率波动的。外汇储备并非越高越好，美元资产的低收益率与人民币资产的高收益率让外汇管理当局持有的由外国直接投资对应外汇部分长期构成收益率差额，这对中国不是有利的。

四、在2017年初前3—4年美元单独升值期内全部货币对美元与人民币连续数年大幅贬值

2008年金融危机后，在2017年初以前的3—4年即2013—2016年美元单独升值期间，除了瑞士与汇改前盯住美元的中国和中国香港，绝大部分发达经济体包括欧洲、英、加、澳、新、日本的货币均对美元和人民币有23%—36%持续三年巨大贬值，率先主动贬值的是日本，2012—2014年贬值36%，只有经济与中国更紧密往来的韩、泰、越、坡等东亚东盟经济体与中国维持了10%—14%的持续三年较小贬值幅度，金砖、G20、东盟新兴经济体九大国兑美元和人民币汇率出现连续3—5年的巨大幅度贬值。

欧元：2014—2016年对美元与人民币有23%的大幅贬值。

中国：2014—2016年对美元有13%的小幅贬值，主要是2015年"8·11"汇改后的一年。

日本：2012—2014年率先对美元与人民币有36%的大幅贬值。

欧洲发达经济体：2014—2016年欧盟 −23%（德、法、意、西、荷）、瑞士 −9%。

英语发达经济体：2014—2016年美国 +28%，2013—2015年英国 −25%、加拿大 −28%、澳大利亚 −30%、新西兰 −18%。

东亚发达经济体：2012—2014年日本 −36%，2013—2015年中国香港 0、中国台湾 −12%、新加坡 −14%、韩国 −10%。

东盟新兴经济体：2013—2016年马来西亚 −32%，2013—2015年印度尼西亚 −30%、越南 −7%、泰国 −15%。

金砖新兴经济体：2012—2015年巴西 −49%、南非 −51%、印度 −27%，2013—2015年俄罗斯 −58%。

G20新兴经济体：2013—2016年墨西哥 −39%、土耳其 −53%，2013—2017年阿根廷 −74%。

表6　30个主要经济体在2017年升值年度前后两个连续贬值年度期间
货币兑美元汇率变幅计算

经济体	连续贬值幅度（%）	贬值年度期间	2017年升幅（%）	升值年度期间	2018—2019年贬幅（%）	贬值年度期间	分组
美国	28	2014—2016	−10	2017	5	2018—2019	五眼
中国	−13	2014—2016	7	2017	−7	2018—2019	金砖
德国	−23	2014—2016	14	2017	−7	2018—2019	欧洲
法国	−23	2014—2016	14	2017	−7	2018—2019	欧洲
英国	−25	2014—2016	9	2017	−2	2018—2019	五眼
日本	−36	2012—2014	7	2016—2017	4	2018—2019	东亚
加拿大	−28	2013—2015	10	2016—2017	−3	2018—2019	五眼
澳大利亚	−30	2013—2015	8	2017	−10	2018—2019	五眼
新西兰	−18	2013—2015	4	2016—2017	−5	2018—2019	五眼
瑞士	−9	2014—2016	5	2017	1	2018—2019	欧洲
中国香港	0	2013—2015	−1	2017	0	2018—2019	东亚
中国台湾	−12	2013—2015	11	2016—2017	−1	2018—2019	东亚
新加坡	−14	2013—2016	8	2017	−1	2018—2019	东亚
韩国	−10	2013—2015	13	2016—2017	−7	2018—2019	东亚
马来西亚	−32	2013—2016	11	2017	−1	2018—2019	东盟
泰国	−15	2013—2015	10	2017	9	2018—2019	东盟
印度尼西亚	−30	2013—2015	−1	2017	−2	2018—2019	东盟
越南	−7	2013—2015	0	2017	−2	2018—2019	东盟
俄罗斯	−58	2013—2015	27	2016—2017	−7	2018—2019	金砖
巴西	−49	2012—2015	22	2016	−19	2017—2019	金砖
南非	−51	2012—2015	18	2016	−11	2017—2019	金砖
印度	−27	2012—2015	7	2016—2017	−11	2018—2019	金砖
墨西哥	−39	2013—2016	12	2017	−2	2018—2019	新兴
土耳其	−53	2013—2016	0	2017	−37	2018—2019	新兴
沙特	0	2013—2016	0	2017	0	2018—2019	新兴
阿根廷	−74	2013—2017	−15	2017	−69	2018—2019	新兴
智利	−32	2013—2015	8	2017	−21	2018—2019	新兴

资料来源：君晟统计、财为行情、WIND

结论：货币大幅贬值对刺激本国经济效应并不是对所有国家都是显著的，但提供了国际热钱低成本收购本国股权资产的机会。中国没有主动贬值以刺激经济的动力，美国以维护本国产业贸易竞争力和本国就业为目标的政策导向也不允许中国人民币贬值而获取更大贸易比较优势。

五、各主要经济体 2013—2019 年连续 7 年累计变幅

欧洲发达经济体：欧盟 −10%（德、法、意、西、荷）、瑞士 0。

英语发达经济体：美国 17%、英国 −19%、加拿大 −25%、澳大利亚 −31%、新西兰 −20%。

东亚发达经济体：日本 −18%、中国香港 0、中国台湾 −1%、新加坡 −11%、韩国 −8%。

东盟新兴经济体：马来西亚 −27%、印度尼西亚 −35%、越南 −10%、泰国 −2%。

金砖新兴经济体：中国 −10%、俄罗斯 −58%、巴西 −58%、南非 −48%、印度 −29%。

G20 新兴经济体：阿根廷 −93%、土耳其 −76%、墨西哥 −43%。

可以论证结论：2013—2019 年经历了 2013—2016 年和 2018—2019 年两段美元单独升值期和特朗普上任第一年 2017 年度一年美元单独贬值期，2013—2019 年连续 7 年可以视为一个幅度为 17% 的美元大升值期间。人民币与欧元是美元大升值期间最抗跌的全球主要储备货币，且人民币兑欧元汇率总体稳定，在此期间均只对美元下跌 10%，是除了盯住美元的东亚四小龙发达经济体和瑞士以外全球最强的主要货币。资源发达经济体新、加、澳期间分别贬值 20%、25%、31%，并未表现出抗跌性，东盟新兴经济体中印尼贬值 35%、马来西亚贬值 27%、越南累计仅贬值 10%（得益于 2016 年初起盯住美元）。G20 及金砖与部分东盟新兴经济体大国货币普遍出现巨幅贬值，阿根廷贬值 93%、土耳其 76%、俄罗斯 58%、巴西 58%、南非 48%、墨西哥 43%、印度 29%，东盟的马来西亚 27%、印度尼西亚 35%，这九个新兴经济体大国普遍受到美元跨国资本频繁流入流出收割国民财富的伤害，是外汇储备不足以覆盖短期外债和美元储备过高流动性和波动性的长期受害国。

第五节　人民币比美元有长期收益性比较优势的原因

人民币比美元有长期收益性比较优势是中美国力变化和美国自身货币政策失控因素造成的。美元指数只是表征与欧元、日元、英镑、加元四种主要货币合计92%权重的相对币值变动关系，包含瑞士、瑞典两个币值更追随欧元的欧洲国家货币权重因素后，欧元实际权重达到三分之二。实际美元指数币种权重是1973年的美国贸易伙伴权重，与2019年美国贸易伙伴权重天差地别，美元指数主要反映美元与欧元币值相对变动关系，几乎与人民币币值变动毫无关系。以2005年11月末P1美元指数92高点为同一基期计算比较，以2019年美国贸易伙伴权重计算的新权重美元指数比以1973年美国贸易伙伴权重计算的美元指数要高13%，实际掩盖了2020年8月20日美元仍然高估且美元指数93并不是B8最低位的客观事实。历史数据研究表明，在1973—2020年的美元市场中长期波动中，美元的每一轮上涨或下跌都呈现一定的规律和周期性，即每轮周期平均上涨7年和下跌5年。通过美元大周期波动，跨国资本对高外资高外债新兴经济体的收割国民财富行为俗称剪羊毛。

一、美元已经进入危险的贬值长周期，未来每一次美元指数反弹都是减持美元资产的时机

自COVID-19疫情危机爆发以来，美联储出台了史无前例的宽松措施以支撑经济，短短几个月里，资产负债表就扩张了3万亿美元。

在2020年8月8日君晟科技创新申月会议中，招商宏观首席谢亚轩博士提出美元目前处于1973年以来第三轮贬值周期中的观点。

在观察到美联储无节制超发美元认购国债和向市场提供无限量流动性以支持因欧美疫情暴发和全球经济危机爆发而摇摇欲坠的美元资产市场，作者于2020年4月3日发布报告《庚子年新冠肺炎疫情五行预测与火神山雷神山五行分析20200204—0403》，在资本市场底部市场投资者一片哀鸿遍野看空绝望之际，大胆预测看好创业板领衔的人民币资产市场会创出年内新高："属金新冠肺炎疫情缓解后属火创业板仍能创年度新高，维持年初预测年度目标2200点。我判断新冠肺炎疫情对中国经济的损害是一次性而不是永久性的，鉴于欧美经济体受损更为严重且中国经济恢复性增长

更早开始，疫情对中国占全球经济增量比重提高的作用是永久性的而不是一次性的，相应中国资产占全球资产价值比重提高和估值恢复常态是必然的。"4月3日沪深300达到3713点、创业板指1907点、上证综指2764点，8月20日沪深300达到4680点升幅26%、创业板指2588点升幅36%、上证综指3364点升幅22%。除了勇气和直觉，还需要大数据分析和常识的理性支持。

二、美元指数已经严重偏离以贸易结算量为权重反映美元与贸易伙伴间汇率变化的初衷

美元指数USDX是参照1973年3月6个主要贸易伙伴货币对美元汇率变化的几何平均加权值来计算的。以100.00为基准来衡量其价值。美元指数自1973年3月开始运行以来，经历指数发布前1972年2月末的120高点、1978年10月末的83低点，1985年2月末的160高点、1992年7月末的79低点，2002年1月末的120高点，2008年3月末的71低点。

美元指数水准反映了美元相对于1973年基准点的平均值，计算原则是以当时全球各主要国家与美国之间的贸易结算量为基础。参照1973年3月6种货币对美元汇率变化的几何平均加权值来计算，币别指数权重（%）为：欧元57.6、日元13.6、英镑11.9、加拿大元9.1、瑞典克朗4.2、瑞士法郎3.6。

表7 美国贸易伙伴2019年贸易权重和美元指数权重比较表

美国主要贸易对象	与美国贸易权重（%）	美元指数权重（%）	美国主要贸易对象	与美国贸易权重（%）	美元指数权重（%）
13伙伴合计	89.9	100.0	OPEC	2.5	
欧盟	17.4	57.6	印度	2.2	
大中华区	16.3		巴西	1.8	
加拿大	14.8	9.1	瑞士	1.1	3.6
墨西哥	14.8		瑞典	0.3	4.2
东盟	7.1		非美元指数贸易权重	47.9	
日本	5.3	13.6	美元指数贸易权重	42.0	
韩国	3.2		前20伙伴	80.0	
英国	3.2	11.9			

资料来源：美联储、美国商务部

经过 46 年，美国主要贸易伙伴已经发生巨大变化，美元指数对应的 6 个贸易经济体贸易占比已经大幅下降到 42%。根据 2019 年美国与全世界各主要经济体贸易结算量数据，大中华区贸易权重合计 16.3%（包括香港地区 0.7%、台湾地区 2.1%），欧盟权重 17.4% 对应的欧元比重 57.6%，英国权重 3.2% 对应英镑比重 11.9%。

合并计算的美国十大贸易伙伴有大中华区、墨西哥、东盟、韩国、OPEC、印度、巴西等合计占 47.9% 美国贸易权重的 7 个经济体未纳入美元指数比重，构成美元指数的 6 个货币对应的美国贸易权重仅为 42%，其中欧盟和加拿大、日本、英国以 40.6% 的贸易权重占美元指数比重合计 92.2%，已经退出十大贸易伙伴的瑞士和瑞典合计占美元指数比重 7.8%。

三、重新设计 2019 年贸易权重美元指数（简称新权重美元指数）

为了反映美元指数设置的初衷，作者根据 2019 年美国与前 20 大主要经济体贸易结算量比重，重新设计了 2019 年贸易权重美元指数（简称新权重美元指数），前 20 大经济体中有 6 个欧盟国家合计占欧盟进出口总额贸易权重 13.2%，中国 13.5%、墨西哥与加拿大各 14.8%、日本 5.3%、英国 3.2%、韩国 3.2%，美元指数权重经济体瑞士和瑞典的贸易权重仅为 1.08% 和 0.32%，远低于它们的美元指数权重 3.6% 和 4.2%。

表 8 美国前 20 大贸易伙伴 2019 年贸易权重和美元指数权重比较（%）

权重	1973 年	2019 年	权重	2019 年
墨西哥		14.83	韩国	3.24
加拿大	9.1	14.77	印度	2.22
中国		13.49	中国台湾	2.06
欧盟	57.6	13.23	巴西	1.75
日本	13.6	5.27	越南	1.61
英国	11.9	3.19	新加坡	1.56
瑞士	3.6	1.08	马来西亚	0.98
瑞典	4.2	0.32	中国香港	0.74

资料来源：美联储、美国商务部

表 9　美元指数和新权重美元指数、人民币及欧元在 2005—2020 年各峰谷阶段、2011—2020 各年度的变幅和各峰谷时点、2011—2020 各年末的数值一览

阶段	期间	权重指数变幅（%）	美元指数变幅（%）	人民币变幅（%）	欧元变幅（%）	月末日期	权重指数数值	美元指数净值	权重指数	美元指数	美元兑人民币	欧元兑美元
	2011					2011.12	0.94	0.88	175	80	6.3	1.3
	2012	−2	−1	1	2	2012.12	0.92	0.87	171	80	6.2	1.3
	2013	2	1	3	4	2013.12	0.94	0.88	175	80	6.1	1.4
	2014	7	13	−2	−12	2014.12	1.00	0.99	187	90	6.2	1.2
	2015	9	9	−4	−10	2015.12	1.09	1.08	204	99	6.5	1.1
	2016	4	4	−7	−4	2016.12	1.14	1.12	212	102	6.9	1.1
	2017	−6	−10	7	14	2017.12	1.07	1.01	200	92	6.5	1.2
	2018	3	4	−5	−4	2018.12	1.11	1.05	207	96	6.9	1.1
	2019	−1	0	−1	−2	2019.12	1.10	1.05	206	96	7.0	1.1
	2020	−9	−4	−14	6	2020.8	1.13	1.01	211	93	6.9	1.2
P1	2005.11—2008.03					2005.11	1.00	1.00	187	92	8.1	1.2
B1	2008.03—2009.02	−10	−22	15	34	2008.3	0.90	0.78	167	72	7.0	1.6
P2	2009.02—2009.11	18	23	3	−20	2009.2	1.05	0.96	197	88	6.8	1.3
B2	2009.11—2010.05	−11	−15	0	18	2009.11	0.94	0.82	176	75	6.8	1.5
		4	16	0	−18	2010.5	0.98	0.94	182	86	6.8	1.2

续表

阶段	期间	权重指数变幅（%）	美元指数变幅（%）	人民币变幅（%）	欧元变幅（%）	月末日期	权重指数净值	美元指数净值	权重指数	美元指数	美元兑人民币	欧元兑美元
P3	2010.05—2011.04	−9	−16	5	20	2011.4	0.89	0.80	166	73	6.5	1.5
B3	2011.04—2013.05	5	14	6	−12	2013.5	0.94	0.91	175	83	6.1	1.3
P4	2013.05—2014.04	0	−4	−2	7	2014.4	0.94	0.87	175	80	6.3	1.4
B4	2014.04—2015.11	16	26	−2	−24	2015.11	1.08	1.09	202	100	6.4	1.1
P5	2015.11—2016.04	−2	−7	−1	8	2016.4	1.06	1.02	197	93	6.5	1.1
B5	2016.04—2016.12	7	10	−7	−8	2016.12	1.14	1.12	212	102	6.9	1.1
P6	2016.12—2018.01	−8	−13	10	18	2018.1	1.04	0.97	195	89	6.3	1.2
B6	2018.01—2020.02	7	12	−10	−13	2020.2.20	1.12	1.09	209	100	7.0	1.1
P7	2020.02.21—2020.03.09	1	−5	1	6	2020.3.9	1.13	1.04	210	95	6.9	1.1
B7	2020.03.10—2020.03.19	6	8	−2	−7	2020.3.19	1.19	1.12	222	103	7.1	1.1
P8	2020.03.20—2020.08.20	−5	−10	2	11	2020.8	1.13	1.01	211	93	6.9	1.2

资料来源：君晟、WIND

表 8、表 9 比较了按 1973 年和 2019 年贸易权重美元指数（分别简称美元指数和新权重美元指数）和人民币及欧元在 2005—2020 年各峰谷阶段和 2011—2020 各年度的变幅。

权重指数净值和美元指数净值在考察期初 2015 年 11 月末美元指数 92 点时为 1.00，截至 2020 年 8 月 20 日权重指数净值为 1.13，美元指数为 1.01。表明美元指数只反映了美元与欧、日、加、英合计 41% 贸易权重的货币汇率变化情况，并未反映前十大经济体中 7 大经济体合计 48% 贸易权重的货币汇率变化情况。

按 2019 年贸易权重测算的权重指数约高于 1973 年贸易权重测算的美元指数 12%，表明美元目前并未在实际低位，仍有进一步贬值空间。

第六节　全球主要储备货币在美元指数 2005—2020 年 7 次高点回落迄今的收益率比较

全球主要储备货币在美元指数 2005—2020 年 7 次高点回落迄今的收益率比较结论是：从 2013 年 5 月后任何时段同时持有 6 个储备货币的全球经济体从人民币资产获得的单纯货币收益率就稳居前 3 名，如果再考虑人民币国债资产无风险收益率略高于美元资产和显著高于欧元、日元资产的无风险收益率，则人民币资产在 P6 和 P7 阶段的货币加无风险资产收益率可以超过英镑，人民币资产在 P2 和 P3 阶段的货币加无风险资产收益率可以超过第二、三名的美元。综上所述，自 2009 年以来各美元指数高点迄今的人民币货币加无风险资产收益率排名六大储备货币的前两位。

2005—2020 年 7 次高点分别为 2005 年 11 月末 P1 的 92、2009 年 2 月末 P2 的 88、2010 年 5 月末 P3 的 86、2013 年 5 月末 P4 的 83、2015 年 11 月末 P5 的 100、2016 年 12 月末 P6 的 102、2020 年 2 月 20 日 P7 的 100。

美元、人民币、欧元、英镑、日元、加元分别以 7 个高点时汇率为基数 1.00，测算 7 次高点到 2020 年 8 月 20 日期间的货币持有收益率（未计算各货币持有期资产国债收益率）。P1、P3、P4 三次变幅排名第一的都是加元，分别上涨 13%、26%、27%，同期人民币变幅为 −14%、1%、13%，分别排名第 5、4、2，同期美元指数变幅为 2%、8%、12%，分别排名第 2、3、3。

P2 迄今变幅第一的是日元上涨 9%，同期人民币变幅为 1%，排名第 4，同期美元指数变幅为6%，排名第2。

P5、P6、P7三次变幅排名第一的都是欧元，分别上涨12%、13%、10%，同期人民币变幅为8%、-1%、-1%，分别排名第2、3、3，同期美元指数变幅为-7%、-9%、-7%，分别排名第4、5、6。

表10 全球主要储备货币在美元近7次高点回落迄今的收益率比较

高点序号 美元指数值	P1, 92	P2, 88	P3, 86	P4, 83	P5, 100	P6, 102	P7, 100
美元指数	1.02	1.06	1.08	1.12	0.93	0.91	0.93
人民币	0.86	1.01	1.01	1.13	1.08	0.99	0.99
欧 元	1.00	0.93	0.96	0.91	1.12	1.13	1.10
英 镑	0.76	0.92	0.90	0.86	0.87	1.06	1.02
日 元	0.89	1.09	1.16	1.06	0.86	0.91	0.95
加 元	1.13	1.03	1.26	1.27	0.99	0.98	0.99
收益率排名	2005/11	2009/2	2010/5	2013/5	2015/11	2016/12	2020/2/20
美元指数	2	2	3	3	4	5	6
人民币	5	4	4	2	2	3	3
欧 元	3	5	5	5	1	1	1
英 镑	6	6	6	6	5	2	2
日 元	4	1	2	4	6	6	5
加 元	1	3	1	1	3	4	3

资料来源：君晟、WIND

说明：表上部分是各货币8月20日与7个美元峰值基期的汇率比值，表下部分为各货币在7个比较期持有收益率的排名

第五章
全球经济体增加人民币外汇储备权重

2020 年 8 月 20 日

第一节 中国外汇储备是全球经济体增持人民币储备的保障

中国长期贸易顺差支持外汇储备持续排名全球第一是高稳定性的人民币成为全球经济体外汇储备组成部分的坚实保障。研究 2005—2020 年全球主要货币与美元和人民币的相对波动情况可以得出结论，美国自身因素决定了美元有高波动性即低稳定性，持有美元储备的经济体长期承受美元资本流入流出造成对本币汇率的冲击，众多汇率波动防御能力弱小的新兴经济体长期处于本币汇率贬值的恶性循环中。相比美元，人民币作为全球主要货币的稳定性更高，在全球第一的外汇储备和全球第一的 20 年长期贸易顺差支持下，人民币兑全球主要货币在各波动周期里的汇率抗跌性和贬值后汇率修复能力都是相对最强的，全球各贸易伙伴持有的人民币外汇储备在未来 10 年出现相对其他主要货币更大幅度贬值损失的概率相对最低、升值概率相对较高。

一、中国长期拥有全球第一的外汇储备，非黄金占比 26%，美元占比 16%、欧元占比 40%

中国长期拥有全球第一的外汇储备，中国占非黄金的世界外汇总储备比重 2020 年 6 月超过 26%，占世界美元储备比重 16%、占世界欧元储备比重 40%。

表1 2017—2019 年末世界储备结构分析

时　　点	2017 年末	2018 年末	2019 年末
WB 中国总储备（万亿美元）	3.24	3.17	3.22
WB 世界总储备（万亿美元）	12.9	12.9	13.6

续表

时　　点	2017 年末	2018 年末	2019 年末
WB 黄金储备（万亿美元）	1.23	1.23	1.48
WB 世界非黄金储备（万亿美元）	11.7	11.7	12.1
WB 总储备中黄金占比	9%	10%	11%

资料来源：世界银行、君晟研究

二、2019 年世界总储备前 30 大经济体的储备结构分析

表 2　2019 年世界总储备前 30 大经济体的储备结构分析

经济体	非金储备（万亿美元）	总储备（万亿美元）	黄金储备（万亿美元）	黄金占比（%）	非金储备世界占比（%）	总储备世界占比（%）	黄金储备世界占比（%）	非金储备排名	总储备排名	黄金储备排名
世界	12.1	13.6	1.5	11	100	100	100			
欧盟	0.8	1.4	0.5	39	7	10	36			
中国	3.13	3.22	0.10	3	26	24	6	1	1	6
日本	1.28	1.32	0.04	3	11	10	3	2	2	8
瑞士	0.80	0.85	0.05	6	7	6	3	3	3	7
俄罗斯	0.44	0.56	0.11	20	4	4	8	6	4	5
美国	0.12	0.52	0.40	77	1	4	27	18	5	1
沙特	0.50	0.51	0.02	3	4	4	1	4	6	15
中国台湾	0.48	0.48	0.00	0	4	4	0	5	7	111
印度	0.43	0.46	0.03	7	4	3	2	8	8	9
中国香港	0.44	0.44	0.00	0	4	3	0	7	9	87
韩国	0.40	0.41	0.01	1	3	3	0	9	10	32
巴西	0.35	0.36	0.00	1	3	3	0	10	11	38
新加坡	0.28	0.29	0.01	2	2	2	0	11	12	26
泰国	0.22	0.22	0.01	3	2	2	1	12	13	24
德国	0.06	0.22	0.16	74	0	2	11	34	14	2
法国	0.07	0.19	0.12	63	1	1	8	27	15	4

续表

经济体	非金储备（万亿美元）	总储备（万亿美元）	黄金储备（万亿美元）	黄金占比（%）	非金储备世界占比（%）	总储备世界占比（%）	黄金储备世界占比（%）	非金储备排名	总储备排名	黄金储备排名
墨西哥	0.18	0.18	0.01	3	1	1	0	13	16	29
意大利	0.06	0.18	0.12	68	0	1	8	36	17	3
英国	0.16	0.17	0.02	9	1	1	1	14	18	16
捷克	0.15	0.15	0.00	0	1	1	0	15	19	69
印度尼西亚	0.13	0.13	0.00	3	1	1	0	17	20	37
波兰	0.12	0.13	0.01	9	1	1	1	19	21	20
以色列	0.13	0.13	0.00	0	1	1	0	16	22	111
阿联酋	0.11	0.11	0.00	1	1	1	0	20	23	55
土耳其	0.08	0.10	0.03	25	1	1	2	25	24	11
马来西亚	0.10	0.10	0.00	2	1	1	0	21	25	48
菲律宾	0.08	0.09	0.01	11	1	1	1	23	26	22
加拿大	0.09	0.09	0.00	0	1	1	0	22	27	111
利比亚	0.08	0.08	0.01	7	1	1	0	24	28	30
越南	0.08	0.08	0.00	0	1	1	0	26	29	111
西班牙	0.06	0.07	0.01	18	1	1	1	32	30	18

资料来源：世界银行、君晟研究

根据世界银行统计数据：世界总储备13.6万亿美元，其中黄金储备1.5万亿美元占11%，非黄金的外汇储备12.1万亿美元。其中中国总储备3.2万亿美元、黄金0.1万亿美元、外汇3.1万亿美元，世界占比分别为24%、6%、26%，黄金占比只有3%。美国总储备0.52万亿美元、黄金0.40万亿美元、外汇0.12万亿美元，世界占比分别为4%、27%、1%，黄金占比高达77%。欧盟总储备1.36万亿美元、黄金0.53万亿美元、外汇0.82万亿美元，世界占比分别为10%、36%、7%，黄金占比高达39%。日本总储备1.32万亿美元、黄金0.04万亿美元、外汇1.28万亿美元，世界占比分别为10%、3%、11%，黄金占比只有3%。日本、中国香港、中国台湾、韩国四个东亚经济体几乎没有黄金储备，全部是外汇储备且排名世界第2、7、9、10，美、德、法、意等主流货币经济体外汇储备规模极低，总储备有较大比例是黄金储备。

三、中国的外汇储备过度规模和以美元资产为主的储备货币结构导致中国人民币成为美元的底层资产

表3 全球前20大外汇储备的主要经济体2017—2019年外汇储备规模和世界占比

排名2019Q4	经济体	2017FER（万亿美元）	2018FER（万亿美元）	2019FER（万亿美元）	2017占比	2018占比	2019占比
1	中国	3.16	3.09	3.13	27%	26%	26%
2	日本	1.25	1.24	1.28	11%	11%	11%
3	瑞士	0.79	0.74	0.80	7%	6%	7%
4	沙特	0.49	0.50	0.50	4%	4%	4%
5	中国台湾	0.45	0.46	0.48	4%	4%	4%
6	俄罗斯	0.36	0.38	0.44	3%	3%	4%
7	中国香港	0.44	0.42	0.44	4%	4%	4%
8	印度	0.40	0.37	0.43	3%	3%	4%
9	韩国	0.39	0.40	0.40	3%	3%	3%
10	巴西	0.36	0.37	0.35	3%	3%	3%
11	新加坡	0.28	0.29	0.28	2%	2%	2%
12	泰国	0.20	0.20	0.22	2%	2%	2%
13	墨西哥	0.17	0.17	0.18	1%	1%	1%
14	英国	0.14	0.16	0.16	1%	1%	1%
15	捷克	0.15	0.14	0.15	1%	1%	1%
16	以色列	0.11	0.12	0.13	1%	1%	1%
17	印度尼西亚	0.13	0.12	0.13	1%	1%	1%
18	美国	0.04	0.11	0.12	0	1%	1%
19	波兰	0.11	0.11	0.12	1%	1%	1%
20	阿联酋	0.10	0.10	0.11	1%	1%	1%

资料来源：世界银行、君晟研究

2017—2019年末中国外汇储备（FER）占全世界外汇储备比例维持在26%，超过四分之一，日本约11%，瑞士6%—7%，沙特、俄罗斯、中国台湾、中国香港、印度维持在4%左右。中国的外汇储备过度规模和以美元资产为主的储备货币结构导致中

国人民币成为美元的底层资产，在安全性正常假设下人民币只能选择配置在流动性和收益性相对欧元和日元更好的美元市场。维持超过需求的外汇储备迫使中国必须在主要货币美元、欧元、日元等市场做出配置选择，在欧洲和日本实行负利率的情况下，中国外汇储备从美元向其他主要货币市场转移配置是一件不容易但又不得不完成的国家任务。

第二节　中国长期贸易顺差是人民币成为世界外汇储备的基础

中国对全世界和美国拥有持续超过20年的长期巨额贸易顺差，这是全球产业链迁移和重构的结果。从货币波动实践来看，凡是有制造优势导致长期贸易顺差的经济体有货币升值压力，但资源优势导致长期贸易顺差的经济体受资源价格剧烈波动而币值剧烈波动且并未表现出长期货币升值趋势，长期贸易逆差的经济体有货币贬值压力，但滥用无限印钞权的最主要储备货币美元有强周期波动的特性。

一、中国长期拥有全球第一的贸易顺差总额和对美国顺差

2019年中国对全球贸易顺差4215亿美元、对香港2699亿美元、对美国2958亿美元，2008—2019年中国对全球、中国香港、美国、欧盟均连续12年顺差且累计顺差分别高达对全球4.09万亿美元、对中国香港3.24万亿美元、对美国2.75万亿美元、对欧盟1.63万亿美元，中国对东盟连续8年顺差，累计顺差4041亿美元。中国对澳大利亚、中国台湾、韩国、日本均连续12年逆差，对德国11年逆差，其中累计逆差对澳大利亚5149亿美元、对中国台湾1.18万亿美元、对韩国8612亿美元、对日本3232亿美元、对德国2211亿美元。

经过几十年全球产业链迁移和重构，已经形成的全球分工合作产业链格局是资源经济体中的澳大利亚和巴西向中国供应原材料，俄罗斯和沙特等欧佩克国家向中国等制造经济体供应能源，中国台湾、韩国、日本等先进制造经济体向中国供应前端零部件，中国凭借产业链完整性和相对低廉劳动力成本承接中国台湾、韩国、日本制成品的后端组装制造环节并向美欧出口，实际上是20年前中国台湾、韩国、日本对美国的贸易顺差转移为近十几年中国台湾、韩国、日本对中国顺差和中国对美国顺差。在全球分工中，中国承担了对美最大顺差国的名义，但在利润分配环节，中国台湾、韩

表 4　中国对主要贸易伙伴 2008—2019 年贸易差额统计表

（单位：亿美元）

对象\年度	12年累计	2019	2018	2017	2008	2009	2010	2011	2012	2013	2014	2015	2016
总值	40015	4215	3518	4225	2981	1957	1815	1549	2303	2590	3825	5930	5107
美国	27761	2958	3233	2758	1710	1433	1812	2023	2189	2159	2371	2608	2507
澳大利亚	−5349	−732	−581	−534	−152	−189	−339	−488	−469	−613	−587	−333	−334
日本	−3352	−285	−335	−283	−345	−330	−557	−463	−262	−120	−136	−73	−163
韩国	−8708	−626	−959	−747	−382	−489	−696	−798	−811	−919	−898	−732	−652
中国香港	32426	2699	2936	2720	1778	1575	2060	2525	3056	3686	3503	3181	2709
中国台湾	−11913	−1179	−1290	−1114	−775	−652	−861	−898	−954	−1160	−1058	−984	−989
东盟	3877	774	506	434	−27	−5	−165	−230	84	445	635	828	598
新加坡	1742	195	155	108	121	123	76	74	122	158	180	245	185
欧洲	13744	1285	1010	973	1754	1026	1373	1264	1097	816	1025	1101	1020
欧盟	16231	1519	1351	1272	1622	1096	1441	1463	1231	1189	1266	1470	1311
英国	3849	385	327	344	265	234	275	296	295	319	334	406	370
德国	−2261	−254	−288	−258	34	−58	−62	−163	−227	−269	−323	−185	−209
法国	466	4	−15	9	77	85	105	79	28	36	16	21	22
意大利	1383	121	121	87	150	92	171	161	96	82	95	110	97
荷兰	6000	627	605	559	406	316	432	508	502	505	556	507	477
俄罗斯	155	−114	−111	17	93	−37	37	−15	−1	100	120	15	51
加拿大	776	87	68	110	91	56	73	31	49	40	48	32	90

资料来源：中国商务部、国家统计局，君晟

国、日本、美国、欧盟各经济体却占据了比中国更大的份额。

中国对美国连续12年保持巨额贸易顺差累计2.776万亿美元，同期美国对世界全部贸易逆差额为8.8万亿美元，中国占美国12年累计逆差的31%，同期中国对世界贸易顺差为4万亿美元。中国对欧盟连续12年保持巨额贸易顺差累计1.62万亿美元，同期欧盟对世界贸易差额－1.0万亿美元，中国占欧盟逆差的162%。

中国对中国台湾、韩国、日本三大先进制造经济体连续12年保持巨额贸易逆差累计2.397万亿美元，大致相当于中国对美国连续12年巨额贸易顺差累计值2.776万亿美元，验证了通过全球产业链迁移和重构，中国台湾、韩国、日本等先进制造经济体已经把20年前对美贸易顺差转移为近十几年中国台湾、韩国、日本对中国顺差和中国对美国顺差的判断。

二、前20大经济体对全世界2001—2019年累计贸易差额分析

考察前20大经济体对全世界2001—2019年累计贸易差额，长期贸易逆差经济体包括美国（－13.3万亿美元）、英国（－2.8万亿美元）、法国（－1.3万亿美元）、印度（－1.9万亿美元）、墨西哥（－0.1万亿美元）、土耳其（－1.1万亿美元），其中美、英、法是最发达经济体，印、墨、土是新兴经济体，法、墨是18年逆差，美、英、印、土连续19年逆差。对全世界连续19年贸易顺差的经济体有中国（4.7万亿美元）、德国（4.3万亿美元）、西班牙（1.1万亿美元）、荷兰（1.1万亿美元），18年顺差经济体有俄罗斯（2.1万亿美元）、韩国（0.7万亿美元）、瑞士（0.4万亿美元）。19年中有贸易顺差年数分别是意大利（11年）、日本（12年）、巴西（17年）、澳大利亚（10年）。东亚的中、韩、日和欧盟的德、意、西、荷及瑞士是制造优势经济体，俄、巴、澳是资源优势经济体。

三、量化分析全球主要经济体汇率稳定性特征，人民币汇率稳定性是国际储备货币中最高的

2012—2018年汇率变幅的标准差可用于考察各经济体货币兑美元汇率的稳定性。测算结果是，人民币与瑞郎、新台币、坡币都是标准差低于5%的稳定型货币，欧元、英镑、日元等主要国际储备货币的标准差高达8%以上，加拿大、澳大利亚、新西兰资源发达国和印度的货币标准差6%—7%，墨西哥、马来西亚等制造国新兴经济体的货币标准差约9%，俄罗斯、巴西、南非等资源国新兴经济体的货币标准差高达

表 5　前 20 大经济体对全世界 2001—2019 年累计贸易差额统计表

经济体	2001—2019累计差额	2008—2019累计差额	2001—2019顺差年数	2019 GDP（万亿美元）	2020 GDP（万亿美元）	2021 GDP（万亿美元）	2019 GDP比重（%）	2020 GDP比重（%）	2021 GDP比重（%）
世界	—	—	—	88.4	85.7	90.7	100.0	100.0	100.0
美国	-13.3	-8.8	0	21.0	19.8	20.7	23.8	23.1	22.8
欧盟	-1.9	-1.0	5	19.1	17.7	18.6	21.6	20.7	20.5
中国	4.7	4.0	19	14.4	14.6	16.0	16.3	17.0	17.6
日本	0.3	-0.2	12	5.0	4.7	4.9	5.7	5.5	5.4
德国	4.3	3.0	19	4.0	3.7	3.9	4.5	4.3	4.3
英国	-2.8	-2.1	0	2.9	2.7	2.8	3.3	3.2	3.1
法国	-1.3	-1.1	1	2.8	2.6	2.7	3.2	3.0	3.0
印度	-1.9	-1.7	0	2.8	2.9	3.1	3.2	3.4	3.4
意大利	0.2	0.3	11	2.1	1.9	2.0	2.4	2.2	2.2
巴西	0.6	0.4	17	1.9	1.8	1.8	2.1	2.1	2.0
加拿大	0.3	0	9	1.7	1.6	1.7	2.0	1.9	1.9
俄罗斯	2.1	1.7	18	1.7	1.6	1.6	1.9	1.9	1.8
韩国	0.7	0.6	18	1.6	1.6	1.6	1.8	1.9	1.8
澳大利亚	0.1	0.2	10	1.4	1.4	1.4	1.6	1.7	1.6
西班牙	1.1	0.8	19	1.4	1.3	1.4	1.6	1.6	1.5
墨西哥	-0.1	-0.1	1	1.2	1.1	1.2	1.4	1.3	1.3
印度尼西亚	0.3	0.1	14	1.0	1.0	1.0	1.2	1.2	1.1
荷兰	1.1	0.8	19	0.9	0.9	0.9	1.0	1.1	1.0
土耳其	-1.1	-0.8	0	0.8	0.8	0.8	0.9	0.9	0.9
瑞士	0.4	0.3	18	0.7	0.7	0.7	0.8	0.8	0.8

资料来源：中国商务部、美国商务部、君晟

13%—20%，是货币稳定性最弱的群体。

2017—2018年汇率变幅的标准差和2012—2018年汇率变幅的标准差两组数据比较，可以发现中国和日本的稳定性变化最大。中国从4.6%上升为6.8%，显示2017年初以来人民币货币波动性加大但仍处于可接受范围；日本从8.2%下降为4.0%，显示2017年初以来日元作为避险货币而波动性显著下降。作为美元指数主要构成货币的欧元、英镑以及澳元、新元和美元指数本身均出现波动性变大的趋势，表明美元2017年初至2018年2月初主动性大幅贬值13%和2018年2月迄今大幅升值8%是全球货币汇率波动性加大的主要原因，其他主要货币包括欧元和人民币都不是主动贬值的一方。

特朗普上台一年中，特朗普鼓励出口反对强美元的意志影响到美元指数大幅下跌13%。2018年2月初起尤其是4月初起因特朗普挑起对全球所有主要经济体的关税战，美元指数从89快速上升到2018年8月15日的96.8以上。特朗普对美元强弱的偏好不定为真实世界的货币波动带来巨大的影响。2018年8月10日，特朗普甚至用关税和汇率作为武器惩罚不服从的北约盟国土耳其，沾沾自喜于强美元和惩罚性钢铝关税导致土耳其里拉汇率崩盘暴跌。

第三节　中国对美国长期贸易顺差

中国对美国长期贸易顺差是导致美国现政府用极端政策寻求与中国全面硬脱钩甚至不惜军事冲突的重要起因，中国已经为2018年以来美国巨大政治压力付出了代价。中国应面对国际形势客观事实，做出改造全球产业链结构的中国对策，即中国政府应鼓励中国制造业优势企业在东南亚和墨西哥加大投资力度，允许一部分制成品最后组装环节转移到东南亚和墨西哥，允许中国减少对美国的最终制成品出口，实现中美直接贸易规模和中国对美贸易顺差逐步下降，持续减缓中国对美国常年大额贸易顺差的政治压力。中国优势企业增加在墨西哥和东南亚的制成品组装环节外移投资政策是学习日本、韩国、中国台湾向中国和东南亚转移持续对美贸易顺差的对策，虽然可能削弱以国境为限统计的中国GDP，但是仍可以增加以居民国籍统计的中国GNP，长期来看是中国产业升级的必然选择。

中国制成品组装环节外移政策不是作者的发明创造，日本、韩国、中国台湾等东亚经济体在20年前为转移持续对美贸易顺差就把制成品组装环节转移到劳动力成本更低的中国和东南亚。制成品组装环节外移政策会减少中国就业，但在劳动力成本优势逐渐减少的现阶段，保持适当的低端劳动力失业率，可以延缓中国劳动力成本优势减少的速度。同时低端组装环节外移，也逼迫中国制造业优势企业向中高端制造环节升级。随着人均GDP和人均收入的增长，中国不可能永远保持最低的劳动力成本、永远从事依靠劳动力成本优势获取微薄利润的组装环节制造业，日本、韩国、中国台湾经历过的产业升级成长过程，中国也必然要经历。

日本表面上GDP增速缓慢，但包含日本国民企业在全世界所创造经济总量的GNP世界比重5.92%比GDP比重5.79%更能显示日本真正的经济实力，持续中高速增长的中国GDP中也包括了在华投资的外资企业所贡献的经济总量。

GNP等于GDP加上本国居民投在国外的资本和劳务收入再减去外国居民投在本国的资本和劳务收入。GNP与GDP差值较大的经济体有欧盟3900亿美元（其中德国1900亿美元、法国1300亿美元），中国2100亿美元，日本1800亿美元，美国1600亿美元；差幅最大经济体是德国4.9%、法国4.7%、日本3.6%，美国只有0.7%，中国是1.5%。

表6 主要经济体2019年GNP和GDP差异分析和世界占比分析

经济体	2019 GNP（万亿美元）	2019 GDP（万亿美元）	GNP－GDP差值（万亿美元）	GNP/GDP差幅（%）	2019 GNP占比（%）	2019 GDP占比（%）	GNP－GDP占比差
世界	88.8	87.8			100	100	
美国	21.58	21.43	0.16	0.73	24.31	24.42	－0.11
欧盟	15.99	15.59	0.39	2.52	18.01	17.77	0.24
中国	14.55	14.34	0.21	1.47	16.39	16.34	0.05
日本	5.26	5.08	0.18	3.58	5.93	5.79	0.14
德国	4.03	3.85	0.19	4.89	4.54	4.38	0.16
印度	2.91	2.88	0.04	1.24	3.28	3.28	0.00
法国	2.84	2.72	0.13	4.70	3.20	3.09	0.11
英国	2.83	2.83	0.00	0.17	3.19	3.22	－0.03

续表

经济体	2019 GNP（万亿美元）	2019 GDP（万亿美元）	GNP－GDP差值（万亿美元）	GNP/GDP差幅（%）	2019 GNP占比（%）	2019 GDP占比（%）	GNP－GDP占比差
意大利	2.1	2.0	0.08	3.8	2.3	2.3	0.1
巴西	1.9	1.8	0.09	4.7	2.2	2.1	0.1
韩国	1.7	1.6	0.10	6.2	2.0	1.9	0.1
加拿大	1.7	1.7	0.01	0.4	2.0	2.0	0.0
俄罗斯	1.7	1.7	−0.05	−2.8	1.9	1.9	−0.1
西班牙	1.4	1.4	0.04	2.6	1.6	1.6	0.0
澳大利亚	1.4	1.4	0.00	0.0	1.6	1.6	0.0
墨西哥	1.2	1.3	−0.05	−4.3	1.4	1.4	−0.1
印度尼西亚	1.1	1.1	−0.02	−2.0	1.2	1.3	0.0
荷兰	0.9	0.9	0.01	1.4	1.0	1.0	0.0
土耳其	0.8	0.8	0.05	6.2	0.9	0.9	0.0
沙特	0.8	0.8	−0.01	−1.3	0.9	0.9	0.0
瑞士	0.7	0.7	0.03	4.3	0.8	0.8	0.0

资料来源：世界银行、君晟研究

第四节 全球各经济体以美元储备为主是本币持续受美元资本出入冲击的原因之一

全球各经济体以美元储备为主的配置是发达经济体和新兴经济体持续遭受美元资本出入造成的冲击的原因之一。大部分非美元储备不足的新兴经济体叠加国内资本外逃恐慌情绪放大效应而出现持续贬值的恶性循环，新兴经济体选择人民币作为外汇储备重要组成部分的政策可以部分缓解美元长期频繁出入导致的持续贬值预期。稳定性强、抗跌性好的人民币比汇率大起大落的发达经济体货币更适合担任全球经济体的外汇储备货币。美元指数跌破90进入80正负10区间波动的重要突破还需要反复波动时间，但美元贬值大周期趋势已成，包括中国在内的全球经济体减持美元外汇储备资产、增配人民币和欧元外汇储备资产是当务之急。

一、2020年3月10—19日美国流动性短缺引发全球多数货币急剧贬值

2020年3月10—19日美国流动性短缺导致全球各经济体国际资本回流美国，美元指数短期内从95暴涨到103，造成大多数经济体汇率剧烈波动。发达经济体在3月20日美元流动性缓解后有较好的本币汇率修复，但众多新兴经济体却未能获得币值修复而是持续贬值，造成国民财富实质缩水。

2020年3月10—19日美元指数急剧上涨8%，3月20日—8月20日美元指数大跌10%。几乎全部主要新兴经济体货币兑美元汇率大幅下跌，2020年累计跌幅俄罗斯为-16%、巴西-27%、南非-14%、印度-5%、墨西哥-15%、土耳其-19%、印度尼西亚-7%、阿根廷-18%、智利-7%。

资源型发达经济体也有较大幅度下跌，澳元继2018年1月—2020年2月美元升值P6B6阶段大幅下跌18%后，在2月20日—3月9日再度下跌13%，同期加拿大货币下跌6%、新西兰下跌4%，而人民币和日元等主要货币及东亚经济体货币普遍下跌幅度有限，2020年迄今变幅维持在正负2%，相对美元币值保持稳定。

在3月20日—8月20日美元指数暴跌10%过程中，欧元和其他欧洲货币瑞郎、丹麦克朗、瑞典克朗普遍相对美元和人民币2020年迄今升值5%—7%。

二、美联储如何应对美元流动性危机？

为避免全球各经济体为对冲国际资本回流美国而大量抛售美元资产的集体行为造成美国资产价格大跌，美联储通过美元互换向海外央行提供了最多4500亿美元的流动性，但该互换对手方央行涵盖范围有限，主要覆盖欧、日、英、瑞、澳等14个国家和货币区域。中国应制定国策，鼓励发达经济体和新兴经济体从各自外汇储备安全性和流动性考虑选择增加人民币资产占外汇储备的权重，中国有序开放股票和债券人民币资产市场的举措将为各经济体配置外汇储备提供回报稳定、流动性良好的资产池。

在疫情与经济衰退威胁下，在美元回流美国补充美国国内流动性的带动下，2020年3月，全球各国均出现美元流动性短缺，美联储向多数主要贸易伙伴央行提供美元流动性。美联储设立海外央行回购工具，实质是将海外央行持有的美国国债"美元货

币化"。美联储加码向全球提供美元流动性，有助于稳定海外金融市场，尤其是深受资本流出困扰的新兴经济体金融市场。随着全球疫情加剧，资本市场风险偏好下降，海外资金加速流出新兴市场。统计显示，2020年3—5月美国新兴市场基金累计流出达646亿美元，日均流出28亿美元，速度远快于2008年金融危机时期。如此迅速的美国资本流出对新兴经济体金融稳定压力极大，资产市场和外汇市场尤遭遇双杀，具有美国跨国资本收割新兴经济体国民财富的剪羊毛典型特征。

美联储此次设立海外央行回购工具，只要在纽约联储有账户的央行均有使用这个工具获取美元的权限，极大地扩充了全球经济体的美元可得性，保证了全球经济体央行可以从美联储获取美元并再投放至本地金融市场，缓解美元国际资本流出造成的冲击。海外央行回购工具有助于帮助稳定全球各经济体金融市场，更主要的是有助于稳定美国本土金融市场。在面临美国跨国资本大幅流出本国市场压力下，如果众多全球经济体同时选择大幅抛售持有的美国国债等美元资产去稳定本国金融市场尤其是汇率市场，将可能导致美国本土金融市场大跌。因而，美联储为海外央行提供将持有的美国国债等资产快速变现为美元流动性的渠道，实际上也减少了美国本土资产被海外央行无序抛售造成市场动荡的可能。

美国央行为持有美元资产外汇储备的全球经济体提供海外央行回购工具2000亿美元流动性的做法值得中国学习。在更多全球经济体持有人民币资产外汇储备后，中国同样需要准备人民币互换海外央行回购工具手段以对冲未来美国策动冲击人民币汇率和组织资本外逃的行为。

2020年3月中旬突然爆发的全球美元流动性危机，直到2020年6月下旬才逐步缓解，14家中央银行向美联储申请的货币互换余额开始快速下降，美联储对欧、日、英、瑞、澳等14个国家和货币区域的注资总量由4500亿美元下降到低于3000亿美元。美联储的新冠肺炎疫情暴发后的危机应对机制之一的货币互换已经开始退出，资产负债表收缩已经开始。欧洲、日本、英格兰三大央行从美联储的借款金额最大，日本央行峰值高达2200亿美元，6月下旬已经归还了1/3。外汇储备全球第一的中国是少数未受美元流动性危机影响的主要经济体，中国央行并不需要与美联储货币互换以获得美元流动性。

三、新兴经济体汇率风险来自自身弱偿外债能力与高通胀

作者在"货币储备篇"第一章《2012—2018年世界主要经济体汇率稳定性研究》

中得出结论:"新兴市场经济体汇率风险来自弱偿外债能力与高通胀,短期外债/外汇储备年末比例和国内通胀率是判断汇率风险的两大规则。受外汇储备不足和美元外汇储备波动剧烈和美元资本频繁流入流出的影响,除东亚以外的新兴经济体汇率常年持续贬值。人民币虽然现阶段处于低估阶段,但中国政府不会主动推动人民币升值而削弱已有的贸易优势,对全球经济体而言,现阶段是长期配置人民币资产的良好窗口期,全球汇率波动实践已经证明了人民币的稳定性和安全性、收益性。中国政府努力改善提高人民币资产的流动性和资产市场规模已经初见成效,全球经济体增加外汇储备的人民币资产比重是对各经济体维持自身经济安全和汇率稳定的主要辅助对策。"

中国人民币虽然随美元波动而有小幅反向波动,但作者预测人民币兑美元汇率在 7 附近继续大幅贬值难度较大,反而积累了内生性升值压力,但中国政府不会主动升值造成削弱贸易优势。中国短期外债占外储比较低,且通胀较低,中国仍然保持了超过 20 年的大额贸易顺差,外汇储备长期维持全球第一。

所谓的人民币贬值压力不是内生性来自偿债压力或通胀高或贸易逆差、外汇储备不足,而是来自中国应对关税压力的外在因素。中国如果允许人民币贬值就很容易遭受美国特朗普政府反制。综上所述,人民币汇率在 7 附近难以继续大幅贬值,人民币汇率存在回归均衡的内在需求,现阶段是全球经济体配置人民币资产以减少美元外汇储备对自身汇率安全频繁冲击威胁的良好时机。

第五节 中国降低外汇储备并调整外汇储备币种结构是国家安全头等大事

分析世界十大经济体 2017—2019 年进口额、贸易差额与储备、GDP 的比值关系,可以得出结论:中国目前 3.1 万亿美元的外汇储备已经成为中国政府沉重的负担,在中美实质性全方位摩擦加剧的 2020 年,中国降低外汇储备并调整外汇储备结构已经是国家安全的头等大事。

一、主要经济体外汇储备与贸易差额

自 1994 年外汇体制改革以来,中国外汇储备规模持续增加,1996 年 11 月首次突破 1000 亿美元,2006 年 2 月外汇储备达到 8537 亿美元、首次超过日本成为全球外汇储备第一大国。外汇储备从 1990 年 111 亿美元一路飙升至 2014 年 6 月 4 万亿美元,

2014年7月—2016年规模回落并保持在3万亿美元左右。

欧盟和日本的贸易差额从2017年顺差转为2018—2019年逆差。美国贸易逆差连续三年稳定在8000亿美元左右，在美国发动对中国加征关税后的2018年美国贸易逆差增加了800亿美元。中国的贸易顺差2017年4200亿美元受影响回调到2018年3500亿美元，2019年出现出口额进口额双降但顺差额扩大到5100亿美元。

发达经济体美、英、法常年贸易逆差，但由于本币是自由兑换的外汇储备货币，因此外汇储备规模较小。贸易顺差大国包括中国（2019年末贸易差额与储备比16%）、德国（431%）、意大利（107%）、瑞士、韩国等制造优势经济体和俄罗斯（40%）、沙特（32%）、巴西（13%）、澳大利亚（104%）等资源优势经济体，常年保持顺差，贸易差额与储备比例较高。发达经济体基本保持了较低外汇储备规模水平。

表7 世界前6大经济体与欧盟2017—2019年进口额、贸易差额与储备、GDP的比值关系分析

经济体	美国	中国	欧盟	日本	德国	英国	法国
2017出口（万亿美元）	1.55	2.26	2.14	0.70	1.45	0.44	0.54
2018出口（万亿美元）	1.67	2.49	2.32	0.74	1.56	0.49	0.58
2019出口（万亿美元）	1.65	2.10	2.29	0.71	1.49	0.47	0.57
2017进口（万亿美元）	2.34	1.84	2.10	0.67	1.17	0.62	0.62
2018进口（万亿美元）	2.54	2.14	2.34	0.75	1.29	0.65	0.67
2019进口（万亿美元）	2.50	1.59	2.32	0.72	1.23	0.69	0.65
2017差额（万亿美元）	−0.79	0.42	0.03	0.03	0.28	−0.18	−0.09
2018差额（万亿美元）	−0.87	0.35	−0.02	−0.01	0.28	−0.16	−0.09
2019差额（万亿美元）	−0.85	0.51	−0.03	−0.02	0.25	−0.22	−0.08
2017储备（万亿美元）	0.04	3.16	0.80	1.25	0.06	0.14	0.05
2018储备（万亿美元）	0.11	3.09	0.81	1.24	0.06	0.16	0.07
2019储备（万亿美元）	0.12	3.13	0.82	1.28	0.06	0.16	0.07
2017GDP（万亿美元）	19.5	12.1	14.7	4.9	3.7	2.7	2.6
2018GDP（万亿美元）	20.5	13.6	15.9	5.0	3.9	2.9	2.8
2019GDP（万亿美元）	21.4	14.3	15.6	5.1	3.8	2.8	2.7
2017储备/进口（%）	2	172	38	186	5	22	9
2018储备/进口（%）	5	145	35	166	5	24	10
2019储备/进口（%）	5	197	36	178	5	23	11

续表

经济体	美国	中国	欧盟	日本	德国	英国	法国
2017 储备 /GDP（%）	0	26	5	26	2	5	2
2018 储备 /GDP（%）	1	23	5	25	1	6	2
2019 储备 /GDP（%）	1	22	5	25	2	6	3
2017 差额 /GDP（%）	−4	3	0	1	8	−7	−3
2018 差额 /GDP（%）	−4	3	0	0	7	−6	−3
2019 差额 /GDP（%）	−4	4	0	0	7	−8	−3
2017 差额 / 储备（%）	−1803	13	4	2	474	−129	−162
2018 差额 / 储备（%）	−762	11	−2	−1	465	−99	−139
2019 差额 / 储备（%）	−720	16	−4	−1	431	−140	−117

资料来源：君晟设计、IMF、中国商务部

二、外汇储备并不全是国民财富，也是央行对应换汇居民与企业负债的资产

外汇储备是央行对应以外汇兑换本币的居民与企业负债的资产，长期低收益性与美元资产安全性急剧下降的外汇储备是中国政府的沉重负担。年末外汇储备与年度进口额的比值，中国和日本、巴西已经高达近 2 倍。经济体的持续贸易差额、外汇储备规模与比例决定了本币长期币值变动方向，稳定性强、收益性相对好和安全性好的货币更适合于担任储备货币。

长期顺差必然增厚外汇储备和加强本币升值压力。欧元货币集团中强经济体德国可以用集团内弱经济体来平衡本币升值压力，维持并扩大制造贸易优势。

美元波动剧烈稳定性差其他主要货币特别是人民币，货币安全性要求经济体政治稳定、不易受国际政治冲击，美元、欧元、人民币、日元都是安全性最强的主要储备货币，收益性相对体现在本币兑主要货币长期看是否有升值空间，而升值空间来源于持续贸易顺差所表征的全球制造优势。

长期顺差经济体包括中国、韩国、中国台湾、德国、意大利、西班牙、荷兰、瑞士等制造优势经济体，以及巴西、俄罗斯、澳大利亚、沙特等资源优势经济体。制造优势经济体汇率长期来看有升值压力，包括人民币、韩元、新台币、欧元、瑞士法郎。资源优势经济体的汇率受资源价格剧烈波动影响而起伏巨大，巴西里亚尔和俄罗斯卢布长期贬值，澳元是次要储备货币，长期趋势不明朗但稳定性差，不利于担当储

备货币的稳定性、收益性、安全性的重责。

长期逆差经济体包括美国、英国、法国、印度、土耳其，长期来看，美元、英镑、印度卢比和土耳其里拉持续走弱。

贸易弱平衡经济体包括日本、加拿大、墨西哥、印度尼西亚，长期来看，本币受美元波动冲击影响大，贸易优势持续受到美国政府削弱压制，如果贸易经营不善，则很有可能未来沦为长期逆差经济体，日元和加元受储备货币优势保护而维持汇率相对稳定，但墨西哥比索和印度尼西亚盾若经济恶化则汇率长期受到压力。

三、本币贬值预期会增加本国富裕居民资本外逃从而加剧贬值压力

本币贬值预期会增加本国富裕居民资本外逃加剧贬值压力，长期减少本国居民的国民财富和美元计算的GDP规模，本币升值预期会增加国际资本流入套利和资产泡沫。本币升值会削弱本国低技术高替代商品的贸易优势，本币贬值会增加本国低技术高替代商品的贸易优势。美国政府通过2015年方案，对贸易伙伴主动竞争性贬值以增加贸易优势的行为定义为货币操纵，对贸易伙伴货币升值并可能削弱贸易优势和对美国顺差规模则乐观其成。

本币贬值只有短期促进贸易竞争力作用，长期来看维持本币升值预期结合实际缓慢波动性升值的货币变动趋势最符合制造优势国家利益，既要维持本国居民国民财富增长、维持本币长期升值预期、维持美元计价的GDP规模正常增长，同时又能维持本国制造业相对贸易优势，打消因本币贬值预期造成的国内居民资本外逃。但在丛林规则下没有一个主要经济体会允许本币主动快速升值而损害本国制造业商品贸易优势，哪怕因此获得虚幻的美元计价GDP规模扩张和本国居民财富扩张。

货币超发的经济体有货币贬值的压力，但世界主要经济体美、欧、中、日都存在货币超发现象，没有一个主要经济体采用谨慎货币发行政策，因此美、欧、中、日货币并没有因货币超发而出现长期贬值。

国内通胀的经济体有货币贬值压力，但由于全球制造能力过剩，中国大部分产能可以供应全世界需求，在世界总需求萎缩的阶段，发达经济体普遍通缩，欧日自2008年经济危机后长期实行零利率甚至负利率政策努力刺激通胀，美联储纠结于维持正常低利率和走向负利率的政策选择中，只有中国还维持正常利率。新兴经济体普

遍存在高通胀和本币贬值压力,阿根廷、土耳其就是本币长期大幅贬值的代表性经济体。在2013—2016年美元升值期间,新兴经济体几乎无一幸免出现连续3—5年对世界主要货币的大幅贬值。部分新兴经济体长期贬值趋势持续至今,以美元计的国民财富持续萎缩。

主要储备货币日元、英镑、加元、澳元的经济体日、英、加、澳保持低储备规模。

长期贸易顺差的资源经济体俄罗斯、沙特、澳大利亚,2019年贸易差额与年末外汇储备比为40%、32%、104%,外汇储备有稳定的新增来源。

表8 世界前7—13大经济体2017—2019年进口额、贸易差额与储备、GDP的比值关系分析

经济体	意大利	巴西	加拿大	俄罗斯	韩国	澳大利亚	西班牙
2017出口(万亿美元)	0.51	0.22	0.42	0.36	0.57	0.23	0.65
2018出口(万亿美元)	0.55	0.24	0.45	0.45	0.61	0.26	0.72
2019出口(万亿美元)	0.53	0.22	0.45	0.42	0.54	0.27	0.71
2017进口(万亿美元)	0.45	0.15	0.43	0.23	0.48	0.22	0.57
2018进口(万亿美元)	0.50	0.18	0.46	0.24	0.54	0.23	0.65
2019进口(万亿美元)	0.47	0.18	0.45	0.25	0.50	0.21	0.64
2017差额(万亿美元)	0.05	0.07	−0.01	0.13	0.10	0.01	0.08
2018差额(万亿美元)	0.05	0.06	−0.01	0.21	0.07	0.03	0.08
2019差额(万亿美元)	0.06	0.05	−0.01	0.18	0.04	0.06	0.07
2017储备(万亿美元)	0.05	0.36	0.09	0.36	0.39	0.06	0.06
2018储备(万亿美元)	0.05	0.37	0.08	0.38	0.40	0.05	0.06
2019储备(万亿美元)	0.06	0.35	0.09	0.44	0.40	0.06	0.06
2017GDP(万亿美元)	2.0	2.1	1.6	1.6	1.5	1.3	1.3
2018GDP(万亿美元)	2.1	1.9	1.7	1.7	1.6	1.4	1.4
2019GDP(万亿美元)	2.0	1.8	1.7	1.7	1.6	1.4	1.4
2017储备/进口(%)	11	238	20	157	81	29	10
2018储备/进口(%)	10	205	18	161	75	22	9
2019储备/进口(%)	12	199	19	179	80	26	10
2017储备/GDP(%)	2	17	5	23	25	5	4

续表

经济体	意大利	巴西	加拿大	俄罗斯	韩国	澳大利亚	西班牙
2018 储备/GDP（%）	2	20	5	23	25	4	4
2019 储备/GDP（%）	3	19	5	26	25	4	4
2017 差额/GDP（%）	3	3	−1	8	6	1	6
2018 差额/GDP（%）	2	3	−1	13	4	2	5
2019 差额/GDP（%）	3	3	0	10	2	4	5
2017 差额/储备（%）	111	19	−14	37	25	15	134
2018 差额/储备（%）	90	16	−11	56	18	57	130
2019 差额/储备（%）	107	13	−8	40	10	104	120

资料来源：君晟设计、IMF、中国商务部

长期贸易逆差的新兴经济体墨西哥、印度尼西亚、土耳其、印度，2019年差额储备比分别为 −7%、−3%、−40%、−37%，显示常年贸易逆差消耗外汇储备，本币汇率容易受美元波动冲击而贬值。

表9 世界前14—20大经济体2017—2019年进口额、贸易差额与储备、GDP的比值关系分析

经济体	墨西哥	印度尼西亚	荷兰	沙特	土耳其	瑞士	中国台湾
2017 出口（万亿美元）	0.41	0.17	0.65	0.24	0.16	0.30	0.29
2018 出口（万亿美元）	0.45	0.18	0.72	0.29	0.17	0.31	0.31
2019 出口（万亿美元）	0.34	0.17	0.71	0.29	0.17	0.31	0.31
2017 进口（万亿美元）	0.42	0.16	0.57	0.14	0.23	0.27	0.26
2018 进口（万亿美元）	0.46	0.19	0.65	0.14	0.22	0.28	0.28
2019 进口（万亿美元）	0.35	0.17	0.64	0.14	0.20	0.28	0.29
2017 差额（万亿美元）	−0.01	0.01	0.08	0.10	−0.08	0.03	0.04
2018 差额（万亿美元）	−0.01	−0.01	0.08	0.16	−0.05	0.03	0.02
2019 差额（万亿美元）	−0.01	0.00	0.07	0.16	−0.03	0.04	0.02
2017 储备（万亿美元）	0.17	0.13	0.01	0.49	0.08	0.79	0.45
2018 储备（万亿美元）	0.17	0.12	0.01	0.50	0.07	0.74	0.46
2019 储备（万亿美元）	0.18	0.13	0.01	0.50	0.08	0.80	0.48
2017GDP（万亿美元）	1.2	1.0	0.8	0.7	0.9	0.7	0.6
2018GDP（万亿美元）	1.2	1.0	0.9	0.8	0.8	0.7	0.6

续表

经济体	墨西哥	印度尼西亚	荷兰	沙特	土耳其	瑞士	中国台湾
2019GDP（万亿美元）	1.3	1.1	0.9	0.8	0.8	0.7	0.6
2017 储备/进口（%）	41	81	2	346	36	292	176
2018 储备/进口（%）	37	62	2	367	33	267	163
2019 储备/进口（%）	50	74	2	364	39	290	167
2017 储备/GDP（%）	15	12	2	71	10	116	79
2018 储备/GDP（%）	14	11	1	63	9	106	78
2019 储备/GDP（%）	14	11	1	63	10	114	78
2017 差额/GDP（%）	−1	1	9	15	−9	5	6
2018 差额/GDP（%）	−1	−1	8	20	−7	4	4
2019 差额/GDP（%）	−1	0	8	20	−4	5	3
2017 差额/储备（%）	−6	8	601	21	−92	4	8
2018 差额/储备（%）	−8	−7	581	32	−75	4	5
2019 差额/储备（%）	−7	−3	550	32	−40	5	4

资料来源：君晟设计、IMF、中国商务部

第六节 如何提高全球外汇储备中人民币比重

IMF 公布的全球外汇储备统计显示，人民币储备仍然徘徊在全球分配外汇储备的 2% 左右，人民币国际化并没有取得实质性进展。美元储备高居 62%，欧元稳定在 20%，日元 5.7%、英镑 4.4% 均两倍以上高于人民币的 2%。鉴于各国外汇储备分配惯性，中国应制定切实可实现的五年内人民币占全球外汇储备比例超过日元和英镑达到 6% 的目标。2020 年第一季度末 IMF 统计的世界外汇储备为 11.73 万亿美元，其中分配储备 10.96 万亿美元、未分配储备 0.77 万亿美元；世界美元储备 6.8 万亿美元，其中中国外汇储备 35% 的 1.1 万亿美元约占 16% 或六分之一；世界欧元储备 2.2 万亿美元，其中中国外汇储备 30% 的 0.9 万亿美元约占全球欧元储备的 40%。作者提出的"君晟外汇储备调整方案"是：中国外汇储备从 3.1 万亿减少 0.6 万亿到 2.5 万亿美元，币种配置结构从美元 1.1 万亿占 35%、欧元 0.9 万亿占 30% 调整为欧元 1.6 万亿占 65%、美元 0.5 万亿占 20%，并将英镑和日元比重减持至 3 个月进口贸易权重。

中国减少外汇储备 0.6 万亿后全球分配外汇储备约 10.4 万亿、全球外汇储备 11.1 万亿，按世界人民币储备占比目标值 6% 计算，世界人民币储备从 0.22 万亿上升到目标值 0.62 万亿，世界美元储备从 6.8 万亿下降到 6.2 万亿、比重从 62% 降为 60%，世界欧元储备从 2.2 万亿上升到 2.9 万亿、比重从 20% 升为 28%。

一、政治安全性无保障的美元外汇储备比例过高，急需中国央行做出战略布局调整

中国目前外汇储备规模过大，2020 年第一季度末，中国外汇储备 3.1 万亿美元占比 28%，美元储备 1.1 万亿美元占世界美元储备的 16%，欧元储备 0.9 万亿美元占世界欧元储备的 40%，政治安全性无保障的美元外汇储备比例过高，急需中国央行做出战略布局调整。

根据 IMF 统计报告，已分配外汇储备是参与 COFER 调查的 IMF 成员国的外汇储备总额，未分配外汇储备是向 IFS 汇报储备数据，但未参与 COFER 调查的成员国或经济体的外汇储备总额。2020 年第一季度末，世界外汇储备合计 11.73 万亿美元，其中已分配储备 10.96 万亿美元、占比 93%，未分配储备 0.77 万亿美元、占比 7%。

表 10 IMF 成员国外汇储备总额的 2019 年初迄今各季度末各币种规模与世界占比分析

类别 / 季度	2019Q1（万亿美元）	2019Q4（万亿美元）	2020Q1（万亿美元）	2019Q1 比例	2019Q4 比例	2020Q1 比例
IMF 外汇储备	11.6	11.8	11.73	100%	100%	100%
分配储备	10.9	11.1	10.96	94%	94%	93%
美元储备	6.73	6.74	6.79	61.7%	60.9%	62.0%
欧元储备	2.21	2.28	2.20	20.3%	20.6%	20.0%
人民币储备	0.21	0.22	0.22	1.9%	1.9%	2.0%
日元储备	0.58	0.63	0.62	5.4%	5.7%	5.7%
英镑储备	0.50	0.51	0.49	4.5%	4.6%	4.4%
澳元储备	0.18	0.19	0.17	1.7%	1.7%	1.6%
加元储备	0.21	0.21	0.20	1.9%	1.9%	1.8%
瑞郎储备	0.02	0.02	0.02	0.1%	0.2%	0.1%
其他币种	0.26	0.28	0.26	2.4%	2.5%	2.3%
未分配储备	0.71	0.75	0.77	6%	6%	7%

资料来源：IMF、君晟

2020年第一季度末世界已分配储备中，美元为6.79万亿美元占比62%，欧元2.20万亿美元占比20%，人民币0.22万亿美元占比仅2%，日元0.62万亿美元占比5.7%，英镑0.49万亿美元占比4.4%。

二、相当部分用汇需求应通过居民企业市场化自由交易来满足，而不能全部依赖外汇储备

作者认为，2020年的中国外汇管理体制需要深化改革，过度谨慎的外汇储备合理规模测算思路和一切外汇需求都依赖外汇储备解决的惰性需要与时俱进。人民币要继续扩大金融资产投资资本项下自由兑换、时机成熟时稳步推进实业直接投资资本项下自由兑换，相当部分用汇需求应通过居民企业市场化自由交易来满足，而不能全部依赖外汇储备。

外汇储备主要来源包括长期对外贸易顺差、外国对华实体经济投资、外国资本热钱流入、外汇储备经营产生的收益。央行应深化改革并调整外汇储备管理政策，在外汇储备总量规模底线可控的基础上不再要求居民和企业实业直接投资全部结汇，允许居民和有外汇持续汇出需求的企业直接持有来自境外的外汇货币并自主交易，逐步过渡到实业直接投资资本项下自由兑换，以消减过度外汇储备对中国政府的巨大压力，同时防范实业直接投资资本外逃对人民币汇率的冲击和对国民财富的收割。

美国经济学家特里芬在其著作《黄金和美元危机》中采用外汇储备与进口比例法（简称"R/M"）测算适度外汇储备规模，认为一国的外汇储备量对进口额的比例一般以40%左右为适度，若低于30%就需采取调节措施，最低不能小于20%。按全年外汇储备量对进口额的比例计算约为25%，相当于一国外汇储备量应以满足三个月的进口为宜。中国进口额最高峰是2018年2.1万亿美元，2020年预计不超过2万亿美元，按3个月进口额计算为7000亿美元，按R/M 40%计算为1.2万亿美元。

黄涛和黄海南（2007）提出基于多重外汇需求的外汇储备测算法，包括a，b，c，d，e，f六个外汇需求因素：

a 为R/M外汇储备与进口比例的用汇需求，上下限为35%—15%；

b 为R/GNP外汇储备与中国国民总收入比例的居民用汇需求，上下限设为2%—1%；

c 为 R/D1 外汇储备与短期外债比例的还本付息需求，上下限为 100%；

d 为 R/D2 外汇储备与中长期外债比例的还本付息需求，上下限为 25%—15%；

e 为 R/I 外商投资企业的用汇需求，上下限为 15%—10%；

f 为 R/G 政府公开市场操作的用汇需求。

中国 2020 年第二季度末外汇储备 3.1 万亿美元，其中约 1.1 万亿美元是美元储备。中国外汇储备配置政策历史上从未考虑过存放在美国资产市场的美元储备存在安全性问题，随着中美全面竞争摩擦逐渐加剧与公开化，中国外汇管理当局必须要考虑到在爆发严重政治外交危机时美国政府会冻结中国在美国市场中的外汇储备的可能性。中国外汇管理当局必须放弃幻想准备战斗，部分主流经济学家和主管官员迄今还持有美国为了维护美国国家信用不敢冻结中国所持国债美元资产或者禁止中国使用 SWIFT 全球支付清算系统的误判是一厢情愿的。

三、在安全性面前，外汇流动性和收益性就是零

不要再以美元资产比欧元和日元资产流动性强、收益性好为理由继续持有安全性存疑的美元资产，在安全性面前，外汇流动性和收益性就是零。作者建议在 2020 年下半年尽快减持至少 6000 亿美元国债并汇出美国管辖范围，卖出美元买入人民币，同时减少日元和英镑，转换为增加欧元资产配置，实现外汇储备下降到 2.5 万亿美元、美元比例从 3.1 万亿的 35%（假设 1.1 万亿美元的美元资产）下降到 2.5 万亿的 20%（5000 亿美元的美元资产）、欧元比例从 3.1 万亿的 30%（假设有 0.9 万亿美元的欧元资产）上升到 2.5 万亿的 65%（1.6 万亿美元的欧元资产）、日元和英镑比例下降到中国从日英三个月进口用汇需求最多 500 亿美元相符（2019 年中国进口额从日本 1718 亿美元和从英国 239 亿美元的 25%，相当于 2.5 万亿美元目标储备的 2%）的总体布局调整目标。

中国有能力与欧盟谈判达成满足贸易需求的货币互换协议和互相增持对方货币为储备货币的协议，同时中国增加约 6000 亿美元的欧元资产储备和欧盟分阶段增加相当于欧盟从中国 2019 年进口额 2766 亿美元的人民币资产储备，今后中欧贸易不再使用美元，而是使用欧元和人民币。欧盟 27 国 2017—2019 年三年非黄金的外汇储备合计分别为 7994 亿美元、8130 亿美元、8225 亿美元（黄金储备分别为 4472 亿美元、4442 亿美元、5325 亿美元），中国预期欧盟 5 年内增持 1500 亿美元人民币资产、10

年内增持 3000 亿美元人民币资产储备，预期中国 1 年内增持 6000 亿美元的欧元资产、合计 1.5 万亿美元的欧元资产。

在中美全面摩擦加剧的 2020 年，美国冻结中国在美资产以金融制裁中国存在现实的基础。中国应尽快有序减少外汇储备规模和调整储备结构，以适应人民币结算规模扩大后中国进口贸易对外汇储备的需求变化，尽可能减少中国持有美元资产外汇储备的战略安全忧虑。由于新冠肺炎疫情和经济衰退而美联储无节制大规模扩大债务，美联储徘徊于维持低利率和向欧日看齐选择负利率，长期来看美国利用美元铸币税优势超发美元稀释美元实际价值将导致美元指数长期潜在趋势转为负值。中国和世界其他主要经济体继续持有美元资产外汇储备的策略除了流动性仍有优势外，在收益性、政治安全性、稳定性都存在严重隐患。中国制定以世界人民币外汇储备比例从 2% 提升到 6%，储备货币排名从第五上升到第三的合理战略目标，仍然可以维护美元最主要储备货币的霸主地位。中国通过扩大人民币资产市场规模和扩大金融资产直接投资资本项下的人民币可自由兑换政策，可以为全球经济体为增加稳定性、安全性、收益性比其他储备货币更高的人民币资产储备比重而提供优质的人民币债券和权益资产，可以帮助新兴经济体减少美元资产频繁进出造成本币连年持续贬值的国民财富缩水的现实威胁，最终有助于实现世界人民币储备比例提升的战略目标，加快人民币国际化的步伐。

第六章
如何守护国民财富？美元波动长周期分析与全球主要经济体资产收益排名

2020 年 11 月 24 日

第一节　君晟预测的主要汇率目标与波动区间

一、汇率期间离散系数表达汇率波动性的结论

结论是人民币相对稳定性高于美元。欧元兑人民币和美元兑日元汇率的三年波动性 2%，显著小于美元兑人民币和欧元兑日元、日元兑人民币汇率的波动性约 4%。人民币汇率指数汇改以来波动性 2%，显著小于美元指数 3 年波动性 3% 和 9 年波动性 9%。

使用离散系数表达波动性，离散系数是标准差与均值的比率。汇率离散系数表达的波动性越大，稳定性越差；波动性越小，稳定性越好。

四大主要货币间汇率 3 年短期波动性考察：

2018 年初—2020 年末 3 年期间，欧元兑人民币汇率和美元兑日元汇率的 3 年波动性只有 2%，表明在 2017 年美元主动贬值期结束后，人民币与欧元保持了相对稳定，美元与日元保持了相对稳定。而美元兑人民币汇率 3 年波动性为 3.6%，与欧元兑美元汇率 3 年波动性 3.6% 是相近的，欧元兑日元和日元兑人民币汇率的 3 年波动性分别为 4.0% 和 4.3%。

四大主要货币间汇率 9 年长期波动性考察：

从 2011 年初—2020 年末 9 年期间来观察，美元兑人民币长期波动性为 5%，其中有 2011—2015 年 8 月人民币盯住美元的因素；欧元兑人民币长期波动性为 7%，远低于日元兑人民币的 14% 和美元兑日元的 13%，也低于欧元兑美元和兑日元以及美元指数的波动性 9%。

美元指数和人民币指数稳定性考察：

美元指数 2011 年初—2020 年末 9 年波动性为 9%、3 年波动性为 2.9%。人民币指数 3 年波动性为 1.9%—2.3%，CFETS 人民币汇率指数自 2015 年 11 月 30 日设立以来的波动性为 2%。

表 1　主要货币间汇率和货币指数的长期和短期离散系数（波动性）测算

汇率/汇率指数	CFETS人民币汇率指数	美元兑人民币	日元兑人民币	港元兑人民币	欧元兑人民币	美元兑日元	欧元兑美元	欧元兑日元	美元指数
11 年均值	94.53	6.51	6.43	0.84	7.88	103.00	0.826	123.92	89.59
11 年标准差	2.29	0.30	0.91	0.04	0.57	13.68	0.074	11.61	8.47
11 年离散系数	2%	5%	14%	4%	7%	13%	9%	9%	9%
当前分位比	97%	109%	101%	109%	102%	106%	93%	95%	108%
当前价格	95.56	6.55	6.30	0.84	7.78	104.17	0.840	123.63	92.46
3 年离散系数	1.9%	3.6%	4.3%	3.8%	2.0%	2.1%	3.6%	4.0%	2.9%

资料来源：WIND，君晟研究
说明：当前日为 2020 年 11 月 19 日

二、IMF 对主要货币年均汇率 5 年预测的误差分析

按 IMF 2019 年到 2025 年主要货币年均汇率假设测算的美元指数从 97.4 下跌 10% 到 87.6，人民币兑美元年均汇率从 6.91 升值 3.6% 到 6.67（2020 年 11 月 19 日现值 6.55，下同）、欧元从 0.89 升值 12% 到 0.80（现值 0.84）、日元从 109 升值 14% 到 95（现值 104）。君晟的判断是：IMF 低估了人民币升值幅度，高估了欧元和日元的升值潜力。2020 年 11 月 19 日人民币汇率现值 6.55，已经小于 IMF 假设的 2025 年年均汇率 6.67，同日，美元指数现值 92.4，已经远低于按 IMF 2020 年主要货币年均汇率假设测算的美元指数 95.77。

根据 IMF 全球增长模型本币 GDP 和美元 GDP 的 2020—2025 年预测值，我们可以测算出各国 GDP 本币与美元换算所使用的年均汇率。

表 2　按 IMF 增长模型使用的主要货币兑美元年均汇率测算的美元指数一览

年度	美元指数	人民币	欧元	日元	英镑	加元	瑞典克朗	瑞郎	澳元
2014	82.50	6.14	0.75	105.94	0.61	1.10	6.86	0.92	1.11
2015	96.29	6.23	0.90	121.04	0.65	1.28	8.43	0.96	1.33

续表

年度	美元指数	人民币	欧元	日元	英镑	加元	瑞典克朗	瑞郎	澳元
2016	96.88	6.64	0.90	108.79	0.74	1.33	8.56	0.99	1.34
2017	96.54	6.76	0.89	112.17	0.78	1.30	8.55	0.98	1.30
2018	93.48	6.62	0.85	110.42	0.75	1.30	8.69	0.98	1.34
2019	97.38	6.91	0.89	109.01	0.78	1.33	9.46	0.99	1.44
2020	95.77	6.90	0.87	107.19	0.78	1.35	9.19	0.94	1.45
2021	90.65	6.84	0.81	105.87	0.76	1.32	8.37	0.87	1.35
2022	89.59	6.80	0.81	103.24	0.76	1.30	8.26	0.84	1.36
2023	88.69	6.75	0.80	99.55	0.76	1.29	8.15	0.83	1.35
2024	88.06	6.71	0.80	97.09	0.76	1.27	8.04	0.81	1.35
2025	87.60	6.67	0.80	95.36	0.76	1.25	7.95	0.79	1.36
币种	美元指数	人民币	欧元	日元	英镑	加元	瑞典克朗	瑞士法郎	澳元
权重（%）	100	0	57.6	13.6	11.9	9.1	4.2	3.6	0
变幅（%）	−10.0	3.6	11.8	14.3	2.4	5.9	19.0	25.5	5.7

资料来源：IMF，君晟研究

注：权重指美元指数的 1973 年贸易伙伴贸易额权重

变幅指 IMF 假设的主要货币年均汇率 2020—2025 年累计变幅

美元指数的计算公式为：$= 50.14348112 \, EURUSD^{(-0.576)} \, USDJPY^{(0.136)} \, GBPUSD^{(-0.119)} \, USDCAD^{(0.091)} \cdot USDSEK^{(0.042)} \, USDCHF^{(0.036)}$

公式中 $EURUSD^{(-0.576)}$ 等六个系数是六个美元权重货币年均汇率按权重指数因子计算的系数

表 3　2014—2025 年六个美元权重货币年均汇率按权重指数因子计算的系数测算所得的美元指数与各年末汇率实际美元指数比较

年度	年均指数	年末指数	差幅（%）	欧元	日元	英镑	加元	瑞典克朗	瑞郎
2014	82.5	90.3	−8.6	0.85	1.89	0.94	1.01	1.08	1.00
2015	96.3	98.7	−2.4	0.94	1.92	0.95	1.02	1.09	1.00
2016	96.9	102.4	−5.4	0.94	1.89	0.96	1.03	1.09	1.00
2017	96.5	92.3	4.6	0.93	1.90	0.97	1.02	1.09	1.00
2018	93.5	96.1	−2.7	0.91	1.90	0.97	1.02	1.10	1.00
2019	97.4	96.4	1.0	0.94	1.89	0.97	1.03	1.10	1.00
2020	95.8	92.4	3.6	0.93	1.89	0.97	1.03	1.10	1.00

续表

年度	年均指数	年末指数	差幅（%）	欧元	日元	英镑	加元	瑞典克朗	瑞郎
2021	90.6	92.4	−1.9	0.89	1.89	0.97	1.03	1.09	0.99
2022	89.6	92.4	−3.0	0.88	1.88	0.97	1.02	1.09	0.99
2023	88.7	92.4	−4.0	0.88	1.87	0.97	1.02	1.09	0.99
2024	88.1	92.4	−4.7	0.88	1.86	0.97	1.02	1.09	0.99
2025	87.6	92.4	−5.2	0.88	1.86	0.97	1.02	1.09	0.99

资料来源：IMF，君晟研究

注：年均指数指按各权重货币年均汇率测算的美元指数；年末指数指按各权重货币年末汇率测算的美元指数；差幅指年均与年末美元指数差幅

表4　IMF假设的2020—2025年各年主要货币年均汇率年度变幅测算

年度	年均变幅（%）	年末变幅（%）	人民币	欧元	日元	英镑	加元	瑞典克朗	瑞郎	澳元	变幅差额
2013	1.1	0.6	1.9	3.3	−18.2	−1.0	−3.0	4.0	1.2	−6.5	0.5
2014	1.3	12.6	0.9	0.1	−7.9	5.2	−6.8	−5.1	1.2	−6.8	−11.3
2015	16.7	9.3	−1.3	−16.5	−12.5	−7.2	−13.6	−18.7	−4.8	−16.6	7.4
2016	0.6	3.7	−6.3	−0.3	11.3	−11.3	−3.5	−1.5	−2.3	−1.2	−3.1
2017	−0.3	−9.9	−1.7	2.0	−3.0	−5.0	2.1	0.2	0.1	3.1	9.5
2018	−3.2	4.1	2.2	4.6	1.6	3.7	0.2	−1.7	0.7	−2.4	−7.3
2019	4.2	0.4	−4.2	−5.2	1.3	−4.4	−2.3	−8.1	−1.6	−7.0	3.8
2020	−1.6	−4.2	0.2	2.1	1.7	0.3	−1.5	2.9	6.2	−1.0	2.5
2021				0.8	7.6	1.2	2.2	2.2	9.8	7.8	7.4
2022				0.6	1.0	2.5	0.0	1.3	1.3	2.8	−0.3
2023				0.7	0.5	3.7	−0.1	1.3	1.3	2.0	0.3
2024				0.7	0.2	2.5	0.0	1.3	1.4	2.6	−0.1
2025				0.6	0.1	1.8	−0.1	1.3	1.2	1.9	−0.5
2020—2025	−10.0	−4.2	3.6	11.8	14.3	2.4	5.9	19.0	25.5	5.7	−5.8

资料来源：IMF，君晟研究

注：年均变幅指按各权重货币年均汇率测算的美元指数的年度变幅；年末变幅指按各权重货币年末汇率测算的美元指数的年度变幅

三、君晟预测的主要汇率目标与波动区间

按2025年年均汇率测算的美元指数目标为83、2021—2025年期间波动区间为85±5，人民币兑美元汇率波动区间6—6.5、2025年年均汇率目标6，人民币和欧元相对美元年均汇率都会比现值五年合计升值10%—12%，人民币与欧元汇率相对其他主要货币间汇率保持最稳定状态（波动性小于2%），得出结论：全球经济体增加欧元和人民币储备可以有效规避美元持续贬值的风险。

全球经济体的外汇储备币种结构再配置进程才刚刚开始，这将是一个长期的进程。美元储备占比现在还是60%，欧元20%，人民币只有2%。人民币资产相比零利率环境下的美元资产和欧元资产的无风险高收益性已经得到验证，但以往全球机构投资者对人民币汇率稳定性和抗风险能力认识不足，这几年人民币资产市场的流动性正在并将继续得到改善。全球机构投资者包括外汇储备主权基金对中国的高信用债券及高分红权益资产构成的人民币资产有长期且持续增长的需求。

第二节　美元波动长周期分析与预测

未来5年、未来10年美元会贬值多少？各国如何配置全球资产才能守护国民财富？政治周期与美元大周期有何关联？君晟预测：2025年年均美元指数为83、自现值92跌幅10%，2021—2023年波动区间为80—90。2030年年均指数为85、自现值92跌幅8%。基于对主要货币间汇率中长期变动和美元波动大周期的预测，作者重申2020年6月30日报告中提出的资产投资资本项下外汇可兑换与人民币资产市场扩容开放方案和2020年8月30日报告中提出的中国外汇储备结构调整方案。

一、美元波动大周期——贬值10年升值6年的16年规律

美元波动大周期大致遵循贬值10年升值6年合计16年的规律。贬值10年期分为4—3年A浪快速探底和约2年B浪反弹及3—4年C浪磨底探底，A浪下跌开始时半年线的高点为趋势转折高点H，C浪磨底期结束时半年线的低点为趋势转折低点L。

贬值10年期一般分为4—3年A浪快速探底和约2年B浪反弹及3—4年C浪磨底探底，A浪底和C浪底差幅相对A浪跌幅要小得多。

这里以1971—2020年半年线为考察对象，各期半年线的高点为H点的比较值，各期半年线的低点为L点的比较值。

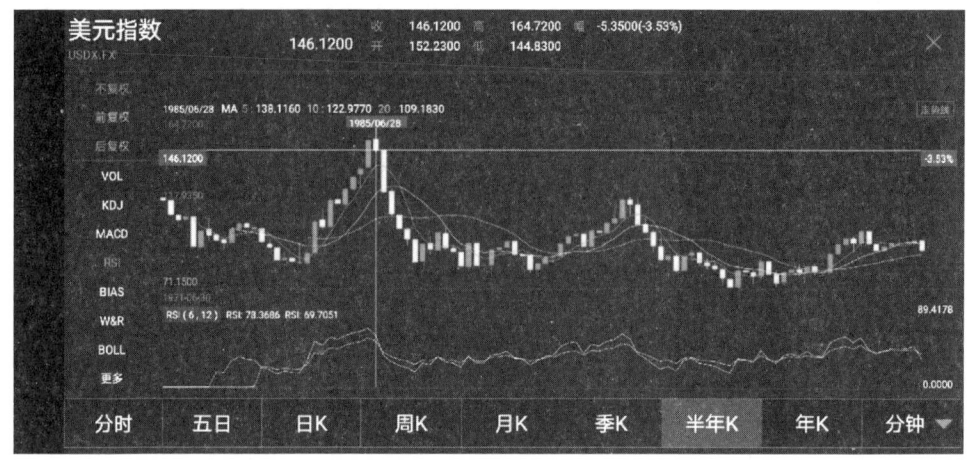

图 1　美元指数 1971—2020 年半年线变化图

资料来源：WIND，君晟研究

这里定义趋势转折高点为 H 和趋势转折低点为 L，一般情况下 A 浪下跌开始时半年线的高点为趋势转折高点 H，C 浪磨底期结束时半年线的低点为趋势转折低点 L。C 浪磨底期的最低点可能低于转折点 L，C 浪磨底期的最高点可能低于 B 浪反弹最高点。

二、第一大波动周期 1969—1984 年 0H—1H 阶段分析

美元指数 1L　1980H1　85 和 1H　1985H1　165。

美元指数 0H　1971H1　120。

美元指数的第 0 个高点应在美元指数 1971 年开始计算运行之前的 1969 年，第 0 次高点估计值 150。美元指数于 1973 年 3 月开始发布。

1969—1984 年合计运行 16 年，1969—1973 年下半年下跌 5 年达到 A 浪底，1974 年下半年—1975 年下半年 B 浪反弹 2 年，1976—1978 年 C 浪下跌，在 107—82 区间磨底 3 年到达 C 浪底 85，1979—1984 年 6 年升值期，1985 年上半年到达第一大周期最高点 165。

美元指数 1L　1980H1　85，美元指数 1H　1985H1　165。

第一大波动周期的历任总统是共和党尼克松及福特合计 8 年，民主党卡特 4 年，共和党里根第一任期。

三、第二大波动周期1985—2000年1H—2H阶段分析

美元指数2L 1995H1 80和2H 2001H2 121。

1985—2000年合计运行16年，1985—1987年下半年下跌3年达到A浪底，1988—1989年上半年B浪反弹约2年达到106高点，1989年下半年—1995年上半年C浪下跌，在78—106区间反复筑底4年半到达C浪底80，1995下半年—2001年下半年6年半升值期，2001年下半年到达第二大周期最高点121。

美元指数2L 1995H1 80，美元指数2H 2001H2 121。

第二大波动周期的历任总统是共和党里根第二任期和老布什4年、民主党克林顿8年。

四、第三大波动周期2001—2016年2H—3H阶段分析

美元指数3L 2011H1 73和3H 2017H1 103。

2001—2016年合计运行16年，2001年下半年—2004年下半年下跌3年达到A浪底80，2004下半年—2006年上半年B浪反弹约2年达到87高点，2006年上半年—2011年上半年C浪下跌，在71—89区间反复筑底5年到达2L C浪底79，2011上半年—2016年下半年6年升值期，在2017年上半年到达第三大周期最高点103。

美元指数3L 2011H1 73，美元指数3H 2017H1 103。

第三大波动周期的历任总统是共和党小布什8年、民主党奥巴马8年。

五、第四大波动周期2017—2032年3H—4H阶段的君晟预测结论

第四大波动周期2017—2032年3H—4H阶段的君晟预测结论：2025年年均指数为83、自92跌幅10%，2021—2023年波动区间为80—90。2030年年均指数为85、自92跌幅8%，2024—2026年波动区间为70—95，2027—2033年波动区间为75—90，美元指数4L 2027H1 72和4H 2033H1 90。

以下是第四大波动周期的预测：

2017—2032年合计运行16年，2017年上半年—2020年上半年反复筑顶确定第四大周期最高点103。2020年上半年—2022年下半年下跌3年达到A浪底80，2023上半年—2024年下半年B浪反弹约2年达到90高点，2025年上半年—2027年上半年C浪下跌，在70—95区间反复筑底2年到达C浪底75，预测2025年下半年83，2027上半年—2032年下半年6年升值期，2033年上半年到达第四大周期最高点90，预测2030年下半年85。

根据前三次美元波动大周期趋势转折高点 H 和趋势转折低点 L 逐次下降的事实，君晟假设第四次大周期的趋势转折高点和转折低点仍有可能创出各自新低，预测分别为：美元指数 4L 2027H1 72，美元指数 4H 2033H1 90。

周期最低点 70 可以低于趋势转折低点 4L75，C 浪磨底期的最高点 95 可以高于 B 浪反弹最高点即 C 浪起点 90。

六、美元波动 16 年大周期与四届总统任期一致

在前三个大波动周期中，前 8 年都是共和党执政，美元先 A 浪下跌再 B 浪反弹。除了第一大波动周期后 4 年是里根共和党执政外，其他 5 个任期都是民主党执政，后 8 年都是美元先 C 浪磨底约 2 年再升值约 6 年。

在第四大波动周期中，第一个任期是共和党特朗普执政，在第一年 2017 年下跌约 10% 后又反弹到 2020 年初 97 乃至 2020 年 2 月确认周期高点 103，随后因疫情引发衰退和美元严重超发而确认结束 3 年磨顶期后进入美元下降周期。

君晟预测民主党拜登执政前期美元难以摆脱贬值趋势，但有可能在执政后期因经济情况好转而触发美元 B 浪反弹 2023—2024 年两年。

由于拜登年龄及身体原因而不寻求连任的可能性较大，2024 年大选特朗普有可能击败民主党候选人而卷土重来。无论何党执政，君晟预测 2025—2026 年美元进入 C 浪磨底期，较为理想的情况下可能于 2027 年开始进入美元 6 年升值期。

七、研究美元大周期波动规律对守护国民财富和可持续增长有重大意义

美元指数周期性大幅波动，并不完全是美国国力兴衰的表现。

通过美元 16 年大周期波动，美国利用资本进出新兴经济体的过程剪羊毛式收割新兴经济体国民财富。新兴经济体部分富裕阶层在本币大幅贬值预期带动下会选择居民财富从本币兑换为美元而流入美国，恶性循环带动本币持续贬值。以美元为主要储备货币的新兴经济体往往很难抵御美元升值引发本币相应贬值期间的资本外逃，不少曾经的高收入发达经济体在高通胀高外债带动的反复资本流入外逃冲击下本币持续贬值且经济增长不稳定而重新跌入中等收入陷阱。

作者在《后疫情恢复期中国引领世界经济和人民币资本项下可兑换吸引全球投资者长期增配人民币资产市场 20200630》和《中国不退：从安全性角度引导外汇储备增配境外中国权益指数基金 20190819》中，早于美元指数和人民币兑美元汇率的趋势拐点前，反复长期提议中国外汇储备管理当局和全球各经济体主权基金减少美元配

置比例和增加人民币资产配置比重。2019年8月19日报告日的美元指数在98相对高位，2020年初为97，因疫情暴发导致美元流动性突然短缺而美元指数2020年3月20日103大周期高点后，美元进入下降长周期。2020年6月30日报告日的人民币兑美元汇率为7.08的近最高点，从2020年7月初开始人民币兑美元汇率出现自2018年4月特朗普对华发动"贸易战"导致人民币兑美元贬值以来的最大幅度升值，从7.08升值到6.56，累计约9%。

第三节 全球主要经济体美元计价股指收益率排名

一、全球主要经济体根据特征相关性和发展水平划分为6个群组

通过考察29个全球前20大及东亚重要经济体在2012—2020年9年期间货币兑美元汇率变化和股指变化历程，研究全球主要经济体按美元计价的股指ETF资产1年与9年收益率比较问题。根据经济体特征相关性和发展水平划分为欧洲、五眼、东亚三个发达经济体组和东盟、金砖、G20其他三个新兴经济体组共6个群组。

君晟把29个全球主要经济体根据特征相关性和发展水平划分为6个群组：欧洲发达经济体（制造强国德国、法国、意大利、西班牙、荷兰和瑞士），英语发达经济体——五眼联盟（制造强国和消费大国美国与英国，资源发达经济体加拿大、澳大利亚、新西兰），东亚发达经济体（制造强国日本、东亚四小龙是发达经济体），东盟新兴经济体（东盟的印度尼西亚、马来西亚、越南、泰国是新兴经济体），金砖新兴经济体（资源大国俄罗斯、巴西、南非，制造大国中国、印度），G20其他新兴经济体（阿根廷、墨西哥、土耳其、沙特），沙特实际是石油资源发达经济体。

表5 全球主要经济体分组

群组	发展水平	经济体1	经济体2	经济体3	经济体4	经济体5
欧洲	发达	德国	法国	意大利	西班牙	荷兰/瑞士
五眼	发达	美国	英国	加拿大	澳大利亚	新西兰
东亚	发达	日本	韩国	中国台湾	中国香港	新加坡
东盟	新兴	印度尼西亚	马来西亚	越南	泰国	
金砖	新兴	中国	印度	巴西	俄罗斯	南非
G20	新兴	墨西哥	土耳其	阿根廷	沙特	

资料来源：君晟研究

6个群组经济规模最大的头部经济体分别是德国、美国、日本、印度尼西亚、中国、墨西哥。这里显示的全球主要经济体经济参数表采用中、美、日、德四大头部经济体前置后的分群组列示模式。

二、2020年美元计价股指收益率排名

假设等值美元财富在期初同时按期初美元汇率兑换为特定经济体货币并买入持有股指ETF，持有到期后再按期末汇率兑换为美元，特定经济体的期间资产收益率包括股指ETF期间收益率和货币汇率期间收益率。

中国市场分为上证综指、创业板指、沪深300三个股指，美国市场分为道指、纳指、标普500三个股指，分别表征两国大型企业传统经济、科技创新经济、全市场经济三个经济范畴。

以下对包括中美在内29个全球前20大及东亚重要经济体的33个股指ETF作为资产标的做出资产收益率排名，对29个主要经济体的GDP占比和2020—2021年GDP复合增速做出排名。

制造业高比重经济体比服务业高比重经济体或资源经济体的2020年美元计价股指变幅整体表现更好，发达经济体比新兴经济体整体表现更好，RCEP区域的中国周边经济体比北美和欧盟发达经济体的整体表现更好。

欧洲发达经济体中，制造业比重20%的德国变幅6%，表现远好于制造业比重9%的英国变幅−14%。法国和意大利的欧元汇率涨幅大致与股指跌幅相抵。

资源发达经济体中，加拿大0和澳大利亚3%，表现平稳。

东亚发达经济体中，韩国上涨24%和中国台湾上涨20%，表现好于新加坡下跌12%和中国香港下跌5%。韩国和中国台湾是中国前三大贸易逆差伙伴，受到中国旺盛复工复产需求拉动，汇率均小涨4%左右的韩国、中国台湾股指也上涨15%和19%，均是全球表现较好的发达经济体。

表6 2020年全球前20大及东亚重要经济体美元计价股指变幅和汇率变幅测算

分组	经济体	股指年度变幅（%）	股指变幅排名	汇率变幅（%）	汇率排名	美元股指年度变幅（%）	美元股指变幅排名	GDP排名
金砖	上证综指	10	10	6.0	7	17	6	2
金砖	创业板指	45	1	6.0	7	54	1	2
金砖	沪深300	20	4	6.0	7	27	3	2
五眼	道指	5	14	0.0	21	5	14	1

续表

分组	经济体	股指年度变幅（%）	股指变幅排名	汇率变幅（%）	汇率排名	美元股指年度变幅（%）	美元股指变幅排名	GDP排名
五眼	纳指	35	2	0.0	21	35	2	1
五眼	标普500	12	8	0.0	21	12	9	1
东亚	日本	12	9	4.0	13	17	7	3
欧洲	德国	0	18	6.2	2	7	10	4
欧洲	法国	−7	26	6.2	2	−1	21	7
欧洲	意大利	−5	25	6.2	2	0	20	8
欧洲	西班牙	−15	31	6.2	2	−10	25	14
欧洲	荷兰	0	19	6.2	2	7	11	17
欧洲	瑞士	−1	21	6.5	1	5	12	18
五眼	英国	−15	32	0.9	15	−14	31	5
五眼	加拿大	1	17	−0.2	25	1	19	9
五眼	澳大利亚	−1	20	4.9	11	4	15	13
五眼	新西兰	8	11	3.9	14	13	8	52
东亚	中国香港	−5	24	0.5	16	−4	23	36
东亚	中国台湾	15	7	5.0	10	21	5	21
东亚	新加坡	−13	30	0.4	17	−12	29	39
东亚	韩国	19	5	4.4	12	25	4	10
东盟	印度尼西亚	−9	27	−1.8	27	−10	27	15
东盟	马来西亚	1	16	0.0	19	1	18	40
东盟	越南	5	13	0.1	18	5	13	37
东盟	泰国	−9	28	−1.7	26	−11	28	25
金砖	俄罗斯	−16	33	−17.7	30	−31	33	11
金砖	巴西	−5	23	−24.5	31	−28	32	12
金砖	南非	−10	29	−0.2	24	−10	26	43
金砖	印度	7	12	−3.2	28	4	16	6
新兴	墨西哥	−3	22	−5.1	29	−8	24	16
新兴	土耳其	16	6	−25.0	32	−13	30	19
新兴	沙特	4	15	0.0	20	4	17	19
新兴	阿根廷	30	3	−25.9	33	−4	22	31

资料来源：君晟研究、WIND

说明：美元股指年度变幅/变幅排名：2020年美元计价股指变幅/变幅排名

东盟新兴经济体中，印度尼西亚和泰国汇率跌幅不大，但股指分别下跌10%和11%。汇率稳定的马来西亚和越南股指下跌不大。

金砖新兴经济体中，俄罗斯、巴西股指汇率双杀大幅下跌，美元计价股指变幅为−32%、−30%，领跌于全球。

新兴经济体中，俄罗斯、巴西、土耳其、阿根廷汇率下跌20%左右。但土耳其和阿根廷股指上涨15%和30%，俄罗斯和巴西股指下跌17%和5%。

三、复合增速维持正值的全球主要经济体

根据IMF 2020年10月7日《全球经济展望》报告，GDP增速预测数值按两年增速调和平均值测算全球主要经济体的2020—2021年复合增速。复合增速维持正值的全球主要经济体几乎全部在东亚和东盟的中国周边地区，中国5%、韩国0.5%、中国台湾1.6%、印度尼西亚2.2%、马来西亚0.7%、越南4.1%、波兰0.4%、爱尔兰0.9%。

表7　全球前20大及东亚重要经济体2020年GDP占比与GDP复合增速及排名测算

分组	经济体	GDP世界占比（%）	GDP排名	复合增速（%）	GDP 2020增速（%）	GDP 2021增速（%）
金砖	中国	17.7	2	5.0	1.9	8.2
五眼	美国	24.8	1	−0.7	−4.3	3.1
东亚	日本	5.9	3	−1.5	−5.3	2.3
欧洲	德国	4.5	4	−1.0	−6.0	4.2
欧洲	法国	3.0	7	−2.2	−9.8	6.0
欧洲	意大利	2.2	8	−3.0	−10.6	5.2
欧洲	西班牙	1.5	14	−3.4	−12.8	7.2
欧洲	荷兰	1.1	17	−0.8	−5.4	4.0
欧洲	瑞士	0.8	18	−1.0	−5.3	3.6
五眼	英国	3.1	5	−2.2	−9.8	5.9
五眼	加拿大	1.9	9	−1.2	−7.1	5.2
五眼	澳大利亚	1.6	13	−0.7	−4.2	3.0
五眼	新西兰	0.2	52	−1.0	−6.1	4.4
东亚	中国香港	0.4	36	−2.1	−7.5	3.7
东亚	中国台湾	0.8	21	1.6	0.0	3.2

续表

分组	经济体	GDP世界占比（%）	GDP排名	复合增速（%）	GDP 2020增速（%）	GDP 2021增速（%）
东亚	新加坡	0.4	39	−0.7	−6.0	5.0
东亚	韩国	1.9	10	0.5	−1.9	2.9
东盟	印度尼西亚	1.3	15	2.2	−1.5	6.1
东盟	马来西亚	0.4	40	0.7	−6.0	7.8
东盟	越南	0.4	37	4.1	1.6	6.7
东盟	泰国	0.6	25	−1.7	−7.1	4.0
金砖	俄罗斯	1.7	11	−0.7	−4.1	2.8
金砖	巴西	1.6	12	−1.6	−5.8	2.8
金砖	南非	0.3	43	−2.7	−8.0	3.0
金砖	印度	3.1	6	−1.2	−10.3	8.8
新兴	墨西哥	1.2	16	−2.9	−9.0	3.5
新兴	土耳其	0.8	20	−0.1	−5.0	5.0
新兴	沙特	0.8	19	−1.3	−5.4	3.1
新兴	阿根廷	0.5	31	−3.8	−11.8	4.9
欧洲	比利时	0.6	26	−1.7	−8.3	5.4
欧洲	波兰	0.7	23	0.4	−3.6	4.6
欧洲	瑞典	0.6	24	−0.7	−4.7	3.5
非洲	尼日利亚	0.5	27	−1.3	−4.3	1.7
欧洲	奥地利	0.5	28	−1.2	−6.7	4.6
欧洲	以色列	0.5	30	−0.7	−5.9	4.9
欧洲	爱尔兰	0.5	29	0.9	−3.0	4.9

资料来源：IMF、君晟研究

君晟测算的疫情前后2020—2021年复合增速：RCEP为4.4%领先于世界的0.3%、G20的1.9%、北美的0.7%和欧盟（本币计价）的0.2%；中国两年复合增速5.0%，远高于美国的−0.7%、日本的−1.5%、德国的−1.0%和全世界的0.3%，略高于RCEP的4.4%。IMF预测的GDP增速：2020年RCEP取得难得的0.1%正增长，大幅领先于世界的−4.4%、G20的−4.1%、北美的−4.0%、欧盟的−4.4%；2021年RCEP高速增长 8.9%，继续领先于世界的 5.2%、G20 的 8.3%、北美的 5.7% 和欧盟（本币）的 7.3%。根据君晟全球增长模型预测，RCEP 和中国的 GDP 从 2019 年 26.0 万亿美元和 14.4 万亿美元增长到 2030 年 40.8 万亿美元和 25.6 万亿美元，总量占比从 29.6% 和 16.4% 上升到 34.4% 和 21.6%；2022—2030 年复合增速假设为 4.1% 和 5.0%，GDP 增量从 2019 年 0.9 万亿美元和 0.6 万亿美元上升到 2030 年 1.7 万亿美元和 1.2 万亿美元、增量占比从 40.5% 和 30.1% 上升到 45.7% 和 33.6%，人口从 22.7 亿和 14.0 亿增加到 24.0 亿和 14.7 亿，但人口全球占比从 29.5% 和 18.2% 下降到 28.0% 和 17.2%，人均 GDP 从 1.1 万美元和 1.03 万美元上升到 1.7 万美元和 1.7 万美元。君晟预测 2024 年 RCEP 和中国人均 GDP 上升到 1.37 万美元和 1.33 万美元，均晋升到高收入经济区域和经济体。RCEP 和中国将长期维持全球经济增长龙头和增量主要贡献者的地位。

四、中美市场 6 个指数的美元计价股指收益率在多数年度领涨

在 29 个主要经济体里，中美市场 6 个指数的 2012—2020 年美元计价股指收益率在多数年度领涨，但美国市场 3 个指数比中国市场 3 个指数的美元计价收益率年度间表现更有持续性。中国市场全部指数 2014 年、2019 年、2020 年三年表现都很优异，2016 和 2018 年表现世界最差，2013 年、2015 年创业板指和 2017 年沪深 300 指数表现优异，与其他两个指数有较大差别。2016 年和 2018 年中国股指表现差归因于金融供给侧改革政策失误和资本市场监管政策失误导致资金面收缩，同期中国经济增长在全球范围仍然是最强的，但股指并未表征中国经济增长特别是科技创新经济蓬勃发展的实际情况。

表8 29 个主要经济体 33 个美元计价股指 2012—2020 年年度变幅一览

经济体	美元计价股指变幅 2013（%）	美元计价股指变幅 2014（%）	美元计价股指变幅 2015（%）	美元计价股指变幅 2016（%）	美元计价股指变幅 2017（%）	美元计价股指变幅 2018（%）	美元计价股指变幅 2019（%）	美元计价股指变幅 2020（%）
上证综指	−4	49	5	−18	14	−28	21	17
创业板指	88	10	76	−32	−5	−32	42	54
沪深 300	−5	48	1	−17	30	−29	34	27
道指	26	8	−2	13	25	−6	22	5
纳指	38	13	6	8	28	−4	35	35
标普 500	30	11	−1	10	19	−6	29	12

续表

经济体	美元计价股指变幅2013（%）	美元计价股指变幅2014（%）	美元计价股指变幅2015（%）	美元计价股指变幅2016（%）	美元计价股指变幅2017（%）	美元计价股指变幅2018（%）	美元计价股指变幅2019（%）	美元计价股指变幅2020（%）
日本	29	−6	9	3	24	−10	19	17
德国	31	−10	−2	4	28	−22	23	7
法国	23	−12	−3	2	25	−15	24	−1
意大利	23	−12	4	−13	32	−20	24	0
西班牙	28	−9	−17	−6	23	−19	8	−10
荷兰	22	−7	−7	5	29	−14	22	7
瑞士	23	−2	−3	−8	19	−11	28	5
英国	17	−8	−10	−4	18	−17	17	−15
加拿大	2	−2	−25	21	13	−18	25	1
澳大利亚	−1	−7	−13	6	16	−16	18	4
新西兰	12	6	−5	7	21	−4	26	13
中国香港	3	1	−7	0	35	−14	10	−4
中国台湾	9	2	−14	13	25	−11	26	21
新加坡	−13	2	−13	−2	34	−14	18	−12
韩国	1	−7	−7	8	31	−21	4	25
印度尼西亚	−22	20	−21	18	19	−8	5	−10
泰国	−13	15	−21	20	25	−10	10	−11
越南	20	7	1	13	48	−11	8	5
马来西亚	3	−12	−22	−7	21	−8	−5	1
俄罗斯	−12	−69	−24	81	7	−23	61	−31
巴西	−30	−13	−31	70	25	−2	27	−28
南非	−8	10	−28	22	14	−17	4	−10
印度	−7	31	−13	3	36	−3	11	4
墨西哥	−7	−10	−18	−8	21	−20	9	−8
土耳其	−33	17	−31	−16	48	−44	12	−13
沙特	26	−2	−17	4	0	8	7	4
阿根廷	42	21	−10	18	51	−50	−14	−4

资料来源：君晟研究、WIND

五、中美市场 6 个指数的美元计价股指收益率排名多数年度靠前

29 个主要经济体 2012—2020 年美元计价股指收益率排名里，中美市场 6 个指数收益率排名多数年度靠前，显示美国和中国是全球经济的领头羊。作者重申沪深 300 指数比上证综指更能表征中国股市市场全景，2020 年 8 月 1 日提出的中国创新指数比创业板指和科创 50 指数更能表征中国科技创新经济。

在中国三项股指资产中，代表全市场经济的沪深 300 指数 2014 年、2019 年、2020 年排名为第 2、4、3 名，2015 年、2017 年排名第 10、11，历史表现世界领先；代表科技创新经济的创业板指 2013 年、2015 年、2020 年排名世界第一、2019 年排名第二、2014 年排名第 11，历史表现世界第二；代表大企业传统经济的上证综指 2014 年排名第一、2015 年第 5、2020 年第 8，其他年份表现一般或较差。在 9 年中的 5 年，中国三项股指中至少有一项甚至两项名列全世界前两位。但三大股指在 2016—2018 年除了沪深 300 在 2017 年第 11 名以外，收益率排名全部名列比较范围的后 10%，中国三项股指资产表现在年度间起伏较大。以往中外媒体和相当部分所谓经济学家常用代表大企业传统经济，但历史最悠久且长期表现乏力的上证综指来判断中国股市长期整体表现进而唱衰中国资产市场，这是很不客观的。

作者自 2018 年以来多次书面表达应调整中国股市主要表征指数的观点，如《全球经济体十年权益市场态势回顾对金融供给侧改革的启示与 2020 年态势预测——常晟投资 2020 年 A 股市场展望 20191216》中提出："为了构建全市场研究者与机构投资者预测态势讨论的通用语言，提议主要选用沪深 300 指数为市场全景的主要跟踪对象，选用创业板指为科技创新蓝筹股的主要表征对象，只把更多代表传统经济表现且金融能源占比过高的上证综指作为参考研究对象。"今后全球投资者刻画中国股市表现时应主要观察代表市场全景的沪深 300 指数，更要重视表征科技创新经济的创业板指，不要再过于关注更多代表传统经济的上证综指。

表9 主要经济体2012—2020年美元计价股指变幅排名

经济体	2013排名	2014排名	2015排名	2016排名	2017排名	2018排名	2019排名	2020排名
上证综指	30	1	5	38	36	36	20	8
创业板指	1	11	1	39	40	38	2	1
沪深300	31	2	10	37	11	37	4	3
道指	10	12	15	8	18	6	17	13
纳指	5	8	4	13	14	4	3	2
标普500	7	9	12	11	28	7	6	10
日本	6	21	2	19	18	10	17	7
德国	4	27	9	18	11	27	13	11
法国	11	31	11	21	16	18	12	21
意大利	12	30	5	29	7	25	11	20
西班牙	7	26	23	25	19	23	26	25
荷兰	13	23	15	16	10	17	15	10
瑞士	10	18	12	28	24	12	6	12
英国	15	25	17	24	26	20	20	31
加拿大	20	19	30	4	30	22	10	19
澳大利亚	22	24	19	15	27	19	19	15
新西兰	16	14	13	14	22	5	8	8
中国香港	19	17	16	22	5	15	24	23
中国台湾	17	16	22	10	13	14	9	5
新加坡	29	15	21	23	6	16	18	29
韩国	21	22	14	12	8	26	31	4
印度尼西亚	31	5	26	7	25	9	29	27
泰国	30	7	27	5	14	11	23	28
越南	14	13	6	9	2	13	27	13
马来西亚	18	29	28	26	20	8	32	18
俄罗斯	28	33	29	1	31	28	1	33
巴西	32	32	33	2	17	2	7	32
南非	27	10	31	3	28	21	30	26
印度	26	3	20	20	4	3	22	16
墨西哥	25	28	25	27	21	24	25	24
土耳其	33	6	32	30	3	32	21	30
沙特	9	20	24	17	32	1	28	17
阿根廷	2	4	18	6	1	33	33	22

资料来源：君晟研究、WIND

作者在《寻找表征中国创新经济的最优策略：研发引导的CII中国创新指数20200801》提出CII中国创新指数的观点。CII中国创新指数覆盖全球各市场中国创新上市公司，比创业板指和科创50指数更能全面表征中国科技创新经济。中国创新指数200个成分股在2018年末、2019年末、2020年7月末市值分别为1.7万亿美元、2.6万亿美元、4.0万亿美元，在市值规模上显著大于包括恒生科技指数在内的其他7个指数，更能表征中国创新经济蓬勃发展的客观事实。

在美国三项股指资产中，代表科技创新经济的纳指9年有5年名列前5名，其他4年也排名在前10名左右。代表全市场经济的标普500指数同样受益于大型科技股表现而在9年中有7年排名全世界前10左右，只有2017年第28名排名靠后。代表大型企业传统经济的道琼斯30指数有三年平均在第8名前后，5年在第15名左右。美国三项股指资产9年收益率总体较好。

以9年持续表现来考察，全球排名持续领先的经济体美元计价股指资产大致为美国纳指、中国创指、美国标普、中国沪深、美国道指。

六、美元计价9年股指收益率前10名的经济体

表10　29个全球前20大及东亚重要经济体的33个股指ETF资产
美元计价9年股指收益率测算

GDP排名	经济体	复合增速（%）	美元股指变幅（%）	排名	汇率变幅（%）	股指变幅（%）	分组	汇率2011末	汇率2020末	股指2011末	股指2020末
2	中上证	5.0	46	45	−4	53	金砖	6.3	6.6	2199	3362
2	中创指	5.0	244	6	−4	259	金砖	6.3	6.6	730	2616
2	中沪深	5.0	101	30	−4	109	金砖	6.3	6.6	2346	4911
1	美道指	−0.7	145	18	15	145	五眼	80.2	92.5	12218	29872
1	美纳指	−0.7	364	3	15	364	五眼	80.2	92.5	2605	12094
1	美标普	−0.7	189	9	15	189	五眼	80.2	92.5	1258	3630
3	日本	−1.5	129	21	−26	211	东亚	77	104	8455	26297
4	德国	−1.0	106	24	−9	125	欧洲	1.3	1.2	5898	13290
7	法国	−2.2	61	42	−9	76	欧洲	1.3	1.2	3160	5571
8	意大利	−3.0	40	58	−9	53	欧洲	1.3	1.2	15850	24223
14	西班牙	−3.4	−14	82	−9	−6	欧洲	1.3	1.2	858	809

续表

GDP排名	经济体	复合增速（%）	美元股指变幅（%）	排名	汇率变幅（%）	股指变幅（%）	分组	汇率2011末	汇率2020末	股指2011末	股指2020末
17	荷兰	−0.8	77	39	−9	94	欧洲	1.3	1.2	312	606
18	瑞士	−1.0	82	36	3	77	欧洲	0.9	0.9	5936	10488
5	英国	−2.2	−2	76	−14	15	五眼	1.6	1.3	5572	6391
9	加拿大	−1.2	13	73	−22	45	五眼	1.0	1.3	11955	17313
13	澳大利亚	−0.7	18	67	−29	65	五眼	1.0	0.7	4057	6683
52	新西兰	−1.0	154	15	−11	186	五眼	0.8	0.7	730	2085
36	中国香港	−2.1	45	52	0	45	东亚	7.8	7.8	18434	26670
21	中国台湾	1.6	106	27	6	94	东亚	30.3	28.6	7072	13739
39	新加坡	−0.7	39	61	−4	44	东亚	1.3	1.3	531	766
10	韩国	0.5	46	48	2	42	东亚	1141	1114	1826	2602
15	印度尼西亚	2.2	−5	79	−36	49	东盟	9068	14135	3822	5679
25	泰国	−1.7	44	55	4	38	东盟	31.5	30.3	1025	1416
37	越南	4.1	158	12	−9	184	东盟	21034	23170	352	1000
40	马来西亚	0.7	−19	88	−22	4	东盟	3.2	4.1	1531	1598
11	俄罗斯	−0.7	−60	100	−57	−6	金砖	32.2	75.5	1382	1302
12	巴西	−1.6	−25	91	−62	94	金砖	1.7	5.4	56754	110133
43	南非	−2.7	−18	85	−49	60	金砖	7.8	15.2	1019	1706
6	印度	−1.2	90	33	−33	185	金砖	49.5	74.3	15455	43828
16	墨西哥	−2.9	−26	94	−35	14	新兴	13.0	20.2	37078	42201
20	土耳其	−0.1	−42	97	−77	156	新兴	1.8	7.9	513	1325
19	沙特	−1.3	36	64	0	36	新兴	3.8	3.8	6418	8689
31	阿根廷	−3.8	17	70	−95	2099	新兴	4.3	80.8	2463	54151

资料来源：君晟研究、WIND

注：美元股指变幅指特定经济体2011年末—2020年11月末9年的美元计价股指变幅。

排名：特定经济体美元股指变幅在全部33个股指中的相对排名百分比。汇率：在特定时点的特定经济体货币兑美元汇率，美国三个股指对应的汇率是特定时点的美元指数值。股指：特定经济体最主要股票市场指数的特定时点数值。

主要经济体按美元计价的股指9年变幅：

以 9 年为考察期，美元计价股指收益率排名靠前的主要经济体有美中日德四大头部经济体和越南、新加坡、中国台湾等小型经济体。相对排名前 10 名的经济体股指资产有：美国的纳指（前 3%）、标普（前 9%）、道指（前 18%）三个指数和中国创业板指（前 6%）和沪深 300 指数（前 30%）两个指数，越南（前 12%）、新西兰（前 15%）、日本（前 21%）、德国（前 24%）、中国台湾（前 27%）。

主要经济体货币兑美元汇率 9 年变幅：

在美元指数 9 年累计升值 15% 的情况下，货币兑美元汇率表现较好并维持正收益的经济体有韩国（2%）、瑞士（3%）、泰国（4%）、中国台湾（6%），除瑞士以外都是东亚或东盟经济体。中国香港和沙特的汇率盯住美元。

4 个五眼发达经济体 9 年汇率累计跌幅较大，澳元下跌 28%、加拿大元下跌 22%、英镑下跌 14%、新西兰元下跌 10%。

德、法、意、西、荷的欧元下跌 9%、中国人民币下跌 4%、日元暴跌 26%。

在欧元、日元、英镑、人民币、加元、澳元等 6 个排名全球支付占比第 2—7 名的主要国际储备货币中，人民币是兑美元汇率 9 年累计跌幅最小的，仅下跌 4%。

东盟新兴经济体的马来西亚下跌 22%、越南下跌 9%、新加坡下跌 3%。

所有金砖新兴经济体和 G20 其他新兴经济体货币兑美元汇率 9 年累计全部大幅下跌，阿根廷货币下跌 95%、土耳其下跌 77%、巴西下跌 62%、俄罗斯下跌 57%、南非下跌 49%、印尼下跌 36%、墨西哥下跌 35%、印度下跌 33%。

在美元指数 9 年累计升值 15% 的同时，相对美元汇率跌幅小于 10% 的主要经济体除了欧盟跌 9% 和瑞士升 3%、中国跌 4% 以外，全部是亚太区中国周边小型经济体，几乎全部是制造业比例较高的制造业经济体。

第四节　重申资本项下外汇可兑换与人民币资产市场扩容方案和外汇储备调整方案

重申 2020 年 6 月 30 日报告中提出的资产投资资本项下外汇可兑换与人民币资产市场扩容开放方案和 2020 年 8 月 30 日报告中提出的中国外汇储备结构调整方案：

第一，人民币国际化近 5 年来进展不大的原因是人民币资本项下可兑换进度不足和人民币资产市场规模扩大力度不够。如果中国能按君晟提议的推行人民币在资产投资资本项下可兑换开放政策，随着外资可持有的中国股票和债券人民币资产市场规模稳步有序扩容，可以期待未来5年中人民币全球贸易结算使用率从近5年的约2%排名第5、第6名提高到6%，超过英镑的约7%和日元的约3.4%，成为排名在美元和欧元之后的第三大国际贸易结算货币。中国要设定合理可实现的人民币国际化目标，在50年内中国应继续尊重以美元为主的国际贸易结算体系，维护美元霸主地位，中国的战略目标只是设定为人民币的全球贸易结算使用率从不足2%和全球经济体外汇储备人民币比重从约2%均提升到IMF赋予人民币SDR权重11%的一半即约6%，排名均从第5升到第3。

第二，君晟再次倡议尽早实现人民币在资产投资资本项下可兑换开放，未来6年中国将迎来人民币资产市场规模加速扩大的黄金期，外资持有人民币股票和债券资产合计规模将从2019年末的5000亿美元稳定增长到2025年末的2.4万亿美元。人民币资产市场有序稳步开放的规划完成后，外资持总市值比例5%和持流通市值比例6.8%及持债市值比例4.5%、持有人民币资产市值比例4.7%都在中国金融安全可控的范围之内，监管当局无须担忧有序开放人民币资产市场期间人民币在资本项下可兑换对人民币汇率的冲击。

第三，中国应有序减少3万亿美元外汇储备规模，以适应人民币结算规模扩大导致中国进口贸易对外汇储备需求减少的变化，有利于减少中美长期摩擦背景下中国持有的美元资产外汇储备战略安全的忧虑和美元内在价值下降的损失。由于疫情和经济衰退，美联储大规模扩大债务，美联储在特朗普政治压力下纠结于维持正利率还是向欧、日看齐选择负利率以无限提供流动性，因此长期来看美国利用美元铸币税优势超发美元稀释美元实际价值将导致美元内在价值长期潜在趋势转为边际负值。

第四，《货币稳定性安全性收益性鼓励全球经济体增加外汇储备的人民币资产权重——大数据求是系列——君晟总量年度会议王维钢观点20200830》提议：中国的外汇储备已经成为美元美债背书的底层资产，超过3.1万亿美元过于庞大的中国外汇储备成为中国政府的沉重负担，中国需要减少外汇储备到2.5万亿美元，并调整欧元占比从30%升到65%、美元占比从35%降到20%。

【第二篇】

金融安全篇

第一章
国家金融安全专题座谈发言汇编

2017 年 6 月 3 日

时间：2017 年 6 月 3 日下午 13:30—20:30
地点：上海静安公园八号四层会议室
召集人：王维钢博士（常晟投资董事长、君晟群委）

座谈会议缘由

2016 年底中央经济工作会议和 2017 年 4 月 25 日中央政治局国家金融安全会议强调"把降低企业杠杆率作为重中之重"，明确要求加强监管、大力发展直接融资市场。

2017 年 4 月以来加强监管在金融监管部门执行中却异化为"金融去杠杆是重中之重"，监管不当本质是削弱监管、直接导致人为金融风险，压制了直接融资市场的发展。众多业内资深专家撰文呼吁建言似乎作用有限。

要实现习近平总书记提出的大力发展直接融资市场支持实体经济的目标，就需要中央及各金融监管部门鼓励银行对证券、保险、基金等可直接投资的金融机构和其他企业及居民投资主体合规提供资金与中介服务，增强全社会投资主体（包括可直接投资金融机构、企业、居民）的投资能力和杠杆率，引导社会资本通过全社会投资主体在直接融资市场认购并持有企业的股票与债券以实现脱虚入实支持实体经济、促进供给侧结构性改革，切实降低企业资产负债率与杠杆率，同时化解银行对企业间接融资比重过大的金融风险。

座谈会议形制：为了维护国家金融安全献计献策，发挥专家意见民意传递作用，君晟研究社区邀请部分业内专家就金融安全专题指出监管存在的具体问题与改善监管政策建议，经发言者本人审定后的书面发言录入君晟会议纪要和座谈会议发言汇编发布，并循渠道呈决策部门参考。

君晟研究社区简介

君晟研究社区是由全国投资银行界资深专业人士组织的非营利性宏观金融研究学术交流智库平台，君晟群委会李迅雷、吴宽之、谢荣兴、谭晓雨、王维钢、杨国平、陈钢、徐智麟、汪铭泉等九名群委都是从业逾二十年的资深专业人士。

君晟宏观策略天团九名成员是中国投资银行界最主要的宏观与策略经济学家：苏雪晶（中信建投所长）、张忆东（兴业副所长全球策略）、杨国平（申万金工）、荀玉根（海通策略）、李慧勇（申万宏观）、谢亚轩（招商宏观）、任泽平（方正所长宏观）、王涵兴（业副所长宏观）、王胜（申万策略）。

一、李迅雷：改变融资模式才是中国经济金融健康发展之道

（李迅雷，中泰证券首席经济学家、研究所所长）

经常有散户抱怨说，中国经济增速那么高，为何股市的表现总是那么糟糕。其实，GDP 增速与股价指数没有可比性，正如这些年来美国股价指数涨幅远超美国 GDP 的累计涨幅一样，股价指数反映了上市企业的效益，GDP 只是一个流量概念。不过，为了维持这个流量的增速稳定，却要付出越来越高昂的成本，即全社会债务水平和杠杆率的上升。

为何 A 股的表现总是不尽如人意呢？肯定与上市公司的盈利能力强弱有关，如果盈利能力一直很强，即便市盈率再高，股价还是能不断上行的。A 股公司普遍存在上市前业绩增长好、上市后就变脸的现象，这恐怕与上市规则有关，即拟上市公司需要有连续盈利要求，盈利水平越高，发行定价也能水涨船高。什么样的发行制度，就会有什么样的趋利行为。

刚刚过了六一，就看到微信群里传播一个黑幽默：10 年前的六一节，上证指数约 4000 点，中国铝业约 60 元，腾讯才 7 港元。如今的六一节，上证指数 3100 点，中铝股价只有 4 元多，腾讯股价 270 港元。

试想一下，当初腾讯如果能够在 A 股上市，那么，它将改变多少投资者的命运啊。目前它的市值 2.6 万亿港元，远超工商银行和中石油的市值。在国内市场中，还

能找得到几只上市至今股价一直在创新高的超大市值股票？很遗憾的是，腾讯、阿里巴巴和百度，以及一大批中国过去10年来崛起的、代表新经济的高科技企业都到境外上市了，因为它们不符合国内上市种种苛刻条件。

当前，国内股市中表现好的，居然是代表传统经济的上证50指数，虽然这与市场回归价值投资理念有关，值得肯定，但背后还是反映了中国长期以来股权融资的结构性问题。同样的问题也存在于信贷结构和债权融资结构上。因为中国银行业的贷款基本条件是资产抵押和担保，发债也是如此，这就导致了轻资产企业难以获得融资。

2010年以后，中国经济增速开始回落，其背后的逻辑是工业化进程放缓了，第三产业的发展步伐加快，人力资本（轻资产）对经济增长的贡献上升。但我国的融资结构并未作相应的调整，依然还是面向重资产部门、面向国有企业，因为它们有可以抵押的资产，有信用担保。

目前，国有企业的资产负债率大约是66%，民营企业估计在50%左右，但民企的效益远高于国企，低效的企业反而能获得国内大部分信贷资源，这是融资错配的表现之一。

融资错配的表现之二是上市公司的资产负债率居然超过工业企业，前者约60%，后者为56%。为何已经获得股权融资优势的上市公司的负债率反而高于全部工业企业呢？因为上市公司中，国企数量占56%，公众企业占36%，民企不到5%，前两者更容易获得贷款或债权融资，它们在经济下行中同样可以获得各种渠道的融资，但缺乏主动去杠杆意识。而所有工业企业中，国有企业数量只占7%，民企居多，民企很早就开始主动去杠杆，使得民企的资产负债率下行。

融资错配的表现之三是股权融资比例过低，非金融企业的70%融资来源于银行信贷，股权融资比例很低，这也是导致中国非金融企业的杠杆率（负债余额占GDP比重）达到150%左右，成为全球最高的原因。而我们股权融资，20世纪90年代就提出要为国企解困服务，现在仍要服务于国企改革和扶贫，所承担的行政功能过多导致市场化配置资源的功能弱化。很多高科技企业涌向美国的资本市场，因为美国股市的上市准入条件更低，对股权设置要求上更加人性化。

美国的潜在经济增长率远低于中国，但股市却从2009年开始出现一轮持续至今的大牛市，这不仅与新股发行无关，与大股东减持无关，而且恰恰相反，正是因为有很多优质且高成长的企业不断上市，给市场注入了新活力；同时，不少上市公司认为自己的公司被低估了，就去回购自己的股票，进行缩股。

由此可见，无论是新股发行节奏加快，还是市场非流通股解禁压力的增大，都不是股市下跌的关键因素。中国股市过去27年来一直纠结于筹码与资金的供需关系问题，完全是避重就轻的惯性思维。中国的经济问题、楼市问题和股市问题同出一辙，即供给问题，从来都不是需求问题，却总是通过刺激需求来掩盖供给侧的问题。

二、谢荣兴：关于发行公务员FOF股票投资基金的建议

（谢荣兴，交大多层次资本市场研究所所长）

本人长期呼吁要改变大股东减持的时间和数量，对清仓式减持要支付对价，现证监会已经迈开了一大步，但有些措施比较模糊，漏洞明显，比如我建议对董监高持股的释放不应该因为辞职而改变持股时间；再比如大股东通过大宗交易抛出，接盘者承续的股份冻结时间不能改变，即使通过法院拍卖，也不改变二级市场抛出的时间。但新规显然有漏洞，高手们纷纷提出最快速减持对策，至于对清仓式减持还是没有措施。

供求是决定价格的重要因素，作为虚拟经济尤其如此，因为IPO大跃进向股市抽血，上市公司定向增发退出向股市抽血，企业上市后大小非减持甚至清仓式暴富更是向股市抽血，延期政策的出台，并不解决向股市抽血的总量，股市没有那么多新鲜血液可以提供，而股市老人的血总会抽干，所以作为平衡，如何解决股市的入不敷出，增加新鲜血液，本人建议发行（公务员）FOF股票投资基金，作为证券市场资金来源的组成部分，这是非常可行的操作，具体设计如下：

1. FOF购买的股票基金全部为中国公募基金的产品。

2. 其中：A股ETF基金＋股票型基金占80%，债券型基金含货币基金占20%。

3. 市场化配置公募基金的产品，但配置基金的份额不得超过每家公司总规模的10%，配置家数不得少于50家，达到规模后应该在100家以上。

4. 每月月底统一才允许申购赎回一次。申购赎回均必须提前3天预约。

5. 认购对象：公务员，不分职级，公务员要以当年买爱国公债和爱国储蓄一样，作为扶植中国股票市场去对待，勇于承担亏损的牺牲，更不要认为购买股票基金是投机的误区。

6. 广义认购对象：为体现公正，其实认购对象可以包括事业单位职工，也可以

包括一般投资人。

7. 该基金的公正性、公平性绝对无懈可击，因为认购对象是所有公募基金运作的公开的基金，第二，不是购买某一家公司的产品，是30家到100家以上公募基金产品的综合收益，同时每月规定最后一天为清算日，才允许申购或赎回，而且要提前预约，其间由于"政策"的收益几乎无法体现，所以根本就不存在舞弊和有失"三公"的可能。

8. 管理人：建议专门设立一家公募基金，市场化招聘，其实现在卖方的研究所已经有专人研究公募基金的特点和排行，也有第三方机构专门研究各个基金的特点和潜力分析。

9. 该基金的作用：

（1）为股票市场提供资金、提供新鲜血液是一个方面，为市场提供信心是更重要的一面，不妨重温前总理的话：信心比黄金还要贵。

（2）现在人们对股票市场认识有误解，还是把入市的投资者当作投机者，尤其是制定政策的人，或是高高在上，或是藐视投资者，根本不顾及政策出台对股市的反应，俗话说不入虎穴焉得虎子，不妨尝试一下"准股民的待遇"。

当然，作为股市的增量资金，还希望增加保险资金、社保资金入市的比例，也希望效仿美国401K养老保险计划增加来源。同时还希望负债率低的央企、国企，动用不超过5%的自有资金直接入市及购买证券投资基金，经营班子可以决定，只要报备，豁免审批。

三、王维钢：改善金融监管才能维护金融安全

（王维钢博士，常晟投资董事长、君晟研究社区创始人）

积极规范发展多层次资本市场、扩大直接融资是习近平总书记4月25日在国家金融安全会议中的明确主张。习总书记布置的维护金融安全六条任务（以下简称任务1—6）是监管部门与全市场参与者必须做出回应的问题。

1. 赞同加强金融监管、优化监管，呼应任务2。加强监管、优化监管就是要维护市场生态平衡、保持市场流动性动态平衡，依法遏制市场违规者行为，保护投资者权益。加强监管不应等同于强行去杠杆、收紧市场流动性。监管不当实质上是削弱监管，各监管部门的监管措施不当造成局部资产市场流动性紧缩引发新的金融风险。

2. 改善金融监管治理机制的五条重要主张。

第一条，尽快实现一行三会整合，加强党的统一领导，成立类似美联储的全能金融监管机构，呼应任务6。不同金融监管部门出现监管冲突、监管竞争的情况，容易引发各类别资产市场的系统性金融风险，不符合中国资产市场蓬勃发展的客观需要。

第二条，完善全局性监管理念，加强监管措施市场效果预评估程序。

监管措施效果预估不足在过去几年已经引发了局部市场或全局市场风险，各部门监管措施对全市场各类资产市场流动性都有局部和全局影响，监管部门应建立维持金融市场合理流动性作为监管措施效果评估的目标的监管理念。

第三条，加强市场预期引导工作，建立监管政策公开咨询程序。

建立监管政策公开咨询制度，加强实地调研，预防政策引发的金融风险。定期召集主要领导参加的闭门座谈会，制度化常态化听取全市场专业人士意见，对政策后果做出充分评估，减少对政策后果预判不足而造成的人为金融风险。规范监管政策导向的沟通披露机制。

第四条，加强对金融监管对象（金融机构和市场投融资主体）行为合规合法性的监管与处罚，强化保护投资者权益，呼应任务1和任务3。

资本市场的功能包括投资与融资两个方面。监管当局忽略投资功能只强调融资功能，投资者无法通过长期投资而获得收益，只能助长短线炒作投机的气氛。如果投资获利功能逐步衰竭，更多投资者将逐步退出资本市场，市场最终也将逐步丧失融资功能。

第五条，建立监管部门与金融机构及智库院校的多层级双向定期干部交流机制，扩大金融干部储备范围，实现监管干部旋转门制度，呼应任务5。

监管干部旋转门制度是提高监管干部业务素质与金融市场熟悉度的需要。让一批有市场实践经验的人才能定期进入监管干部队伍，有助于提高监管措施的恰当性和有效性。

3. 抑制房地产泡沫有助于发展直接融资市场支持实体经济，呼应任务4。资产泡沫是资产市场的客观存在，没有泡沫的资产对融资者没有吸引力，但严重的泡沫危害金融安全。

房地产资产泡沫对居民消费、实体经济、其他类别资产市场发展都有抑制作用，泡沫最严重的资产领域是房地产而不是直接融资市场。主张中央政府以抑制房地产资产泡沫保国家金融安全为目的，出台更严厉的房地产调控措施。

直接融资资产市场是社会资本高效配置到高信用企业而实现脱虚向实的最重要途径，但由于缺乏财富效应而趋于萎缩。银行为投资者加杠杆用于持有股票与债券资产，比银行直接向企业贷款要安全得多，因此监管部门应在规模比例总量控制的基础上允许银行理财资金池用于支持投资者持有股票与债券资产。要实现习近平总书记提出的大力发展直接融资市场支持实体经济的目标，就需要中央及各金融监管部门鼓励银行对证券、保险、基金等可直接投资的金融机构和其他企业及居民投资主体合规提供资金与中介服务，增强全社会投资主体（包括可直接投资金融机构、企业、居民）的投资能力和杠杆率，引导社会资本通过直接融资市场认购并持有企业的股票与债券以实现脱虚入实支持实体经济、促进供给侧结构性改革，切实降低企业资产负债率与杠杆率，同时化解银行对企业间接融资比重过大的金融风险。

四、谭晓雨：维护金融安全与加快人民币资产市场发展的建议

（谭晓雨，国务院特殊津贴专家、国联安基金公司总经理）

1. 维护金融安全的资本市场监管改进政策建议。

（1）证监会应修改上市公司发行股份收购资产管理办法和收购重组管理办法，制止被收购企业大股东以高利润承诺、高溢价企业估值换取上市公司股份的行为。通过并购重组提高上市公司资产质量是资本市场资源优化配置基本功能的体现，建议规范鼓励并购重组。建议上市公司发行股份收购资产改为一次审批多次发行，被收购企业大股东分三年兑现业绩承诺时才能获得对应上市公司股份。被收购企业大股东涉嫌造假骗取上市公司股份时，证监会应依据常规信息披露核查与举报及时立案侦查及冻结被收购企业大股东股权，并建立协助受害投资人赔偿诉讼和上市公司先行赔偿机制。

（2）证监会应建立上市公司再融资的条件约束机制。明确现金分红和再融资时间间隔、再融资规模不超过净资产50%、管理层或员工强制认购至少10%、大股东及管理层有条件延长限售期承诺作为再融资先决条件，建立全市场参与者对全市场新增股票供给的稳定预期。证监会应对大股东及管理层限售股解禁期安排设置强制要求限制性条件，即大股东及管理层限售期满时若股价低于再融资发行价或限售期内上市公司年净利润同比下降50%则限售期自动延长一年（最多累计10年）。交易所依据各种承诺与限制条件系统锁定大股东及管理层限售股，实行限售股解禁公开申请制，杜绝违规减持。

（3）证监会应修改IPO企业大股东及管理层限售期约束条件。要求排队企业大股东主动做出延长限售期的承诺，强制要求大股东及管理层承诺限售期满时若股价低于IPO发行价或限售期内上市公司任意一年年净利润同比下降50%则限售期自动延长一年（最多累计10年）。对大股东主动承诺延长大股东限售期到5年以上的IPO排队企业，证监会给予优先审核与上会的鼓励政策。

（4）证监会应建立协助外部股东对上市公司虚假陈述责任方（大股东及管理层）发起赔偿诉讼和上市公司及大股东先行赔偿的处罚机制。上市后因大股东及管理层业绩造假而被证监会立案调查的，证监会应冻结大股东和管理层所持股权并用于对受害外部股东做出赔偿、做出上市公司及大股东先行赔偿的处罚，证监会应增配人力资源协助因虚假陈述而受损的外部股东向上市公司大股东和管理层发起赔偿诉讼。在赔偿程序完成后，证监会应依据上市公司虚假陈述业绩造假的严重程度判断上市公司是否具备维持上市的条件，若已不符合上市条件则处罚退市。

2. 维护金融安全与加快人民币资产市场健康发展是人民币国际化的要求。

（1）"一带一路"倡议的本质是构建中国朋友圈，中国朋友圈流通的"血液"未来应有一定人民币权重。

人民币国际化的两个重要前提是构建中国贸易伙伴国长期持有人民币资产的意愿与人民币对美元不存在长期贬值预期，因此维护金融安全与大力发展门类齐全的中国资产市场是维持人民币全球长期需求的重要使命。

（2）为了实现人民币国际化这一目标，所有金融监管部门均应承担维护金融安全的共同责任。党中央把金融安全提到一个前所未有的高度，要求大力发展直接融资、合理调整全社会间接融资与直接融资的比例关系，金融监管部门必须保护资产市场投资者与融资者的利益平衡。监管当局应改善人民币资产市场受局部政策扰动而预期失稳的局面，应综合考虑监管政策对资产市场的综合效果评估、加强预期管理，应维持人民币资产的稳定收益预期。

（3）美联储多年来在制定金融政策和构建全球金融预期管理时，一直非常重视美元币值坚挺和美国资产价格坚挺，从来没有汇率与资产价格放任由市场决定的情况。长期以来，国内外主流经济学家与媒体多数都在美联储官员的预期管理言论引导下，认为美元会持续走强、人民币会持续贬值、美元会持续加息、美国股市也会持续牛市，而实际情况未必如此。中国金融监管当局在预期管理和金融政策调控方面要向美联储学习改进，学习美联储爱护美国资产市场的策略手法，希望全市场参与者为维护金融安全与中国资产市场健康发展共同努力。

五、汪铭泉：稳妥解决资本市场稳定运行问题需要控制股票供应

（汪铭泉博士，锐隆投资董事长）

资本市场平稳运行主要取决于股票的供求关系，只有供求大致平衡，才能保持相对稳定运行。股票供应要适度控制，有如下几条对策建议。

1. 根据市场运行情况合理控制新股发行。

在现阶段严格审核是唯一可行的，毕竟严刑峻法有个立法过程，时间不等人。审核的第一层，应该是企业的自我审核，如果过会率低了，拟上市公司的成本就会提高。增加上市成本，不该来上市的企业自然会退出。

2. 限售股的流通应该从严，至少不低于严刑峻法下的美国股票市场。

IPO形成的新股建议参照美国的减持规定，很清晰：限制性股票解禁期满之后可以减持，一年之后4个时间窗口，即4个财报公布期后，大股东提出减持计划、备案之后方能减持，每次季报窗口最多减持1%，一年最多4%。这些减持量足够大股东改善生活了，大股东要投资可以质押股票贷款获取资金。限售股减持固定时间窗口，这就让二级市场公众投资者会有合理预期了。

除了限售解禁获得快钱，大股东上市首先应该有发心、愿景、事业和情怀。如果把自己生的孩子也当筹码，二级市场财务投资者无论如何玩不过成本低的大股东。大股东其实不一定要卖股才会有钱的，既可以通过分红获得现金收益，也可以通过抵押股票贷款回收现金。

大股东心思不放在股票筹码的博弈上，把企业踏实搞好了，大家才能多赢。如果政策允许大股东快速减持，自然会有大股东去追求快钱，不去踏踏实实搞企业了。如果大股东聚焦于如何尽量高价减持获得快钱，不好好干实业、珍惜自己的企业控制权，参与到减持的"筹码博弈"过程中，就偏离了资本市场的正道。现在二级市场是存量博弈，资金就这些，资金流出多了市场就崩塌一次，然后继续下一个下跌周期，时间长了，愿意来股票二级市场的社会投资主体会减少。

3. 对于增发形成的限售股减持规定建议区别对待。

（1）以现金参加增发的暂时不改变原有的限售规则。

（2）以资产评估作价增发的并购形成的股票，建议按5年来承诺利润，达不到承

诺标准的建议取消补偿，而改为大股东和被并购方按原价回购注销股份（现在并购都用3年利润承诺来做，时间短容易操纵利润），超过承诺利润的超出部分按比例现金奖励。

六、王继青：降杠杆与防风险要统筹兼顾

（王继青，复旦大学博士，滚石投资董事长）

降杠杆方式需要慎重选择，统筹兼顾。金融加杠杆是加在实体上，政府有稳增长的需要。提高资本回报率，降低企业的债务，这些都是可以用来降企业杠杆的。现在是通过收缩流动性让实体企业融不到资，这样降低债务会是一个比较血腥的过程。

降杠杆的方式有很多。去杠杆应该与防风险统筹兼顾，否则事与愿违，关键是要有个过程，不能像处理场外配资一样。去杠杆可以在发展中解决问题：经济发展了，提高资本回报率了，企业债务也可以降。监管层方式简单。实体经济是本，金融是标，实体经济没有希望。就像治理雾霾这样与民生相关的事情，都不作为，可怎么办？因此，必须在经济发展中才能解决问题，离开经济发展，任何急于求成的降杠杆本身就是极大的风险和危机手段，任何急于求成的降杠杆都会酿成危机。

首选应该是提高资本收益率，增加回报，把蛋糕做大，而不是断水断电收流动性，企业渴死了，连还债的主体都没有了，杠杆怎么降？！

第二，大力发展股权投资市场，也是降杠杆的重要手段。要大力发展股权市场，监管部门就应该对投资人有一个正确的认识。如果监管部门认为投资人都是"投机分子"，"投机分子"活该亏钱亏死，那这个市场是很难发展好的。上市公司、中介机构、投资主体是证券市场三位一体的，各方利益必须兼顾，市场才能健康。监管层的工作就应该围绕着理顺三者的关系制定游戏规则，而不是动辄改变市场规则。股灾的暴力降杠杆就是如此。因此，任何急于求成的降杠杆本身就是直接导致危机的手段，这是当前监管部门必须要意识到的问题。

监管多次失误人为引发证券市场股灾，把老百姓都吓得不敢来了，这是涸泽而渔的做法。股市不行了，债市不行了，实体经济也不行了，老百姓的钱没有地方去，除了高位买房，只能选择换汇逃离中国资产市场，直接导致外汇储备迅速下降，人民币汇率怎么稳定？！人民币汇率不稳定，外汇储备继续流失。中国经济就如一个人的机体不断失血，怎么能不危机不断？！

"做强实业，脱虚向实"的提法没有错，但可能因为一些政策出台的时机和手段导致虚脱了而没有入实，机体不断失血，那才是悲哀了。外汇储备急剧下降，就是失血的表现。

综合而言，降杠杆与防风险要统筹兼顾，否则顾此失彼，顾彼失此，都是灾难，结果是哪一个也没有弄好。一定要循序渐进，不能一声令下，恨不能一蹴而就。金融监管机构官员尤其要掌握统筹兼顾降杠杆与防风险。

七、顾铭德：不同重组政策的不同后果

（顾铭德，中国人民银行上海总部研究员，调研部前副主任）

是坚持市场化重组政策，鼓励上市公司进行各种形式的资产重组，还是采取严格事前审批制抑制大量上市公司重组进程，这是关系到中国股票市场共赢还是皆输的重大问题，甚至是生死存亡的重大问题。

中国股市及上市公司的特殊国情是，由于制度建立初期没有正常的退市制度，大量逐年上市的传统产业，周期行业的国企、民企，包括科技型企业，经过几年或十几年的经营，一般会面临产业老化、淘汰的局面，其出路只能两条，要么资产重组，要么退市。

如果坚持市场化重组政策，支持大量上市公司资产重组，其结果必然是：

（1）大多数上市公司包括绩差股，股价会相对稳定，大规模的股灾可以避免，股市稳社会稳。

（2）大量上市公司加快改革，产业转型，产业结构升级换代加快，实体经济受益。

（3）中央企业、地方政府大量新技术高科技项目通过资产重组加快实现证券化。

如果股市政策不是支持大量上市公司市场化重组，采取严格的行政审批、各项规定，导致大量上市公司不能重组，直至退市，其后果必然如下：

（1）大量绩差股价格崩溃，再次股灾难以避免，股市难现稳定局面。

（2）由于股市不稳定，新股发行速度不可能正常。

（3）中国的国企改革产业转型，新技术、高科技的发展都会因此而放慢拖延。

（4）中国市场化的进程会放慢。

上述两种政策、两种后果，非常简单，非常清楚。本届证监会究竟采用何种政

策，这是全国投资者特别关心的问题。据《证券日报》2017 年 5 月 16 日文章，2016 年 9 月证监会公布"史上最严"重组新规后，2017 年以来，逾 80 家公司终止重组。这当然不包括想重组还没有上报的大量上市企业。

本届证监会资产重组政策及后果已经一目了然。如不及时纠正，中国股市后果不堪设想。

总之，中国经济处在转型升级的关键时期。企业兼并重组是发挥市场资源配置的主要方式。对于历史遗留下来的大量绩差股，只能坚持市场化的优胜劣汰机制，而不是行政方法，退市了之。市场化的重组政策符合中国目前的国情。

八、管涛：中国金融风险源于金融发展滞后，不发展是最大金融风险

（管涛，中国金融四十人论坛高级研究员，外管局国际收支司前司长）

1. 不要妖魔化 M2 和资本外流。

（1）这次 2008 年全球金融海啸，中国经济跃居世界第二，国际地位和国际影响力大幅提升。我们不可能只要世界第二大经济体的好，不要 M2 可能带来的坏。

（2）从国家资产负债表角度看，截至 2013 年底，中国的资产/GDP 为 11.6 倍，美国、日本、英国和加拿大平均为 17.9 倍；中国的金融资产（包含了 M2）/GDP 为 6.0 倍，上述四国平均 13.2 倍。

① 如果以此衡量经济泡沫化程度，中国并不是最严重的。

② 这种衡量资产泡沫的方法很可能是错误的，因为这些比例还反映了经济成长过程中金融和非金融财富的不断积累，中国需要解决不能只有 GDP 增长，而缺少财富积聚的问题。

（3）2014 年第二季度以后，我国资本项目由顺差转为逆差并非坏事。

2. 防范化解。

① 中国合意的国际收支结构是贸易顺差、资本流出，国际收支基本平衡。

② 2015—2016 年，中国民间部门对外净负债（剔除储备资产）减少了 9992 亿美元，同期国家外汇储备减少了 8325 亿美元，二者大体匹配。

系统性金融风险必须坚持疏堵并举。

（1）中国的金融风险是源于金融发展滞后，过多的流动性追逐有限的投资机会，造成了局部资产泡沫化风险。因此，不发展是最大的风险。

（2）加强监管是必要的，但只堵不疏，要么最终以泡沫破灭、财富灭失的结果告终（这是美国也不甘心发生的事情，才有 QE），要么就是堵住了这头冒出了那头。

（3）解决"脱实向虚"需要遵守市场规律，通过加快金融创新，建立激励相容的机制，引导资金流向实体经济部门。

（4）直接融资（债券市场、资产证券化、REITs 等）有较大发展空间，要坚持在规范中发展、发展中规范。

（5）完善货币政策框架，建立清晰可信的货币政策目标，确立市场化的基准利率形成、调控和传导机制，是加快金融市场发展的重要前提，也是扩大金融开放、增加汇率弹性必须完成的功课。

3. 可信的外汇政策是稳定跨境资本流动的关键。

（1）当前资本外流已经超越了经济基本面原因，重塑政策公信力，对于稳定市场预期和跨境资本流动至关重要。

2017 年以来，随着人民币汇率趋稳，市场情绪稳定、资本外流缓解，这又使得放松对跨境资本流出控制成为可能，市场形成了一种良性循环。

（2）实行参考篮子货币、有管理浮动的汇率政策，要避免形成人民币汇率有序贬值的印象（哪怕只是市场这么认为的）。缺乏公信力的汇率政策最终会导致市场恐慌，多重均衡出现坏的结果。

（3）应对资本流出冲击在外汇政策选择上面临"不可能三角"，即要么让汇率贬值，要么消耗外汇储备，如果既要保汇率，又要保储备，则加强跨境资本流动管理必不可少。

① 加强跨境资本流动管理不能重回资本管制的老路，还可以采取一些宏观审慎的措施，运用价格手段和市场方式来调节跨境资本流动。因为对于跨境金融交易来讲，不可交割是最大的风险，政策上的反复有可能加剧市场恐慌，影响国家形象。

② 如果确要采取一些资本管制的措施，应该是少量的、临时的，同时应该是透明的。窗口指导的做法，容易形成一刀切、不透明、执法随意，损害政府形象，政策效果也不尽理想。例如，2016 年服务贸易购汇在其他购汇普遍负增长的情况下，增长了 16%，2017 年前 4 个月在重申明确个人购汇不得用于资本项下支出后同比下降了 12%。

（4）人民币可兑换和国际化在大方向不变的情况下，当前应该重点拓宽资本项下本外币资金回流渠道，加快相关金融基础设施建设。但前提是，一旦条件许可，应该及时推进汇率形成市场化的改革，否则将来又会造成外汇管理政策的反复。

九、施康：关于金融改革与金融风险的一些看法

（施康，香港中文大学经济系教授，清华大学-香港中文大学中国经济联合研究中心副主任）

回顾 2012 年至今的短短 5 年时间，我们一起见证了中国金融领域中很多里程碑式的改革，包括利率市场化（存款贷款利率限制放开、贷存比限制取消、存款保险制度引入），人民币中间价形成机制改革，资本账户逐步开放（QDII 和 QFII），以及最近的股市债市与香港联通。在取得成果的同时，潜在风险也多次暴露出来，我们发现宏观货币政策在慢慢失效，政府的财政刺激空间在慢慢萎缩，一些核心领域新的口号和新的政策从未间断，但是症状顽固，收效甚微，比如房地产与影子银行。下面我主要通过讲两个例子来说明我的主要观点。

2008 年出台的"四万亿"刺激政策，政策设计的初衷是为了抵御外需下降冲击，政府通过大规模的基础设施建设投资来刺激内需，避免经济硬着陆。在解决外需下降经济放缓的短期问题时，又引出了地方债、土地财政、房地产和影子银行等长期问题。2008 年之后城投债的快速扩张直接推动了国有企业杠杆率的上升，并显著挤出了私有企业的负债融资。

"四万亿"计划除了中央政府提供一部分资金，大部分资金实际上来自地方政府与金融系统。税收收入上升空间有限，土地出让收入撑起了地方财政半边天，支撑基础设施建设。国有企业利用政策红利加杠杆扩张，但因资本回报率难以承担融资成本，大量资不抵债的僵尸企业开始出现。不少国有企业借力影子银行业务投资到高效率的私有企业、房地产市场与其他资本市场，催生了地产泡沫，也推动了土地价格上涨。地方政府更加依赖卖地收入，因而也就更加依赖房地产市场。利益让地方政府、银行与国有企业紧紧相连，加大了金融改革阻力。

理论上讲，利率市场化应该有助于信贷资源的优化配置，更多的资金会流动到更有效率的部门。但是基于上市公司与工业企业公开披露数据我们可以发现，平均资本回报率更高的私有企业面对的融资成本远高于国有企业，两者之间杠杆率的差距依然很大。这样看来，虽然我们名义上完成了利率市场化进程，实际上的信贷资源错配并

未得到有效纠正，还有很多配套的改革需要同步推进，需要多个部门（比如财政部与发改委等）协调配合共同完成。

"8·11"汇改推动人民币加入了SDR货币篮子，但是在维稳过程中央行损失不小。给央行的资产和可信度都造成了重创。尽管央行前前后后发布多项政策来限制资本流出，也多次发布声明提振市场信心维稳人民币，但迄今仍然消耗了近1万亿美元的外储。汇改前，离岸人民币市场交易规模很大，扩张速度也很快，被认为是人民币浮动汇率的试验田；汇改后的维稳过程中，央行已经开始干预离岸市场的汇率与流动性，离岸市场资本外逃，规模也迅速萎缩。

汇改从根本上确实推动了人民币中间价定价机制的市场化，但是过于激进的一次性贬值无意识地制造了人为的危机。政策制定与设计需要注重连续性与一致性，这样才能给市场以稳定预期。有效的预期管理可以避免不必要的市场恐慌与踩踏，降低流动性与系统性风险，为政策制定者平稳有序推动金融改革创造有利的内外部环境。

总结：金融风险来源于实体经济的低迷或者实体经济改革的缺位，因此目前金融改革的主要阻力实际上在金融体系之外，需要系统地设计改革的路径，统筹协调多部门共同参与；在改革过程中，需要找准政府的定位，应当在市场监管、产权保护、退出机制等维度上完善法律和制度体系建设（比如破产法等），而非以经济主体的身份过多干预市场的供给与需求；注重政府与市场的沟通，积极采取措施提振市场信心，精准改革，从根源上消除或者弱化扭曲，借助市场力量平稳推进改革，避免一刀切或大跃进式的政策；适度弱化经济增长目标，为经济结构转型与金融改革创造有利的空间，把握住当前难得的改革窗口。要建立改革方案优化的长效机制。在决策过程中引入外部咨询专家有助于优化方案设计，这可能造成信息外泄与政策套利，但完全依靠内部人员研究设计，缺乏理论论证与实践检验，容易造成预期外的不良后果（如2015年股市异常波动期间的熔断机制）。最后，我认为政府不需对可能的金融危机过度恐惧，要让市场自己来教育市场的参与者，要在资本市场的发展中解决危机。

十、任泽平：金融去杠杆未必能让资金回流实体经济

（任泽平博士，方正证券首席经济学家、研究所所长）

2014年以来资金脱实向虚的根本原因是实体经济回报率下降，2016年下半年以来金融去杠杆并不能从根本上解决资金脱虚向实的问题，根本出路在于推动改革提高

实体经济回报率。

2014年下半年至2016年上半年，在货币宽松和金融自由化的背景下，政策试图通过刺激房地产、居民加杠杆来稳增长，结果导致资金脱实向虚、影子银行体系崛起和资产价格泡沫。

资本是逐利的，为什么不到实体经济中去呢？根本的原因是实体经济税费成本高、人工成本高、国有民营竞争环境不公平、很多竞争性行业存在"玻璃门""弹簧门"行政管制等。2016年下半年以来随着经济L形企稳，政策试图推动金融去杠杆来防风险并推动资金脱虚向实，但是如果不能推动供给侧改革提升实体经济回报率，即使金融杠杆去掉，资金也未必回流实体经济，而是可能落入"流动性陷阱"。

2002—2009年的典型特点是M1与M2具有很强的相关性，表明资金能够流入实体经济进行信用创造。但是2015年以来M1大幅回升而M2持续下滑，表明超发的货币仅流入资产领域推升泡沫而没有进行信用创造流入实体经济，2010年以来中国已经呈现越来越严重的"流动性陷阱"迹象。

实体和金融是皮和毛的关系，金融地产的回报率最终均来自实体经济，从过去金融自由化单兵突进到现在金融去杠杆，并未触及问题的根。因此，未来的出路是在金融去杠杆和抑制资产泡沫的同时，大力推动以大规模减税、精简财政供养人员队伍、放松行业管制、激发民间投资活力、打破刚性兑付、促进市场公平竞争、重振体制内官员发展经济积极性等市场化导向的改革。

十一、荀玉根：金融监管不是货币政策系统性收紧

（荀玉根，海通证券策略首席，2016年新财富策略第一）

央行《一季度中国货币政策执行报告》中提出："央行缩表并不一定意味着收紧银根"，"有机衔接监管政策出台的时机和节奏，稳定市场预期，把握好去杠杆和维护流动性基本稳定的平衡"，说明金融监管不是货币政策系统性收紧，是干扰变量，不会破坏震荡市的形态。

盈利改善对抗资金略紧，金融监管不是货币政策系统性收紧，宏观背景类似于2013年。4月25日中央政治局会议明确，坚持稳中求进工作总基调，确保不发生系统性金融风险，宏观自上而下分析，系统性机会和风险都不大，考虑管理层调控，市场整体波幅可能处于历史低位，所谓系统收敛。市场的核心矛盾是结构性高估，或者说结构性估值和盈利的不匹配,通过结构分化来消化,所谓结构发散。短期而言,监管基调柔化、个股跌幅中位数已达15%,短期步入反弹期。

2017年的情况和2013年相似,并不存在通胀压力,货币政策偏紧主要为了金融去杠杆。从2017年第一季度开始表外理财纳入MPA考核,银监会3月来连续下发8个文件落实"金融防风险",核心指向各种影子银行,包括银行理财、同业业务等。4月中以来的市场调整,主要是金融监管加强导致的资金面阶段性紧张。目前监管仍处于摸底自查阶段,要求6月12日前报送自查报告,并在11月30日前完成问题整改,未来仍需密切跟踪政策面的变化。

十二、李慧勇:从四个方面看如何完善监管防范风险

(李慧勇,申万证券宏观首席,2012年新财富宏观第一)

从规范和创新发展的关系看,创新发展是主要方向,规范整顿是为了更好的发展。在规范整顿的同时,也应该明确创新发展的主要方向,避免相关机构无所适从。从创新发展的动力来看,一是来自市场需求,有需求才有供给,二是来自现有业务或者监管的空白。市场有需求,现有监管条件下不能做,通过创新绕开现在的监管才能做,这在某种程度上也是创新发展的一个重要推动力。这和纯粹为了逃避监管的业务活动不同,是为了满足真正待满足的需求而创新,而逃避监管只是为了逃避监管而创新。在整顿纯粹的监管套利的同时,应为有助于解决实体经济需求的创新留下空间。

通过制度化、法治化监管,改变"一放就乱、一收就死"的状况。中国经济周期中曾经多次出现"一放就乱、一收就死"的状况,原因是政府的投资冲动、预算软约束、财政信贷土地等资源的周期性配给。伴随着软约束变硬约束,市场在信贷土地等资源配给方面作用增强,相关法律法规的完善,中国经济的稳定性显著增强。目前金融业似乎也存在"一放就乱、一收就死"的状况,原因可能是金融机构的扩张冲动、风险软约束(道德风险)、缺乏相关的监管和规范。正是考虑到金融无序扩张、伪创新等乱象,国家才下决心严格监管、全面监管,但补救式堵漏洞可能只能稳定一时,只有真正的制度化、法治化监管才能保障金融的长治久安。因此在全面摸排金融风险的同时,应尽快出台包括资产管理、银行理财、同业业务等方面的法规,明确监管边界,稳定市场预期。

要避免对这轮金融监管的曲解和片面理解。为什么进行这次金融监管，有的说是去杠杆，有的说是打击资金脱实向虚，都有一定道理，但都不全面。而从经验来看，无论是实体还是金融、公共部门还是私人部门，也都无稳定的证据表明杠杆率高低和风险大小的关系。资金流出一个金融市场也可能进入另外一个金融市场，也未必会进入实业。因此把去杠杆、打击资金脱实向虚作为这轮监管的核心要义并不合适，而按照这个核心要义去实施监管也可能会出问题。我理解这轮金融监管的核心出发点是防风险，主要的着力点是金融整肃（全面摸排、全面监管）和金融反腐，在了解金融尤其是杠杆业务基本情况的情况下，主动暴露一些风险点，明确红线，明确监管责任，如果说这些目标基本达到，监管即进入常态。

整肃时间不宜过长。从目前实际情况看，很多业务因为监管限于停滞，影响了正常经营，部分依赖于原有渠道进行投融资的企业和个人也受到较大影响。可以预期，整肃的时间越长，这种影响会越大，从稳定市场预期以及避免负面影响的角度看，整肃的时间不宜过长，3个月左右最为合适，应尽可能在第三季度公布相关的摸底情况，并公布新的业务规范，将负面影响降到最小。

以上发言仅为个人观点，不代表所在机构，特此强调。

十三、谢亚轩："保守货币政策"和"严监管"的易与难

（谢亚轩，招商证券宏观首席）

在中国当前的形势下，采取保守的货币政策态度和严格的金融监管，执行起来究竟是困难还是容易呢？中国的传统文化中，有强调"知难行易"的，大家对于严监管和保守货币政策的思想认识统一吗？有一个成语是"知易行难"，是不是其他国家央行虽然明知道应该这样做，但是在现实中受到种种因素的掣肘，而难以实行呢？从我自己的观察看，知难行更难，认识并不容易，实践起来可能更难。

2016年4月，《比较》杂志与财新智库在深圳举办"危机后的金融监管研讨会"，邀请英国金融服务局前主席、《债务与魔鬼》一书的作者阿代尔·特纳勋爵发表主旨演讲。我应邀作为发言嘉宾，谈了加强宏观审慎监管政策的难易问题。这可以从一个大家熟知的中国古代故事说起。

魏文王曾求教于名医扁鹊说："你们家兄弟三人，都精于医术，谁是医术最好的？"扁鹊回答："长兄最好，二哥差些，我是三人中最差的一个。"魏王听了很吃惊，

因为他只知道扁鹊是名医,而他的两个哥哥却闻所未闻。扁鹊进一步解释说:"长兄治病,是在病情发作之前,那时候病人自己还不觉得有病,但长兄就下药铲除了病根,这使他的医术难被人认可,所以没有名气,只是在我们家中(也就是名医的朋友圈中)被推崇备至。我的二哥治病,是在病初起之时,症状尚不十分明显,病人也没有觉得痛苦,二哥就能药到病除,这使乡里人都认为二哥治小病很灵。我本人治病,都是在病情十分严重之时,病人痛苦万分,病人家属心急如焚。此时,他们看到我在经脉上穿刺,用针放血,或动大手术直指病灶,使重病人病情得到缓解或很快治愈,所以我名闻天下。"

从这个小故事来看,货币政策更为关注资产价格并践行逆周期宏观审慎监管政策之难,其难至少有二:

一难在"知",扁鹊的长兄医术高超,防微杜渐,前提在于明察小的病征与大的病征之间的因果关系。但是很难想象如果他从来都没有见识过大病,从来没有认真思考过人体和疾病演化的机理,如何能够知道小毛病不根治会演化成为大病?如果没有2008年全球金融危机的惨痛实践,我们就不能够从根本上去尝试认知现代金融体系的内在不稳定性,发现传统经济学所暴露出的不足,以及思考如何从逆周期宏观审慎监管的角度出发尽可能避免过量债务的累积。从"知"的角度,我认为2008年危机前后有以下重要的经济学思想演进,有助于中国央行采取最新的政策实践:从完全有效市场假说到市场可能阶段失灵;从理性人的假定到对部分非理性或合成谬误的认同;从完备信息到信息不对称;从货币"面纱"到高度重视货币特别是金融、广义信贷和杠杆率的外部性;从资产价格完全反映对未来经济基本面的理性预期到资产价格可能暂时严重偏离均衡,产生巨大的泡沫,而泡沫是金融危机的最佳领先指标之一;货币政策从被动的事后清理(mop up after)转为主动的逆风干预(lean against the wind)等。这方面我不展开讨论,我认为央行货币政策执行报告的专栏写得更好。对此有更大兴趣的读者,我推荐大家认真阅读特纳勋爵的《债务与魔鬼》。

题外话,特纳勋爵在《债务与魔鬼》一书的后记中提到了一个细节:2009年春天,伊丽莎白女王造访伦敦经济学院经济系讨论金融危机,她提出一个非常简单的问题:"为什么没有人发现危机来临?"几个月后在她收到的一封信中给出了一个答案:"许多聪明人(包括本国和国际)丧失了集体想象力,未能将金融体系作为一个整体来理解风险。"我想问,如果您是英国女王,您对这个答案满意吗?

二难在"行",获得实施逆周期宏观审慎政策的"合法性"并不容易。扁鹊的长兄往往是在病人都不认为自己有病的时候就采取措施铲除了病根。故事虽然如此,但在现实中,如果让一个正常的人吃药说是为了避免大的病症,可能会被视为精神不正常。扁鹊(不是扁鹊长寿,而是"扁鹊"是古人参考黄帝时神医"扁鹊"的名号对名医的统称)不是也在见蔡桓公的时候被背后讥笑,差一点就被"轰出门外"嘛。同样来自《债务与魔鬼》:"债务污染类似于环境污染。给一个家庭发放贷款用于购买房子对社会可能是有益的,但过度发放住房抵押贷款将导致经济不稳定。"如果给一个家庭发放贷款,家庭获得了房地产价格上升的益处,金融机构获得了业绩提升,贷款经理获得了奖金提成,这个时候由宏观审慎监管部门站在逆风向,大声疾呼叫停或者限制这样的业务,的确不能被普通大众所接受,甚至不能被没有经历过金融危机洗礼的宏观决策者所接受。在众人狂欢的时候,拿走"潘趣酒"的人,轻则被大家视为无趣,重则可能被一群酒徒痛扁,明智的人谁会自讨"没趣"呢?我认为如果没有2015年股市异常波动造成的一系列巨大影响,中国决策层可能也不容易这么快在关注资产价格、采取宏观审慎政策、防风险、去杠杆等方面获得如此高度的共识。

采取保守的货币政策态度,加强金融监管,维护国家金融安全贵在"知行合一"。

十四、赵湘怀:监管从严、脱虚入实

(赵湘怀,安信证券研究中心副总经理、金融首席,2016年新财富非银行金融第一)

1. 全球金融形势对中国金融安全产生压力

全球金融环境的动荡不仅会对我国的银行间市场流动性造成短期冲击,更有可能对经济基本面造成负面影响。比如2016年12月美联储加息之后我国金融市场资金面明显紧张,引发shibor和十年期国债收益率连续上涨。美国方面,2017年4月以来的经济数据都支持美联储进一步加息。5月FOMC会议的记录,表达了看好物价指数继续攀升的态度。4月的失业率数据已降至4.4%,接近充分就业水平。欧洲方面,近年来宽松的货币政策和财政政策带来了通胀压力,欧央行官员近期也透露出金融条件收紧的信息。在中国央行实行中性偏紧的货币政策前提下,海外金融形势的收紧预期将导致资本的回流,对目前杠杆高企、利率抬升的中国金融市场安全构成威胁。

2. 央行MPA着力去杠杆和引导资金脱虚向实

MPA考核是央行近10年来的重大变革。自2012年以后中国经济面临较大的下行压力，原有的合意贷款制度限制了银行对实体经济的投放，而金融机构的发展日趋多元化，使得银行贷款在资产中的比重持续下降，仅仅盯住贷款难以实现宏观审慎的调控目标。MPA 考核总共分为七大类，即资本和杠杆情况、资产负债情况、流动性、定价行为、资产质量、外债风险、信贷政策执行。目前对银行来说考核压力最大的，是资本充足率和广义信贷。广义信贷的增长一方面会受到与 M2 偏离度的限制，另一方面会抬高宏观审慎资本充足率的要求，迫使银行资本补充。

自 2014 年开始，中国影子银行风险不断高企。影子银行的本质是表外贷款，规避监管是影子银行形成的直接动因。银行业大规模开展"发行同业存单—进行同业投资—委外—投资标的资产"的套利活动，通过资金空转提升收益率，整体金融业增加值规模占 GDP 的比重从 2008 年的 5.7% 持续上升至 2016 年的 8.4%。金融业的膨胀使得多重风险交叉叠加，无论是 2013 年的钱荒、2015 年的股灾还是 2016 年的债灾，实质都是因为影子银行缺乏有效宏观审慎监管造成的。

在 MPA 的体系下，2017 年银行的资产增速开始减小，"M2+ 表外理财"增速开始下行并低于社融增速，影子银行风险得到了有效控制，去杠杆成效显著。银行对信用债和中长期贷款的配置比例有所增加，意味着资金开始脱虚向实。

3. 银监会打击同业业务风险

2017 年 3 月上旬以来针对交叉嵌套叠加的同业链条，银监会密集出台了"三违反""三套利""四不当"等 8 份防控风险的文件，对银行假出表、调节监管指标、理财与同业的空转等问题进行了全面的覆盖，并强调银行的创新业务方面要有完备的制度建设。监管加强使得银行业务增速进一步放缓，3 月上旬至 5 月初银行股整体回调 14%，但 2017 年 5 月以来随着监管政策调整的逐步到位，监管层提出了"防范处置风险产生的风险"的新表态，监管放松的预期开始显现，银行股略微反弹 5%。

4. 证监会强调去杠杆和去通道

2017 年以来证监会重点对上市公司定增、股东减持、资管资金池等进行整顿，监管强调"去杠杆、去通道"，配合银监会各项举措降低影子银行体系内资金空转而积累的风险。"股东减持新规"将首次公开发行前股份和非公开发行股份的减持纳入监管，减持期限延长，堵住原有的监管漏洞，券商股票质押和融资融券业务质押率可能降低，预计规模下降，券商直投收益的确认延长，券商再融资承销业务承压，短期内市场的企稳有利于缓解券商投资收益的压力。

5. 保监会要求"保险姓保"

2016年以来保监会对保险公司产品结构、投资行为、股东资质等进行了严厉监管，改善公司经营风险，推动资金脱虚入实。负债端方面，保监会相继发布《关于规范中短存续期人身保险产品有关事项的通知》《关于报送中短存续期业务报告的通知》《规范人身保险公司产品开发设计行为的通知》，强调"保险姓保"，推动保险公司业务结构转型，保险产品回归保障，公司利润主要来源由利差益向死差益转变。资产端方面，《保险公司股权管理办法》强调保险公司不得成为股东的"提款机"，《关于进一步加强保险资金股票投资监管有关事项的通知》加强对保险公司股票投资的监管，《关于债权投资计划投资重大工程有关事项的通知》提出支持保险资金投资对宏观经济和区域经济具有重要带动作用的重大工程，推进险资参与基础设施投资。

第二章
金融行业供给侧结构性改革及对投资银行业影响分析

2018 年 1 月 1 日

一、供给侧结构性改革的主要内容或领域是什么？

供给侧结构性改革具体内容最早见于 2015 年 12 月召开的中央经济工作会议。供给侧结构性改革的目的是为了在经济新常态的时代背景下，实现经济稳定增长并提高发展质量和效益。供给侧结构性改革是应对国际金融危机后需求端管理失效而推出的针对性措施。

当时供给侧结构性改革的内容主要涉及五个方面：积极稳妥化解过剩产能、帮助企业降低成本、化解房地产库存、扩大有效供给、防范化解金融风险，即"三去一降一补"。其中，去产能主要集中于两高一剩行业，即以重化工业为代表的传统产业；去库存主要涉及房地产市场，去杠杆的主要目的在于防范化解金融风险，包括地方政府债务风险、信用违约风险等；降成本的核心是降低制度性交易成本，转变政府职能、简政放权，进一步清理规范中介服务，主要集中于制度改革；而补短板主要是指精准扶贫、技术创新、基础设施、民生需求等方面。

2016 年 12 月召开的中央经济工作会议提出推进供给侧结构性改革仍然是经济发展和经济工作的主线。供给侧结构性改革将以国企改革作为突破口，继续深入推进"三去一降一补"。去产能要抓住处置僵尸企业这个牛鼻子，严格执行环保、能耗、质量、安全等相关法律法规和标准，推动钢铁、煤炭行业以及其他严重过剩行业去产能工作。国企混改要在电力、石油、天然气、铁路、民航、电信、军工等领域迈出实质性步伐。去库存进一步细化为重点解决三四线城市房地产库存，同时提出去库存要与城镇化结合起来，这意味三四线城市和特大城市间基础设施的互联互通、三四线城市教育、医疗等公共服务水平也纳入了供给侧结构性改革。去杠杆明确了把降低企业杠杆率作为重中之重。降成本则扩大到减税、降费、降低要素成本、降低制度性交易成本等多个方面。在精准扶贫的基础上，人民群众迫切需要解决的突出问题也成为补短板的重点内容。

会议还首次提出农业供给侧结构性改革。主要包含绿色优质农产品供给、农村环境治理、农产品价格形成机制和收储制度改革、农村产权制度改革等多方面内容。农业供给侧改革与精准扶贫在中共十九大报告被进一步提升至乡村振兴战略的高度，成为高质量发展的八大任务之一。

2017年12月召开的中央经济工作会议上，供给侧结构性改革的内容又得到了进一步的发展。其一，明确下一阶段供给侧结构性改革的目标是"推进中国制造向中国创造转变，中国速度向中国质量转变，制造大国向制造强国转变"。供给侧改革就是为了推动我国经济增长的驱动力由要素驱动向创新驱动转变。要实现这一目的，先进制造业和高端服务业就必须在产业结构中处于领先地位。供给侧改革一方面压缩传统产业的规模，一方面大力扶持新兴产业。二者一进一退才能加快中国经济增长模式的切换。

其二，供给侧结构性改革的下一步重点是在要素市场化配置改革做文章，即在"破""立""降"上下功夫。"破"还是针对无效供给、僵尸企业和过剩产能而言。"立"是指要通过科技创新培育经济新动能。"降"仍然是降低实体经济成本，既包含原来的制度性交易成本，还首次提出降低实体企业的能源和物流成本。

通过对过去三次中央经济工作会议有关供给侧结构性改革内容的梳理，我们认为供给侧结构性改革的主要内容或领域在持续变化。经过此前的改革，"三去一降一补"目标在部分领域已经取得较为明显的成果。例如，去产能、去库存效果最为明显，目前我国工业产能利用率已经超过75%，房地产库存水平大幅下降。因此，去产能开始向破除无效供给转变，房地产市场改革的重心已经调整为"加快建立多主体供应、多渠道保障、租购并举的住房制度"。去杠杆已经明确为降低宏观负债率，升级成为未来三年的三大攻坚战（防范化解重大风险、精准脱贫、污染防治）之一。当前供给侧结构性改革的主要领域在补短板，短板包括供给体系的质量、农村贫困人口、金融乱象、科技创新能力以及实体经济面临的经济和制度成本。换言之，未来三年供给侧结构性改革的重心将从"三去一降一补"向"破""立""降"转移，政策的取向将从对传统行业做减法转向对新兴产业做加法，通过要素市场改革，为经济新动能蓬勃发展保驾护航。

二、金融行业供给侧结构性改革的主要内容是什么？

1. 金融回归服务实体经济本源。

金融工作的出发点和落脚点都是服务实体经济。金融是实体经济的血脉，但近年来大量金融资源"脱实向虚"，不但造成资金空转，金融风险上升，还导致经济社会发展的重点领域和薄弱环节得不到金融的有效支持，企业依然面临"融资难、融资贵"的困局。此前的宽松货币政策对有效需求的提振作用不明显，反而引起高杠杆率和资产价格泡沫对实体经济健康发展基础的侵蚀。因此，金融业供给侧结构性改革的首要任务是回归本源，服从服务于经济社会发展，服务于供给侧结构性改革这条主线，促进形成金融和实体经济、金融和房地产、金融体系内部的良性循环，全力以赴支持现代化经济体系建设。

2. 拓宽金融有效供给的渠道。

针对实体企业面临的"融资难、融资贵"问题，从供给侧入手，着力拓宽融资通道，促进多层次资本市场健康发展，更好地为实体经济服务。围绕实体经济的需求，保持货币信贷和社会融资规模合理增长，提高直接融资比例，大力发展普惠金融。提高风险定价水平，实施精细化、差异化定价。加快担保、租赁、保险、信托、资产证券化等业务的模式创新，完善银行、证券、担保、租赁、保险、信托等机构的合作机制，拓宽实体企业的多元化融资渠道。

3. 改善金融有效供给的质量。

针对实体企业日益多元化、个性化的服务需求，从供给侧入手，着力创新业务模式。针对实体企业在不同阶段的发展特征和服务需求，打造差异化产品体系，匹配相应的金融服务模式，为企业提供全面高效的服务。针对实体产业链各个环节的发展状况和服务需求，完善供应链金融服务体系。针对实体企业的经营状况和服务需求，提高精细化管理水平，为企业提供综合性金融服务。综合考虑实体企业的环境风险和成本，发展绿色金融，完善绿色信贷机制，将资金更多地向节能环保、清洁能源、清洁交通等领域倾斜。

4. 提升金融有效供给的效率。

金融行业要借力于金融科技快速发展的东风，通过大力发展互联网金融，借助互联网、云计算、大数据等新兴技术手段，创新和整合业务渠道，实现传统物理渠道与新兴电子渠道的有效融合，提升金融供给的配置效率和服务水平。另一方面，金融行业必须停止对僵尸企业、落后产能的无效率输血，把金融资源集中于高质量发展所必需的重点领域重点项目倾斜，提升金融要素的有效配置水平。

5. 防控金融风险。

防止发生系统性金融风险是金融工作的永恒主题。金融稳才能经济稳，反之金融危机对实体经济的破坏在过去多次上演，1997年亚洲金融风暴，2008年全球金融危机的教训可谓殷鉴不远。因此，金融业供给侧结构性改革要把防控金融风险放到最重要的位置。中央经济工作会议指出，防范化解重大风险是未来三年三大攻坚战之一，而防控金融风险正是防范化解重大风险的重中之重。因此，中共十九大报告要求健全货币政策和宏观审慎政策双支柱调控框架，这意味着稳健的货币政策要保持中性，管住货币供给总闸门，并且在财政领域要切实加强地方政府债务管理，上述政策的核心目的就是要守住不发生系统性金融风险的底线。

6. 完善金融机构治理。

银监会党委在传达中央经济工作会议时明确指出要"深入推进新时代银行业改革开放。强化银行业金融机构股权管理，完善公司法人治理结构，健全内部风险控制机制，持续推动各类银行业金融机构改革，进一步扩大对外开放"。在强调宏观审慎管理的同时，微观审慎管理也不可缺席。金融机构要加强自身风险管理能力，减少风险敞口的暴露程度。这些工作有赖于金融机构治理能力的提升。

三、金融行业供给侧结构性改革对投资银行业的影响是什么？

1. 防止在银行业的业务收缩过程中传染风险。

20世纪70年代末期，我国经济走上改革开放的道路，金融资源也从通过高度集中的计划方式分配逐步走向了分散的方式进行分配，五大商业银行和股份制银行在经济活动中起到主导作用。资本市场在90年代初期萌芽并逐步发展起来，如今，我国金融体系高度依赖商业银行的格局未能改变。2007—2012年，我国直接融资增量比重从11.1%上升至15.9%，其中主要的变化来自企业债券融资额的增加，而存量比重从63.2%下滑至42.3%。一方面，由于2008年后股票市值大幅缩水，这期间股市比重从47%下降到20%。另一方面，直接融资比重的增量虽有提高，但总量仍然较小，而由于 2008 年的经济刺激计划,银行贷款总量达十几万亿元,因此直接融资的存量比重仍相对下降。其间,国债规模年复合增长 9.3%,企业债券年复合增长 38.1%,股市融资额有所下降;而银行贷款扩张迅猛,年复合增长率为 25.5%。直接融资比重总体偏低,使金融风险高度集中于银行体系。但在银业主导型的混业经营下,投资银行要防止银行在监管压力下收缩业务而受到风险传染和伤害。

2016 年 3 月新任证监会主席刘士余于 12 月正式公布《基金管理公司子公司管理规定》以及《基金管理公司特定客户资产管理子公司风险控制指标管理暂行规定》,开始了证券基金行业的"去杠杆、去通道"监管。

2017 年 4 月新任银监会主席郭树清上任后,银监会陆续推出整治"三违反""三套利""四不当",并提出要防范"十大风险",拉开了坚决打赢银行业风险防范化解攻坚战的序幕。

2017 年 11 月,人民银行、银监会、证监会、保监会和外管局五部门联合发布了《关于规范金融机构资产管理业务的指导意见》,意欲通过统一同类资产管理产品监管标准,逐步打破银行理财的刚性兑付、化解资金池流动性风险等。目前银行理财规模几近 30 万亿元,其投资范围涵盖了金融市场几乎所有的可投资品种,交易载体由信托计划向证券公司资产管理计划、基金子公司资产管理、期货资产管理计划、保险资产管理计划等延伸。利用期限错配、多层嵌套和结构化使底层资产难以穿透,实施监管套利。由于银行理财并非真正的"受人之托,代人理财",商业银行理财规模越大,其刚性兑付的风险对债券市场、金融市场流动性、银行体系表内业务的系统影响力就越大。

2017 年 12 月银监会发布《关于规范银信类业务的通知》(简称"55 号文"),首次明确银行表内外资金和收益权同时纳入银信类业务的定义,并对银信类业务中商业银行和信托公司的行为进行"双向"规范。随着监管对资金投向房地产和地方政府融资平台的管控力度加大,部分企业还本付息压力上升,可能面临资金链断裂风险。地方政府融资平台也存在同样的问题,受 87 号文等政策影响融资平台贷款收紧,城投债发行压力增加,如果信托非标融资受冲击的话,则会积累信用风险。

整体而言,金融行业供给侧改革是降杠杆、去通道、挤泡沫的过程,让监管更加清晰地看到底层资产,从而提高监管有效性,避免系统性风险事件的发生。

2. 利用深化金融体制改革、金融供给侧改革契机做大做强。

我国"十二五"规划纲要在"深化金融体制改革"一章中,提出"加快多层次金融市场体系建设",大力发展金融市场,继续鼓励金融创新,显著提高直接融资比重。并认为只有提高直接融资比重,才能增加金融体系的弹性,减少风险隐患。但缘何我国直接融资比重二十余年来并没有显著提高呢?

研究表明,一国的金融结构与经济水平、产业发展阶段、法治文化和制度环境以及金融自由化程度等因素高度相关且与之相适应。

我国证券行业由商业银行的信托证券部发端而来,发展历史较短。受制于认知局限,资本市场的发行、退市、交易等基础制度设计上就交了不少学费,同时受制于法制、诚信等大环境的约束,证券市场重融资轻回报,对内幕交易、失信背信行为打击不力,未能充分保护投资者权益和充分发挥市场机制的调节作用,导致一度被经济学家称为"赌场"。

但从世界各国金融结构演进历史来看,更多金融资源通过资本市场进行配置是基本趋势。因为传统制造业往往能较有效地依靠银行的支持得到发展,而创新经济或高科技产业发展的较大不确定性使得资本市场投融资双方风险共担、利益共享、定价市场化和服务多层次等机制特点的优势得以发挥,所以一国经济发展水平越高,资本市场越发达。目前我国正处在经济转型升级的关键时期,为推动战略性新兴产业和经济可持续高质量发展,改革以银行为主导的金融体系,大力发展直接融资,建设多层次资本市场、优化中国金融结构的命题已经不容回避。一旦中国金融体系改革顶层制度设计明晰落实,则投资银行有望迎来跨越式发展的机会。

另外,从资金提供方的角度来观察,往往是一国的人均GDP达到一定阶段后,人们有了足够的富余资金,财富管理和直接参与证券投资的需求有所增加。目前我国正处在货币市场牛市中,未来能否出现股债牛市,取决于银行理财收益率和规模变化。根据美国20世纪70年代经验,理财收益率下降后,共同基金、保险等机构投资者为广大投资者提供了相对专业的服务和稳定的回报。以401K计划为代表的养老基金成建制地参与资本市场,推动了买方力量的机构化和壮大,并由此极大地促进了直接融资的发展。

四、投资银行业如何在业务实践中落实供给侧结构性改革?

1. 布局中国经济新动能。

当前中国经济的新动能,在需求侧的内涵主要是全面建成小康社会所要求的民生改善及其带来的需求结构演变与消费升级；在供给侧的内涵主要是技术创新引领下的实体经济高质量发展，包括建设现代化经济体系所必需的先进制造业与现代服务业。这是长期布局应当重点布局的领域。

第一，需求侧：消费主导，投资放缓，进出口更趋平衡。

消费：当前已成为总需求的主体。数据显示，中国的消费率已从2010年的48.45%持续上升至2016年的53.62%，其中居民消费的占比稳定在73%左右。未来，居民消费将进一步受到城镇化、老龄化、中产化、网络化四大趋势的推动。

进出口：功能定位也不再是追求顺差带动增长，而是"建成贸易强国"。做法是中共十九大报告指出的，"以'一带一路'建设为重点，坚持'引进来'和'走出去'并重"。

第二，供给侧：创新引领下的实体经济高质量发展。

中国已在2010—2012年跨过工业化高峰期，总体上正在从工业向服务业转移。

制造业：未来发展方向是在制造大国的基础上建成制造强国，新动能的主要来源将是技术创新。这突出表现为研发投入的空前增长——中国研发支出占GDP的比重从2009年的1.66%升至2016年的2.11%，目前仍低于发达经济体。"十三五"规划的目标是于2020年达到2.5%。

服务业：当前已成为主导产业，2016年第三产业对GDP的贡献率为58.4%，2017年前三季度为58.8%。服务业之中，随着金融监管体系的健全与房地产长效机制的建立，金融与房地产行业对经济增长的推动力正在趋于弱化。而批发零售、交通运输仓储邮政、农林牧渔、住宿餐饮这些与居民消费相关行业的GDP贡献率从2015年以来普遍处于回升趋势，反映出民生消费领域的改善。

未来，人力资本密集型的现代服务业与公益属性较强的行业预计仍将快速发展。这些行业在当前的统计体系中大多属于"其他服务业"，主要包括四类：（1）基础设施与公共服务；（2）教科文卫及居民服务行业；（3）与"互联网+"有关的信息传输、计算机服务和软件业；（4）与"双创"有关的租赁和商务服务业。"其他服务业"的GDP贡献率从2013年起一直上升，3年时间里从17%增加到27%。2017年前三季度为21.2%。

2. 推动高质量发展的重点投资方向。

三个方向：绿色低碳、高端装备与制造、新一代信息技术。

第一，绿色低碳：节能环保、新能源、新能源汽车。

污染防治是今后三年的三大攻坚战之一。这一领域新的增长点包括三个方向：

一是环保行业，包括高效节能、污染防治、资源循环利用等，主要发展动力都来源于政策支持。截至2016年，环境污染治理总投资占GDP比重仅为1.2%，最高时也没超过2%。国际经验显示，当治理环境污染的投资占GDP的比例达到1%—1.5%时，可以控制环境恶化的趋势；当达到2%—3%时，环境质量可有所改善——当前美国为2%、日本为2%—3%，德国为2.1%。

二是新能源行业：天然气与可再生能源为重点。《BP世界能源展望（2017）》预测，石油、煤炭、天然气占全球一次能源供应的比例将从2015年的85%下降至2035年的3/4，其中天然气将取代煤炭成为一次能源的第二大来源。而可再生能源在能源结构中的占比将从2015年的3%上升至2035年的10%。

三是新能源汽车行业。战略目标是环保以及替代普通汽车的进口。《BP世界能源展望（2017）》预测全球车辆规模将从2015年的9亿辆翻倍至2035年的18亿辆，其中电动汽车将从2015年的120万辆增至2035年的1亿辆（约3/4为纯电动），占全球车辆总量的6%。电动汽车普及的速度取决于以下因素：（1）核心是油耗标准的收紧程度；（2）电池成本的下降程度；（3）补贴等支持政策的规模和持续性；（4）传统汽车效率提高的速度；（5）社会偏好等其他因素。

第二，高端装备与新材料。

中长期而言，该领域新的增长点可能出现在三个方向：

一是智能制造：关键是以信息物理系统（CPS）为核心的智能制造系统，一方面连接通信网络、大数据与云计算、人工智能，另一方面则连接工业控制系统，包括工业机器人、高端数控机床等关键技术装备。数据显示，2016年以来中国工业机器人产量超高速增长，2017年进一步上升，平均增速达到70%，月均生产量达到11000台（套）。

二是核心技术与零部件的进口替代：特别是民用大型客机、新型支线飞机、航空发动机、新材料（目标是到2020年，重大关键材料自给率达到70%以上）。

三是优势行业的"走出去"：代表性行业是轨道交通装备产业链、优势新材料企业、核电以及工程机械行业的先进产能。从中长期看，海外市场是传统制造行业能否迎来新一轮"腾飞"的关键。

第三，新一代信息技术。

新的增长点有4个，分别是5G、芯片等核心基础硬件、大数据与云计算、人工智能。当前，5G技术中国已跻身领军行列，增长点来自新的市场应用；芯片等核心基础硬件领域中国仍有一定距离，增长点来自进口替代；大数据与云计算、人工智能都属于蓝海，增长点来自政府支持下的研发投入与市场空间较大的优势。

3. 民生和消费领域的重点投资方向。

三大方向：精准脱贫和城镇化，养老和健康医疗，教育和文化创意。

第一，精准脱贫与城镇化。

精准脱贫：今后三年是全面建成小康社会决胜期，而精准脱贫是三大攻坚战之一。按照2011年制定的现行贫困线标准，2016年末中国贫困人口为4335万人，据此预测2017—2020年间平均每年还需减贫超过1000万人。同时贫困线标准每年都是跟随现价在增长的，再考虑接近年均50%的返贫率，实际每年需要脱贫的人数应该在1500万人左右。

城镇化及其引发的消费升级：这是与脱贫紧密衔接的工作，也是库兹涅茨周期的原动力。库兹涅茨周期又称建筑周期，描述的是在农村人口转移至城市的过程中，城市基础设施将逐步升级，居民对住房、汽车、家电等耐用消费品的消费将趋于普及与升级的动态过程。2016年末，中国城镇化率达到57.35%，户籍城镇化率为41.2%，距离《国家新型城镇化规划（2014—2020年）》提出2020年城镇化率达到60%的目标已经较为接近，但距离发达经济体仍有相当距离——2016年OECD平均水平为80.5%，美国为81.8%，日本为93.9%。

第二，养老和健康医疗。

人口结构演变：当前中国人口年龄结构正在进入影响极其深远的演化进程，劳动年龄人口占比于2010年达到峰值74.5%后趋于下行。老年人口占比从2002年开始持续上升，于2015年超过10%。未成年人口占比则从2002年的22.4%开始下降，最低达到16.6%。不过，随着2010年以来二孩政策逐渐放开，未成年人占比开始趋稳；2015年宣布实施全面二孩政策后，当年未成年人占比就上升了1.1个百分点。

医药制造与医疗服务：在人口结构演变的需求驱动之下，叠加进口替代的动机，中国的生物医药与医疗服务等行业也呈现出了新的增长点，一是新药的创制与产业化，二是以基因测序、大数据等新一代科技为基础的精准医疗服务。

第三，教育和文化创意。

人力资本是建设现代化经济体系的基础之一，中共十九大报告提出"加快建设实体经济、科技创新、现代金融、人力资源协同发展的产业体系"，"建设知识型、技能型、创新型劳动者大军"等理念。表明人力资源生产与服务行业，如教育、基础科研、文化及相关产业将面临需求扩张和政策扶持。

4. 回避僵尸企业、过剩行业、虚拟经济，更好服务实体经济。

微观层面的僵尸企业、中观层面的过剩行业、宏观层面的虚拟经济，是投资中应该回避的领域，特别是所谓的"虚拟经济"——脱离实体经济的金融、脱离实际需求的房地产最为关键。

展望未来，金融业在"金融服务实体经济"的定位之下，在2020年之前"坚决打好防范化解重大风险的攻坚战"的推进过程之中，其增加值占现价GDP的比重可能会稳中有降。

2014年以来房地产市场呈现出"交易大于生产"的格局。未来建筑与房地产业在"房子是用来住的，不是用来炒的"的定位下，通过多主体供给、多渠道保障、租购并举等措施，经过此前的改革也有望进一步降低房地产对实体经济成本端的挤占。

第三章
如何制定改善金融监管的政策组合？

2018 年 11 月 4 日

一、市场信心不足的原因以内因为主、外因为辅

市场信心不稳的原因有：国内因素如金融监管（限制保险机构投资者正常投资行为，资管新规显著减少直接投资结构化资金来源，限制并购重组，对活跃投资者市场交易行为过度监管），改善企业经营环境政策组合（减税减负减压力）迟迟不出台。国际因素如美股 10 月暴跌。

外因为辅，关税对市场的作用已经释放，10 月美股暴跌不能解释 A 股更大幅度暴跌。关税对市场的作用已经在 5 月末 3200 点到 7 月初 2750 点和 7 月末 2900 点到 9 月初 2700 点的过程中释放，第三季度末上证指数已从 9 月初 2700 点逐渐回升到 2820 点即是佐证。国庆节后首日补跌后，伴随美股暴跌，A 股出现比美股更大幅度的暴跌，从国庆节前 2821 点到 10 月 18 日 2486 点，累计暴跌 335 点。美股连涨 7 年牛市有见顶调整的内在需求，而 A 股自 2015 年下跌已三年熊市，A 股跟随美股暴跌逻辑上说不通，只能从中国内部寻找原因。

内因为主，主要是金融监管，其次是企业经营环境改善政策组合出台迟缓。近年来资本市场境外资金持续增持、内源存量资金持续递减，A 股全市场估值水平持续下降，也表明 2018 年 A 股暴跌不是 A 股估值过高引发的，而主要是由于金融监管造成国内直接投资资金来源持续递减等内因引发的。

二、如何制定改善金融监管的政策组合？

过去两年多金融监管对资本市场基本功能有较大损害，主要体现在以下方面：挤

出与限制保险机构入市规模，遏制市场的并购重组功能，清理减少直接投资机构合法结构化资金来源，限制活跃投资者交易行为。

1. 应鼓励保险机构、养老社保机构等机构投资者积极入市并履行重要股东义务，加入董事会参与公司治理，应出台社保部分工薪收入免税的政策以鼓励权益投资，以赚钱效应带动社会资本长期入市持有权益资产。

保险机构等机构投资者成为上市公司前几位重要股东是国际市场常态，监管部门对个别保险机构控股上市公司后的不规范运作应予以个别加强监管，而不是对保险行业持有权益资产做系统性排斥，应鼓励机构投资者履行重要股东义务，加入董事会参与公司治理。财政税收社保部门应对权益投资持有期较长的保险机构和个人薪酬的社保部分制定减免税收政策。美国居民多数财富以权益资产形态存在，主要是受养老金401K政策鼓励积极投资买入并持有基金、股票等权益类资产，养老金401K免税政策是美国股市长期繁荣的重要制度保障之一。

2. 应鼓励直接投资机构合理运用杠杆化资金增加社会直接融资规模，以实现降低上市公司杠杆率的目标。企业去杠杆应主要针对部分杠杆率过高的国有企业，应限制国有企业利用杠杆资金优势获取民营上市公司控制权。

直接投资机构合法合理引入的结构化资金是实体经济直接融资资金来源的组成部分。两年来金融去杠杆监管行为已经演化为通过直接投资机构减持权益来弱化直接投资能力而造成实体经济企业相对加杠杆，金融去杠杆实际效果与中央要求企业去杠杆的总体要求背道而驰。

杠杆率整体过高的国有企业群体由于国有信用延伸增信而被动去杠杆压力相对民营企业群体较小，杠杆率整体低于国有企业的民营企业收贷压力却显著大于国有企业。

民营企业佼佼者的民营上市公司群体由于部分公司股价大幅下跌，导致大股东股权质押危机已经引发了部分上市公司控制权变更的系统性风险。广誉远、海虹控股上市公司已经完成了引进国有企业实际控制人的工作。

3. 监管部门要改变限制并购重组的监管政策，鼓励通过并购实现上市公司产业升级来提升存量上市公司质量。

监管部门应解除重大资产重组视同IPO审核标准的限制，通过鼓励合规并购重组改善存量上市公司资产质量。同时合理分流拟上市企业，减轻监管部门的IPO申报企业排队压力。允许排队企业可以不撤申报材料同时开展被上市公司并购的申报工作,收紧对被收购企业股东盈利承诺的合理性、真实性审核要求和未完成时削减股份处罚约定。

4. 监管部门应依法改善交易行为监管模式,改变对涨停板买入等交易行为的过度监管,活跃投资者有维持企业市场价值的正面作用。

监管当局对操纵市场行为和内幕交易行为理应依法事后查处,但不能过度监管到个股涨停板买入行为实时动态监督的程度。监管部门在个股连续下跌时没见做出实时限制,为什么要对连续上涨做出实时严防死守的人盯人监管呢?大部分中小市值上市公司需要活跃交易的投资机构与个人投资者提供交易流动性以利于维持上市公司市场价值,这些活跃投资者被出清造成了相当多中小市值个股成交清淡、股价持续下跌。

三、拨乱反正的改善政策组合出台生效需要时间

2018年10月股市暴跌后,10月19日金融主管负责人相继发表安抚市场的言论,11月1日民营企业座谈会讲话对拨乱反正稳定信心起到关键作用,市场做出了回涨200点的反应。因此,这表明10月18日2486点"政治底"是中央政府的底线。修复资本市场正常功能的政策组合需要时间才能陆续到位,投资者需要耐心等待政策组合发挥作用,因此第四季度有望季度线十字星,亦即预计到2018年底前指数大概会回升到第三季度末的2800点左右。

四、特朗普与中国的共识可确保人民币汇率难以继续大幅下跌

2018年4月以来人民币对美元下跌10%的主要原因是美元相对主要贸易货币单独升值,美元指数从2月的89到11月初的97飙升了约9%。2018年年初以来人民币对第二大贸易货币欧元保持了1%变幅的相对稳定,对美元仅被动贬值6%,是在新兴经济体货币中对美元贬值幅度最小的。2016年以来国际对冲基金历次做空人民币均以铩羽而归告终,11月初也不例外。

人民币对美元适度贬值可以有效对冲美国关税对中国出口的遏制作用,但人民币过度贬值会让美国以操纵汇率为借口对中国进一步实施贸易报复,也会动摇其他贸易伙伴作为储备货币之一持有人民币的信心,对人民币国际化不利。因此特朗普与中国外汇管理当局在维持人民币对美元不出现继续大幅贬值有共识和强大管理手段及政策约束工具。特朗普因素再加上中国自身的制造业贸易优势、高外汇储备、低外债比

例、外汇流出管控能力，因此人民币汇率并没有内因性单独贬值的压力。

五、关税战时间长度取决于美国政府的意愿，关税战对 A 股市场影响已经 PRICE IN

美国对中国关税战胜利的标志有两个，一是美国对中国贸易逆差显著减少，二是外国对中国直接投资显著减少。

令特朗普失望的是，2018 年 4 月以来，美国对中国贸易逆差非但没有缩小，反而呈逐月扩大的趋势，上半年外国对中国直接投资规模逆势增加。

联合国贸易和发展会议 2018 年 10 月 15 日发布的报告显示，2018 年上半年中国吸收 700 亿美元外国直接投资，逆势增长 6%，成为全球最大的外国直接投资流入国；受美国税收政策影响，2018 年上半年全球外国直接投资总额约为 4700 亿美元，同比骤降 41%。美国经济分析局的数据显示，2018 年第一季度外国直接投资净额降至 513 亿美元，比 2017 年 1Q 的 897 亿美元下降了 37%，比 2016 年 1Q 的 1465 亿美元下降了 65%。

中国对美国贸易依赖度下降和国际资本继续看好中国强大的产业链制造能力而逆势增加对中国直接投资规模，这两大因素决定了短期内美国无法指望取得对中国的关税战胜利。

2018 年 11 月底中美贸易谈判能否取得进展，取决于特朗普的意愿。如果谈判失败，可能市场维持区间波动，如果谈判成功，2019 年 2 月前指数有可能在政策组合支持下上台阶。我认为无论贸易谈判取得何种进展，中美摩擦仍将长期存在。

综上所述，关税战对 A 股的影响已经体现在 3200 点下降到 2700 点的过程中了，短期内贸易谈判没有进展也不是 A 股市场中枢继续下降的根源。只要监管当局做好自己的改善政策组合管理，就能正常发挥资本市场对引导社会资本增加直接投资支持实体经济与科技创新的市场资源配置功能。

第四章
金融战防御准备和合纵区域经济一体化，应对百年未有之大变局

2019 年 8 月 4 日

一、核心资产范畴需要动态研究更新，警惕白马造假滑坡爆雷

重申《相持阶段的中国对策 20190511》及 2019 年 5 月以来历次君晟会议观点，上证综指 2019 年 8 月 2 日 2868 点应继续向下回落并有效封闭 2804—2838 点 2019 年 2 月 25 日跳空缺口，才能为未来市场转旺做技术性支持，认为 2800 点附近是择优建仓调仓机会。

即使在指数低位，核心资产白马蓝筹股估值和市值回落也有限，因此在 2800 点附近继续悲观减仓是不明智的。因过度悲观而减持的都是带血的筹码，存量资金持续增长的外资机构仍然在持续增持接收蓝筹股中的带血筹码。

核心资产组成范畴是一个动态优化的过程，需要警惕核心资产中的公司业绩造假和业绩滑坡。投资者需要持续跟踪研究核心资产范畴的白马蓝筹公司，学会识别业绩造假，学会预见业绩滑坡的潜在风险，动态调整核心资产范畴。这也是君晟研究社区交流平台的使命与作用。

二、新股上市后前半年系统性高估和半年后整体回落到同业估值是常态

新股上市后前半年系统性高估和半年后整体回落到同业估值是常态，科创板新股上市后承接的活跃投资者存在解禁前后股价高位下跌 50%—80% 的风险，监管部门应善用发行询价交易制度创新，不辜负中央通过科创板鼓励社会资本扶持科创企业发展上市的良好初衷。

从 2014 年下半年恢复新股发行以来，主板、中小板、创业板科技类新上市公司普遍存在上市后 3 个月股价比发行价上涨 100%—200%，6 个月以后回归到比发行价上涨 50%—100%，上市满一年解禁前估值下跌到与同行业估值齐平甚至更低的情况。

新股高开低走的现象2019年也大范围出现在港股、美股的新经济中概股群体中，比国内A股更有甚者，15家科技类港股、美股上市后出现了比发行价下跌40%—80%的倒挂现象。

从全市场统计结果得知，科创板账户平均市值规模在50万—100万元，50万元以下散户由于弱小被保护性禁入，机构投资者出于理性只参与打新卖出而鲜有二级市场买入。在发行价1—2倍的高价买入的投资者主要是不在意过高估值水平，只看中政治安全保护和巨大波动性的活跃投资者，在第一季度这些活跃投资者更喜欢高举高打东方通信和中信建投这样的高波动性题材股。

在2019年3月3日《坚持提升科创企业估值的投资理念，警惕金融次新股损害市场健康发展20190303》中我提出了金融次新股（建投、人保、紫金）在上市一年解禁期满前后估值可能回落一半的观点。中信建投3月8日28元、2018年53倍、2100亿元解禁前合理估值回落到14元、27倍、约1100亿元，中国人保11.6元解禁前合理估值回落到4.5元，紫金银行从10.6元、27倍解禁前合理估值回落到5.3元、14倍。8月9日建投17元、人保8.2元、紫金6.2元，尚未调整到同行业平均估值水平。

科创板首批公司发行价已经按市场化询价机制平均市盈率高达50倍甚至高于同行业已上市公司估值水平，前2日可流通新股基本已经全部卖出，市价平均市盈率100—200倍，显著高于同行业公司30—40倍市盈率水平。

因此，预计特定科创板公司估值将在上市满一年前后从高位显著回落50%—80%。这一过程反映了市场定价的结果，是一个估值回归行业合理水平的过程。但是科创板新股上市后高估值承接投资者群体在上市满一年前后系统性亏损50%—80%时，投机不成反巨亏的活跃投资者的吐槽会不会是质疑科创板成功的因素呢？类似原因，我不赞同监管部门允许公募机构发行科创板ETF基金在系统性高估值时期高位承接科创板市值，这对贪图快钱但忽视巨亏前景的无经验基金投资者是不负责任的，也是与机构投资者正常投资理念不一致的。

衡量科创板成功与否的标尺不仅仅是市场市值规模、交易活跃程度、新股投资者获利情况、企业筹资规模，监管部门能否保护合资格投资者持续获得二级市场合理回报、引导普适全市场的理性估值投资理念同样也是至关重要的衡量标准。科创板只要能持续发行新股就可以了，没有必要靠允许高市盈率发行超募来吸引企业选择科创板发行和靠20%涨跌幅高波动性来吸引投资者参与科创板认购交易，监管部门在交易机制创新和市场化询价机制设置中不能透支中央对支持科创板发展的巨大信任。鉴于目前市场化询价制度存在严重缺陷，建议科创板做出发行交易制度理性调整：限制企业超募，限制发起人股东在发行价以下和企业盈利前减持，限制发行市盈率不超过同行业合理平均静态市盈率，降低涨跌幅为 10%。监管部门不能听任科创板沦为少数活跃投资者用有限筹码博傻交易的小型赌场，这会辜负中央对用科创板鼓励科创企业吸引社会资本壮大发展上市的良好初衷。

三、反对在中美金融战前夕中国主动单边加快金融整体开放，以及放宽指期做空工具杠杆率

反对在中美金融战前夕中国主动单边加快金融整体开放以及放宽股指期货投机性做空工具杠杆率，做好金融战防御准备是当务之急，关税战、科技战、香港暴乱以及酝酿中的股市汇市金融战都是中美低烈度系统性摩擦的组成部分。

在美国对华实施金融战前夕，具体实施加大金融业整体开放和放宽股指期货做空杠杆率的高阶官员就是美国"带路党"。中国金融机构收购控股美国重要金融机构，美国政府和国会不阻止吗？为什么中美不协议并立法约定对等开放？

在中美金融战迫在眉睫的当前，我是反对中国单边加快整体金融开放的。从放宽股指期货杠杆率到单边开放外资进入中国金融市场的金融机构外资控股权，这是在配合美国金融战而准备做空工具。在中美低烈度总体对抗加剧的时候，关税战、科技战、香港暴乱以及酝酿中的股市汇市金融战都是中美系统性摩擦的组成部分，中国要警惕加速金融整体开放和放宽股指期货投机性做空工具杠杆率带来的危害国家金融安全的巨大风险。中国要做好金融战的防御准备，才能在冲击面前减少损失。2015 年下半年和 2016 年初的股汇双杀教训殷鉴不远。

四、中国无意主动干预汇率贬值对冲关税，不符合美国财政部汇率操纵认定三标准中的两条

汇率是薛定谔的猫，高估还是低估是测不准的。只要不形成大幅贬值的恐慌性预期，汇率随着基本面变化动态区间波动都是正常的，人民币兑美元汇率在 6 还是 7 没有本质差别。人民币汇率从中国贸易优势角度来讲严重低估，有升值压力。人民币汇率从货币超发角度来看是高估了，有贬值压力。

如果中国是类似日本这样的国家，特朗普要削弱中国贸易顺差与优势，最简单的

策略是如 1985 年广场协议那样强迫人民币升值一倍，而不是用效果有限的关税工具。但是在现在国际环境中，美国《2015 年贸易便利化和贸易执法法案》限制主要贸易伙伴的主动汇率操纵行为，因此 1985 年美国逼迫日元单边升值的戏码没有法理依据逼迫中国重演，作为底线中国政府也绝不可能答应。

放开贸易项下外汇管制和收紧非贸易资本外流渠道，是中国建立金融防火墙的重要制度建设。严守防火墙，人民币贬值是难以持续的。

我从 2016 年起作为少数派一直强调人民币没有贬值压力。2017 年特朗普执政后，我多次撰文称特朗普和外管局是抵御做空人民币力量的联盟。

2019 年 5 月 5 日特朗普第二次升级关税战后，我在《相持阶段的中国对策 20190511》中提出："中国政府对关税战长期化要做出战略规划：允许汇率阶段性贬值、调整外汇储备规模/结构、加大鼓励研发力度的财税与利率政策、加快产业升级、引导劳动力成本回落与劳动力返乡就业。"中国不主动操纵汇率贬值，但也没有必要继续耗费外汇储备而在 7 这个整数位防守。

2019 年 8 月 1 日特朗普发动第三轮加征关税政策是 8 月 5 日人民币汇率承受市场压力破位 7 被动贬值的直接原因，中国外管局并未主动干预影响汇率波动。中国卖出美元储备买入人民币维持人民币汇率不贬值才是干预市场行为，在市场基本面推动的人民币贬值变动面前，外管局不干预市场才是理性行为。外管局允许人民币汇率受基本面影响加大波动被动贬值是道路自信的表现。

2019 年 8 月 5 日人民币兑美元汇率才跌破 7，特朗普就坐不住了，无视美国财政部自己制定的判定汇率操纵经济体的三条标准，直接逼迫美国财政部宣布中国是操纵汇率经济体。财政部屈从特朗普个人判断是典型的指鹿为马美国翻版。

只有当国际做空力量恶意冲击，意图使人民币汇率大幅贬值时，外管局才有必要动用外汇储备对冲大幅贬值压力。从反对人民币大幅贬值的立场来看，外管局和特朗普是共同利益联盟。人民币适度被动贬值可以对冲特朗普加征关税对出口企业的负面作用，但中国从未把汇率主动单边贬值作为管理工具使用。

IMF 在 2019 年 8 月 9 日报告中指出，2018 年中国经常账户顺差占 GDP 比例下降约 1 个百分点至 0.4%，中国为对抗贬值压力而多年来从未以贬值为目的买入美元，不符合美国财政部汇率操纵三标准的顺差占 GDP 比例超过 2% 和单边干预汇率促使本币贬值且 12 个月外国资产购买总量占 GDP 比例达到 2% 的设定。

五、美国连横英、日破坏欧盟和东亚区域经济一体化，中国要合纵欧盟、东盟、日、韩捍卫全球自由贸易

美国最反对的两个经济利益同盟就是已形成的欧盟和未形成的中日韩自贸区乃至东亚经济体，美国政府虽无公开反对，但离间德英法和中日韩是过去十年美国两党共同推行的暗箱政策。

2017—2019 年，美国共和党政府以英美贸易协议为利诱支持鼓动英国不惜无协议硬脱欧，致力于推动欧盟持续解体，德法两国敢怒不敢言，努力维持英国脱欧后的欧盟统一。

在 2009 年 10 月中日韩第二次领导人会议上日本民主党政府确认积极推动东亚共同体后，2010—2013 年美国民主党政府发力钓鱼岛议题导致中日矛盾激化并持续近八年对立，直到 2018 年中日才恢复政治经济正常交往。

2018 年 5 月第七次中日韩领导人会议发表联合宣言，重申将进一步加速中日韩自贸区谈判。2019 年 4 月第 15 轮中日韩自贸区谈判取得重要进展未久，2019 年 7 月初日韩因劳工赔偿判决纠纷而爆发相互经济制裁的危机。左右逢源的美国成为最大获益者、居间渔利，7 月 24 日号称来调解日韩贸易争端的博尔顿乘机提出了相当于目前 10 倍的约 50 亿美元"保护费"的条件。

在《现代战国七雄与历史战国七雄的历史轨迹拟合与强国博弈策略思考20190605》中，我提出："面对如强秦的美国对所有次强国（中国、日本、德国、法国、英国、俄罗斯）咄咄逼人的压力，中国应与欧盟、俄、东盟（甚至日韩）结成自由贸易联盟共同反对美国霸凌主义。相对弱国明哲保身的策略并不能独善其身，英日连横依附美国未必能换来尊重。"

鉴于美国反对欧盟和东亚区域经济一体化，中国要积极合纵联合欧盟、东盟、俄罗斯、日本、韩国加强区域经济一体化，捍卫全球自由贸易。中国应继续推进中欧投资协定谈判，争取在 2020 年如期达成高水平的协定；继续推进中日韩自贸区谈判，继续推进东盟与中、日、韩、印、澳、新 10+6 国 RCEP 谈判，争取实现中日已达成的年内结束 RCEP 谈判的共识。

第五章
全球流动性长期宽裕背景下结构化降息有助于金融反哺实体，扶持中国企业增加盈利与研发投入

2019年10月3日

一、全球流动性长期宽裕已成定局，全球降息与欧美相继重启量化宽松倒逼中国必须降息

全球流动性充裕长期化。欧盟已相当长时间负利率并于2019年9月12日重启QE，美联储重启QE已成定局。

2019年9月17日隔夜回购利率飙升到创纪录的10%逼迫美联储10年来首次隔夜逆回购向全部银行注入流动性，预计截至10月10日累计注入1.4万亿美元。（会后补充：我于10月7日的美国QE预言在发言不到一周时间就兑现。美联储10月12日宣布，从10月15日开始每月购买600亿美元美国国债，以重建资产负债表，避免9月货币市场动荡重演，将至少延续到2020年第二季度。实际上美联储重启为期半年QE提供市场流动性，只是美联储并不愿意这么称呼。）

2019年9月12日欧洲央行宣布11月1日起重启每月200亿欧元的量化宽松QE、将存款利率下调10个基点至−0.5%的历史新低，是自2016年3月以来的首次降息，并将开始实施利率分级制度。

德国2019年8月21日以零息票面利率发行20亿欧元的30年期国债，特朗普发推特和美联储发会议纪要互相甩锅对方为衰退风险负责。我在《美国衰退与后续前景预测20190816》中提出："预测特朗普极限施压逼迫美联储下调到2020年末基准利率1%—1.25%（再下调100bp），建议中国应尽快降息（非房地产）和信贷结构控制以缓解实体企业关税压力和经营压力。"

二、结构化降息的目的是降低息差以实现金融反哺实体

我支持结构化降息的目的是降低息差以实现金融反哺实体、限制开发贷个人房贷

与提升科创优先的实体经济信贷比例、扶持中国企业增加盈利与研发投入以直面全球竞争，降息不等于大水漫灌。

我提倡的结构化降息政策包括两部分：第一是银行对实体经济企业实质性降息、对个人房贷和开发贷不降息并执行基准上浮比例与信贷规模比例控制的信贷政策，对研发投入比例达标的科创企业执行基准下浮信贷政策和财政全额贴息政策，遏制基层银行偏好房地产抵押贷款而减少对企业贷款的趋势。第二是只降贷款利率不降存款利率，缩小银行息差以实现金融反哺实体。

三、降息不等于大水漫灌，中外利率差会被定价为中国主权信用风险

2019年9月24日中国人民银行行长易纲在新闻发布会上就降息问题表态："中国的货币政策取向应当是以我为主，考虑到国内的经济形势和物价走势来进行预调和微调，在当前这种情况下中国的经济还是在合理的区间。综合分析中国国内的形势和国际的背景，我们认为，中国的货币政策，应当保持定力，坚持稳健的取向和加强逆周期调节，坚决不搞大水漫灌。"

我的观点是：结构化降息不等于大水漫灌，有保有压，应减少住宅信贷和开发贷比重、增加科创优先的实体经济信贷比重。反对房地产开发贷和个人房产信贷占比继续提升。

金融监管当局要对宏观经济在合理区间与微观企业经营压力增大的差异有更深刻感受，降息是为实体经济减负，增加企业盈利水平与研发投入和还贷能力及意愿。

全球主要经济体都降息，中国坚持不降息体现的不是中国有定力，而是中外利率差会被定价为中国主权信用风险。目前高水平利率的经济体除了中国以外都是阿根廷、土耳其、俄罗斯、南非、巴西这样的主权信用高风险国家。

基层银行经营者不愿意贷款给实体经济而更愿意以住房或土地为抵押贷款给个人和房产开发商，如果不打破房价不会下跌的共识，银行经营者不会改变信贷价值取向，银监会对银行的信贷导向指引只能流于呼吁层面。

金融应反哺实体经济，不能流于口号。多年来中国银行业上市公司占全社会上市公司盈利比重约一半，是世界最高的。结构化降息应该是单边降贷款利率减少银行息差。

降息要形成明确降息周期预期，以驱动实体经济增加投资动力，降息要逐步降低

企业经营成本、增加企业盈利，鼓励企业有更大能力增加研发投入。资金成本过高是扼杀企业生存能力的重要原因，企业经营失败甚至实际控制人转移资产放弃企业是银行坏账的主要来源，皮之不存毛将焉附。企业如果经营成果被资金利息吞噬，何谈投入研发科技创新？投资回报率下降，何谈股东增加投资？

四、2016 年中国银行业税前 ROE 和 ROA 超出世界银行业均值的幅度分别为 37% 和 54%

中国银行业 ROA 和 ROE 的 2016 年、2017 年税前平均水平远高于世界银行业税前平均水平，2016 年税前 ROE 和 ROA 分别超出 37% 和 54%，表明中国银行业比世界银行业获取了相当于所得税规模的超额利润，相比世界银行业获取了超额利润的中国银行业有能力反哺实体经济。

据《银行家》和世界银行数据显示，2013 年以前，中国银行业 ROA 低于世界银行业平均水平，2014 年开始高于世界平均水平。2016 年、2017 年世界千家大银行税前 ROA（为剔除各国所得税差异对盈利能力的影响，《银行家》公布各银行税前利润）平均为 0.85%、0.90%，中国银行业税后 ROA（银保监会公布数据为税后）为 0.98%、0.92%，中国银行业税前 ROA（按 25% 所得税税率把税后 ROE、ROA 还原为税前 ROE、ROA）为 1.31%、1.23%。2016 年、2017 年千家大银行税前 ROE 平均为 13.04%、13.50%，中国银行业税后 ROE 为 13.38%、12.56%，税前 ROE 为 17.84% 和 16.75%。2016 年中国 ROE 和 ROA 超出世界均值幅度分别达到 37% 和 54%。

第六章
金融供给侧改革是 2020 年资本市场主轴

2019 年 12 月 1 日

一、2020 年侧重资本市场建设为目标的金融供给侧改革将加快进度

金融供给侧改革是 2020 年资本市场主轴。习近平总书记 2019 年 2 月 22 日高屋建瓴提出建设规范、透明、开放、有活力、有韧性的资本市场，在此基础上，经过一年的政策储备酝酿，我们认为 2020 年侧重资本市场建设为目标的金融供给侧改革也将加快进度。

央行始于 2017 年推行的金融业供给侧结构性改革，侧重于以商业银行业为主体的间接融资体系，较少涉及以资本市场为主体的直接融资体系。央行提出了"减少无效、低效金融供给，增加有效、高效金融供给，改善金融结构，提升金融资源配置效率，提高金融供给满足实体经济金融需求的能力，防控系统性金融风险，促进经济金融持续健康发展"。总结为推进金融业供给侧改革具体包括五大任务：稳总量、调结构、防空转、控风险、补基础。

在 2019 年 2 月 22 日中共中央政治局关于完善金融服务、防范金融风险主题的第十三次集体学习中，习近平总书记提出要建设一个规范、透明、开放、有活力、有韧性的资本市场，完善资本市场基础性制度，把好市场入口和市场出口两道关，加强对交易的全程监管。

在总书记高屋建瓴提出建设规范、透明、开放、有活力、有韧性的资本市场的基础上，经过一年的政策储备酝酿，我们认为 2020 年侧重资本市场建设为目标的金融供给侧改革也将加快进度。我在《十九届中共中央政治局集体学习综述与归纳预测20191026》中预测了 2020 年 2 月政治局可能围绕金融供给侧结构性改革主题展开集体学习。

二、金融监管当局应在稳定增加权益需求的同时均衡增加权益供给

金融监管当局应在稳定增加权益需求的同时均衡增加权益供给,新增权益供给高于新增资金供给时权益市场水位下降,只有在合理可持续权益盈利效应下,居民才会愿意持续增加权益财富比重。

资本市场包括权益市场和债券市场,直接融资包括权益融资和债务融资。不能片面理解发展资本市场与直接融资就是放宽企业上市融资和上市公司再融资标准,债务融资是直接融资权重较大的最重要组成部分,中国、美国、日本、欧盟居民财富的债券比例分别为27%、40%、60%、31%。监管当局应在稳定增加权益需求即长期资金供给的同时均衡增加权益供给,而不能在增量资金有限的情况下单边加大新股与再融资供给。新增权益供给高于新增资金供给时权益市场将水位下降,投资者自然远离缺乏财富效应的权益市场,只有在合理可持续的权益盈利效应下居民才会愿意持续增加权益财富比重。企业盈利增长和市场财富效应是美国居民财富的权益占比33%长期高于房产27%的主要原因。

三、通过金融产品供给侧改革和房地产量化调控供给侧改革,实现居民财富结构调整目标

比较全球四大主要经济体2018年居民财富大类资产分布:中国居民财富的房产资产占比为70%,债券等固收类资产占比27%,股票和基金的权益类资产占比仅为3%,同期美国为27:40:33,日本为27:60:13,欧元区为57:31:12。(参见《海通策略荀玉根2020年A股投资策略:"牛"转乾坤20191118》)通过金融产品供给侧改革和房地产量化调控供给侧改革,我提出以下中期和长期居民财富结构调整目标,五年内房产:债券:权益比例从70:27:3调整目标为60:34:6,十年内房产:债券:权益目标比例为50:38:12,维持居民财富的权益占比每五年翻番。

中国经济增长模式的转型,本质上应从追求收入与GDP数量的发展模式向追求企业盈利与居民生活质量的发展模式。经济学家们无须忧虑GDP潜在增速下降,这是全世界主要发达经济体都经历过的客观发展规律。中央政府和经济研究者应关注如何千方百计提升企业盈利和提升人民幸福感,这才是中国经济社会发展的王道。

从中国有别于其他主要经济体的居民财富畸形分布可以看出,中国多数有房居民不仅70%的财富用于购买住房,还要用未来20年的预期收入用于偿还房贷债务,有

房居民的幸福感和消费能力都因过高房价而下降。我们在《大都市住宅供给侧结构性改革可以实现房地产宏观调控量化目标20190816》中提出，通过增加公屋供给的大都市住宅供给侧改革以实现房价缓慢下降的宏观调控量化目标（即均价从每年5.3万元缓降7%，五年合计下降30%到2015年3.7万元均价水平），深圳市原副市长张思平提出了三年内均价下降40%的更激进主张。依赖土地财政的地方政府、低成本开发商和非自主房产投资者是房价持续上涨的最大受益者，低收入房产自住消费者是房价高涨的最大受害者，唯一自住房产消费者由于不论房价涨跌都不会卖出自住房产因而房价涨跌形成的边际效用不变。大都市的房租房价比（租售比）不到2%，相当于房产是市盈率超过50倍的股票，投资者更愿意持有房产根本不是为了获得租金回报，而是基于房产只涨不跌的长期社会公众预期。只有扭转房价只涨不跌的社会公众预期，房产投资者才会认识到持有房产也会产生财富损失，全社会居民财富比例才会逐渐扭转到债券及权益资产与房产资产持平的相对合理格局，有真实需求的自住消费者才能以相对合理的房价购买住房。

四、鼓励商业银行成为债券市场主力投资者和权益市场投资者合理结构化固定收益资金提供者

金融监管当局要鼓励作为中国主体性金融机构群体的商业银行成为债券市场的主力投资者和权益市场投资者的合理结构化固定收益资金提供者、成为投资银行的非控制性股东和优先股认购者，才更有助于实现总书记提出的发展资本市场提高直接融资比例的目标。

中国直接融资规模占社会融资总额的比重从2002年的5%上升到2007年股权分置改革完成后的11%，近10年维持15%左右，其中股权融资规模只有5%。而美国股权融资占社会融资比重高达80%。

金融监管当局要鼓励商业银行成为投资银行的非控制性股东和优先股认购者，鼓励投资银行长期稳定地从商业银行获得权益性和长期债务性投资。由于投资银行与商业银行的专业化经营差异性的客观事实，在金融业态维持商业银行与投资银行分业管理的现状下，金融监管部门应鼓励相对商业银行较小的投资银行维持独立性，不应鼓励商业银行控股投资银行，同时要尊重投资银行管理人才报酬高于商业银行管理人才的国际惯例。

金融监管当局应以比例与规模管理方式鼓励商业银行资管子公司加大对券商、基金、保险等机构投资者的固定收益类产品和结构化权益类产品固收份额的认购规模。

五、降低全社会债务融资成本，切实为实体经济减负利与增加研发投入而提供动力

中央应确立金融供给侧改革的重要目标是降低全社会债务融资成本，切实为实体经济减负增利与为科技创新企业增加研发投入而提供动力，为上市公司提高盈利而增加利润来源。

我们在《全球流动性长期宽裕背景下结构化降息有助于金融反哺实体，扶持中国企业增加盈利与研发投入》提出："全球流动性长期宽裕已成定局，全球几乎所有经济体降息与欧美相继重启量化宽松倒逼中国必须降息，中国越迟降息越被动。我支持结构化降息的目的是降低息差以实现金融反哺实体、限制开发贷个人房贷信贷比例及基准上浮与提升科创优先基准下浮的实体经济信贷比例、扶持中国企业增加盈利与研发投入以直面全球竞争。降息不等于大水漫灌，中国坚持不降息体现的不是中国有定力，而是中外利率差会被定价为中国主权信用风险。2016年中国银行业税前ROE和ROA超出世界银行业均值的幅度分别达到37%和54%，表明相比世界银行业获取了超额利润的中国银行业有能力反哺实体经济。"

现实情况是，在利率政策与信贷监管政策博弈的过程中，商业银行业比实体经济与金融监管当局更有血缘人脉优势。

六、鼓励国有资本利用低成本融资能力筹集资本金与分行业有增有减权益

中央在推行金融供给侧改革时应鼓励国有资本利用低成本融资能力筹集资本金与分行业有增有减权益，国有资本应增量认购科技创新产业上市公司权益，通过大宗转让适当增加充分竞争行业的稳定盈利公司的权益供给。

在客观现实中，国有资本比民营资本有更低的融资成本，中央政府投资平台比地方政府投资平台比企业有更低的融资成本。为了降低全社会融资成本，应允许国有资本通过特定产业大基金和地方国资平台以长持有期换取更低市价折扣率认购战略性新兴产业上市公司的限售流通股或可换股债券或固定收益优先股，允许国有股东通过战略配售给境内外机构投资者的国际惯例或认购公募基金份额的形式把充分竞争行业的稳定盈利上市公司部分股权以约定限售期限大宗交易过户给境内外机构投资者。

证监会应优化再融资定价与锁定监管政策，鼓励国有资本和社会资本以承诺持有

期年数换取更大定价折扣率。牛市中再融资定价按市价 90% 是可以为投资者接受的，但在平衡市甚至熊市中九折定价是没有安全边际的，这是近三年再融资市场收紧的重要原因。2019 年 11 月 8 日证监会发言人宣布准备全面放松再融资政策，调整非公开发行股票定价和锁定机制，将发行价格从 9 折降为 8 折，锁定期从 36 或 12 月减半。再融资定价过低对原股东不利、限售期过短对上市公司市值有抑制作用，定价过高或限售期过长则新投资者没有意愿认购，上市公司无法通过再融资筹措资金。我们建议证监会应合理调整再融资定价与锁定监管政策，以更大定价折扣鼓励战略投资者承诺长期持股，而不能加大定价折扣同时大幅缩短锁定期。例如每增加一年持有期可增加 5% 市价折扣，国有资本和社会资本承诺持有 3 年可按 80% 定价，承诺 5 年可按 70% 定价，假设持有期股价不变的收益率分别为 25% 和 40%。

对稳定高盈利的国有控股上市公司，中央应允许国资委和地方政府向有约定持有期承诺的境内外机构投资者大宗交易转让部分股份以增加自由流通比例，允许增加长期持股战略机构投资者的董事席位，进而有利于改善上市公司治理质量。例如贵州国资委就可以通过大宗交易方式转让市值过万亿元的茅台一定比例股份（例如 10%）以满足更多境内外投资者对长期持有流通股的需求，国资委大宗交易所得千亿元资金可用于大数据产业和精准扶贫事业的发展。

七、增加内源权益资金供给和允许外资权益资金供给增加并重

金融监管当局应建立增加内源权益资金供给和允许外资权益资金供给增加并重的发展思路，不能只是一味以中国进一步放开外资持股限制比例来增加外资供给。监管部门若只重视外资资金供给增加，将让中国优质上市公司股权的外资占比进一步加大。

我在《常晟 2017 年四季度策略——引领预期的智库使命与增配中国资产 20170924》就已指出："全球机构投资者未来几年将被迫增配中国资产，首先将从严重低配的新兴市场指数过渡性权重 0.5% 增加到仍然偏低的正常权重标配 1%。随着 MSCI 新兴市场指数的中国权重更加接近中国 GDP 与全球新兴市场 GDP 存量占比 30%（中国增量占比约 45%），全球投资者将长期主动或被动增配中国权益资产。"事实上，全球两大指数提供商 MSCI 明晟和 FTSE Russell 自 2018 年以来一直在逐步扩大中国 A 股在旗下指数中的权重。长期来看，未来十年中国权益占全球配置指数基

金的比例至少要提升至相当于中国占全球 GDP 比重 15% 的水平。

从外资增持核心资产的角度看，中国市场不是缺资金而是缺筹码，部分核心资产品种的高估值是业绩增长和资金偏好下权益供给不足共同推动的。我认为 11 月以部分动辄 80%—90% 年涨幅的高估值核心资产品种估值泡沫回落为特征的市场调整是健康的，相当部分年度涨幅不算过大且估值合理的核心资产品种并未下跌，高估值核心资产品种只是部分获利盘兑现，实际跌幅 10% 左右还不充分。

八、小幅增长比大起大落更有利于权益比重稳定提升

金融供给侧改革引导下连续若干年指数小幅增长比大起大落更有利于境内外投资者长期持有中国权益资产和居民财富的权益比重稳定提升。

年末是券商年度策略会高峰期，大多数主流策略首席分析师都判定 2020 年为牛市。我认为指数单年大涨从市场可持续性和权益财富比重稳定性来看未必是好事，连续多年的指数小幅增长比大起大落更加健康。主要市场指数增长 5%—10% 的年份，优秀的投资者可以做到 30% 的年收益率。

宏观经济方面，投资者应降低对 GDP 增长率的预期，5% 或者 6% 的增长率在全球衰退大环境中依然是优秀的。

九、有保有压，引导社会资本向科技创新的战略性新兴产业上市公司流入

金融供给侧结构性改革要有保有压，引导社会资本向科技创新的战略性新兴产业上市公司流入，限制或禁止向高风险的小银行与产能过剩及高耗能原材料行业流入，看好科技创新溢价和龙头券商盈利估值双升。

2020 年继续看好科技创新行业群，一是科技创新行业群的估值提升空间大于银行、周期和消费部门等传统行业，二是中国高新技术产业链环节进口替代诉求在 2020 年会更加显化。所以，科技创新行业蓝筹股估值将进一步提升，同时受益于产业链环节进口替代的上市公司盈利有望超预期提高。中国和美国是全世界创新投资的两大中心，2019 年美国政府开始对华裔或留美科学家的排斥会加速年轻的华人科学家回中国创业，长期来看美国对华裔智力封锁政策有利于中国企业科技创新进程。

2020 年投资者要从战略高度重视 2019 年涨幅有限仍低估值的龙头券商股。监管部门在新业务拓展、资本市场并购重组和新营运资金来源拓展上只会扶持风控能力和抗风险能力强、盈利能力稳健的龙头券商继续做大做强。2019 年前三季度 36 家上市券商扣非归母净利润 782.32 亿元、同比增长 73.56%，但龙头券商估值与股价仍处于低位，机构投资者并未对龙头券商前景形成共识。各主要经济体的投资银行业都经历过若干龙头企业做大做强的历史过程，中国投资银行业在金融开放大背景下也将有一个行业盈利向龙头集中的过程，未来几年龙头券商将继续盈利提升和估值抬升。

【第三篇】

君晟公益篇

第一章
2019年君晟重阳总量年度会议纪要摘要

2019年10月7日

君晟全国机构投研总监头脑风暴约会是君晟研究社区目前唯一的线下学术交流活动，分为月度会议、年度会议和精选会议。

君晟重阳总量年度会议

时间：2019年10月7日周一

地点：上海浦东滨江大道诺莱仕游艇会

主持人：张海波（人保资管）

一、李迅雷：全球经济动荡下中国经济走向与政治选择

核心观点：均值回归下经济步入分化时代，看好头部企业在存量时代的投资价值。

这个世界的变化可能比大家想象的要慢一些。第一个问题就是中国经济怎么来看。我觉得可以看得更加长一点，看中国经济的过去300年。这300年中国经济经历了三波。在1800年之前，全球经济重心在亚洲，后来英国、德国与美国的两次工业革命带来了科技发展，经济重心便转向欧洲，再之后中心就转向美国，直至今天。

第一波：在1700年的时候，中国GDP占全球经济的比重大概是25%，从1700年到1820年，步入占比份额的上升阶段。上升阶段持续了120年。到1820年，中国的GDP份额从全球25%上升到了32%。

美国在1820年的时候，经济只占全球很小比重，因为独立时间还不长。到1890年，美国经济在全球的占比就明显上升了，到1950年美国经济就占到全球的20%左右了。

第二波：从1820年到1980年。自鸦片战争到1980年中国经济在全球份额大幅

下降，尽管1949年中华人民共和国成立，但由于西方对中国进行封锁，以及国内出现了一些政策波动，导致经济波动较大，不少年份出现负增长，故中国经济在全球中的份额没有回升。不过，中国的工业体系、基础设施建设和教育医疗条件有了很大改善，为中国接下来的发展打下一定基础。

第三波：1980年到现在还在持续，中国经济在全球的份额大幅上升。这个上行的过程应该持续多少年呢？保守估计可能还有60年。21世纪，中国的经济份额在全球一定是最高的。中国在全球份额从1980年的5%左右，上升到现在的16%，未来10年到20%应该可以实现。因为中国人口占全球的19%，中国再上升到20%应该问题不大。这就是均值回归。我国老百姓有两大特征，一个是勤劳，还有一个就是爱财。这注定中国GDP份额在全球成为第一。

事实上，中国按购买力平价计算的GDP已经超过美国了。过去中国落后是因为信息不对称，是因为封闭，于是，全球第一次、第二次工业革命的成果传到中国，可能晚了上百年。现在进入信息社会，有一个好科技发明或技术，马上就拿过来用，加上中国人勤奋好学，便能带来劳动生产率的提升。

如今，即使我国经济增速降下来，中国依然对全球经济增长贡献超过30%，如我国一年的GDP增量是整个澳大利亚的GDP，美国的增量只相当于一个墨西哥。最近公布德国、美国的制造业PMI，都创出了10年来的新低，这还是因为中国经济下行导致外需不足，同时国内消费需求也不足。这个状态持续时间会比较长。另外全球没有出现一个新的领头羊来替代中国，西方国家都寄希望于印度，但是印度的GDP总量只是中国的1/5到1/4之间。

第二次世界大战之后，全球经济的领头羊一直是美国，美国发生了危机，开始出现下行的时候，日本崛起，成为全球经济的第二个引领者。于是，美国又打压日本。日本GDP在全球占比最高的时候是超过现在的中国，达到17%，而人口几乎只有中国的10%多一点。2009年，美国次贷危机之后，中国成为全球经济的领头羊。

纵观历史，全球产业转移，从欧洲到美国，从美国到日本，再从日本转移到中国。目前，中国成为制造业全球转移终点站，以后转给谁，不清楚。因为全球没有一个国家有中国这么大的市场和人口规模、有如此完善的制造业体系。因此，从相对意义上来讲，中国还会继续超越，所以这方面我还是相对乐观的。美国打压日本是比较成功的，但是要打压中国的话，确实难。因为中国未来的动力在于内需的不断增加，日本没有什么内需，日本是一个靠出口的国家。

那么，当前中国经济增速为什么下行呢？主要是我们的劳动年龄人口数量的下降，人口老龄化，城镇化增速下降，劳动生产率增速下降。所以诸多因素肯定会让经济经历一个下行的过程。这样一个下行的过程，相当于过去40年的高增长而言，它可以看成是均值回归。其背后的原因，主要是人口老龄化，如到2050年，中国的人口抚养比例会达到日本今天的水平。

有人说没有了人口红利，还有工程师红利，实际上，如今的人口红利，是包含工程师红利的。机器人替代劳动力也没有用，如日本机器人的利用率全球最广，但经济依然维持在零增长附近。所谓工程师红利，实际上就是劳动力素质提高，而劳动力素质在过去40年提高速度是最快的，今后只会放缓。

我们面临最大的挑战是什么呢？中国经济已经步入一个存量主导时代，存量经济的特征就是分化，首先是人口的分化，大部分城市人口是流出的。根据2017年的人口数据，比如说河南，统计了14个城市，有11个城市的人口是净减少（常住人口减去自然增长人口）的。人口集中与产业集中相辅相成，即投资机会多了，就业机会就多了。以中国4450多个机场为例，其中20%的机场贡献了90%的吞吐量。第二是居民收入的分化，即阶层固化。为何会出现这一现象？是因为和平时期延续创历史纪录了。因为没有战争，同时科技进步，丰衣足食，我们现在正在经历全球人类历史上人口年龄最长的时代，我们的寿命越来越长，我国平均预期寿命从1949年的35岁，延长至如今的77岁。加拿大经济学家克拉克做过一条叫"了不起的盖茨比曲线"，这条曲线可以反映全球的阶层固化还是比较严重的。

所以，分化的时代必然导致企业分化、产业分化以及贫富差距的拉大，只能靠政府的有形之手来改善。2019年国家大力减税降费就是举措。财政支出多，收入少，财政压力较大，如何平衡？主要靠增加国有企业的上缴利润。所以我们国家的宏观回旋余地还有很大空间。另外国家要鼓励消费，要消费升级，重点是要提高居民收入和社会保障。通过把我们的养老产业体系建立起来，所以现在社保、职业年金、企业年金要扩大规模。

此外，我觉得中央发债的空间是很大的。现在中央政府的杠杆率水平还很低，所以今后的逻辑就是中央政府举债，就是政府加杠杆，居民稳杠杆，企业去杠杆。美国现在联邦政府的杠杆率是100%。日本政府杠杆水平是230%。中央政府的融资成本是全社会最低的，因此，它举债，可以在最大程度上降低全社会的利息支出。当然，政府投资的投入产出比如何提高，需要有更好的制度安排。

最后，应该提高直接融资比重。2016年纳斯达克退市企业数量达到606家，A股3600多家上市公司，2016年以来，退市只有15家。纳斯达克市场通过退市来实现优胜劣汰，那样指数自然就涨了，中国的资本市场改革已经认识到问题，找到了发展方向，接下来就是如何努力去兑现承诺了。

对于现在及今后政策的理解和展望，需要把握的就是两条，一条是稳中求进，因为治国理政理念是稳中求进。从这个角度来讲，我觉得投资者还可以放缓心态，不用太担忧如何处置当前的问题，比如说中美贸易问题；不用太担忧香港问题，放在历史长河里都是过眼云烟的事。第二条是底线思维，防范金融风险及其他风险。因此，股市是有底的，汇率也是有稳定基础的，利率一定会继续下降。

谈到投资机会，我看好两方面：一个是存量经济下的结构性机会，企业分化带来头部企业的投资机会，产业分化带来新旧动能转换的投资机会，包括大家讲的大消费、高科技等，这也是一个新旧转化过程；区域分化带来热点城市的房地产投资机会，大部分中小城市的房地产风险增大；等等。

另一个是从散户时代步入机构时代的估值体系重整机会。整体而言，过去是大企业被低估，小企业被高估，确定性的增长被低估，不确定的增长被高估。今后，就是要让价值投资理念不断深入人心。

二、赵晓光：两个大时代——精准数据与科研孵化

（赵晓光，天风证券副总裁、研究所所长）

核心观点：数据时代从过去泛数据到大数据到未来精准数据，精准数据实现To B和To C统一，传统行业用精准数据重塑是重要投资机会。

大家知道2013年是什么情况，大家都觉得小米互联网思维不行，觉得三星帝国不行，觉得苹果不行了，觉得华为做不了手机。如今第一苹果，第二华为，第三是三星，第四是小米。我们讲一下关于投资的几个思考。第一个思考是关于地方政府产业招商，与地方政府领导交谈之后很直观的感受是当地政府的投资热情很高，2009年中国政府推了"四万亿"计划，聚焦机械跟房地产。而当下政府不同的地方在于其实所有资源都在做，做服务产业、培育产业的事情。你会发现一级二级倒挂。就过去大

量的钱投向一级市场，后来发现出现了大量的像蔚来汽车这样的泡沫。很多优质的上市公司反而处于一种低估的状态。有部分上市公司出现很大的债务危机，因为你的企业本质还是好的，政府也做大量调研，决定服务支持产业。

因为产业对地方政府太重要了，尤其在科技兴国的大背景下。我们团队是电子分析师，市场在6月底看好苹果产业链，那么确实涨得很多，怎么看这个行业？就是世界一个轮回。上一波就是2009年开始整个电子股启动。成长股唯一变现的就是电子股，别的都没有变现。这个事情怎么看？我觉得应该要很坚定地看好。因为这一波电子股的景气会有一个非常强的逻辑。这个逻辑是过去这个电子行业苹果一家独大，以苹果产业链唯命是从。但现在苹果发现华为起来了，而且华为在以很快的速度扶持国内的供应链。最后的结果是苹果、华为、小米开始对供应链的公司友好起来，所以大家知道为什么2019年手机没有增长，反而电子股的业绩从第二季度开始都超预期了。苹果担心每个季度都压榨供应商降价，供应商都被华为抢走了。所以你会看到电子股的业绩，第二季度开始都很好，而且肯定会持续。2020年第三季度5G手机放量，5G手机一旦爆发之后，那时候拼的就是谁拿到供应链——天王山之战。这一战谁能拿到供应链，谁就能在5G手机上一骑绝尘。小米现在的供应商也蛮好的，好的供应商还越来越少。而且现在的中美关系，只能培养国内的供应商，华为内部专门成立一个战略采购部，就为进入供应商体系的，我都要投资。博弈之下就出现一个特别好的事情，就是所有供应商都不降价了，而且锁定订单。这就是这一波电子行业会景气超预期的第一个元素。真正的牛股就是供给端解决竞争问题的。第二个问题是什么呢？比如华为出的电视，这个电视马上有一个爆款的应用会出来。因为它有摄像头，远程练瑜伽，远程健身，可以爆款。因为这个电视现在变成一个社交终端。远程教育，包括远程医疗，这个基于人和人连接的社交服务起来之后，这个电视肯定火爆，一切以社交为核心的东西都会爆发。

包括华为的VR，已经领先于美国的对手2到3代；最新的手机，大家积压了这么长的换机需求，就是等5G，所以手机销量不用担心。现在还有很多趴在底部的股票，市盈率20多倍的电子股。如果最近市场出现调整，那应该是一个非常好的配置机会。因为它的盈利景气没有结束，它的盈利是可持续的。回到今天关于整个科技产业的思考，需要有一个框架。大家知不知道互联网其实最早开始的行业是什么？是搜索。最早做搜索行业的其实不是谷歌，是微软。微软比谷歌大概早三年做搜索，它认为搜索是一个经验的事，是工程师根据他的经验，设计一个算法，对这个算法产生搜索结果。所以微软就是起个大早，赶个晚集，很快就被谷歌干掉了。谷歌认为搜索根本就不是一个机械的事情，而是一个数据的事情。例如我要看100万人搜索天风证券，30万人打开的是这个网页，我就把这个东西发给第一个，20万人打开的是这个网页，我就把它放在第二个，所以谷歌的数据模式很容易就干掉了微软的经验模式。从本质上，这背后代表什么呢？代表的就是我们各行各业，它的产业逻辑最早叫什么？我们把经验叫什么？叫半数学，就是比较有限的数据，也就是泛数据。谷歌采用了大数据，移动互联网时代的巨头已经在用精准数据。你穿衣服，其实穿衣服主要有两个需求。第一衣服是不是合身，第二衣服穿上到底好不好看。3D摄像头上可以根据你尺寸给你定做衣服，保证这个衣服你不用去商场花时间，穿了之后，我在网上找一百个美女给你打分，再找一百个帅哥给打分。通过技术的手段来实现精准化地满足你的需求。有个观点是移动互联网时代结束了，现在我很不认同。我觉得这个空间很大。移动互联网现在远远没有结束，因为你的衣食住行、吃喝玩乐、健康娱乐社交的需求，还没有精准化地挖掘。未来制造业会出现几个非常大的平台，这些平台真的会赢家通吃，因为它掌握越来越多的数据，怎么把良率做到90%以上，而你只做到60%，过去是靠研发工程师，靠工艺工程师，未来是靠精准数据。

我们把未来定义为四层楼，第一层就是通信的基础架构，就是5G。5G为什么那么快呢？就是因为4G以前，整个通信的架构是广播模式，放一个大铁塔，上面一个基站，基站到处向外面广播信号，你需要的时候把它截取下来用，不需要的时候就是个皮带就浪费了。5G是如果需要信号，我要向旁边发出求救信号，附近的小基站就知道你要信号了，马上给你发过来，所以速度特别快。5G跟4G的根本区别是什么？核心就是基站的模式变化，因为它要求随时随地就像有一个仆人跟着你。所以5G的最大变化，就是有大量的小基站。小基站有个问题，就是这基站放在哪里。基站最好放的地方是什么？我猜放在路灯上。从产业逻辑上好好研究一下，这个领域肯定被低估了。它有可能就像中国铁塔一样，会变成运营分成的模式。

第二层就是各行各业的闭环的互联网。因为整个信息系统分三部分，第一是怎么拿到数据，第二是怎么处理数据，第三是怎么输出数据。只有5G才能提供精准数据，精准数据包括两个要素，一要全面，二要及时。大家可以重视一些做计算机ERP的公司，做计算机信息化的企业，这些企业有可能摇身一变不做ERP了，变成了互联网企业，因为它们可以很快与企业建立联系，拿到数据。今天我们不要去赌技术，技术是没法赌的，我们要找什么？找那些好的通道型企业，好的入口企业，所以我比较看好传统的计算机行业。这些传统的计算机做行业应用的公司，比如说远光软件，这公司股东是很牛的，现在第一大股东是国网。计算机里有些传统的ERP的公司，它是被低估了。它们是最有可能变成产业互联网公司的。你要搞清楚5G跟4G的变化。

第三层就是信息的处理计算。那信息处理计算是以什么样的方式呢？很多人说是人工智能。我可以给大家几个结论，第一，现在的人工智能公司其实都是大数据公司。人工智能很重要的一部分就是记忆，就是一个数据的记忆而已。人脸识别、图像识别就是拍下你的脸，再对应找到你的脸部数据进行标识。

第二，首先在目前的基础架构下，现在人工智能公司会被华为、阿里这些巨头干掉，同时它会被一个个细分行业的公司肢解掉。我们看了很多做细分领域的公司，那些领域是隔行如隔山。人工智能从技术上未来一定不是芯片的模式，一定是什么？是云的模式。必须要保证系统数据要足够多，处理能力要足够快。人工智能是一个新兴的模式，比如无人驾驶汽车，这个车只卖50万元，但芯片就要卖100万元，它的效果才能达到足够好。

科大讯飞从开始到做了20年的语音识别后识别率只有40%。2011年4月3G网络成熟，所以科大讯飞就把语音识别从一个单机变成云的模式，识别率在半年时间从40%多提高到96%。所以语音是人工智能最早开始的，这个案例已经告诉你，人工智能行业一定不是单机的模式。未来在视频等各行各业，它一定更加不是单机的模式。

第四层就是各个行业深度的融合，深度的赋能。2015年主要的关键词叫颠覆，就是我要把你干掉。这一轮产业发展主要的关系叫什么？是赋能，帮助传统行业提升它的效率，改变生产关系。所以未来会发现在深度信息化，在精准数据时代，很多行业就会成为少数玩家的天下。当然我相信大多数的赢家就是现在这些龙头，也不排除在一些行业中出现新的龙头。而未来这些新技术的最大受益者实际上是各个传统行业。很多行业已经开始了，比如游戏行业，云游戏已经开始了。就是你未来玩游戏不需要再去买一个很贵的硬件，全部在云端玩，三大运营商同步推进。我发现德州仪器宣布和很多代理商终止合作，直接跟客户发生关系，为什么？因为未来整个芯片与行业应用的半径会越来越短,越来越深度地拥抱。过去客户特别多,基本上我做一个芯片代理商帮我卖就行,但未来我必须要很深度地了解客户,所以我不能再靠代理商了,未来哪些技术类的公司能够跟行业深度信息化结合的,就是比较大的机会。电子行业由于现实和需求的因素会持续超预期,我觉得还是可以。第二个是被低估的计算机公司。当你站在物联网角度,你会发现它们的价值非常大。

我有一个体系,我认为是符合整个科技产业规律的。从2C的衣食住行、吃喝玩乐、教育、健康医疗到2B的各行各业。它的逻辑就是由5G到物联网到人工智能云,形成了这个科技大厦。从产品的定义到产品的研发,到产品的生产制造,到产品的销售和产品变现的全部过程。很多新名词很容易理解。比如网络切片,好比开车在高速公路,你开辆保时捷,我开辆捷达,我一样可以给你PK,我一定可以穿你的赛道。但是未来不行,保时捷就只能在这条赛道,没人抢你的赛道。因为我们俩付的钱不一样。

在5G社会,远程医疗的手术一定要足够安全精准。所以必须优选赛道,那你可以出更多的钱。根据这个设想,联通的价值一定会发生大变化。我觉得联通是很值钱的。比如中国商飞在跟阿里、联通合作,还有华为合作在做的工业互联网平台。未来全国的工业互联网都是按照这个模式去做。

三、施康:中国宏观经济的困境——外部失衡与内部困境

核心观点:外部动荡长期持续,局部繁荣中寻找确定性投资机会。

今天我演讲的主题是中国宏观经济困境。我想聚焦于两个主要的特点,一是外部失衡,二是内部错配。外部失衡,现在大家都比较熟悉,也和最近的中美贸易冲突相关。内部错配,可能有点陌生,比较学术。在宏观经济学中,国家与国家发展不一样,很多时候我们发现技术其实并没有那么大的差别,但往往就是因为国家和国家之间的制度性因素的差异导致了资源并没有放到那些生产力比较高的行业,导致了总体的生产力被拉下来,这就是资源错配问题。在中国,大家都认为国有企业的生产效率不如民营企业,但是我们的信贷资金就是向国有企业倾斜,使得资金效率低下。刚才前面嘉宾讲的地方政府纷纷提供政策优惠,鼓励风险投资的故事,从我们经济学角度来说,又是一个很典型的可能导致资源错配甚至巨大的社会浪费。以前在美国西部开发的时候,很多人去淘金,但是淘到金子的人是极少数,现在做风投的人都知道,成

功的项目也是百里挑一。当你把大量的资金投往那个失败率很高的行业中去，不仅是资源浪费，与此同时，大量正常需要资金的行业拿不到资金，加大效率损失。

在继续话题之前，我想先和大家探讨一下当前的时代特征。过去四十年，科技迅猛发展，全球化和持续的金融宽松造就了社会阶层的分化和局部繁荣。

刚才李老师也讲了中国社会各种各样的分化，包括收入的分化，社会阶层的分化，教育的分化，年龄的分化。从全球的角度上看，中国的崛起，就是一个全球的局部繁荣。与此同时，互联网和社交媒体的兴起，加快了信息传递，放大了社会的分化。科技来得太快了，很多人还不能适应，这对国家、企业、家庭的治理模式提出了挑战。为什么中美贸易谈得那么艰难？以前美国政府都是金钱帝国，是上层精英利益集团比如华尔街的统治工具。要选总统，它需要金钱。所以它不可以为所欲为。但是随着科技的发展，候选人可以直接通过社交媒体影响选民，所以说现在美国的民主也受到前所未有的挑战。原来传统精英政治的模式被抛弃了。在中美谈判的时候，原来的利益集团基本上起不到什么作用，这也导致中国好像突然跟美国人无法沟通了。2019年的香港问题，某种意义上也是社会分化的体现。但是对资本市场和投资者来说，我们不需要悲观。我们还有很多机会，局部繁荣的出现，必然会有很多各式各样升级的需求。我们的资本市场应该在局部繁荣中寻找机会。我们不是政策的制定者，我们只能在这样的历史背景下，不违背我们底线的情况下，去寻找那些正在升级的局部繁荣板块。中国是个大国，有一二线城市的局部繁荣，也有中产的局部繁荣，有各式各样的局部繁荣。

回到中国的宏观问题，因为是个大国，所以也必须要把中国放在一个大的开放格局下讨论问题，要考虑它的外部失衡。全球资本的失衡，就是说大量的资金从穷国家流向富的国家，按照我们传统的增长理论来说，资金应该从发达国家流到穷的国家，为什么？穷国家需要资金，它的回报率会高，对吧？但是在全球经济中不是这样的。美国长期的经常项目逆差，大概在2005年的时候达到了顶峰，差不多7000亿美元。美国贸易最糟糕的时候不是在今天。所以美国挑起贸易战应该在2005年。大家知道经常项目是一个流量的概念，每年增加5%的GDP的债务的话，那这个债务规模是非常巨大的。如果突然逆转会怎么办？从中美贸易看，中国加入WTO，2001年以后，中国的贸易才突飞猛进，中国开始出现经常项目顺差，美国经常项目逆差则进一步扩大，与此同时，中国也成了贸易不平衡的替罪羊。

经常项目是什么？可以是出口减进口，也可以是储蓄减投资。经常项目的变化，实际上反映了跨境资本流动的一个趋势性的东西。比如 2000 年之前，美国生产率高，很多跨境资本流向美国的股票市场。亚洲金融危机，特别是 2000 年以后，资本还是流向美国，但主要持有美国国债。这个趋势一直延续了快 14 年，直到 2014 年。2014 年以后趋势不清晰，到底以后钱是一直都从新兴市场流到美国还是流出美国，大家还没有共识。

我下面讲三个故事来解释中国的经常项目。第一个故事，是说中国的储蓄非常高，大家也知道中国的储蓄增长很快，不仅纵向在增长，而且跨国比较也很高。美国的边际消费率经常达到 70%，也就是有 100 元可支配收入的话，70% 要消费掉，但中国基本上都在 30%—40%。多方面的原因造成了中国的储蓄问题，比如有学术研究发现和性别比例失衡有关。我们正常的不进行人工干预，男女比例 105:100，是自然的一个规律。然后中国的性别比例改革开放初期是 107:100，到现在大概 122:100。这加大了男性在婚姻市场的竞争，这种竞争的压力会传到所有的家庭，导致整体储蓄率上升。这个竞争的故事可以适用很多地方，比如学区房。因为中国人均资源缺少，样样要竞争，导致了中国的储蓄上升。第二个故事，是国有企业和私有企业的故事。中国经济可以分成两类企业，国有企业和私有企业。国有企业生产力比较低，如果正常去发展，那国有企业会被淘汰。但是国有企业有它自身的优势，资金优势，否则的话肯定被淘汰掉，由于金融摩擦，银行吸收的储蓄无法通过信贷进入私有部门，导致中国经济增长过程积累的储蓄无法被国有企业的投资全部吸收，最后结果，资金以外储的方式流出国内。这本质上就是国有企业和私有企业之间的问题，决定了中国的资金不能被很好地配置。第三个故事是贸易改革的故事。中国加入 WTO 以后，进出口同时上升，与此同时，中国进行了一系列改革。IMF 或者世界银行经常会拿中国的贸易顺差说事。要求中国更多的贸易自由化，减少进口障碍，加大进口。但是贸易改革对出口影响更大，导致了出口增长比进口还快，结果本来意图是减少顺差，反而扩大了顺差。

中美贸易的不平衡很大程度上是结构性的。根源是中国的崛起，中国触犯了美国的几个核心利益。一是科技，大家都比较清楚了，这也是美国拼命制裁华为等高科技企业的缘由。二是人民币国际化，美国财政部发行的美元一半在海外，美元的国际货币地位对美国利益影响巨大。一个简单的例子，美国的净对外投资大概是 7 万亿美元，7万亿美元的净负债，但是它每年有2500亿美元的收入，是不是有点不可以思议？这就是美元作为国际货币带来的一个巨大财富，因为美国对外投资收益高，欠人家的债付的是低息。当然还有"一带一路"，影响了美国的全球利益布局。中美贸易，结果必然是短输长赢！我们缺的是核心技术，但是我们有自己的优势，庞大的消费市场和完整的产业链。

关于内部错配，由于时间不多，我只讲两个主要观点。第一，我们的跨国研究发现，中国的货币供应，大概多发了50%，相对相同发展阶段、财政状况、开放程度的国家而言。但是货币对经济的拉动性越来越弱，与此同时货币政策的传导也出现了很大问题，比如PPI和CPI的分化就是一个很好的例子。第二，流动性增加过程中，地方政府是债务增加的主力，它带动了国有企业的债务积累，但挤出了私营企业，造成错配。现在错配很多，国有企业内部也有错配，比如说政府应该多建一些学校、医院，但是它却在钢铁、水泥里投入，民营又不可以大举进入医疗、教育。结果，民营企业一窝蜂地挤在一些竞争行业，又是个错配。错配的存在，从好的方面想，我们改革的空间很大。现在是存量经济，中国的希望在于存量。存量很大，存量稍微地改善一点点，就可以释放出无限的流动性。所以这部分是将来改革的方向，也是中国经济增长的另一个新动力。

最后总结一下，在局部繁荣中与存量改革中寻找经济的动力和市场的机会！

四、谢亚轩：宏观经济形势和政策展望

1. 中美贸易摩擦对国内宏观经济带来的冲击

短期来看它是一个总需求冲击，稍微长远一点看，它是一个总供给的冲击。现在工业增速下降到5%，主要受出口行业产量大幅回落拖累。贸易要受到影响是毋庸置疑的，因为美国人不买我们国家生产的东西，同时我们自身的内需也不足。中美贸易战对中国经济的负面冲击是很明显的。我们现在应该关注的是，这个贸易战不仅仅影响中美两国，更有可能像20世纪30年代那样导致全球经济的螺旋式下降。比如说，大家知道法国和德国的经济表现不一样，法国表现不错，德国却很不怎么样。那是因为法国出口占GDP的比例比德国小，即外需对德国经济的推动更强，从而更受中美贸易战的冲击。我们看到了中国对美国加工贸易出口的下降，实际上进口下降得更快。中美贸易战对中国进口的影响比出口更大更快，我们的进口无非来自韩日和欧元区，即中美之间的争端在通过加工贸易链条传导到更多其他的经济体。十一假期期间

美国的 PMI 也下降了，中美摩擦不仅通过贸易链条影响世界上很多国家，还影响了汇率。美元一直都强势，有负面影响，按照美联储的模型，广义美元指数上升 10%，美国 GDP 会在未来 3 年内下降 1.5 个百分点。这也是中美贸易战的影响在全球各个方面的体现，所以我会对经济基本面很担心。从政策的角度看，我们把中美贸易看成是一个更长的供给冲击。在学术上，估算未来产出的变化时，如何把这种供给冲击考虑进去是一个非常现实的问题。

短期有一个大家可能认为麻烦的事，就是通胀压力的意外上升，8 月由于猪肉价格的上升，导致猪肉价格是超市场预期的。这跟收储有关系，其带来的结果就是猪肉价格上升，但 9 月之后，猪肉价格上升速度变慢，对于老百姓来说是好事，但对于市场来说是坏事，即把这种压力转嫁到了市场，会造成通胀甚至滞胀。在我看来，近期第四季度仍然是挥之不去滞胀局面，第四季度末和 2020 年年初，我们可能会看到更强的经济下滑的压力，衰退的风险会超过大家对于通胀的担心。所谓的通胀，在我看来只是因为近期猪肉价格的上升。

2. 人民币汇率讨论

人民币兑美元汇率破 7 是充分沟通的政策结果。汇率 7.25 在我看来已经是人民币的下限。我不认为人民币会有更大的贬值压力。从前我是一个坚定的守 7 派，但目前来看，市场确实具备破 7 的条件。我为什么这么说，因为我观察到了一些很重要的变化。2018 年 10 月，人民币汇率其实已经有一定的压力，刘世锦在 2018 年 10 月 8 日新浪专栏上发表了一篇文章，叫作《坚持人民币市场化改革方向》，核心观点即机制比点位更重要，就暗示了人民币贬值的这一可能性，但当时市场上并没有大的反应，在我看来这是一个很重要的政策风向标。人民银行在汇率改革方面是有章法的。这个报告出来之后，市场的理解就是，人民币汇率可以破 7。在我看来就是，人民币破 7 这一政策已经进了决策层的工具箱，只不过是看什么时候用罢了。如果说这个不够明显的话，那么 2019 年 5 月底周小川接受日本记者专访的时候说总体而言把 7 当作底线，这是周小川第一次谈破 7 这个问题，这已经是一个非常临近的信号了。如果说这个信号还不够强的话，就是 6 月初的时候，中美双方当时还没有决定在日本见面，易纲明确地讲到了 7 的问题。这是跟国际投资者一个很充分的沟通。其实总的来说，国内的资本市场对于这一破 7 结果还是非常接受的。

谈这个观点有什么意义呢？我觉得有两方面的意义。第一，你如果把破 7 理解为一个政策的话，那么它的意义就在于防范外流冲击，是一个区间波动的安排，不必太悲观。说明资本市场对于汇率高波动的接受程度到了一个新阶段。第二，我认为美元现在处于历史上比较强的位置，但不可能一直持续下去，强美元对美国经济来说本来就具有收缩效应，美元的回落也会带来人民币顺势地回升。

3. 外资流入的影响

我认为外资流入是一个基本趋势，我比较关心外资流入的结构性影响。我说几个事例。从2018年开始，对冲基金出现罕见性亏损的一个重要原因是外汇市场的亏损，而外汇市场亏损主要是投资者的变化，之前是央行和商业银行，所以对冲基金操作空间较大。但近些年，央行和商业银行退出了这一市场，导致了现在是对冲基金之间的博弈。这是一个例子。这个情形可能会在以后的债券市场重演。我倾向于认为外国资金流入中国债券市场会带来显著的无风险利率下降，对整体的风险资产是一个利好。外国机构参与国内债券市场，可能会对我们的市场带来不一样的变化。这也是一个未来需要详细研究的课题。

我谈谈为什么外资会持续流入以及对我们的国债收益率的影响会有多少，所谓持续流入有四个原因，两个周期因素和两个制度性因素。因素1：美国长期国债的利差与外资流出流入是一个正相关的关系，即我们的利率高，会吸引资金流入。因素2：美元的有效汇率，其变化与外资的流出流入是一个负相关的关系。美元汇率走弱，外资会流入市场，这个原因是国际清算银行2017年初的一个研究，即他们认为美元有效汇率在当前的情况下可以代表全球的风险因素的变化，美元有效汇率转强对全球的风险就越高，反之也是。因素3：人民币国际化。市场结构的变化会带来意外的市场冲击。大家知道，2018年初人民币汇率曾上升到6.25，我们当时怀疑是俄罗斯央行干的，但是没有证据。当时我们可以看到俄罗斯央行美元的外汇储备达到45%，但到了2018年只有25%，降了20%，大概500亿美元。这20个点去哪儿了呢？主要给了人民币。也就是说俄罗斯央行在2018年的第二季度左右在短时间内把400亿美元的外汇储备变成了人民币，所以我认为这是人民币当时意外升到6.25唯一的因素。但俄罗斯央行是传统的中国外汇市场上多方空方都没有考虑到的一个因素，我感觉俄罗斯央行的这个行为很可能是通过我国央行来做的，当然这也是市场的一个猜测。尽管我不认为像俄罗斯央行这样的例子会频繁出现，像俄罗斯央行这样态度坚决而有相当能力的并不多，但是我们可以注意到，随着中日在人民币国际化方面的合作，可能成为一个我们会忽略的重要影响因素。因素4：债券市场开放。我们的债券加入了彭博巴克莱指数。我思考的外汇流入是，不同的投资者由于有不同的投资特性，这样的外资才是有意义的。这里我补充说一点，2019年年初国开债和国债的利差都有一个系统性的收缩，很重要的一个原因是中国台湾的保险公司、金融机构成功地说服了它的监管当局去投资国开债。

4. 外资流入对收益率下行的贡献

按照国际货币基金组织的研究，外国投资者在国内投资市场上的占比每上升1个点，对长债收益率的影响是5到7个bp。我们对于国内市场的测算大致一致，就是外国投资者在国债市场的持有比例每上升1个点，我们的长债收益率会下降6个bp左右。如果按照我的估算，9、10、11、12月这四个月外资增持中国债券的额度每个月的规模不少于500亿美元的话，那么到年底外资在外资市场上的占比将超过10%，上升大概2个点。

五、杨国平：从国学和量化两个角度判断市场趋势

（杨国平，申万宏源研究董事总经理）

总的来说，我是从两个角度来看这个问题，国学和量化。在国学角度，可以结合周易中的思想对市场的趋势进行一些大概判断。

从量化角度，在我们进行市场估值的时候，由于市盈率曲线变动规律复杂、不好把握，于是我们把它转化为另外一种可以把握规律的曲线，定义为大盘的风险溢价曲线。而这个货币超经济发行率曲线（即M2增长率减去GDP名义增长率），运用回归分析，得到风险溢价＝0.016+0.91风险溢价－1－0.62货币超经济发行率+0.56货币超经济发行率－1。将我们的模型与实际的风险溢价进行拟合，精度超过92%，说明模型是很可靠的。

观察货币超经济发行率、GDP名义增长率、国债收益率解释的风险溢价模型揭示，目前的基本面支持大盘2850点左右的水平，11月之后市场有回调压力。风险溢价实际值和预测值两者之间的残差项曲线显示有下行趋势，这种下行趋势代表第四季度市场存在回调压力，当然这种下行压力也代表着新的投资机会来临。

六、王维钢：全球治理重组与全球衰退迫使流动性长期宽裕背景下中国企业直面竞争

我在2019年10月7日君晟重阳总量年度会议的现场发言扩充为年会书面发言

《全球治理重组与全球衰退迫使流动性长期宽裕背景下中国企业直面竞争——500强大数据分析系列报告20191007》。由于500强大数据分析系列报告篇幅较长，书面发言分拆成若干组件分期发表。《君晟会议纪要2019年10月7日全国机构投研总监头脑风暴约会君晟重阳总量年度会议纪要改定稿20191014》只收录我年会书面发言的摘要部分。

第一，中美贸易摩擦缓和为中国产业链独立提供缓冲时间。通过对世界500强大数据分析，以苹果手机收益全球分配测算为例，美国制造业跨国企业是中美产业链最大受益者、脱离中国制造环节将削弱盈利预测，中美产业共生是美国制造业跨国企业维持高盈利高市值的物理基础，因此中美产业链脱钩是伪命题。

第二，全球流动性长期宽裕已成定局，全球几乎所有经济体降息与欧美相继重启量化宽松倒逼中国必须降息，中国越迟降息越被动。我支持结构化降息的目的是降低息差以实现金融反哺实体、限制开发贷个人房贷信贷比例及基准上浮与提升科创优先基准下浮的实体经济信贷比例、扶持中国企业增加盈利与研发投入以直面全球竞争。降息不等于大水漫灌，中国坚持不降息体现的不是中国有定力，而是中外利率差会被定价为中国主权信用风险。2016年中国银行业税前ROE和ROA超出世界银行业均值的幅度分别达到37%和54%，表明相比世界银行业，获取了超额利润的中国银行业有能力反哺实体经济。

第三，全球衰退已成定局，在主要经济体增速预期持续下调并回落到欧1.2%、美1.7%的背景下，中国的全球GDP增量1/3占比和GDP 6%的增速弥足珍贵，全球权益投资机构必须对作为全球市值洼地的中国增加配置。全球前50大经济体除中国和南欧各国外均10年持续牛市，各国资产价格景气与经济景气无明显相关性，因此中国宏观景气与资产价格景气挂钩的逻辑不成立。在全球衰退迫使流动性长期宽裕的大环境下，不必对中国资产价格景气过于悲观，维持中国磨复合底、美国筑复合顶的观点。

第四，以30年为观察期对中美关系——全球治理结构重组的预测：金砖与欧盟首脑定期会议机制有助于平衡美国霸权和改善全球治理机制，美国只能减缓但无法遏制中国发展，美攻中守的中美系统性摩擦常态化，但中美经济产业链无法脱钩，不会形成两大阵营对峙甚至军事冲突的格局，合纵可以破连横，美国军事、政治、金融不会衰落，中国经济贸易继续赶超美国的趋势也不会改变。

王维钢君晟重阳年会发言四部分组件标题索引：

第一部分：《美国跨国企业是中美产业链最大受益者：以苹果手机收益全球分配测算为例——500强大数据分析系列报告20191002》；第二部分：《全球流动性长期宽裕背景下结构化降息有助于金融反哺实体，扶持中国企业增加盈利与研发投入——500强大数据分析系列报告20191003》；第三部分：《全球衰退迫使流动性长期宽裕背景下全球权益投资机构持续增配作为全球市值洼地的中国——500强大数据分析系列报告20191005》；第四部分：《以三十年为观察期对中美关系——全球治理结构的预测20191007》。

七、L：负利率时代降低期望，人民币资产依然具有吸引力

（L，某公募机构领导）

2019年是中国经济发展和资本市场一个转折和处理的年份。从4月的政治局会议到7月的会议，中国经济不再走刺激经济的老路。资本市场也是一个处于转折的过程，我认为企业行业的发展包括资本市场这种结构。因为经济新结构的分子端是比较积极的，比较健康的。

我觉得主要有两个维度的因素，一个是越来越强的文化，就是工业行业、高技术领域的这种国产化的诉求。这是一种全球独有的技术特色。第二个，就是新行业超速发展带来的一种新的需求释放，比如5G，新结构方面需求的数据非常显著，所以这两股力量的交汇会给资本市场一些结构性的机会，可能会出现一个比较长比较大的投资机会。

现在全球的负利率资产其实越来越多，我觉得其实负利率某种意义上意味着资产游戏就是一个复合游戏。但是实际上从全球视野的角度来讲的话，我觉得人民币资产在很大概率上还是能提供正收益的，但是要降低期望。所以从全球比较的这个视野的角度来讲，吸引外资的流入是长期趋势。在未来的几年里，对中国资本市场的影响应该还是会持续发生。

从全球经济视角来看确实也不能特别的乐观，所以我觉得重要的一点是降低期望收益。

以美股为代表的风险资产，过去几年提供了比较好的回报，但实际上美股在2019年过去的12个月，基本上已经没有提供了波动。

虽然人民币债券像国债现在还有三年的收益，但是在目前这个宏观经济环境下，我们可能也很难看到利率快速大幅下行，或者说大幅反弹。关于市场，我觉得肯定是有机会，现在这个位置上其实不用特别悲观，但是要说特别乐观，可能也是谈不上，更多的是结构性机会。

八、T：具有结构性机会，看好消费和各行业龙头可持续性

（T，某公募机构领导）

在 2018 年 10 月的时候，我们关注到整个宏观经济政策转向，从金融去杠杆转变成一个稳经济托经济的政策，政策底就出来了。

从 2019 年初开始通过财政 2 万亿减税降费来托底。货币政策其实也是中性偏稳健，必要的时候流动性肯定是保障的，所以整个经济数据在第一季度是很好的。我们在 2019 年初坚决看市场反弹，不悲观。

2019 年 4 月强劲反弹后，面对市场充斥的牛市乐观情绪，我们觉得市场短期没有牛市，只有结构性机会。逻辑在于，从宏观角度来看，中国最主要的矛盾是产业结构转型升级，这是一个优胜劣汰的长期过程，绝不是短期可以完成和迅速见效的。这个核心矛盾决定市场机会是结构性的，引入外资和人民币资产相对收益率高都不能决定性地改变整个投资趋势，而只会强化结构性机会。

具体到看好的投资方向，从经济增长的三驾马车看，只有消费可能大家觉得是最持久的。机构投资人肯定是拿消费的多，对于周期就是波段性的操作或不参与。5G 大家都看好，但实际上如果你真正去研究这些产业个股的话，你会发现估值非常高，且涨得太快了。

我觉得中国是一个产业门类最全的大国，只要不是夕阳产业，行业龙头都有机会。因为在存量竞争市场里，竞争格局会越来越好，那么龙头企业的盈利也会越来越好，长期持有可以赚它盈利的钱。

沪深 300 指数 ETF 是很好的投资标的。如果你风险偏好比较高，又有一定的交易技巧，也可以去投资科技股。

九、T：结构分化，适度逆向，看好金融和医疗

（T，某公募机构领导）

第一，现在的市场主要是寻找结构性机会，背景是指数波动区间变小，衰退性宽松不支持指数大涨，下跌空间也不大。

第二，考虑适当逆向投资。2019年股票公募基金其实都是做得比较好的，有一个原因就是公募基金都是保持相对比较高的仓位，而在2018年底时市场估值都比较低，所以公募基金高仓位就有了较好的起跑优势。

第三，第四季度看好金融补涨机会和医疗健康科技股。至于2019年第四季度的话，我比较看好金融特别是银行板块的补涨机会。刚才大家谈了很多有关科技股的东西，但在我看来科技股业绩有一些很难兑换的因素，当然也不是绝对的，我认为与医疗、健康等相关的一些科技类股票因为业绩增长确定性高，是值得继续看好的。

总结来说，结构性行情要配置业绩确定的好股票，整体仓位上可以适当逆向投资。在业绩确定性好的品种里，金融、保险、地产可以做一个防御配置，比如医疗器械、健康行业的股票可以做一个进攻配置。

十、谢荣兴：科技强国是趋势，结构性牛市大有可为

第一，5G科技产业链今明两年是热点。现在对科技强国、科技兴国上下看法都一致，有些科技股的增长倍数是无限的，有些东西是相应地增加，不可能翻倍的，而科技股我看会有翻几倍的，像华为产业链的供应商，业绩一定会暴涨，科技强国是一种趋势，我们不用悲观，对市场抱有一定的信心。

第二，中国的退市机制还不完善，投资者应主动远离垃圾股。垃圾股、"仙股"没有业绩，没有成长性，没有故事，但退市机制还不能顺利清退这些垃圾股。中国的退市为什么这么难，我觉得最重要的原因是中国的股市以散户为主，退市的波及面会非常大，影响巨大。大领导同意要退市机制，但没法真的实施。如果我们投资人把一千个"仙股"排除在投资范围之外，就起到了退市同等的作用。故我认为指数牛市不存在，个股牛市或者说结构性牛市大有市场。

第三，加大直接融资、发行新股是金融供给侧改革新常态。金融供给侧改革的本质是要加大直接融资，从这个角度看，发行新股将是常态，资金压力大也是常态。

第二章
君晟推荐 2019 年最佳分析师获奖统计

2019 年 12 月 25 日

一、君晟研究社区推荐最佳分析师的获奖情况统计

《君晟推荐 2019 年最佳分析师名单征求意见稿》于 8 月 30 日起向全国投资银行多数研究机构负责人和君晟研究社区机构投资者总监征求人选增减意见，在 64 位君晟推荐最佳分析师中有 10 位是 2019 年期间各研究所负责人或公募机构投研总监推荐的，终极版在增加新财富评选分析师序号后 11 月 22 日发布。在 64 位君晟推荐最佳分析师中除了 5 位国君分析师因机构原因不参选，其余 59 位分析师在 30 个新财富评选领域中荣获 25 个第一、8 个第二、10 个第三、7 个第四、2 个第五，只有 7 位分析师未获名次。恭喜各位获奖最佳分析师！

表 1　君晟推荐各领域最佳分析师序号与获奖名次索引

序号	领域号	领域	序号	券商分析师	名次
1	1	宏观	5	广发郭磊	1
2	1	宏观	11	华泰李超	4
3	1	宏观	16	兴业王涵	2
4	1	宏观	17	招商谢亚轩	
5	2	策略	1	安信陈果	
6	2	策略	14	海通荀玉根	1
7	2	策略	17	申万王胜	4
8	2	策略	22	兴业王德伦	3
9	3	固收	19	建投黄文涛	5

续表

序号	领域号	领域	序号	券商分析师	名次
10	4	金工	6	国盛刘富兵	1
11	4	金工	9	华泰林晓明	
12	4	金工	10	申万杨国平	3
13	5	银行	6	申万马鲲鹏	1
14	5	银行	9	中泰戴志锋	2
15	6	非银	6	光大赵湘怀	
16	6	非银	DNP	国君刘欣琦	
17	7	地产	7	华创袁豪	3
18	8	食品	11	华创董广阳	1
19	8	食品	20	招商杨勇胜	3
20	9	医药	19	兴业徐佳熹	1
21	10	社服	12	海通汪立亭	2
22	10	社服	DNP	国君刘越男	
23	11	农业	1	长江陈佳	1
24	11	农业	9	天风吴立	2
25	12	轻工	13	申万周海晨	1
26	12	轻工	DNP	国君穆方舟	
27	13	电子	4	广发许兴军	1
28	13	电子	12	天风潘暕	4
29	13	电子	15	招商鄢凡	3
30	13	电子	DNP	国君王聪	
31	14	计算机	1	安信胡又文	1
32	14	计算机	11	国盛刘高畅	3
33	14	计算机	15	申万刘洋	2
34	14	计算机	22	建投石泽蕤	
35	15	传媒	6	方正杨仁文	4
36	15	传媒	8	广发旷实	1
37	16	通信	6	东吴侯宾	

续表

序号	领域号	领域	序号	券商分析师	名次
38	16	通信	8	国盛宋嘉吉	5
39	16	通信	16	建投武超则	1
40	17	机械	7	广发罗立波	1
41	17	机械	17	天风邹润芳	
42	17	机械	20	建投吕娟	4
43	18	汽车	5	广发张乐	1
44	19	建筑	7	华泰鲍荣富	2
45	19	建筑	10	兴业孟杰	3
46	20	家电	2	长江管泉森	1
47	20	家电	DNP	国君范杨	
48	21	电新	2	长江邬博华	1
49	21	电新	20	中泰苏晨	3
50	22	军工	1	安信冯福章	1
51	23	环保	7	广发郭鹏	1
52	24	化工	2	长江马太	3
53	24	化工	8	光大裘孝锋	4
54	24	化工	12	海通邓勇	1
55	25	电力	7	申万刘晓宁	1
56	26	能源	3	广发沈涛	1
57	27	金属	2	长江王鹤涛	1
58	27	金属	4	广发巨国贤	4
59	27	金属	14	中泰笃慧	3
60	28	交运	2	长江韩轶超	2
61	28	交运	12	兴业龚里	1
62	29	建材	1	长江范超	1
63	30	海外	10	天风何翩翩	2
64	30	海外	11	兴业张忆东	1

二、君晟推荐总量领域 14 位首席有 11 位获奖，宏观、策略、金工、海外研究第一名全中

表 2 君晟推荐 2019 年宏观策略金工总量领域最佳分析师名单——君晟天团 20191028
按机构拼音顺序，同一领域推荐人排名不分先后

序号	金牌首席-序号	机构	领域	历史业绩	职务
1	陈 果 -01	安信	策略研究	2017—2019 第一	
2	郭 磊 -05	广发	宏观经济	2014—2017/2019 第一	副所长
3	刘富兵 -06	国盛	金融工程	2016—2019 第一	副所长
4	荀玉根 -14	海通	策略研究	2018—2019 第四	
5	李 超 -11	华泰	宏观经济	2018 第一	
6	林晓明 -09	华泰	金融工程	2016 第一	副所长
7	黄文涛 -19	建投	固定收益	2015—2016/2018 第三、2017 第二、2019 第四	副总经理
8	王 胜 -17	申万	策略研究	2007 第一、2016—2017/2019 第三	董事总经理
9	杨国平 -10	申万	金融工程	2017/2019 第二	
10	何翩翩 -10	天风	海外研究	2015 团队第一、2017/2019 第三、2018 第二	
11	王德伦 -22	兴业	策略研究	2014/2016—2019 第二	
12	王 涵 -16	兴业	宏观经济	2012—2014A 股策略第一、2017/2019 港股策略第一	首席经济学家
13	张忆东 -11	兴业	海外研究	2016 第五	副院长
14	谢亚轩 -17	招商	宏观经济		

资料来源：君晟研究

三、君晟推荐的 59 位分析师荣获 25 个第一、8 个第二、10 个第三、7 个第四、2 个第五

表 3 君晟推荐 2019 年最佳分析师名单——分领域 20191028

领域按 2019 年新财富规定顺序排序，同一领域推荐人排名不分先后，按 2018 年水晶球名次自然排序

序号 19	领域 2019	参选机构数 18	机构数 19	机构数差额	君晟推荐人 1	2018名次	君晟推荐人 2	2018名次	君晟推荐人 3	君晟推荐人 4	君晟推荐数	名次1	名次2	名次3	名次4	名次5
1	宏观经济	22	21	-1	广发 郭磊	1	兴业 王涵	2	华泰 李超	招商 谢亚轩	4	1	2		4	
2	策略研究：A股与港股	26	25	-1	海通 荀玉根	1	兴业 王德伦 兴业 张忆东	2	申万 王胜	安信 陈果	4	1		3	4	
3	固定收益	20	19	-1	建投 黄文涛	161					1					5
4	金融工程	19	16	-3	国盛 刘富兵	14—171	申万 杨国平	071/16—173	华泰 林晓明	4	3	1		3		
5	银行	17	11	-6	中泰 戴志锋	2	申万 马鲲鹏	172			2	1	2			
6	非银行金融	16	18	2	国君 刘欣琦	2	光大 赵湘怀	161、173			2	1				
7	房地产	18	14	-4	华创 袁豪	金牛1				4	1			3		
8	食品饮料	23	22	-1	招商杨勇胜 食品饮料	1	华创 董广阳	15—171			2	1		3		
9	医药生物	25	22	-3	兴业 徐佳熹	1					1	1				

续表

序号19	领域2019	参选机构数18	机构数19	机构数差额	君晟推荐人1	2018名次	君晟推荐人2	2018名次	君晟推荐人3	君晟推荐人4	君晟推荐数	名次1	名次2	名次3	名次4	名次5
10	批零和社会服务：批发与零售社会服务	21	25	4	原兴业 李跃博	1 DNP	国君 刘浪男	2	海通 汪立亭	151	2	1	2			
11	农林牧渔	14	12	-2	长江 陈佳	1	天风 吴立	2	中泰 陈奇	3 DNP	2	1	2			
12	轻工纺服：轻工造纸与纺织	21	19	-2	申万 周海晨	1	国君 穆方舟	172			2	1				
13	电子	24	17	-7	广发 许兴军	1	招商 鄢凡	2	国君 王聪	天风 潘暕	4	1	2	3	4	
14	计算机	25	23	-2	安信 胡又文	1	申万 刘洋	2	建投 石泽蕤	国盛 刘高畅163	4	1	2	3	4	
15	传播与文化	26	23	-3	广发 旷实	1	方正 杨仁文	161、17—182			2	1				
16	通信	20	16	-4	建投 武超则	1	国盛 宋嘉吉	162	东吴 侯宾	2	3	1				5
17	机械	23	21	-2	建投 吕娟	1	天风 邹润芳	15—171	广发 罗立波		3	1			4	
18	汽车	20	18	-2	广发 张乐	1					1	1				
19	建筑	13	11	-2	华泰 鲍荣富	1	兴业 孟杰	2 建筑			2	1	2	3		
20	家电	20	14	-6	长江 管泉森	1	国君 范杨	15—172			2	1			4	

续表

序号2019	领域2019	参选机构数18	机构数19	机构数差额	君晟推荐人1	2018名次	君晟推荐人2	2018名次	君晟推荐人3	君晟推荐人4	君晟推荐数	名次1	名次2	名次3	名次4	名次5
21	新能源与电力设备	26	22	-4	中泰 苏晨	1	长江 邬博华	16—171			2	1		3		
22	军工	20	18	-2	安信 冯福章	1	天风 邹润芳				1	1				
23	环保	20	16	-4	广发 郭鹏	1					1	1				
24	化工：基础化工与石油化工	23	22	-1	长江 马大	2	光大 裘孝锋		海通 邓勇	2	3	1		3	4	
25	电力	16	10	-6	申万 刘晓宁	1					1	1				
26	能源开采	12	9	-3	广发 沈涛	1					1	1				
27	金属和新材料：钢铁与有色金属	11	14	3	长江 王鹤涛	1	中泰 笃慧	2	广发 巨国贤	1	3	1		3	4	
28	交通运输	15	14	-1	兴业 龚里	1	长江 韩轶超	2			2	1	2			
29	非金属建材	12	12	0	长江 范超	1					1	1				
30	海外研究	13	13	13	兴业 张忆东	港股171	天风 何翩翩	172			2	1	2			
	合计人数										64	25	8	10	7	2

资料来源：君晟研究

四、君晟推荐2019年最佳分析师表奖情况——分机构

表 4 君晟推荐 2019 年最佳分析师名单——分机构 20191028

按机构拼音顺序，同一领域推荐人排名不分先后，按 2018 年水晶球名次自然排序，历史业绩 2018 年外为新财富排名。

序号	推荐人	机构	领域	历史业绩	职务	2019名次
1	陈 果	安信	策略	2018入围	副总经理	1
2	冯福章	安信	军工	2014—2019第一	总经理	1
3	胡又文	安信	计算机	2014—2019第一		
4	侯 宾	东吴	通信			
5	杨仁文	方正	传媒	2015第一、2016—2018第二、2019第四	副所长	4
6	裘孝锋	光大	化工-石化	2018第一、2019第二	副所长	2
7	赵湘怀	光大	非银	2016第一、2017第三	部总经理	
8	郭 磊	广发	宏观	2017—2019第一		1
9	郭 鹏	广发	环保	2015—2019第一		1
10	巨国贤	广发	金属—有色	有色2013—2014/2016—2018第一、2019第四		4
11	旷 实	广发	传媒	2018—2019第一		1
12	罗立波	广发	机械	2016/2018第二、2019第一		1
13	沈 涛	广发	能源	2014—2019第一		1
14	许兴军	广发	电子	2017—2019第一		1
15	张 乐	广发	汽车	2016—2019第一		1
DNP	范 杨	国君	家电	2015—2017第一		DNP
DNP	刘欣琦	国君	非银	2016第三、2017—2018第二		DNP
DNP	刘越男	国君	批零社服	2016—2018第二		DNP
DNP	穆方舟	国君	轻工纺服-轻工	轻工2014第一、2015—2017第二、2018入围		DNP
DNP	王 聪	国君	电子	2018第三		DNP

171

续表

序号	推荐人	机构	领域	历史业绩	职务	2019名次
21	刘富兵	国盛	金工	2014—2017/2019 第一	副所长	1
22	刘高畅	国盛	计算机	2016团队第三,2019第三		3
23	宋嘉吉	国盛	通信	2016第二,2019第四		5
24	邓勇	海通	化工—石化	2014—2017第一,2018第一,2019第一	副所长	1
25	汪立亭	海通	批零社服—商业	2015第一,2016—2017第二,2018入围		2
26	荀玉根	海通	策略	2016—2019第一	副所长	1
27	董广阳	华创	食品	2015—2017/2019第一,2018第三	所长	1
28	袁豪	华创	地产	金牛奖2018第一,2019第三		3
29	鲍荣富	华泰	建筑	2018第一,2019第二	副所长	2
30	李超	华泰	宏观	2018第四,2019第四		4
31	林晓明	华泰	金工	2018第四		
32	黄文涛	建投	固收	2016—2019第五,2017—2018第四	副所长	5
33	吕娟	建投	机械	2012—2013/2018第一,2019第四	董事总经理	4
34	石泽耘	建投	计算机	2018团队第一		
35	武超则	申万	通信	2013—2019第一	所长	1
36	刘晓宁	申万	电力	2015—2019第一	副总经理	1
37	刘洋	申万	计算机	2016第二,2018—2019第二		2
38	马鲲鹏	申万	银行	2016—2017第一,2018第二,2019第一		1
39	王胜	申万	策略	2015—2016第三,2017/2018第二,2019第四	副总经理	4
40	杨国平	申万	金工	2007第一,2016—2017/2019第一,2018第五	董事总经理	3
41	周海晨	申万	轻工纺服—轻工	轻工2010—2013/2015—2019第一	副总经理	1
42	何翩翩	天风	海外	2017/2019第一		2
43	潘暕	天风	电子	2017第二,2019第四		4
44	吴立	天风	农业	2015—2016第一,2017—2019第二	副所长	2

续表

序号	推荐人	机构	领域	历史业绩	职务	2019名次
45	邹润芳	天风	机械	2015—2017 第一	副所长	DNP
DNP	孙金钜	开源/新时代	中小盘	2016—2018 第一	所长	1
46	龚 里	兴业	交运	2015—2019 第一	院长助理	DNP
DNP	李跃博	兴业	社服	2015—2018 第一	原副院长	3
47	孟 杰	兴业	建筑	2016/2018 第二、2019 第三		3
48	王德伦	兴业	策略	2015 团队第一、2017 第二、2018 第二、2019 第三	首席经济学家	2
49	徐佳熹	兴业	医药	2014/2016—2019 第一	院长助理	1
50	张忆东	兴业	海外研究	2011/2013—2014A股策略第一、2017/2019 海外策略第一	副院长	1
51	陈 佳	长江	农业	2016 第三、2017—2019 第一		1
52	范 超	长江	建材	2018—2019 第一		1
53	管泉森	长江	家电	2014—2018 团队第一、2019 第一		2
54	韩轶超	长江	交运	2018—2019 第二		3
55	马 太	长江	化工—化工	2018 第二、2019 第一	副所长	1
56	王鹤涛	长江	金属—钢铁	钢铁 2011—2019 第一	副所长	1
57	邬博华	招商	电新	2016—2017 第五、2017—2018 第二、2019 第一		1
58	谢亚轩	招商	宏观	2016 第五、2017—2018 入围		3
59	鄢 凡	中泰	电子	2014—2015 第二、2017 第三、2018 第二、2019 第三		3
60	杨勇胜	中泰	食品	2018 第二、2019 第三		DNP
DNP	陈 奇	中泰	农业	2015—2016 第二、2017—2018 第三	副所长	2
61	戴志锋	中泰	银行	2018—2019 第三	副所长	2
62	笃 慧	中泰	金属—钢铁	钢铁 2015—2018 第二、2019 第三	副所长	3
63	苏 晨		电新	2018 第一、2019 第三		

第三章
年终盘点：中国投行研究机构 2017—2019 年综合实力变动分析

2019 年 12 月 26 日

一、新财富和水晶球是参选机构最多和投票机构最多、公信力最高的两个评选

表 1　全国投行研究机构 2019 年参加全国全部分析师评选统计

排名	机构	WIND	上证报	中证报金牛	II. 财新	今日投资·财经	新财富	水晶球
1	广发	0		0				
2	国君	0	0	0		0	0	0
3	兴业	0		0	0			
4	海通	0				0		
5	天风				0			
6	长江	0		0	0	0		
7	招商		0		0			
8	申万			0	0	0		
9	建投				0			
10	方正	0	0	0	0	0		
11	中泰	0	0	0	0	0		
12	银河	0	0	0	0			
13	安信	0	0	0	0	0		
14	东吴		0	0	0			
15	华泰	0	0	0		0		
16	中金							

续表

排名	机构	WIND	上证报	中证报金牛	II.财新	今日投资·财经	新财富	水晶球
17	光大	0		0	0	0		
18	国信	0	0	0	0	0		
19	华创				0	0		
20	中信		0	0	0	0	0	0
	合计	12	10	14	15	12	2	2

资料来源：君晟研究

2019年，在中国前20大券商中，WIND（8家）、上证报（10家）、金牛（只有6家）、II（只有5家）、今日投资（8家）主办的分析师评选由于只有少部分前20大券商参与评选而公信力不足，相比而言新财富和水晶球是参选机构最多（18和20家）和投票机构最多、公信力最高的两个评选。

2019年，国君只参评了II，中信只被动参加WIND，中金主动参评II和亚洲货币并允许个人参评了几乎所有评选。

2013年起不组织参评新财富评选的中信和十年前不组织参评新财富评选的中金的分析师在中国市场影响力已经与十年前相差甚远，除了宏观和策略报告尚有传播，行业研究意见几乎听不见声音。

二、新财富参评机构各名次人数统计

在机构积分跨年度比较时，由于2018年新财富评选停办，以2017年最公允的新财富获奖名单与2018年最公允的水晶球获奖名单比较，积分按第一名5分递减到第五名1分计算、入围奖不计分。

使用2019年最公允的新财富获奖名单与2018年水晶球获奖名单比较，维持2018年机构名次积分规则，即第一名积5分，第二名积4分，第三名积3分，第四名积2分，第五名积1分，入围奖不计分。

有分机构数2017—2019年分别为21、20、19家，市场总积分2017—2019年分别为502、450、442分，参选领域2017—2019年分别为34、33、30个。机构2019年获奖人数前五名为广发21个、长江17个、海通17个、兴业13个、申万10个。

2018年与2017年相比银河、中信不再得分，新增新时代，2019年与2018年相比国泰君安、新时代不再得分，新增国盛，其中只有国君主动不参评。2017年仍有中信分析师个人参评，迄今仍有中金分析师个人参评固定收益领域。

表2 全国投行研究机构2019年各名次人数统计

机构	第一名人数	第二名人数	第三名人数	第四名人数	第五名人数	无名次领域数	2019年获奖数
广发	8	4	4	4	1	9	21
国君	0	0	0	0	0	30	0
兴业	3	3	2	1	4	17	13
海通	3	5	1	5	3	13	17
天风	1	5	1	3	2	18	12
长江	5	6	3	1	2	13	17
招商	0	0	3	0	3	24	6
申万	3	1	2	2	2	20	10
建投	1	0	0	1	1	27	3
方正	0	0	0	1	1	28	2
中泰	0	1	2	1	0	26	4
银河	0	0	0	0	0	30	0
安信	2	0	2	2	0	24	6
东吴	0	2	3	0	0	25	5
华泰	1	1	2	2	0	24	6
中金	0	0	1	0	0	29	1
光大	0	1	1	1	1	26	4
国信	0	0	0	2	1	27	3
华创	1	0	1	1	1	26	4
中信	0	0	0	0	0	30	0
西南	0	0	0	1	0	29	1
新时	0	0	0	0	0	30	0
国盛	2	1	2	1	2	22	8
合计	30	30	30	29	24	547	143

资料来源：君晟研究、新财富

三、机构 2017—2019 年积分与积分排名变动归因分析

2019 年比 2018 年减分最多的机构分别是国君（-35）、方正（-17）、兴业（-15）、招商（-8）、建投（-6）。国君未参评，方正和兴业均出现较多金牌首席离职情况，兴业排名从第 2 名下降到第 4 名，方正排名从第 8 名骤降到第 17 名。

表 3 全国投行研究机构 2017—2019 年积分与积分排名统计

机构	2017年积分	2018年积分	2019年积分	2018年积分变额	2019年积分变额	2017年积分排名	2018年积分排名	2019年积分排名
广发	64	68	77	4	9	1	1	1
国君	58	35	0	-23	-35	2	4	20
兴业	56	54	39	-2	-15	3	2	4
海通	50	32	51	-18	19	4	6	3
天风	39	33	36	-6	3	5	5	5
长江	35	52	62	17	10	6	3	2
招商	35	20	12	-15	-8	6	8	11
申万	30	30	31	0	1	8	7	6
建投	28	14	8	-14	-6	9	12	15
方正	27	20	3	-7	-17	10	8	17
中泰	19	15	12	-4	-3	11	11	11
银河	12	0	0	-12	0	12	21	20
安信	11	19	20	8	1	13	10	8
东吴	11	11	17	0	6	13	15	10
华泰	6	12	19	6	7	15	13	9
中金	5	5	3	0	-2	16	17	17
光大	4	12	10	8	-2	17	13	14
国信	4	3	5	-1	2	17	20	16
华创	3	6	11	3	5	19	16	13
中信	3	0	0	-3	0	19	21	20
西南	2	4	2	2	-2	21	19	19

续表

机构	2017年积分	2018年积分	2019年积分	2018年积分变额	2019年积分变额	2017年积分排名	2018年积分排名	2019年积分排名
新时	0	5	0	5	−5	22	17	20
国盛	0	0	24	0	24	22	21	7
合计	502	450	442	−52	−8	21	20	19

资料来源：君晟研究，新财富2017/2019年、水晶球2018年

2019年比2018年加分最多的机构分别是国盛（+24）、海通（+19）、长江（+10）、广发（+9）、华泰（+7）。第一次参评的国盛在招募业内金牌首席两年后一举取得第7名的佳绩。2018年失分18分的海通在2019年增加了19分重新回升到第3名。长江继续增加了10分并上升到第2名，广发继续增加了9分稳居第1，华泰连续两年涨分6分和7分排名从第13名上升到第9名。

四、机构2017—2019年第一名人数变动归因分析

2018年：2018年比2017年第一名减少最多的是国君减少3人（离职2人、领域排名下降1人）、天风减少2人（领域排名下降2人），第一名增加最多的是兴业（领域排名上升增加2人）。招商和中金虽然更换了2017年第一名的领域首席但2018年仍在该领域蝉联了第一。银河2位2017年分获第一和第二的首席离职后分别在东吴和光大获得2018年第一，银河2018年无积分。广发、方正、华泰均因首席在各自领域排名上升而增加了一位第一。建投、中泰因领域2017年第一的首席离职而减少一位第一，安信、东吴、光大、新时代均因新首席就职而增加一位第一。

2019年：2019年第一人数增加最多的机构分别是国盛增加2人，海通、天风、长江、申万、华创各增加1人，全市场新增第一名合计7位，首次获得第一名的是申万马鲲鹏（银行）、天风刘章明（社服）。其中国盛杨涛、国盛刘富兵、华创董广阳（三位都变更了机构）和海通邓勇、长江邬博华都是2017年第一名重新获得第一，同行业2018年水晶球奖第一名分别为华泰鲍荣富（建筑）、兴业任瞳（金工）、招商杨勇胜（食品）、光大裘孝锋（石化）、兴业苏晨（电新）。

2019年第一人数减少最多的机构分别是兴业减少3人（两位离职、一位排名下降），国君减少2人（2019年不参评）。

五、君晟2017—2019年推荐分析师获得第一名人数分析

表4 君晟2017—2019年推荐分析师获得第一名人数统计

机构	君晟2017年推荐人数	君晟2018年推荐人数	君晟2019年推荐人数	2017年推荐获第一人数	2018年推荐获第一人数	2019年推荐获第一人数
广发	5	9	8	4	6	7
国君	5	2	5	3	0	0
兴业	6	6	6	3	4	3
海通	5	3	3	2	1	2
天风	0	1	4	0	0	0
长江	5	4	7	4	3	5
招商	4	2	3	1	0	0
申万	5	6	6	2	2	3
建投	5	3	4	2	1	1
方正	5	2	1	0	0	0
中泰	0	3	3	0	0	0
银河	0	0	0	0	0	0
安信	2	3	3	1	2	2
东吴	0	0	1	0	0	0
华泰	0	1	3	0	0	0
中金	0	0	0	0	0	0
光大	0	0	2	0	0	0
国信	0	1	0	0	0	0
华创	0	1	2	0	0	1
中信	0	0	0	0	0	0
西南	0	0	0	0	0	0
新时	0	1	0	0	0	0
国盛	0	0	3	0	0	1
合计	47	48	59	22	19	25

资料来源：君晟研究，新财富2017/2019年、水晶球2018年

君晟推荐人数2017—2019年分别为47、48、59位，君晟推荐分析师获得第一名人数2017—2019年分别为22、19、25位，第一名命中率从2018年的40%上升到2019年的42%。

六、中国投行研究机构2017—2019年综合实力变动结论

（最佳分析师评选积分—获奖数—积分排名）

中国投行研究机构综合实力前六名由2017年的广发、国君、兴业、海通、天风、长江/招商调整为2018年的广发、兴业、长江、国君、天风、海通，两年的前三名所需积分均不低于50分。

长江实力上升最快、广发仍然百尺竿头更进一步，兴业实力稳居前三但第一名增加2人到6位。国君和海通实力下降最显著，但仍均维持前六名的实力，天风虽然失去2位第一名但实力维持第五名。

2019年：

中国投行研究机构综合实力前六位由2018年的广发、兴业、长江、国君、天风、海通调整为2019年的广发、长江、海通、兴业、天风、申万，三年的前三名所需积分均不低于50分、前六名不低于30分。其中2014—2016年蝉联三届第一和2017年第2名的国泰君安继2018年排名降到第四名后，成为2019年唯一新增不参评机构。

国盛实力上升最快并首次参选就获得24分取得第七名佳绩，广发积分2019年比2018年继续增长9分并在2017—2019年稳居第一，长江大幅增长10分并上升到第二，兴业和方正因金牌首席离职而排名下降，兴业从第二名降到第四名且减少了三项第一，方正从第八名降到第17名。

第四章
2020年君晟总量年度会议纪要摘要

2020年8月30日

时间：2020年8月30日周日下午13:30—19:30
地点：浦东陆家嘴世纪金融广场1号28F
主持人：李慧勇（华宝基金副总、王进君富投资总经理）

李慧勇：君晟四周年，机构投资者携手前行

非常荣幸主持2020年的君晟总量年度会议。作为君晟大家庭的一员，感触颇深。君晟研究社区成立四年多的时间，不光是尽了一份社会责任，也为资本市场做出了一定的贡献，从最初的每月一次君晟月度会议，到现在既有精选主题会议又有总量研究学术活动。君晟会议能持续并且高质量地举办实属不易，感谢君晟主办人与君晟群委会的坚持与付出。中国资本市场起起伏伏，但因为有了君晟研究社区这个大家庭，让我们可以携手前行。

第一节　中国资本市场总量各领域顶级高手主讲发言

一、水生木：宏观经济与金融市场展望

（王涵博士，兴业首席经济学家，宏观2014年/2016—2019年第二）

核心观点：经济方面，国内经济大概率仍处于疫后恢复通道中。海外除美国外的发达国家也处于疫后经济恢复期。美国疫情反复对其经济有影响，但因其库存较低，对中国出口影响有限。政策方面，短期内决策层判断托底的必要性降低。但考虑到此前放松力度不大，因此货币政策也无收紧必要。政策强调"持久战"，中长期的产业政策和制度建设会是后期重点。金融市场方面，A股第三季度领跑全球。当前A股

部分板块估值已不低,但横向比较来看,A股估值上不算非常离谱。债市配置价值明显,但"经济基本面+政策组合"意味着交易性机会要等待4Q。风险因素方面,主要的风险来自外部。

主要内容:

1. 宏观经济与政策的回顾与展望

宏观方面,我从最简单的几个逻辑讲一下:现在的经济状态处于什么阶段?

中国人有句话叫"要把失去的时间补回来",我们目前就处在这个阶段。从大的数据看,现在的经济数据基本就处于过去2—3年正常区间的下沿。所以在正常区间的下沿,显然不是把失去时间补回来的逻辑。而是应该除了正常开工外还需要把过去落后的进度赶上来,所以理论上经济增长应该快于正常的水平。但实际我们没有看到这种情况。

库存周期上看,现阶段处于被动去库存阶段。从行业层面看,把第二季度工业增加值相较于第一季度的变动放在横轴,把库存第二季度的增速和第一季度的增速变动放在纵轴,可以看到大多数行业处在生产在加速但库存在减速。从这个角度看,企业加速生产,但库存压力在不断减小,理论上应该是进一步提速生产这样的情况。

所以至少从经济层面上应该没有太大的问题,但短期内有一个扰动需要去关注,就是8月的水灾是有点反常的,出现了新的洪峰,这会带来8月底、9月初工业品价格反弹的趋势会受到扰动。

新冠肺炎疫情方面,海外现在除了印度,大多数经济体可能都已过本轮的高峰。欧洲的疫情略微有一些抬头的迹象,前期我们比较担心的拉美、北美洲等这些地方的疫情高峰似乎都慢慢过去了。南亚地区数据也有是高位震荡的。疫情的影响在慢慢减弱。可能阶段性有些影响,但整体经济处在复苏通道中。

总的来看,短期内经济大方向问题不大,正常中国经济到2021年第一季度之前应该是持续复苏的,海外应该也是在未来2—3个季度持续复苏。但是有些中长期的问题需要关注,因为疫情导致中期有几个微观的基础发生了变化:(1)实体与金融部门遭受巨大冲击;(2)货币和财政政策严重透支;(3)失业引发社会矛盾,推升经贸政策的不确定性;(4)欧洲的政策选择是增强凝聚力,这样会导致未来十年欧元的中枢会比过去十年要高;(5)美国选择对外甩锅,最近情况看,无论是领馆还是TIKTOK问题,美国对中国的打压加剧;(6)更加不稳定不确定的世界和中国的新发展格局。国内整个政策的重心在逐渐调整，从以后保增长转向长期持久战。而现阶段，金融政策重心不在眼前的松紧，而在长远政策。

2. 金融市场展望

我们看大类资产走势，最近时间有一点很有意思的变化，就是进入8月之后，全球大类资产走势和7月相比都有一个明显的反转，7月全球领涨的是A股和黄金，而8月A股和黄金的表现排在了中游水平。年初以来A股一直是领跑全球的，3月的时候我们跌得比别人少，6月的这波我们有很强的反弹。所以到现阶段很多人开始担心A股会不会调整，这里面有几个问题：

我们如何理解6月这波A股的反弹？

这似乎是与全球的跨境资金流动很大有关系，2020年美联储3月放出来的钱，一开始时大部分都留在了美股，到6月中旬时，当美股涨幅已经修复前期下跌后，开始流出美国寻找价值洼地。从这个角度看A股的表现就非常清晰了。

A股本身确实有自己的问题，估值比较高，尤其是板块估值差异加大了市场波动。但高估值不一定导致A股跌。高估值不仅在中国有，全世界都有这样的问题。横向比较来看，全球央行放水导致估值在疫情后水涨船高。

现在市场的微观结构相较于6月底是比较均衡的，6月底的时候整个基金的表现极度趋同，也就是基金的持仓非常趋同，但到现在这个位置，整个基金的表现分歧处在历史上正常的水平上，所以从市场微观结构看，不具备踩踏的下行的风险，因为不同的板块都有人配置。大的向上、向下的风险都是可控的。

但是因为美国大选临近，所以整个市场波动因素可能大于趋势因素，50ETF期权隐含波动率已经处于历史新高位置了。换句话说就是投资者现在的心态是对投资方向不明，但知道整个市场波动会很大。

如果一个阶段趋势的因素并不是很强，而波动的因素是市场主要矛盾，就需要反向操作均衡配置，这是我们对股市的判断。债市经过第二季度的调整之后，整个债市的下行风险是有限的，已有配置价值。

3. 风险因素：外部为主

从现在看，美国对华施压是全方位的，从贸易到金融到科技到政治舆论等。

二、木生火：牛市扩散——中国资本市场展望

（荀玉根博士，海通副所长，策略2016—2019年第一）

核心观点：在2020年上半年新冠肺炎疫情暴发背景下，A股宽基指数震荡走平，

表现出较强韧性，这说明2020年上半年是牛市中的震荡蓄势，2019年年初我们提出牛市在逐渐开始，疫情只是影响了牛市的节奏。展望下半年，A股基本面逐步改善，市场将向上突破，牛市从结构性机会扩散到轮涨。

1. 牛市中：流动性已发力

2019年我们就提出了"三段论"的概念，牛市基本上可以分三个阶段，2019年属于牛市第一个阶段，牛市的孕育期。当时的背景是资金面很充裕，但是基本面尚未跟上，有点类似结构性行情，只有少部分的行业、公司业绩有好转。

2020年上半年117个交易日中有96个交易日市场均处于震荡上行中，市场上涨时间与下跌时间之比为8∶2，即急跌慢涨，这是牛市的特征之一，我们一直强调牛市趋势未变，疫情只是影响了牛市的节奏。整体看，上半年A股的韧性来源于上半年宏微观流动性宽松：宏观流动性方面，2020年为支持疫情下的实体经济发展，守住经济基本盘，货币政策非常宽松，短期资金利率R007从年初最高的3.56%下降至5月最低的1.26%，长端十年期国债利率则从最高的3.1%最低下降到2.5%；微观流动性方面，我们对上半年的股市资金面进行了分析，在仅考虑高频可跟踪的散户、公募、杠杆资金、外资、险资以及IPO、产业资本的口径下，上半年有超过7000亿元资金入市，月均接近1200亿元，符合历史上牛市中资金面的特征。其中最大的流入项是散户和公募，散户20Q1净流入2700亿元，上半年我们估算为3500亿元；公募2020年发行量巨大，偏股型基金上半年发行7100亿份（月均近1200亿份），和2019年比，2019年全年才4700亿份（月均约400亿份），和债市比，2020年以来债券型基金已发行2400亿份（月均400亿份），2019年债基全年发行9400亿份，月均约780亿份。

2020年下半年流动性充裕格局不变，大类资产继续偏向股市。宏观流动性方面，近期投资者开始担忧货币政策会边际收紧，R007与十年期国债收益率也从5月开始走高。但是我们认为，现在开始担忧货币政策收紧为时过早。参考2008—2009年历史，2008年金融危机后央行从9月开始降准降息，并于11月推出"四万亿"政策，之后一直到2010年的1月宽松政策才开始收紧，央行在1月提高存款准备金率，并在当年10月开始加息。背后的原因是实体经济在"四万亿"的支持下，从复苏走向过热，PPI当月同比增速从2009年7月最低的－8%一路上升至2010年1月的4.3%、10月的5.0%，最高到2011年7月的7.5%，CPI则从2009年7月最低的－1.8%上升至 2010 年 1 月的 1.5%、10 月的 4.4%，最高到 2011 年 7 月的 6.5%。从 2008 年 11 月开始算，货币政策保持宽松持续了一年多。

微观流动性方面，前文提及 2020 年以来最大的两个资金流入项是散户和公募，而公募的持有者主要也是散户，因此 2020 年上半年居民资金在大幅入场。展望下半年，我们认为这种居民资产配置偏向股市的现象会继续。因为中国居民历史上 59% 配的是房地产，只有 3% 配的是股票基金，美国股票型基金配置比例是 34%，日本和德国在 10% 左右。我国居民高配地产低配权益是因为过去我国处在工业化社会，房地产是产业结构中的支柱产业，地产的快速发展支持着我国经济做大做强，与此同时地产融资主要靠信贷，因此我国融资结构主要以间接为主，居民的资产配置也以固收类存款以及信贷支持的地产为主。但是往后看，未来我国将走向后工业化、信息化时代，支柱产业将是以科技和消费为代表的服务型产业，地产的重要性将趋势性下降，融资方式也将从以前的间接融资转变为以股权融资为代表的直接融资，因此居民的资产配置也将转为权益类资产，支持股市微观资金面保持宽裕。

2. 基本面跟上，双轮驱动

历史上所有的牛市，当基本面数据开始回升的时候，就进入了 3 浪主升浪，3 浪有基本面和资金的双向的支撑，所以是双轮驱动。

2019 年 11—12 月基本面数据当时已有所回升，指数当时一度从 2850 点涨到 3127 点，但在疫情的冲击下，整个基本面回升的节奏被打破了，但周期的规律没有改变，随着疫情得到控制，会重新开启，近期刚公布的 7 月工业企业利润数据同比上涨 19.6%，6 月为 11.5%，连续两个月两位数同比上涨，而且已慢慢回升到 20% 附近。后续政策在逐渐发力，在 2020 年 5 月底的时候，政府报告虽然没有提 GDP 具体目标，但是提到了财政赤字和就业的目标。每一年都有财政赤字和就业的目标，根据这两个指标跟 GDP 的关系可以拟合推算 2020 年隐含的 GDP 目标应该是 3% 左右。在 7 月 30 日中央政治局会议当中，提到了货币和财政要进一步宽松，近期习总书记召开的专家座谈会，也再次提到内循环的问题，在疫情的大背景下提出内循环，是要补国内高端制造的短板，另外货币利率还在往下降，财政和货币仍在发力，在第三季度应该可以看到效果。历史上看，每次政策发力到见效，中间间隔 4—10 个月，2 月疫情暴发，到 6 月正好 4 个月，所以 6 月和 7 月的数据回升得很快，2020 年第一季度全部 A 股归属母公司净利同比 −24%，第二季度估算还是负的，到第三季度开始转正上升到12%左右，第四季度在18%左右，企业利润增长会比GDP更快，这是转型期的特质。

2020年初以来新冠肺炎疫情暴发，这将使得我国产业结构加速升级，行业集中度将进一步提升。疫情将加速行业出清，企业破产数量大增，根据全国企业破产重整案件信息网统计，2020年以来破产清算案件已高达16347件，而2019年同期为8288件，增加了97%。可见，在疫情冲击下中小企业处境艰难，而龙头公司资金实力更加雄厚、经营能力更强，从而更易度过这段艰难时期。截至2020年3月，A股上市公司有3807家，海外中资股有338家，而我国实有企业总量3905万户，对比来看上市公司基本属万里挑一，随着后疫情时代各行业集中度逐步提升，优质的上市公司更有望受益，上市公司业绩数据也表明龙头公司业绩更优。

3. 转型升级牛：主线+轮涨

（1）主线：科技+券商

每一轮牛市都有主线，2005—2007年的牛市主线是房地产相关的企业，2012年底—2015年中牛市主线是互联网相关的行业。本轮牛市的背景是"转型"，中国要发展硬核科技，产业结构升级，所以我们提出"科技+券商"的主线思路。

2020年3月后由于全球疫情形势严峻，投资者对疫情冲击下的基本面预期并不明朗，资金青睐确定性较高的板块。下半年，当基本面回升至正常水平后，市场交易的逻辑或将从偏防守的确定性逻辑转向偏进攻的成长性逻辑，Q3应重点关注"科技+券商"。科技行业指数高点是2月底，3月全球疫情蔓延出现大幅回落，现在疫情逐渐得到控制，加上国内新基建这一政策亮点，科技行业指数或将再上一个台阶。

我们分析过，预计新基建2020年投资近3万亿元，7个领域同比增长均为两位数以上甚至过百，在新基建的引领下科技板块的各子领域将获得充分发展，基本面更强，盈利水平有望明显提升。其中应重点关注新能源汽车和计算机，新能源汽车2020年重启补贴，特斯拉入华提高了电动汽车市场热度，下半年业绩增速有望明显提升；计算机行业不仅受益于新基建的多个领域，并且依据科技周期下硬件—软件—内容—应用场景的传导规律，过去一年硬件业绩突出，下一阶段软件将迎来发展，故计算机有望崛起。

另外，重点关注券商，券商与科技如同一枚硬币的两面，在信息时代，科技这类新兴行业的成长离不开以股权融资为代表的直接融资支持，随着科技产业发展，券商作为融资服务的供给方也将迎来更广阔的发展空间。未来金改各项政策的落地有助于做大直接融资、股权融资，券商行业也将有更多政策红利。金改将提升券商ROE，2018年中美券商行业ROE分别为3.5%和12.7%，对比美国，中国券商仍有较大发展空间，随着未来业务多元化，券商业绩有望持续上升。另外，下半年随着市场指数抬高、成交量放大，券商利润会明显增长，历史上牛市3浪成交额是牛市1浪的1.6—2.5倍。

目前，券商处在低配置和低估值，截至2020年7月1日，券商行业PB为1.55倍，处在2010年以来从低到高17.5%的分位。从基金持仓看，2020年Q1基金重仓股中券商的市值占比为0.7%，处在2010年以来从低到高24.4%的分位。

（2）轮涨

第三季度基本面数据有望回升至疫情前的正常水平，一旦得到确认，即是银行地产估值修复的催化剂。采掘、钢铁、建筑等周期行业国企占比较高，PB-ROE模型显示明显低估，估值修复一方面需要宏观经济数据回到疫情前正常水平，另一方面需要国企改革的催化。6月30日中央深改委第十四次会议审议通过了《国企改革三年行动方案（2020—2022年）》，我们预计国企改革年内将会有相关政策落地。此外，第三季度末、第四季度或会有资金博弈的因素出现，基于年底排名的考虑，那时可能出现博弈资金配置前期涨幅小、基金配置低、估值低的行业。

结论：①2020年上半年疫情全球蔓延背景下A股韧性很强，源于宏微观流动性充裕，牛市格局未变。②下半年企业利润同比将回升至两位数，牛市进入盈利估值双轮驱动，市场望向上突破，创本轮牛市新高。③市场将从局部机会扩散到轮涨，"科技+券商"主线再发力，低估低配行业阶段性补涨，如银行地产及周期。

三、火生土：核心资产的价值重估

（张忆东，兴业副院长，全球策略2019年第一）

核心观点：

1. 全球大类资产配置依然是股好于债，从全球角度说，中国资产A股、港股是好于其他国家的。

2. 中国资产开始从没有基本面只是炒梦想阶段走向基本面阶段可以讲讲价值阶段，整个风格走向均衡化。

3. 从现在看到 2021 年第一季度，中期维度看价值股有一些惊喜如电力设备、机械、汽车已经开始表现了，券商、金融、地产可能是后面超预期的板块。从这个角度来说，港股的性价比是全球最舒服的。

主要内容：

1. 基本面的变化——中国率先走向复苏

中国的经济生活基本回归正常，也是在全球率先复苏。

2020 年 7 月 PMI 库存指数回升和 PPI 超季节性回升均表明新一轮库存周期已经启动的概率较大。第三季度开始，新一轮库存周期有望重新启动，进入主动补库存的阶段，推动中国经济在 2020 年下半年以及 2021 年能够继续走向复苏。

内需的持续性、稳定性都不需要有太大的质疑，只是复苏的强弱而已，至于政策会不会收紧，我觉得政策不会收紧，但也不会像第二季度那样刺激，整个货币政策要支持实体经济回升的。2020 年下半年至 2021 年上半年，新一轮全球补库存以中国为起点，而且中国的补库存是最具有确定性的。所以从现在到 2020 年 11 月 4 日我认为周期股要做阿尔法，关注库存处于低位的周期行业，其龙头公司将更受益于补库存。截至 2020 年 5 月底最新公布的产成品存货同比数据，电气机械及器材制造业、有色金属、汽车制造、化学原料及化学制品、通用设备制造业等行业均处在 2000 年以来库存同比分位数相对较低的水平。

总的来说，现在到 2021 年上半年其实是一段基本面比较舒服的阶段，这个时候还是应该战略性看到，不要过多地布局在一些估值已经很贵的避险资产里面。

2. 海外因素——美元中期走弱的趋势明朗，美国大选仍旧短期扰动。

短期欧洲疫情控制好于美国，财政刺激政策出台比美国更顺畅，欧美经济趋于分红；中期美国的财政赤字货币化的力度加深，美国要解决债务困境，美元贬值可能是美国的政策新导向。同时美元中期走弱，有利于新兴市场、周期行业、价值股的配置吸引力相对提升。

从中长期角度，未来 3—5 年，我看美元会走弱。这次美元贬值跟东南亚金融危机贬值以及拉美的贬值不一样，这一次美元的贬值可能是美国的国家战略，美国还是全球货币体系金字塔顶尖的，是全球经济、金融的主导者，我们不能低估美联储。我们判断，美元贬值可能以退三进二抵抗式的贬值形式为主，时间会很长，美元指数可能用五年左右从 100 贬值到 80 左右。内在逻辑是为了解决美国债务问题。

从国外数据看,美国财政赤字率大幅上升的时期,往往伴随着美元走弱。为了应对疫情的冲击,美国财政赤字占 GDP 的比重攀升至第二季度末 9.8% 的历史高位。美国不论谁当选新总统,刺激基建都是未来 2—4 年的经济政策必选项,其中,特朗普政府计划出台接近 1 万亿美元的基础设施计划,而众议院民主党主导通过 1.5 万亿美元的《前进法案》。未来 2—4 年大规模的财政刺激,这需要货币政策的配合,美国政府债务的困境将中长期制约美元走势。

根据历史经验,美元走弱有利于新兴市场优质资产的价值重估。当美元步入中期走弱的趋势之后,往往有以下规律:(1)美元指数阶段性走弱时,新兴市场股市往往上涨。考虑到这次中国资产在全球配置中的性价比更高,不论短期大国博弈如何扰动外资的流向,但是,资本是逐利的,所以,中期而言海外资金将增加对 A 股和港股优质资产的配置。(2)美元指数中期走弱的阶段,新兴市场股市相对发达市场的表现更强。(3)历史上美元走弱往往伴随着大宗商品上涨,新兴市场的周期龙头公司将迎来价值重估的机会。

从短期的角度来看,美国大选之前中美大国博弈对资本市场仍有扰动。有扰动相当于是压制节奏,所以每次有扰动的时候都是买点。同样对于美股,大选日前后两个月,总统大选是影响美股的主要变量。从统计数据上看,美股 9、10 月也不是特别好,大部分是进入震荡期,阶段性也会影响其他国家的风险偏好。但只要不重演 2020 年 3 月那样的暴跌,资金会在全球寻找性价比高的资产。

3. 风格分析——价值回归,风格平衡

价值回归,小心泡沫资产;成长型核心资产要精选阿尔法;周期核心资产有望迎来重估,"经济复苏 + 供给侧改革性的内部推力 + 低估值"。

参考 2009—2011 年以及 2015—2017 年经营,PPT 上行期周期龙头有行情。第一轮是"四万亿"刺激,需求端发力,第二轮是供给侧改革出清产能,供给端发力,两轮均带来了一段持续期超过 1 年的 PPI 上行周期。PPI 上行周期,周期龙头公司录得不凡表现,大幅跑赢全 A 指数。

再看估值,2018 年第四季度以来,周期股持续跑输成长和消费,"周期性行业和公司没有未来"的观点深入人心,导致了周期股的低迷以及不少周期龙头处于深度价值的状态。我们比较了过去 2 轮 PPI 触底企稳阶段,周期龙头公司的 PE/PB 表现,当前的估值仍要低一些。此次经济弱复苏可能带不来周期行业繁荣,但是周期核心资产的利润有望较强复苏。

研发和管理赋能助力周期类龙头公司成长为核心资产。科技和管理赋能是助力周期类龙头公司成长为核心资产的重要因素。从科技维度来看，从 2015 年开始能源、材料、工业和公用事业等多个周期性行业研发支出占营业收入比重有明显提升，这表明周期类行业开始以更加包容的姿态借助科技研发来努力提升自身生产率和市场竞争力。

同时，要小心泡沫资产。截至 8 月 21 日，沪深 300、创业板、中小板、上证 50PE-TTM 分别为 14.2 倍、69.5 倍、38.1 倍、11.2 倍，处于 2011 年以来的 87%、91%、92%、83% 百分位水平。PB 分别为 1.6 倍、7.8 倍、4.5 倍、1.3 倍，处于 2011 年以来的 65%、91%、82%、55% 百分位水平。从 PE 看基本处于历史高位。

投资策略：精选核心资产，把握当下赢在未来。

行情展望：核心资产结构性牛市仍将继续，A 股和港股都将受益于新一轮库存周期，多在周期里找转机，当心泡沫资产。

周期价值型核心资产包括：（1）便宜是硬道理，比债强的金融、地产等行业龙头；（2）受益于经济复苏的利润弹性大的建材、化工、有色金属、汽车、电力设备、机械等行业龙头。

周期成长型核心资产包括：新能源车、军工、光伏等。

黄金等贵金属：长期逻辑继续战略性看多，短逻辑提防情绪过度亢奋之后的快速调整，2020 年 8 月调整之后是更好的买点。

科技成长股：立足朱格拉周期的新形势，长期看好，短期估值偏高，下半年围绕业绩而分化。

总结一下，从大类资产配置的角度看，未来一年半中国的大类资产配置还是性价比非常好的，是值得战略性看多的，新增的资金是愿意对中国价值股有所青睐。节奏上，现在依然是成长股策略的扩散，但年底有可能出现超预期的价值股的回归。港股现在面临着 A 股 2016 年上半年的机会。

四、土生金：通缩交易到复苏交易

（郭磊，广发宏观 2017—2019 年第一）

核心观点：通缩交易特点是大宗商品价格震荡下行、利率下行，权益市场定价线索在"宽松—流动性—估值"；复苏交易：特点是大宗商品价格震荡上行、利率上行，权益市场定价线索在盈利扩张及资产负债表修复。当前市场，从 CRB 工业原材料指标看，已经处在一轮典型的通缩交易结束，复苏交易开头的阶段。

主要内容：

我今天主要谈一下宏观面与大类资产的看法。

先从经济问题展开，最近关于经济市场有一定分歧，特别是在7月经济数据出来以后，市场卖方的解读有的偏悲观一些，觉得是不是经济改善的斜率已经下来了。我们简单地把经济划分成六块——工业、服务业、消费、投资、房地产、出口，这六块里面有五块在7月是继续改善的，只有一个部分是平的就是工业。工业为什么走平没有继续上升，主要是7月采矿业上游部分因为大宗商品价格波动出现短期的去库存。整个制造业也还是回升的，同时企业盈利出现了一个很大的上行，单月的企业盈利增速是19.6%。

我们拆解一下7月的企业盈利，会发现有三块形成主要的贡献，一块是投资收益，这一块和股市以及其他资产在过去几个月里火爆的股市有一定关系，有一部分企业选择把这一部分收益兑现；第二块是价格的上升，由于PPI上行，上游中游的很多企业盈利伴随价格的改善而出现改善；还有一部分是费用率的下降，整个营业收益利润率出现了改善，同时对应的企业百元营收达到的费用达到最低，所以这三个因素共同带来了企业盈利的改善。但是后面的整个趋势是不一样的，PPI的回升我们倾向于认为后面还有很长的一段路要走，价格目前还在偏低位，但是费用改善这一部分是被市场高估的，目前行业里因为费用率的降低（这种纯属疫情所带来的，疫情之后防控常态化）导致上半年的利润率上升。市场对它们很兴奋，但后面这一部分账是需要还回去的。

除了整个经济的上升，另外一个方面，在过去的几个月中，价格的弹性逐渐放大。从原油到主要的工业金属如铜、铝和小金属，再到钢材与建材、化工品、粮食、房产在过去几个月价格都出现了一个弹性的扩大，这一点是在悄无声息中发生的，除非一直跟踪这一方面的专业者，否则会很容易被忽视的。大家平时很关注整个行业存在集中机会的板块，比如医药、科技、半导体，但其实2020年有两个行业整个板块市值翻倍的上市公司仅次于医药，分别是建材和化工。

总结一下，一方面量在修复，另一方面价格弹性在悄悄扩大，这其实相当于名义GDP在回升扩张。我们沿着这个线索分享一个框架，我们把大类资产交易分为两种类型，一种叫作通缩交易，隐含一个情况就是经济未来会变差，这种情况商品价格会震荡往下，作为商品下游 PPI 和利率也会往下，这时候债券是一个牛市，股票的机会在于估值的扩张，经济差了政策就会放松，宽松带来流动性扩张估值扩张，这种定价场景我们称为通缩交易。相反的一个情况，我们称为复苏交易，隐含的假设是经济会逐步好转，这时候商品不管怎么波动，总之会震荡往上，作为商品的下游 PPI 和利率也会往上，债券是逐渐走熊的，这时候股票的机会没有办法指望宽松了，股票的机会就是盈利的修复以及资产负债表的修复。

实际上从大的周期看的话，每个时段都会持续很长一段时间，比如两到三年。如果是通缩交易，即经济往下什么产品会是受益的，最典型一种就是债券，另外一个非常典型的就是创业板，这一点很容易被忽视。企业盈利基本上是跟商品同步的，创业板跟它负相关只能证明一个事情，就是在创业板的定价里面跟盈利关系不大，它更关注的是另外一个指标，就是流动性，经济往下走的时候，流动性扩张估值扩张。这就意味着周期类资产代表着复苏交易，成长类资产代表着通缩交易。过去十年创业板有两轮比较大的机会，这两轮是非常相似的，一轮是 2014—2015 年，2014 年第四季度整个斜率开始起来，因为 2014 年 11 月降息，这轮行情结束的时间是 2015 年 5 月 25 日权威人士专访，在《人民日报》出现一篇整个风格完全不同的文章，随后一周后央行重启正回购，一轮轰轰烈烈的行情基本结束。而最近的这一轮行情和上一轮是非常像的，2019 年第三季度 LPR 降息。两轮行情有非常大的相似点，这两轮行情都是处在通缩周期的中后端。

为什么会出现这种现象？主要是因为在通缩周期中后端会出现货币扩张和估值的扩张。如果经济经过了一轮几年的通缩，什么时候政策压力最大？就是到通缩尾段的时候。这时候 PPI 是一个深度为负，企业盈利是一个深度的负增长。每一轮通缩的中后段，就业和财政都会形成非常大的压力，这时候需要政策宽松来做出对冲，每到这个时候都会出现货币的扩张。

这一轮是货币的扩张带来的流动性扩张，从而导致估值的扩张。

这次疫情后，大家发现一个很大的特点就是行业之间出现了非常大的分红，一部分行业被市场自动地选择出来，依据三个标准：（1）行业是受损最小、恢复能力最强的，分别是食品饮料、医药和计算机电子，很显然这是这一轮最活跃、相对收益率最高的行业。（2）疫情所带来的新的商业模式的想象力，这也是这一轮给科技股溢价的原因。（3）国家战略。就这三个原因导致这部分行业能够被市场选择出来，能够脱颖而出,而整个估值扩张过程又导致这部分行业溢价达到历史最大。

沿着这个线索继续往下看,这轮通缩交易周期既然带来估值扩张,那么现在走到哪个阶段?从CRB工业原材料指标看,当前已经处在一轮典型的通缩交易结束、复苏交易开头的阶段。这首先会带来一个保守的结论:PPI触底意味着经济周期相关的资产,折价最严重的时候已经过去,包括上游的原材料,中游的制造业以及下游的金融地产。大家仔细回想一下也会发现,2020年6月之后整个市场风格已在悄然发生第一阶段性的变化,市场之所以有分歧,就是因为风格在渐渐变化。

后面会不会形成复苏交易?这涉及对未来经济的看法,说实话我对经济是偏乐观的,我觉得有三条线索会带动经济继续改善:(1)人类总归会走出疫情,全球经济在4月底就开始震荡好转了。而美国的进口目前在历史最低位,未来进口的改善会带动主要出口国出口的改善。(2)广义财政和基建。在经济差的时候政策会想很多办法,2020年政策就很聪明,2020年整个广义财政达到历史最大3.75万亿元的专项债,1万亿元的特别国债,基本上都是2020年5月之后确定的,落在2020年第三季度。这两个加起来相当于2019年同期的两到三倍。所以过去三个月基建的增速逐步起来了,平均增速已达9%了,9—12月平均增速应该能到10%—15%,这是带动经济的第二个力量。(3)服务业。在我们身边你能看到的各个行业里面,服务业是恢复程度最低的,这个情况在未来三四季度会改善,因为恢复的斜率低,所以恢复的时间才会比较长,这是对整个经济的一个大致判断。

相比市场上的一些观点,我对第三、四季度的经济数据给的不太高,我预计增速是4%—4.5%。主要是认为服务业恢复速度偏慢,但重点是2021年上半年,我比市场要乐观,2021年上半年是一个低基数带来的高增长,2020年第一季度是−6.8%,第二季度只有3.2%,可以想象只要经济正常运行,2021年上半年增速都很高。有几个原因:(1)这一轮疫情过去之后,全球的需求在低位,美国的进口也在低位,中国出口都是在低位,2021年上半年应该是全球需求的共振。(2)制造业的库存还在继续走低,2020年年底会降到一个低位,2021年上半年会有制造业的补库存。(3)疫苗的影响可能是被低估的,如果能有几亿疫苗的话,未来影响是非常大的,所以我倾向于这一轮疫苗的影响是被低估的。经济这次不是一次衰退与危机,本质上是一次疫情暂时停摆,一旦疫苗出现,共振的斜率也会比较大。这轮经济恢复最慢的是消费部门,如果是疫苗出来,无论是中国和美国都会有个实质性的消费暴增。如果是疫苗落地,很有可能带来短期的复苏交易。

从整个政策面来讲的话，大概率会逐步收敛，我理解的2020年下半年政策是稳货币宽财政，因为2020年上半年是双宽，2021年上半年财政的力度也会下去，变成双稳。2020年7月央行召开一个上半年金融统计发布会，有一位司长说："2020年下半年政策更加灵活适度，我们会更加强调适度两个字。适度有两个含义，第一量要适度，信贷投放要和经济节奏相适应，如果信贷投放过度会产生资金淤积的问题；第二价格要适度，利率不是越低越好。"这是央行这段时间的真实看法。

总结下来，我们现在已经从经济衰退后期向复苏前期过渡，对于股票市场来说，只有两个阶段有机会，其中衰退后期是A股最喜欢的，这个阶段的特征就是经济退政策进，流动性扩张、估值扩张，这个阶段往往斜率最高，我们现在已经过去了。现在就是复苏前期能不能成立的问题。

最容易挣钱的阶段已经过去，第二个阶段从估值扩张走向盈利的带动。现阶段与2016年非常像，如果是类似于这个阶段，我们有三个结论：（1）大宗触底加上走出疫情的基本假设，会带动未来全球名义的增长，带动利率的中枢抬升，这个意味着债券的机会目前还没有看到。（2）利率的抬升以及货币抬高会带来估值的约束，以及这一轮轻资产的估值触顶，有一部分优秀的公司可能可以穿越周期，成为未来五到十年能代表中国资产伟大的企业，但有相当多的公司未来需要用很长时间去消化估值。（3）PPI的触底意味着传统重资产折价最大的时候已经过去，整个现货市场量价的修复会带来重资产估值的修复。

所以具体到2020年下半年有两个建议：（1）风险控制；（2）均衡化配置。

五、金生水：涅槃重生，顺水行舟

（李超博士，浙商首席经济学家，宏观2019年第一）

核心观点：2020下半年最关键的经济变量并非GDP增速，而是调查失业率，2020年我们国家整体政策重大变化的逻辑已经由经济数据驱动货币政策、就业数据转变为就业数据驱动货币数据。展望下半年，全年GDP增速在2%左右就可以使调查失业率稳定在6%以下，后续整个央行货币政策的锚是就业。春节以后短端流动性持续宽松，直至5月短端流动性有所收紧。2021年第一季度经济和就业趋稳，货币政策不需要等到有通胀压力或资本流出压力就会采取前瞻性手段，纠正短端的流动性宽松，实现去债市杠杆。M2冗余（M2增速远高于"GDP+CPI"），信用扩张支撑股市结构性牛市，Q3行情继续，Q4观察货币政策的变化。

主要内容：

2020年以前是经济增长驱动货币政策，受疫情影响，2020年转变为就业数据驱动货币政策。下半年最关键的经济变量并非GDP增速，而是调查失业率，全年GDP增速在2%左右就可以使调查失业率稳定在6%以下，2020年应该可以顺利完成就业目标。往年7月毕业季失业率至少上行0.2个百分点，而2020年与上月持平，我们认为促进灵活就业、扩大就业界定标准范围，把公众号博主、直播、电子竞技等加入自由职业的范畴，是失业率上冲幅度不及预期的重要原因，8月失业压力有待进一步观察。消费伴随经济复苏持续稳健修复，预计下半年社零消费同比+9.3%。消费需求自然恢复、疫情压制的需求逐渐释放、刺激消费政策助力，预计下半年社零增速稳健修复。消费具有顺周期特征，修复仍将呈现渐进式节奏，难以一蹴而就，预计全年社零同比增速-0.2%。6月中旬北京新发地再现疫情，居民警惕心理和疫情防控措施的存在都将影响线下消费复苏节奏，其中餐饮和服装受影响最大，部分需求已经灭失。可选消费修复最快，如珠宝、汽车、家电、娱乐产业受益于疫情，食品饮料、药、粮油等刚需必需品受影响最小。基建触底反弹，地产快速修复，投资仍是内需复苏的核心动力，基建仍是逆周期政策托底的重要选择，预计基建投资全年同比+10%。高技术制造业投资仍是制造业结构中的最强支撑，医药制造业、计算机通信电子设备制造业表现抢眼。出口无须悲观，预计净出口对经济增长的提振作用提升，其一，防疫物资出口仍在加速，对2020年的出口有较强的阶段性支撑作用；其二，海外经济体逐渐重启，外需修复将利好我国出口；其三，全球产业链重塑阶段，中国经济领先性复苏占据优势竞争地位，下半年会持续超预期。5月23日习总书记提出"以国内大循环为主体、国内国际双循环相互促进"思想，并写入7月政治局会议。我们认为，"以国内大循环为主体"并不是用内需去替代外需。通过刺激内需的方式拉动经济增长，往往会导致债台高筑、泡沫积累、通货膨胀等恶果，不符合政府通过供给侧改革引领经济增长的一贯思路。中国的产业门类齐全，通过促进国内产业链的替代，充分利用好国内大循环提高供给能力，进而更加促进出口。"猪周期"已见顶回落，下半年CPI下行趋势确定，海外经济体陆续复工，工业品价格开始阶段性修复；但在总需求不足的大背景下，预计下半年工业品价格将呈现低斜率修复趋势，名义GDP回落，下半年修复至 6% 以上，全年预计 +3.3%。顺"水"行舟，货币政策是基本面及市场走势的核心变量，对央行最终目标的重要性进行排序，来判断央行当前最关注的逻辑，从而判断其货币政策取向。央行在第二季度货政报告中提出下阶段政策思路为"引导市场利率围绕公开市场操作利率和中期借贷便利利率平稳运行"，表明央行认为目前利率水平是合意的，鉴于 7 月调查失业率稳定，我们认为较难触发结构性宽松操作。一旦失业率全年确定性地稳定在 6% 以下，经济回到合理增长区间，政策目标或前瞻性调整，关注 10 月底中央政治局会议的表述和 DR007 走势。财政刺激法案托底居民债务，美联储支撑企业信用链条，美国的风险逐渐向政府部门集中，大规模的政策刺激法案保障美国居民具有一定的收入来源，美国货币供应增加不一定会导致高通胀，预计美国下半年核心 PCE 在 1% 左右，疫情冲击之后，美国宏观杠杆率大幅攀升，其中政府部门杠杆率有可能创下历史新高。国内市场，M2 增速显著高于"CPI+GDP"，形成 M2 冗余，大概率流入股市，在"房住不炒"的大背景下，资金很难像过去大量流入地产；债券收益率较低，对于资金的吸引力不足；过剩的流动性大概率流入股市，然而第四季度货币政策很可能收紧，对 A 股造成重大冲击，建议第四季度获利了结，2021 年货币冗余减少，行情二八分化明显。大类资产配置小结：股市 M2 冗余（M2 增速远高于"GDP+CPI"），信用扩张支撑股市结构性牛市，Q3 行情继续，Q4 观察货币政策的变化；债券调查失业率走平之后，结构性宽松较难，预计无风险利率第三季度震荡为主，第四季度谨防上行；房地产调控整体基调仍是"房住不炒"，即使流动性冗余，政策严控下房价大幅上涨概率不大，总体将保持平稳；个别人口净流入、土地供应有限的城市有房价上涨压力；商品价格伴随经济复苏开始修复，有望阶段性跑赢其他资产，但能否走出大行情仍要看美国、印度基建，目前看两者均存在较大阻力；原油需求端经济逐渐复苏，供给端减产协议达成，预计油价在美元指数回落及供需关系友好的情况下，下半年将是震荡修复的行情；黄金下半年黄金处于长周期上涨中的消化期，阶段性的不确定性会推升金价，如中美摩擦升温、美国大选、地缘政治事件等均可能在短期提振黄金走势。

六、水生木：当前的一些观点

（杨国平博士，华西副所长，金工 2007 年第一）

核心观点：长期来看，牛市尚未走完，短期市场进入震荡，不排除市场出现向下超预期，第三、四季度相对看好价值股修复表现。

主要内容：

PB-ROE框架揭示了上市公司估值与盈利能力之间的联系规律，对数 PB=$\alpha+\beta\times$ROE。PB指标不平稳，对市场走势研判价值低，PB-ROE两维度提升了市场走势研判能力，长期趋势继续看多，受疫情影响，货币政策扩张，本轮 β 估值提升周期自2018年10月开始，同期大盘指数见底，β 历史运行区间在 [0.14, 1.60]，目前为1.30，市场长期上涨行情尚未走完，疫情过后，货币政策大概率会收紧，市场估值将会重新回归正常，β 回归中性。货币超经济发行率可解释风险溢价，原理：货币增长一部分可为经济增长所吸收，一部分可为物价上涨所吸收，剩下的即为货币超经济发行率（M2增长率－GDP名义增长率），货币超经济发行率与风险溢价负相关明显，随着疫情逐渐控制，GDP名义增长率提高，而M2增长率可能会逐渐缩紧，市场驱动力量不足，市场呈现震荡，上半年流动性充足，风格偏向成长股，下半年偏向价值股。从分位数和估值角度看，成长股大部分估值已经偏贵，价值股相对估值有优势。创业板在流动性泛滥时表现更好，下半年经济复苏，流动性收紧，有利于价值股表现。短期来看，从量价相对强弱角度来看，成长风格已在低配区域一个多月，短期可能有修复消费板块再次回到超配区域，后续值得继续关注。休闲服务、家用电器、食品饮料行业前十家公司占比分别达到89%、85%和80%。公募基金重仓股也加速向龙头集中，2020年第二季度末，公募基金前十大重仓股占全部重仓股比例为24%，相较于2015年末的7%大幅回升，持股越集中，量化越难做。从五因子行业比较模型综合考虑各行业估值水平、业绩增速、估值与业绩匹配度、目标价空间、资金流动五个维度对行业进行评价，构建五因子打分模型，第四季度从模型上看，价值股综合打分更高，成长股相对更低。

第二节　公募机构领导和私募机构负责人嘉宾发言

一、基于流动性宽松维持乐观，对2021年放水负面效应及中美关系偏谨慎

（王进，君富投资总经理）

我历来都是偏乐观的，但今天参加这次君晟总量年会，我反而是带着忧虑而来。和我前面三年不太一样，我现在反而愿意听到一些警示的声音。

对于未来，短期我还是乐观的，因为趋势存在惯性，火烧起来不是一下子就灭掉的。但是"火"烧完之后会怎么样？今天会上我听到几个数据，全球债务水平已经达到了一战、二战时的水平，也就是只有在战争年份才出现这样高的债务水平。这么高的债务最后该如何解决呢？是债始终是要还的。历史上债务的解决方式无非杀富济贫或通过甩锅的方式来解决。

所以我对未来几年的担忧也是来自目前还没有看到能有效解决债务问题的方式。

这一轮放水式牛市结束之后会怎么样？时间会延续多久？我没有那么乐观，我自己看到2021年5—6月已经是最乐观的看法了。在此之前的市场我还是比较乐观的，因为这种放水也是史无前例的，而且国内紧抓房住不炒，水只能流入股市了。从国家的战略上讲，我们前期一直说的逻辑都在兑现，用股权市场融资来创新，居民资产的转移，外资的流入，等等。所以短期市场我不太担心。

我担心2021年5月之后，市场会不会出现持续几年的调整。现在很多人看长牛，但我不太认同，因为目前还是积累了很多问题，中美关系已经定调了，未来只会出现越来越想不到的负面的黑天鹅事件。这是我们要警惕的。

总结一下，到2021年5月之前我认为市场问题不大，2021年5月之后，史无前例的放水带来的负效应（拉大贫富差距）会显现出来。所以我对2021年5月之后市场是比较谨慎的，我看到几个板块已经出现很大的估值泡沫了。还有很多板块比较合理甚至低估，这也是我短期乐观的一个理由，因为"水漫金山"会把每个坑都填起来。

行业上，我判断第四季度银行、地产还是有修复的可能性。科技股整体上我是谨慎的，大部分都已经高估了。我倾向配置一些制造业、银行、地产、中医药等板块的龙头，这些是我的主要方向。

二、外资配置比例较高的消费医药调整后就是好买点

（黄树军，永望资产董事长）

我的观点还是比较乐观的，我比较倾向于荀玉根博士的观点，只是涨得这么快是超出预期的。现阶段，中美关系的变数确实比较多，中美从贸易战到科技战到现在开始进入金融战初期，而在这个阶段我们应对策略就是把国内经济搞好，坚持对外开放，这样资金不会外流反而会吸引外资流入。

目前市场上最值得关注的指标就是汇率，只要人民币不出现大幅贬值或流出的情

况，应该就不会出现比较大的系统性风险。最大的分歧点在于流动性，流动性可能会收缩，流动性收缩可能会带来杀估值。当然，杀估值也存在结构性问题，比如同样的沪深300的估值高了，在2006年的时候可能是基建、钢铁、建材等估值高，而这次沪深300中估值高的是医药、消费等。这些板块估值高，与外资持续的买入有很大的关系，所以这种估值杀下来，我们会发现调整就是最好的买点。

总的来说，我对整体市场还是相对乐观的，下半年会关注第四季度估值切换以及经济恢复带来的机会，而对于创业板中高估值的股票，我倾向认为可能以盘整为主。

三、全球流动性宽松和美元贬值利好人民币资产

（L，某公募机构领导、君晟主持）

我总体的看法和荀玉根博士的观点差不多，就是这轮行情看到2021年下半年。

当前市场，大家有几个担心：

（1）大家担心中美问题，我认为只要不发生热战，其实当前股市已经反映过了这个担心。股市的有效性很强，疫情时大家很担心会不会进入像1929年的大萧条，结果全球股市，特别是美股还创了新高。除了放水的因素，还有一个原因就像郭磊博士说的，这不是一个真正的经济危机，而是2019年已经开启的库存周期，只是由于疫情而短暂停摆，但不是经济危机。反而我觉得全球流动性宽松还有美元持续贬值，对人民币资产还是有优势。

（2）大家还担心国内流动性收紧的问题。这个问题上，我认为大家不要只看中国央行的动作，美联储才是全球的锚，因为中国的金融市场是开放的，除非关起门来不允许外部资金进来。否则人民币和其他货币的利差那么大，外部资金还是会进来的。

而我们看到美联储最近把通胀的目标定在2%了，也就意味着会继续宽松。只有当美联储可能收缩流动性，这才需要引起大家警惕。在美联储收流动性前因为外资会持续流入，美元持续贬值，对市场无须太过担心。

总的来说，从整体上我依然看好后市。但是到年底前的几个月，我还是倾向于风格切换，高估值的票需要盘整休息一段时间。现在我会重点关注一些低估值的票及价值类的票，比如券商等。

另外，大家还要重点关注疫苗，疫苗一定会推出，疫苗就是经济复苏的强心剂。全世界，尤其欧美需要强心剂来复苏经济，现在看欧美疫情高峰已经过去了，如果疫

苗在 2020 年底推出，那么 2021 年有可能形成全球经济复苏的共振。

四、基于行业和企业的盈利周期及安全边际考虑挖掘个股

（袁鹏涛，中域投资总经理）

宏观上，大家都比较担心中美博弈，其实我也担心，但是该做投资还是要做投资。我的观点是，如果能把一个企业和一个行业的盈利周期和估值的安全边际放在这样的环境及背景下考虑清楚，市场维持在 3000—3500 点区间震荡，那这些担心的因素就不需要去过多考虑。

还有大家担心的流动性边际收紧的问题，由于中国股市的估值一直都很贵，所以流动性对市场的影响很大，而估值的贡献又远远大于业绩的推动。但是有一点，中美股市受流动性边际影响的伸缩幅度与过去相比可能越来越小。因为本身中国流动性边际收缩与放松和过去比也小了很多。

对于风格转让，我认为无论认定现在是风格转换的过渡阶段还是第四季度有可能价值、周期发生显著的风格转换，这件事也很难猜，因为这取决于经济复苏的力度。我还是基于成长的逻辑，但是这个成长的逻辑是基于复苏考虑。以高端装备业的一些公司为例，它们就是在存量市场里的增量，是在供给端中国工程师红利以及中国优秀企业在研发升级方面所积累的阶段，对于这些公司来讲已经到转换为业绩驱动的点了。所以在高端装备的领域，一些公司已经纷纷走出来。

所以，回到市场，我既不关心是牛市，也不关心是熊市，只关注我选的这门生意和它的价值在一个可投资的周期里是什么情况，再看安全边际有多少。

五、决定行情长期走向和高度的是基本面和市场结构

（T，某公募机构总监、君晟主持）

对于流动性收紧这个问题，其实在 2018 年、2019 年年中某个时点，大家也是很关心央行会不会收紧流动性，但是事后看，这不是一个很重量级的年内的矛盾。也许央行收紧流动性正好赶在市场某个高点，那调整得会剧烈一点，但是决定行情长期的走向和高度的还是基本面和整个市场结构的变化，这才是最重要的基本性因素。

从这几个最重要的基本性因素来讲，有几个慢变量其实是没有发生大的变化的。我自己总结三个角度：

第一，慢牛态势不变。对股市的定位及对融资需求的宏观形势没有变化。全球放

水导致美元贬值人民币升值这个周期越来越清晰。这种情况下，外资流入的趋势也决定了慢牛大的态势。货币政策的短期扰动只是次生因素，不需要过分回避。

第二，均衡。站在当前时点，大家都觉得价值板块会有补涨，从过去1—2个月的情况看，银行、保险、工程机械、化工等确实出现了补涨，但是观察这些补涨的票，共同的特点就是业绩持续的龙头股，所以只要选择龙头股票，业绩有保证，做均衡配置反而在行业风险上可以做一定的中和，而不意味着必须回避某些行业。我认为刻意地去选择一些行业做轮动不太好，而在行业均衡里找一些龙头品种会更好。

第三，业绩。一些龙头品种创新高之后还能再涨，比如一些工程机械和医疗器械等龙头，业绩出来后马上再创新高，背后还是有业绩驱动。在业绩超预期的情况下，价格永远会跟着价值走。所以这时候如果我们对业绩有信心，对持有的股票就不需要做过多的风险规避。业绩因素长期看也是对抗系统性风险的支撑。

六、中国经济复苏在全球表现最好，奠定了乐观基调

（T，某公募机构领导、君晟主持）

今天的年度会议上，我看几个宏观大咖对于中国经济基本面的看法是趋同的，中国的经济复苏比全球绝大部分国家做得好，整个经济的增速从现在开始就反弹，反弹的高点可能在2020年的第四季度或2021年的第一季度，经济复苏程度有的分析师预测已经能做到10%，这是一个很乐观的估计。

但对于短期，李超博士提到M2有冗余，随着就业指标的趋好，这个冗余可能就会消掉，所以他对9—10月比较谨慎。荀玉根博士认为在经济没有完全进入稳健的上升通道之前，没有人愿意承担收缩流动性的责任。所以在这个观点上的差异，会导致我们在投资上不能太激进了，还是要做一个均衡的配置。

板块方面，我认为券商板块从大逻辑和基本面运作情况看，券商的基本面往上走好是有基础的，券商会先修复资产负债表，然后再修复利润表。中报出来后，我们看到一些券商已经在慢慢修复资产负债表了，2021年应该有两位数以上的增长。我认为券商行业应该是有一个大的政策红利逐步兑现。

七、市场估值贵的状态可能还会持续一段时间

（徐智麟，钧齐投资董事长、君晟群委）

我对当前市场最大的担忧是估值贵了。从过往看估值贵一定有解决的办法，要么

通过业绩大幅增长把估值拉下来,要么是估值适当回归。但是我认为当前估值贵这种状态,可能会维持一段时间。

原因是美国的货币政策由原来盯通货膨胀到现在盯就业了。原来通货膨胀达到2.5%—3%就是不可容忍的了,就要伴随出货币政策了。但是现在如果就业没有达到目标,可能通货膨胀也可以容忍了。现阶段,美国经济最大的障碍就是来自疫情,从可预期的情况看,美国疫情出现明显的拐点可能还需要一段时间,应该不会在2—3个月就解决。如果疫情持续,就业难度就比较高,就会导致货币政策不会动。这个角度看,货币政策维持在现在状态应该是可预期的。这样美国贵的问题可能还会贵一段时间。如果美国估值贵的问题能解决,A股也可能会维持估值贵一段时间。而另一方面,中国的政策也从原来盯GDP变成盯就业了,如果就业没上来,可能也不好马上开展逆向操作。这两个世界上第一、第二大经济体,在货币上的调控都已经聚焦到就业上了。从这个角度上说,我的困惑(估值贵的问题)暂时得以解决,但我可能还会相对谨慎一些。

对于市场的判断,我认为行情基本告一段落,指数不管还会不会创新高,市场氛围基本已经告一段落。行业和个股方面,我还是聚焦在供给两端。一个是有需求的拉动,企业的微观报表上反应;一个是供给端有集中或收缩,企业在微观报表上也会好一点。

第三节 全球经济体增加外汇储备人民币权重和中国领导复苏有利于维持慢牛格局

我最近在投资工作之余完成了《货币稳定性安全性收益性鼓励全球经济体增加外汇储备的人民币资产权重——大数据求是系列》和选举量化分析两个重大课题的研究,作为君晟总量年度会议的书面发言。

一、中国要减少外汇储备到2.5万亿美元并调整欧元占比从30%到65%、美元从35%到20%

第一项深度研究是完成了全球经济体货币稳定性、收益性与外汇储备调整方案的研究,做货币储备研究的起因是与中美冲突加剧有关。如果特朗普连任,美国有很大概率对中国动用金融制裁手段,投资者和决策者要予以重视。现在相当部分主流决策者和经济学家认为美国不敢做损害美元美债安全性信用的中国美元资产冻结制裁,但是我认为存在极端可能性。中国的外汇储备已经成为为美元美债背书的底层资产,超过 3.1 万亿美元过于庞大的中国外汇储备成为中国政府的沉重负担。美元长期贬值趋势很难改变,人民币存在被动升值压力,中国政府并不期望人民币过度升值削弱出口竞争力。

二、美国大选量化分析研究的结果是选举数据统计比民意调查可靠

第二项深度研究是完成了美国大选量化分析。大选表面上和投资关系不密切,但我是在为 2021 年全球投资策略制定基本假设,即要在特朗普可能逆转连任的基本假设上制定全球投资策略。研究的结果是选举数据统计比民意调查可靠,特朗普民意调查落后不意味着没有逆转的可能性。

如果民主党胜选,中美关系可能走平,不会继续恶化;如果特朗普连任,中美关系存在继续恶化的可能性。2021 年全球投资策略基于特朗普会连任的基本假设,这样我们就会更谨慎一点,等局势明朗后再布局 2021 年。

三、放低 2020 年末指数目标预期有利于 2021 年维持慢牛安全格局

我在 7 月 18 日公开发文给上证指数定一个 3200 点的年末目标,现在是 3400 点,似乎较难回落到我的低目标。在美国总统大选前后把指数预期范围定得低一点,对中国市场 2021 年维持慢牛格局比较有利。

四、中国领导的全球复苏增长有利于维持结构性慢牛格局

2021 年全球经济会出现一个增长幻觉的特殊情况,在中国一马当先的领导下,各主要经济体由于从 2020 年低基数中恢复性增长而增速数值都会很高。这对很多投资者会是一个持续的鼓励。结合全球流动性变动趋势和中美摩擦间歇性加剧缓和,2021 年仍有较大机会维持结构性慢牛格局。

【第四篇】

国 际 经 验 篇

第一章
借鉴香港经验推行注册制改革的制度建设思路

2018年9月13日

中国共产党十八届三中全会提出要"推进股票发行注册制改革",2013年11月中国证监会发布《关于进一步推进新股发行体制改革的意见》,进一步推进新股市场化发行机制、强化发行人及控股股东等责任主体的诚信义务,为实行股票发行注册制改革奠定了良好基础。究竟中国的注册制路径选择和设计应该怎么走,鉴于香港与内地市场联系紧密,二者在文化传统等方面更为接近,其股票发行注册制模式对内地市场借鉴意义更大。下面作者对香港股票发行审核制度做一简要介绍,之后对中国注册制改革的若干发行政策和监管政策设计提出思路及对策。

第一节 统一推行注册制改革的认识

香港实行的高度市场化新股发行制度的精髓是:以信息披露为本、较轻程度的实质审核为辅、慎用否决权。考虑到香港和内地两个市场生态结构、交易机制、司法环境存在差异,回顾内地这个"新兴+转轨"市场在以往推进新股发行市场化、法治化方向改革过程中积累的经验和教训,推行注册制改革需要形成以下共识。

一、正确认识注册制制度设计缺陷可能造成以下资本市场危机

避免注册制保护投资者权益考虑不足而酿成二级市场再度破位下行的危机,避免审核人员为避险导致审核标准过严的低过会率危机,避免申报企业因严苛审核标准而过度包装上市的危机,避免申报企业排队量过大再度形成"堰塞湖"的危机。

近十年中国资本市场有两次追求过快发展的教训:2010—2013年上海国际板对股票市场持续压制与最终终止;2017—2018年上半年CDR回境内再IPO对市场持续压

制与最终暂停的教训。CDR 被邀大型上市公司并不急迫需要通过境内再 IPO 筹集资金，CDR 在境内市场挂牌也不能证明中国资本市场排名世界第二。但众多 CDR 巨大融资规模的心理压力结合贸易战和经济下行因素导致境内市场多个指数 2018 年全球表现最差，最终 2018 年 CDR 也没能实现发行。如果 2018 年上半年 CDR 实现发行，而第二、三季度 CDR 被邀境外上市公司普遍下跌 20%—30%，上半年参考境外市价定价境内 IPO 的 CDR 会让境内投资者损失惨重。

二、正确认识中国资本市场在全球资本市场体系的定位

明确中国资本市场是开放性低于美国和中国香港市场、直接融资资金资源有限的市场，改变追求大型境外已上市企业境内上市的理念。中国资本市场应集中有限资金资源扶持成长阶段的有全球竞争力的创新制造业和服务业小巨人中型企业。

大型境外已上市企业往往是在境内外风险投资基金扶持下发展起来的，境外基金更倾向于在美国资本市场上市并套现退出。中国企业通过上市获得发展是第一位的，在哪个市场上市都是中国的企业，有能力在美国上市的大型企业没必要在中国争夺有限的直接融资资源。中国资本市场要扶持的企业类型不是有能力在美国市场上市且也能获得高估值的企业和尚未盈利的互联网企业，而是在特定细分领域有全球竞争力的创新制造业和服务业小巨人中型企业。这些中型企业多数还处在成长期，在美国市场未必能上市或未必有较合理的估值。中国经济的增长点还是在创新制造业和服务业的蓬勃发展，注册制要优先为实体经济最需要直接融资支持的领域服务。

三、改变只重视融资功能建设不重视投资功能建设的理念

改变只重视融资功能建设不重视投资功能建设的理念，正确认识只有赚钱效应才能吸引社会资本从高泡沫的房地产和高息理财市场回流直接融资市场支持实体经济。

注册制一定是在股票供给与需求、股市资金供给与需求基本平衡并双向扩容的环境中才能顺利推行。单向推行股票供给扩容，只能导致资本市场水位下降、投资者持续撤离市场、直接融资功能萎缩的负循环。只有在推行注册制增加股票供给的同时加大长期资金供给来源建设、构建股市赚钱效应，才能吸引社会资本从房地产和高息理财市场持续转移到权益市场，才能让更多成长期内的创新制造业和服务业优秀企业进入中国资本市场持续融资。

四、建议制定对企业和员工更有吸引力的养老金免税计划，以培育资本市场的长线资金

正确认识美国和中国资本市场的深度广度差异性和居民财富结构差异性，建议制定对企业和员工更有吸引力的养老金免税计划，以培育资本市场的长线资金。

美国资本市场是全球流动性支持的开放式资本市场，美国居民财富以权益投资为主、房地产为辅，401K养老金免税计划为权益市场提供长期持续资金来源。中国资本市场是部分高风险偏好的局部流动性支持的半开放式资本市场，由于房地产的常年赚钱效应和股市的常年赔钱效应，中国居民财富以房地产为主、权益投资为辅，权益市场缺乏长期稳定的资金来源。建议参考美国401K养老金免税计划，制定对企业和员工更有吸引力的养老金免税计划，一方面为资本市场注入长期资金，另一方面促进居民财富结构的均衡优化。

五、正确认识注册制改革要结合中国实际采取渐进模式，仍需坚持限定发行市盈率上限的制度

正确认识注册制改革要结合中国市场实际情况采取渐进模式，仍需坚持限定发行市盈率上限的制度，允许全市场市值持有者公平参与市值配售。

坚持发行市盈率以低于20倍市盈率和低于同业合理平均市盈率定价发行的制度设计，这是2014年下半年迄今IPO得以持续的重要制度基石。

应允许全市场市值持有者公平参加中签市值配售IPO，取消部分大净值投资者以更高中签率优先配售中小型企业的做法，发行价与市价的无风险差价收益应公平分配给全市场市值持有者分享。中签但未缴款的小投资者所未认购股份由主承销商包销，这一规定可以约束主承销商和发行企业过高定价。

第二节 注册制制度建设思路要点

一、落实以信息披露为中心的审核理念，提高信息披露质量，谨慎运用否决权

只要发行人的问题能够通过信息披露的方式加以解决，就不能阻碍发行人发行申请。只有在极端情形下，发行人的问题无法通过信息披露解决，审核机构才动用否决权。

二、坚持以法定盈利要求作为注册制审核条件，不以过高盈利规模和盈利持续增长作为审核条件

要从选秀、选优转到向投资者披露充分的信息上来，投资者依据披露信息自主做出选择。在经济环境剧烈波动的现实环境中，要求申报企业过高盈利规模和盈利持续增长作为内部掌握的审核条件不符合证券法律规定，也脱离现实经营环境，逼迫部分申报企业造假谋取过会上市的巨大利益。

三、依法界定各主体行为责任，倡导理性审核、审核标准和程序要做到公开透明

依法界定各主体行为责任，倡导理性审核，审核标准和程序要做到公开透明，证监会要改变发审委员为了免责而刻意追求较低过会率的避险做法。

经过发行部严格预审的申报企业在上会时应至少符合上市基本条件，发行部不能让尚未整改到符合上市基本条件的申报企业强行上会而充当低过会率分母，这是对辛苦排队几年的申报企业的不合理做法。发行部对尚未符合上市条件的申报企业应主要以劝退或整改处理。

上市后企业出现盈利下降现象甚至被查出虚假陈述行为主要应由中介机构和申报企业承担民事或刑事责任，不能由审核者承担。如果发审委员和证监会预审人员有受贿行为则应追究刑事责任，如果未查明发审委员和预审人员有受贿行为则证监会不能要求发审委员和预审人员承担过度责任。这是对市场负责，也是对申报企业负责。只有依法界定市场各方主体的行为责任，才能让裁判和运动员行为正常合理化。

四、仍应坚持对申报企业发行上市前后可持续盈利的要求

不能证明可持续盈利的互联网企业可以在美国资本市场申请上市，中国市场暂时还不应该接受持续亏损但可能前景良好作为特批上市理由的特殊例外企业。

五、证监会应解除重大资产重组视同IPO审核标准的限制

证监会应解除重大资产重组视同IPO审核标准的限制，通过鼓励合规并购重组改善存量上市公司资产质量。同时合理分流拟上市企业，减轻注册制下企业排队压力。

允许排队企业可以不撤申报材料同时开展被上市公司并购的申报工作，收紧对被收购企业股东盈利承诺的合理性、真实性审核要求和未完成时削减股份处罚约定。

六、坚持申报发行企业排队周期超过一年有其合理性

坚持申报发行企业排队周期超过一年有其合理性，应允许维持一定规模的申报排队，允许企业有条件缩短排队周期。

从申报到过会至少应跨越一个会计年度，可以让审核方和公众对申报企业的盈利可持续性做出充分考察。证监会可以明文规定符合国家鼓励加快发展政策的创新制造企业和做出延长限售期承诺的优质企业缩短排队周期，这样排队企业多就不构成对优秀企业尽快上市的障碍了。

七、重视一致行动实际控制人约束减持承诺

重视一致行动实际控制人约束减持承诺，证监会可以制定政策规定大股东及一致行动实际控制人自主承诺延长限售年限和控制每年减持规模低于10%作为缩短排队周期的条件。

一致行动实际控制人自主承诺上市第四年起每年可减持规模不超过上年末持股数的10%，上市满10年可不受限制减持。以一致行动实际控制人第三年末持股70%为例，历年可减持比例数（%）：63、56.7、51、45.9、41.3、37.2。限制减持承诺方应从第一大股东拓展到一致行动实际控制人，为杜绝规避，证监会应不允许自称无实际控制人的公司上市。

八、证监会可根据国家产业政策导向制定并公布鼓励上市与限制上市的行业指引

建议限制高风险或低科技含量的行业如房地产、互联网金融、地方城市银行、博彩娱乐、餐饮休闲服务的IPO和再融资。证监会行业指引可以让券商在申报源头减少受限行业公司，减少券商和受限企业投入资源做无用功，也减少寻租空间。受限行业可以到中国香港和美国资本市场寻求上市融资机会。

第三节 注册制的体制体系建设和设计及改革配套政策

一、中国资本市场实行注册制的体制、体系应该如何建设和设计？

香港新股发行实行以信息披露为主、实质判断为辅、慎用否决权的高度市场化的"核准"制度。借鉴香港经验并结合内地资本市场过往新股发行制度市场化改革演进

的经验和教训，推进注册制改革首先需要统一以下正确认识：

（1）正确认识注册制制度设计缺陷可能造成以下资本市场危机：避免注册制保护投资者权益考虑不足而酿成二级市场再度破位下行的危机，避免审核人员为避险导致审核标准过严的低过会率危机，避免申报企业因严苛审核标准而过度包装上市的危机，避免申报企业排队量过大再度形成"堰塞湖"的危机。

（2）正确认识中国资本市场在全球资本市场体系的定位，明确中国资本市场是开放性低于美国和中国香港市场、直接融资资金资源有限的市场，改变追求大型境外已上市企业境内上市的理念。中国资本市场应集中有限资金资源扶持成长阶段的有全球竞争力的创新制造业和服务业小巨人中型企业。

（3）改变只重视融资功能建设不重视投资功能建设的理念，正确认识只有赚钱效应才能吸引社会资本从高泡沫的房地产和高息理财市场回流直接融资市场支持实体经济。

（4）正确认识美国和中国资本市场的深度广度差异性和居民财富结构差异性，建议中央制定对企业和员工更有吸引力的养老金免税计划，以培育中国资本市场的长线资金。

（5）正确认识注册制改革要结合中国市场实际情况采取渐进模式，仍需坚持限定发行市盈率上限的制度，允许全市场市值持有者公平参与市值配售。

二、注册制标准如何定？

注册制上市标准：

（1）切实落实以信息披露为中心的审核理念，通过提高信息披露质量来督促企业合规发行，谨慎运用否决权。

（2）坚持以法定盈利要求作为注册制审核条件，不以过高盈利规模和盈利持续增长作为审核条件。从选秀选优转到披露充分信息上来，投资者依据披露信息自主做出选择。

（3）依法界定各主体行为责任，倡导理性审核，审核标准和程序要做到公开透明，证监会要改变发审委员为了免责而刻意追求较低过会率的避险做法。

（4）仍应坚持对申报企业发行上市前后可持续盈利的要求。

（5）证监会应解除重大资产重组视同IPO审核标准的限制，通过鼓励合规并购重组改善存量上市公司资产质量。同时合理分流拟上市企业，减轻注册制下企业排队压力。

（6）坚持申报发行企业排队周期超过一年有其合理性，应允许维持一定规模的申报排队，允许企业有条件缩短排队周期。

（7）重视一致行动实际控制人约束减持承诺，证监会可以制定政策规定大股东及一致行动实际控制人自主承诺延长限售年限和控制每年减持规模低于10%作为缩短排队周期的条件。

（8）证监会可根据国家产业政策导向制定鼓励上市与限制上市的行业指引。

三、注册制需要哪些改革配套政策？

注册制改革配套政策：

（1）中央（财政税务社保各部门）制定对企业和员工更有吸引力的养老金免税计划和养老金免税抵扣会计处理相关规定，引进市场资金长期来源。

参考美国401K养老金免税计划可总结要点如下：确认养老金是员工免税收入并计入工资总额（目前中国养老金企业缴纳部分不计入工资，员工对养老金账户是自己财富账户的归属感不强、自主缴纳积极性不强），企业缴纳养老金部分可以加倍计算人工成本抵扣企业所得税（目前中国无养老金税收抵扣政策，企业无积极性多交养老金），员工退休前取款需补20%个人所得税，员工可自主决定和调整投资金融产品组合（目前员工无权决定养老金投资组合），员工可向自己养老金个人账户不超过50%部分按商业贷款形式借款（目前养老金不可向员工借款），员工可申请跨城市转移养老金账户，养老金账户交易股票、债券、基金等金融产品组合时免印花税，规定养老金占工资比例不超过20%上限以免企业滥用税收优惠（有限制才有吸引力），明确员工养老金统筹账户部分是员工医疗与养老保险属性的投资，让员工有获得感（目前统筹部分归属感不明显）。

（2）证监会出台注册制下坚持法定盈利要求和可持续盈利要求的透明审核标准以及审核人员只承担合理责任的审核管理规定。

（3）证监会出台取消重大资产重组视同IPO审理的鼓励并购重组规定。

（4）证监会出台包含约束减持承诺、限制发行市盈率和减持价高于发行价承诺、鼓励全市场公平市值配售的注册制新股发行管理办法。

（5）证监会联合银保监会出台股权回购贷款管理办法建立上市公司股权回购制度。

（6）证监会联合发改委等产业政策部门制定鼓励与限制上市行业指引。

（7）证监会改进并完善现有的信息披露制度体系，突出信息披露的齐备性、一致性和可理解性，提高披露的有效性。

（8）证监会完善上市公司监管制度，完善退市制度，加大行政执法和司法诉讼力度。

四、国内投资银行应该做些什么准备？

国内投行项目储备方向：

（1）国内投行应自觉参考国家产业政策导向，做好注册制项目储备工作。

（2）国内投行应做好并购重组政策放宽后的并购业务机会储备，主动寻求上市公司发行股份并购同业或相关产业链企业的项目储备工作。

（3）实际控制人控股权高比例融资质押的上市公司群体，应积极寻找变更实际控制人的业务合作机会，转危为机，化解投行融资质押业务累积的经营风险。

第四节 香港股票发行注册制介绍

一、IPO 双重存档制

在香港，股票发行与上市是一体的，实行 IPO "双重存档制"，发行人须在向联交所提交申请书的一个营业日内，将副本经由联交所送交香港证监会（SFC）。假如 SFC 认为有关的上市资料内所作的披露载有虚假或误导性的信息，则可以否决有关的上市申请。根据 2003 年联交所与 SFC 签订《关于上市事项的谅解备案录》，对双方在双重存档制下的角色分工作出安排。联交所在审核上市申请上担当主导角色，SFC 的法定责任之一是监督及监察联交所履行其与上市事宜有关的职能。从法律上看，双重存档制意味着所有发行上市申请均由证监会批准。然而，实务中 SFC 尚无否决联交所已批准上市申请的案例。

二、联交所审核流程

以主板为例，发行人须至少在提交申请前两个月委任保荐人，并在委任后五个营业日内书面通知联交所。发行人根据《主板上市规则》提交大致完备的申请表格、招股说明书以及其他相关文件后，联交所上市科受理并开始详细审阅。通过上市科审阅后即提交上市委员会聆讯，以决定是否批准 IPO 申请。如遭否决，发行人可寻求启动联交所救济程序。

三、香港新股发行制度特点

1. 高度市场化的"核准"制度：信息披露为主，实质判断为辅

联交所根据《上市规则》采取以信息披露为本的监管方式。联交所重点审查发行申请材料是否符合《上市规则》和《公司条例》对招股书的相关规定。《招股章程》作为首次公开发行股票时最主要的信息披露文件，《上市规则》第 11 章 A 部分对其详细规定，载列可让投资者评估发行人经营业务、资产负载状况、企业管理、营运前景及该股票附有的权益所必需的全部资料。在回应来自联交所的是否具备"上市适当性"的疑难问题时，要求企业通过补充信息披露的方式解决，尽量不使用"否决权"。此外，对于发行中的虚假信息披露，香港《证券及期货条例》规定，股票取得者有权提出索赔，同时，该信息披露违规的上市公司需承担相应的民事责任。

联交所实施较轻程度的实质性审核。联交所的发行上市审核可分为两层：一是由上市科 IPO 部门审查上市条件中的硬性指标，包括一些较为客观、静态的财务条件；二是虽然《证券及期货条例（2012）》并未设置具体的公开发行条件，但上市委员会负责审查一些主观的、有弹性的动态条件，以判断上市适当性。对于什么情况会使申请人及其业务不适合上市，并无清晰的硬性准则，要视个案本身而定，存在一定的实质性判断。在极端情况下，上市委员会也有可能基于公司的财务表现以及其他因素而否决上市申请。

2. 公开透明、可预期的上市程序

联交所通过多种方式，力求确保上市流程公开透明和可预期。一方面，联交所在其官网公开有关上市事宜的各项规则与指引，包括"常问问题""上市决策""诠释函件""指引信"等多种形式，并且及时更新。"常问问题"旨在协助发行人理解和遵守《上市规则》，尤其在《上市规则》未明确说明某些情况，或者某些规则需作进一步阐释之时；"上市决策"系上市委员会（创业板上市审批小组）的个案决策，虽不必然作为未来个案的先例，却大大提高了决策的透明度；"诠释函件"选载了一些联交所上市科致发行人的函件，内容为就具体上市事宜提供有关《上市规则》的适用参考；

"指引信"则提供了有关《上市规则》及其他上市事宜的指引。

另一方面,联交所将相关职员的联系方式包括 IPO 之前的咨询联系人、IPO 之中的联系人以不同方式告知发行人及其保荐人,同时公开上市部内负责上市公司(主板及创业板)的组别及联系人,鼓励发行人及其保荐人就疑难事项尽早提出咨询。联交所的审核周期平均在 4 个月左右,且从未出现类似内地市场的"IPO 暂停"情形。事实上,大量内地公司赴港上市的主要原因之一即是无法预期 IPO 审核"排队"周期,或难以预见的"IPO 暂停"事件。

3. 谨慎使用否决权

从规则层面看,联交所上市委员会、SFC 均有否决 IPO 申请的权力。但 SFC 尚无否决联交所已批准上市申请的案例,易言之,SFC 的否决权事实上"备而不用"。与之相仿,联交所上市委员会也以十分谨慎的态度使用否决权。根据上市委员会年报,2014 年上市委员会没有否决上市申请;2013 年共有 106 个企业申请在主板上市,上市委员会仅仅否决了其中 3 例。每一否决案例均清晰列明否决原因,并且该否决案例可能作为日后上市指引依据。上市委员会的出席人员名单也会告知申请人。联交所同时设置了快速、详尽的复核机制,以充分保障申请人权利,制约否决权行使。

一言以蔽之:联交所上市委员会很少否决企业上市申请,在处理是否具备"上市适当性"的疑难问题时,也力图督促企业通过补充信息披露的方式解决,即信息披露原则优先,只有在加强信息披露依然难以充分解决,从而与联交所提供"公平、有序和有效率的市场"以及"提振投资者信心"的目标明显冲突的情形下,上市委员会才有可能动用否决权。

四、香港新股发行制度配套特点

为确保新股发行审核采取以信息披露为中心,在此基础上嵌入一定实质性审核的制度有效运行,香港建立了全面的信息披露体系及制度。

1. 完善的信息披露管理体系

香港证券市场实行集中监管与自律监管相结合的监管体制,对上市公司信息披露的监管由香港证监会和香港联交所共同负责。其中,由香港证监会直接负责的与信息披露相关的主要集中在收购、合并、股份回购以及上市公司私有化方面,同时对香港联交所在上市事务方面的活动进行监督,其他大部分信息披露的一线监管工作主要由联交所完成。

2. 严密的信息披露法律框架

香港信息披露制度主要体现在以下法规、守则、规则和准则。香港法例：包括《公司条例》《证券与期货条例》《保障投资者条例》等；香港证监会制定的规章：包括《公司收购及合并守则》《股份购回守则》等；香港联交所制定的带有合同性质的规则：《香港联合交易所有限公司证券上市规则》；会计专业组织制定的有关公司会计和财务信息披露方面的准则：《香港会计准则》和《国际会计准则》。其中，《证券及期货条例》归纳及更新了香港过去十余年监管证券期货市场的法规案例，确立香港股票市场的法律监管体系，从既往案例及历史经验中，汇总信息披露的核心要义，体现真实、准确、完整和及时的披露标准。

3. 划分全面的信息披露对象范畴

香港联交所在《证券上市规则》第14章"各项须予公布的交易"中，详尽地规定了有关"非常重大的收购事项""主要交易""须予披露的交易""股份交易""关联交易"等各个类型、级别的交易的信息披露对象范畴。

4. 多元的信息披露违规追责途径

以专门监管机构的行政监管为主导，辅之以民事索赔，为投资者提供法律救济保障。其一，监管机构在调查失实或虚假的信息披露事件中，可以发出类似法院传票的通知，传唤证人或要求提供指定文件，且传唤对象不限于受监管机构或个人。同时，监管机构的调查和处分行为受到严格的程序约束，调查和决定相对分离，并且其相关决定须接受独立的上诉审裁处的复核；其二，对于信息披露过程中涉及内幕交易、操纵市场等情况复杂、手段先进、牵涉市场整体的不当行为，主要不依赖于刑事检控，而是通过设立专门的市场不当行为审裁处，采用民事案件的证据原则进行裁断，以降低举证难度，提高审理效率，增强执法实效性。

五、香港新股定价及发售

香港发行注册制下，股票分别以国际配售及公开发售申请两种方式安排发行。国际配售主要面向机构投资者和专业投资者做选择性营销，通过国际路演（通常在香港公开发售正式开始之前），全球协调人和主承销商汇总所有认购意向后与发行公司商议并确定发行价格，然后再由董事会正式通过批准。国际配售在股份分配上无须按比例或抽签进行，分配的基准是建立巩固的股东基础，从而使公司及股东整体得益，所以分配处理弹性较大。

一般投资人可循香港公开发售部分进行，投资者可联系银行或证券公司索取新股认购申请表，填好签署后连同支票交回银行或证券公司即可。新股发售价通常会在一个区间内厘定。可获分配新股数目会按公开发售接获的有效申请数目而定，分配基准可能因申请人申请的股份数目而有所不同，会严格按比例分配（调至最接近的每手单位）。亦有可能采取抽签模式。

香港公开发售部分的可发售股份数目在确定后会平均分为甲、乙两组。两组均会按公平基准分配给成功申请人。甲组将分配给总认购金额为500万港元或以下的所有有效申请，乙组将分配给总认购金额为500万港元以上但不超过乙组总值的有效申请，因此甲组乙组的申请所获的分配比例可能有所不同。

如有超额认购情况，回拨机制会被激活。因此在国际包销安排中通常都设有超额配股权，要求上市公司配售及发行一特定额外新股份。

表1 回拨机制的准则

公开认购部分超额	增加认购股份数目至
15倍（但不超过50倍）	30%
50倍（但不超过100倍）	40%
100倍或以上	50%

资料来源：港交所

第二章
关于在上海证券交易所新设战略新兴板试点股票发行注册制的建议

2018 年 10 月 21 日

一、注册制试点必要性

为全面贯彻落实中共中央、国务院《关于深化体制机制改革加快实施创新驱动发展战略的若干意见》，2015 年 5 月上海市委、市政府发布《关于加快建设具有全球影响力的科技创新中心的意见》，提出要推动科技与金融紧密结合，加快在上海证券交易所设立"战略新兴板"，推动尚未盈利但具有一定规模的科技创新企业上市。2018 年 9 月国务院《关于推动创新创业高质量发展打造"双创"升级版的意见》中指出，要拓宽创新创业直接融资渠道，支持发展潜力好但尚未盈利的创新型企业上市；推动完善公司法等法律法规和资本市场相关规则，允许科技企业实行"同股不同权"治理结构。

目前中国资本市场主板、中小板和创业板在企业发行上市条件上都有连续盈利和盈利规模的要求。同股不同权治理结构也与《公司法》等不相容。正是因为中国和美国等成熟市场在发审便利、再融资优势、全流通制度，以及保荐人、做市商等中介机构作用等方面存在系统性差异，所以才导致中国的新技术、新产业、新业态、新模式企业络绎不绝地选择赴美或赴港上市，并形成了显著的聚类现象。这表明，一方面在上海证券交易所设立战略新兴板已是时不我待，另一方面，要吸引中国战略性新兴企业国内上市需要有突破性的思路和做法。

为此，建议在上海战略新兴板市场试点推行一种全新的、充分发挥券商投行核心竞争力、强调市场参与各方高度自律自治、归位尽责的股票发行注册制。

二、注册制试点的基本原则

1. 市场化原则。在充分借鉴西方成熟资本市场成功做法的基础上，厘清监管部门和市场的权责边界。证监会承担市场监管主体责任，交易所作为市场组织者，券商是重要的市场参与者。监管部门不再对发行人是否具有持续盈利能力、盈利前景如何、投资价值大小进行实质判断，而由市场参与者来决定。在发行时机、发行价格方面，由券商、发行人根据市场状况和投资者认购意愿自行决定，监管部门不再进行窗口指导或者行政干预。

2. 独立性原则。即试行注册制的战略新兴板在发行准入条件、审核理念和政策、发行配售政策、交易制度设计、信息披露规则等方面，实行不同于主板、中小板、创业板的规则制度安排。

3. 先行先试原则。注册制试行期，挑选两三家具有较大市场影响力的实力券商、在战略性新兴行业内展开试点，协助监管部门制定监管规则，强化自律管理，推动机制创新，充分探索。试点 2—4 年后，总结适应我国国情的注册制经验，并逐步将注册制全面推开到主板、中小板、创业板以及新三板。

4. 信息充分披露原则。注册制下，监管部门在审核中应以发行人有效信息、特别是影响投资者进行价值判断的有效信息是否得到充分披露作为审核理念，不对价值判断、盈利能力、募集资金合理性进行实质评判。

5. 增量改革原则，不冲击存量市场。选择属于战略性新兴产业、具有一定收入规模、市场影响力的企业，包括已在海外上市而市场和业务均在中国的新技术、新产业、新业态、新模式企业参与发行试点。具有同股不同权治理结构的企业亦可参与试点。鉴于试点券商数量有限、试点行业范围有限，因而带来的冲击有限。

三、注册制试点券商的权利和义务

1. 根据市场化原则，为推动券商回归投行本能，真正发挥投行本职功能，赋予试点券商在股票发行定价、发行节奏、配售对象等事宜的自主决定权。在配售规则框架下，由券商根据投资者认购意愿、报价、锁定期限自主确定配售对象以及在不同投资者间的配售比例。

2. 按照国际投资银行惯例，可自主与基石投资人约定限售条件，可与发行人自行决定是否行使超额配售权。

3. 除公开发行和导致实际控制人变更的收购、并购重组等事宜需要向上海证券交易所报批外，上市后其他证券发行、回购等增减注册资本事宜均由试点券商和试点发行人在履行内部必要决策程序后协商决定。

4. 为促进试点券商在发行人和投资者之间保持利益的平衡，并推动券商挖掘真正好的企业，试点券商承诺按每单不低于发行规模 5% 的比例出资参与新股配售，且锁定期不少于 6 个月。

5. 券商、会计师和律师均可以作为持续督导机构，试点券商作为保荐机构，承诺作为发行人上市后的持续督导机构。督导期限不少于二年一期。

四、注册制试点的配套政策

1. 注册制下仍实施"先行赔付"政策，但"先行赔付"不仅限于券商，义务人还应当包括控股股东以及持有发行人股份的董事、监事、高级管理人员。同时，推动相关当事人购买"先行赔付"商业险。

2. 在"先行赔付"基础上，建立试点券商、试点上市公司的行政和解制度。以经济赔偿为主，试点券商除参与造假、在知情情况下刻意隐瞒重大信息等严重情形外，不轻易停止试点券商的执业资格。

3. 明确试点发行人及其董事、监事、高级管理人员为信息披露质量第一责任人，加大对发行人及其董监高的违规处罚力度。

4. 参照现有规则制定战兴板退市标准，但考虑到其以机构投资人为主的市场特性，更强调通过高成本、高维持费迫使试点上市企业主动摘牌退市。

5. 制订适用于注册制的信息披露规则体系、指引以及承销配售规则，在信息披露规则体系方面，一方面使信息充分披露，另一方面力求信息披露的简洁、高效、实用。

6. 制订注册制试点企业的准入标准和条件。标准和条件应具有多样性、多元化，如收入、市值、资产规模等，以适应不同企业的要求，不强调盈利以及连续盈利。

7. 明确战略新兴板的投资者门槛值为可投资资产不低于 100 万元。

8. 明确战略新兴板交易不设涨跌停板，实行 T+0 竞价交易制度。

9. 允许试点券商创设多空股票金融衍生工具。

10. 首次公开发行时，允许实施存量发行。

结语：试点中的战略新兴板是一个以机构投资人为主体的市场，建议监管部门对战略新兴板采取多观察、多鼓励的态度，提高容忍度。

第三章
学习美国什么资本市场制度优势？——上市公司现金分红免税与监管政策是金融供给侧改革组成部分

2019 年 12 月 19 日

一、鼓励上市公司现金分红免税与监管政策

鼓励上市公司现金分红免税与监管政策是金融供给侧改革的重要组成部分，有利于转变大股东和投资者获取回报的主要渠道，提高机构投资者权益比重与居民财富的权益比重。

1. 让大股东获得回报的主要渠道从大股东减持股份和关联交易转移利润转变到大股东长期稳定现金分红，鼓励现金分红政策有利于稳定大股东长期持股意愿，再配合严刑峻法集体诉讼大股东赔偿制度保障下，尽量杜绝或减少大股东掏空上市公司转移资产的恶劣事例。

2. 让权益市场投资者获得回报的主要渠道从获取股价差额转变到以稳定分红预期获得长期收益，实现投资者愿意长期投资权益、以上市公司稳定股息取代存款储蓄利息的目标。

3. 为社保、养老金、保险机构等稳定回报需求的机构投资者大幅度提高权益占比提供市场制度环境基础。

4. 有利于实现 2019 年 2 月 22 日集体学习时总书记提出的大力发展资本市场直接融资的目标，从盈利效应提高居民增加包括基金与股票在内的权益财富占比的意愿，改变中国居民财富结构权益占比严重偏低（美 33%、中 3%、日 13%、欧 12%）的畸形现状。

二、鼓励政策三大具体措施

鼓励政策包括上市公司现金分红免税和再融资与现金分红记录及未来分红承诺

挂钩的监管政策、上市公司分红计划信息披露与机构投资者股票池准入合规的监管政策。

1. 财税部门制定上市公司现金分红免于征收个人所得税和居民企业包括机构投资者企业所得税的政策。财政减少一块红利所得税税收本质上有利于改善中国上市公司治理质量，提高国有资本现金回报水平，提高社保与养老金回报率与增加权益比重，调整加权益减房产的居民财富结构，利远大于弊。目前上市公司分红税收政策：自然人减半征10%，外国人免征，居民企业为避免双重负税而免征，境外非居民企业征10%。

2. 监管部门对业绩稳定上市公司少分红或不分红行为予以监管谈话引导，鼓励按季分红，建立上市公司定期披露分红计划的信息披露要求，引导机构投资者遵守优先选择有稳定分红计划与记录的上市公司准入股票池的合规监管要求，对上市公司管理层公然在股东大会上威胁股东取消未来年度现金分红的行为予以从公开谴责直至拒不整改高管市场禁入的监管处罚。

3. 监管部门修改再融资准入政策，要求以连续三年分红记录和后续三年利润分红比例承诺为有盈利上市公司再融资的先决条件，要求亏损或微利上市公司资产重组或发行股份收购资产或借壳上市要以后续三年利润分红比例承诺为先决条件，要求利润分红比例与再融资新增股本比例建立线性关联关系。

4. 借鉴美国财政税务部门的成功经验，运用多种手段减小对股息双重征税带来的负面影响，对长期投资者和短期投资者采取不同税收制度，对公司逃避分红采取"累积盈余税"制度等，从而提高公司分红的连续性和稳定性。

三、中国上市公司股东分红现行税收政策

中国上市公司股东分红现行税收政策：自然人减半征10%，外国人免征，居民企业为避免双重负税而免征，境外非居民企业征10%。

1. 根据《个人所得税法》第三条第五款规定：自然人取得的利息、股息、红利所得应该征收个人所得税。个人股东按照应得红利的20%缴纳个人所得税，从上市公司得到的现金分红可以减半按10%缴纳征税。

2. 居民企业包括机构投资者由于本身需要缴纳企业所得税，为避免双重负税，从其他居民企业包括上市公司获取分红时免交所得税。

3. 外国人取得的分红无论是否为上市公司,都不需要缴税。

4. 境外非居民企业股东从中国居民企业取得 2008 年及以后的分红按 10% 的税率缴纳企业所得税。

四、美国上市公司鼓励现金分红与回购的制度是美国牛市的基础

根据 2014 年 1 月 13 日《人民日报》刊登的《美国上市公司怎么分红》,美国上市公司鼓励现金分红与回购的制度是美国 11 年长期牛市的基础和美国居民愿意以权益取代储蓄的根源。

美国上市公司现金分红的主要特征总结如下:上市公司一般采用季度分红,每年分红 4 次,较少按年度或半年度分红;上市公司坚持持续稳定分红;整体股息率较高,美国平均股息率在 1%—2.5% 左右;规模大、盈利高、低成长性和留存收益占股东权益收益比例大的公司更倾向于分红。

2014 年 1 月 13 日《人民日报》上刊登的《美国上市公司怎么分红》内容:

在美国,绝大多数上市公司都是按季度对投资者进行分红的。相反,按年度或按半年度分红的上市公司则比较少见。当然,也有不分红的公司。此外,一些上市公司有时还有"额外"分红或"特别"分红。

"按季分红"的分红目标与分红政策几乎是既定的、一贯的,也是透明的。因此,投资者很容易了解各家上市公司每年、每季度的分红水平,从而作出长远投资打算。可见,按季分红是一种有利于理性投资的分红政策。但它也是对上市公司财务掌控能力的一种考验和挑战。分红比例的提高过程,也是股市投资的吸引力逐渐强于银行储蓄、对新资金保持着吸引力的过程。现金分红是美国上市公司最主要的红利支付方式。相关数据显示,美国上市公司的现金红利占公司净收入的比例在 20 世纪 70 年代为 30%—40%;到 80 年代,提高到 40%—50%。到现在,不少美国上市公司税后利润的 50%—70% 用于支付红利。

税收政策是影响上市公司分红政策的重要因素,也是影响投资者投资偏好和资产配置的重要因素。美国运用与现金分红相关的税收手段,加强市场激励约束机制建设,如运用多种手段减小对股息双重征税带来的负面影响、对长期投资者和短期投资者采取不同税收制度、对公司逃避分红采取"累积盈余税"制度等,从而提高公司分

红的连续性和稳定性。

美国民众不喜欢储蓄与权益投资分红超过同期利息有关，权益投资成了另一种形式的储蓄，这与美国分红制度的优势紧密相关。分红比例的提高过程是权益投资的吸引力逐渐强于银行储蓄的过程，也是权益市场对新资金保持着持续的吸引力的过程。

美国一些上市公司有时还有特别分红，这类分红一般是有针对性的、偶尔的或一次性的，而且分红水平超高。

在美国，上市公司之所以愿意分红是因为分红的环境已经形成，美国上市公司分红不像我们这里以半年或一年为周期分红，而是以一个季度为周期分红。分红政策往往被作为判断上市公司是否具有投资价值的重要参照，不仅代表着上市公司现在的盈利能力，也代表着上市公司未来的发展前景。分红能让投资者对上市公司的现金流与未来的经营水平抱以更大的信心。

【第五篇】

资本市场篇

第一章
简政减税与发展直接融资等内政改革有助于支持实体经济

2018 年 8 月 5 日

一、人民币贬值对冲关税压力是有限度和阶段性的

中国允许人民币对美元贬值可以有效部分对冲关税对中国出口的压制，但人民币贬值是有限度和阶段性的。

2018 年 6—7 月的人民币贬值是中国对策组成部分，快速贬值到位可以缓解汇率投机压力。中国外汇管理当局近期做出一些防御姿态，可以摆脱美国对中国操纵汇率扩大贸易优势的指责。但汇率手段应对只能适可而止，人民币兑美元汇率在 7 附近继续大幅贬值难度加大。

在自由贸易正常化时制造业强国的货币长期看都是相对资源国和消费国升值的，德国、瑞士、中国是三个实例。因此近期人民币贬值是阶段性的，贸易战缓和后人民币将因贸易优势被迫升值重归均衡。

二、中国执政团队应雷厉风行推行改革

特朗普是史上罕见的另类统治者，所作所为与前几任美国总统常态行为模式大相径庭，并不在意别国和本国民众怎么评价他。中美摩擦是贸易战、货币战、投资战的总体竞争，严峻态势要求加强党的领导、尽快完成金融监管三会合一改革，重新定位资本市场对实体经济的支持作用，重新理解企业去杠杆与加资本和提升企业盈利的关系。与其担忧贸易战，不如关注中国内政改革。

目前过于关注贸易战对股市上下空间影响的判断意义不大。投资者对贸易战要从长期着眼，不要执着于研判短期哪些行业或公司吃亏或者占便宜，以及最终哪国会获胜。贸易战最后结果就是持续僵持不下，如果有宣布胜利的一方，那就是实际忍受不了而自己找个台阶。

特朗普运气好能借助减税促增长的便利继续保持两院控制权，运气不好中期选举失去两院控制就可能会遭遇无穷无尽的弹劾压力。特朗普的特点是固执己见，指望他改弦更张是不现实的。投资者对贸易战再忧心忡忡也无法短期改变特朗普，当前更重要的是如何改善中国内政。

三、简政减税、实现企业盈利改善是首要改革举措

简政减税、实现企业盈利改善是首要改革举措，有助于改善实业回报预期，真正实现企业降杠杆，稳定跨国企业在华投资，减轻贸易战损失，促进资本市场健康成长。

关注中国内政的改革，首先要继续呼吁简政减税、实现企业盈利改善。

简政减税目的是为了改善实业回报预期。多年以来相当部分国有企业和民营企业减少实业投入，转移资本进入高回报的房地产领域，其根源是实业回报预期不如房地产。中央真正要想引导社会资本脱虚入实、发展实体经济，就必须简政减税、切实改善实业回报预期。

简政减税改善企业盈利才能真正实现企业降杠杆。目前的资本市场去杠杆政策导致的结果是上市公司权益比例萎缩、直接融资困难，企业杠杆率实际上会继续上行。企业良性降杠杆的重点是企业加权益，企业加权益的两个途径是增加企业资本和提升企业盈利，这两条是核心焦点。

企业减税是稳定境内外资本维持在中国投资制造能力的重要途径。美国减税的目标就是吸收跨国企业新投资回流美国，中国对美出口高关税长期化可能导致可替代性强的行业制造能力被挤出到东盟、中北美发展中国家。跨国企业向境外转移产能、关闭在华企业造成失业增加可称为真正意义的贸易战失败。中国争夺跨国企业投资是贸易战立于不败之地的重要目标。

企业减税是资本市场长期健康成长最有实效的改革举措。只有通过实质降低企业所得税税率，才能长期提升全社会企业盈利，最终才能实现市场估值水平下降引导市值回升。资本市场有合理投资回报，有赚钱效应而不是赔钱效应，社会资本才能从房地产和高息理财市场战略性转移到权益和债务的资本市场。

解决中国目前的问题，走老路可能是无效的，简政减税改革是势在必行的。

四、限制社会财富流入房地产和高息理财市场来持续改变社会财富配置格局

中国内政改革的第二个重点应在通过限制社会财富流入房地产和高息理财市场来

持续改变社会财富配置格局,通过大力发展权益和债务直接融资市场真正实现引导社会资本支持实体经济发展。

目前的中国资本市场不是风险偏好高的财富拥有者的最佳选择,他们更倾向于选择房地产和 P2P 高息理财市场。美国居民财富配置的特点是重权益轻房地产,中国居民财富的分配格局恰恰相反,轻权益重房地产。

房地产过度泡沫化将引发全面经济危机,中央政府必须要有强硬手段进行管制。地方政府继续沉湎于巨额土地财政收入,追求房价不要过快上涨,是饮鸩止渴的短视行为,以房地产为支柱产业的经济增长是不可持续的。政府应尽快开征房产税替代土地财政,主动引导地价与房价的双降,加大社会保障房供给,消减住宅刚性需求,减少棚改货币化比例。

政府不要羞于直言房价理应下降。高房价的受益者是囤积房产的社会财富拥有者和依赖土地财政的地方执政者及已经累积巨大社会资本的房地产经营者,都不是值得同情的弱势群体。高房价对中产阶级有强烈的幸福剥夺感,十几年还贷压力有效抑制中产阶层民生消费能力。高房价对社会资本的虹吸效应抑制了社会资本通过资本市场进入实体经济的意愿、降低了企业家增加实业投资和企业研发投入的意愿。长期维持制造业优势的强国德国和瑞士都不是鼓励房地产发展的,只有制造立国才能无惧贸易战压力,立足于世界强国之林。

相当部分缺乏风险意识的社会财富拥有者追求 P2P 高息理财表面上的稳定高收益,大量财富流入 P2P 高息理财等高投机资产领域。过去几年 P2P 高息理财行业处于缺乏管制的野蛮生长状态,全行业大肆吸收股权投资、公开做广告、对中老年社交圈积极渗透,这种危险局面使得居民财富大量流向监管空白的 P2P 领域。

P2P 高息理财行业出现密集爆雷跑路的现象对实体经济和居民财富的损坏很大,中央政府应限制甚至禁止发展而不是继续放任自流。环顾国际社会,还没有发现 P2P 高息理财行业在哪个成功国家获得如此蓬勃发展的,中国应引以为耻。

国家只要对房地产和 P2P 高息理财目前泡沫最严重的两个资产领域的投机行为进行严格管制,就可以引导全社会财富进入相对合规合法的权益和债务资产领域,才能真正实现社会资本支持实体经济、真正实现总书记提出的加大直接融资比例的要求。

第二章
全球衰退迫使流动性长期宽裕背景下全球权益投资机构持续增配作为全球市值洼地的中国

2019年10月5日

一、经济基本面不能只看纵向增速，也要横向看中国GDP增量全球占比提升的大趋势

经济基本面不能只看纵向增速下滑趋势，也要横向看中国的全球GDP增量占比提升的大趋势。2018年中国GDP增量为全球增量的30%，美国占23%、印度占2.5%。

IMF统计的2018年GDP净增量数据显示，全球4.79万亿美元，中国1.44万亿美元，美国1.11万亿美元，印度0.12万亿美元（印度虽然在2018年GDP本币实际增速高达7.4%，但由于卢比贬值而GDP总量为2.716万亿美元）。2018年中国GDP增量为全球增量的30.0%（1.44/4.79）。美国GDP增量为全球增量的23.2%（1.11/4.79）。印度GDP增量约为全球增量的2.5%（0.12/4.79）。2018年中美两国GDP增量超过全球一半。

欧洲央行2019年GDP增速预期从6月的1.2%下调到9月的1.1%，2020年GDP增速预期从2019年6月的1.4%下调到9月的1.2%。

标普2019年9月30日《北美信贷状况》预测，2019年美国GDP增速从2.5%下调到2.3%，2020年从1.8%下调到1.7%。

二、各国资产景气与经济景气无明显相关性，因此中国资产景气与宏观挂钩的逻辑不成立

全球前50大经济体除中国和南欧各国外均10年持续牛市，各国资产价格景气与经济景气无明显相关性，因此中国宏观景气与资产价格景气挂钩的逻辑不成立。

尽管世界主要经济体宏观景气乏善可陈，但是以10年期市场指数月线表现来看，全球前50大欧亚经济体绝大部分2019年仍在牛市过程中或在筑复合顶,只有中国在磨复合底,南欧各国和墨西哥等少数经济体表现平淡。

三、大环境下不必对中国资产景气悲观,维持中国磨复合底、美国筑复合顶观点

全球流动性充裕长期化。欧盟已相当长时间负利率并于2019年9月12日重启QE,美联储重启QE已成定局。2019年9月17日隔夜回购利率飙升到创纪录的10%,逼迫美联储10年来首次隔夜逆回购向全部银行注入流动性,预计截至2019年10月10日累计注入1.4万亿美元。

(作者后记:作者2019年10月7日会议中所做的美国重启QE预言不到一周时间就兑现,美联储2019年10月12日宣布,从10月15日开始每月购买600亿美元美国国债,以重建资产负债表,避免2019年9月货币市场动荡重演,将至少延续到2020年第二季度。实际上这就是美联储重启为期至少半年的QE以提供市场流动性,只是美联储并不愿意这一提法。)

2019年9月12日欧洲央行宣布2019年11月1日起重启每月200亿欧元的量化宽松QE、将存款利率下调10个基点至−0.5%的历史新低,是自2016年3月以来的首次降息,并将开始实施利率分级制度。

受美国2019年10月2日对欧盟发动加征关税的贸易战影响,中国国庆期间欧美股指短期震荡,但主要经济体股指一周变幅美国和中国香港为±1%,德、法、英、日−3%左右。因部分投资者对国庆期间全球市场不确定性的避险情绪和对2019年9月24日中国央行行长拒绝降息的失望,中国市场已提前15天回落并已完成调整。

随着中国加大资本市场开放,外资持续流入作为全球市值洼地的中国权益资产,全球权益投资机构必须对占全球GDP增量1/3的中国增加配置。在全球衰退迫使流动性长期宽裕的大环境下,投资者对2019年第四季度乃至2020年国内资产价格景气不必过于悲观。

第三章
全球经济体十年权益市场态势回顾对金融供给侧改革的启示与2020年态势预测

2019年12月16日

一、2020年金融供给侧改革九大措施预测

表1 王维钢博士对2020年中国金融供给侧改革九大措施预测

金融供给侧改革九大措施预测	金融供给侧改革具体目标	措施简述
加快金融供给侧改革进度是2020年资本市场主轴	侧重资本市场建设为目标	总目标
稳定增加权益需求（即资金供给）的同时均衡增加权益供给	用财富效应引导居民持续增加权益财富比重的意愿	增加资金供给
推动金融产品供给侧改革和房地产量化调控供给侧改革	制定合理的中期和长期居民财富结构调整目标	居民财富结构调整
商业银行成为债券市场的主力投资者和权益市场投资者的合理结构化固定收益资金提供者，成为投资银行的非控制性股东和优先股认购者	实现总书记提出的发展资本市场提高直接融资比例的目标	商业银行资金供应资本市场直接融资
降低全社会债务融资成本	为实体经济减负增利与为科技创新企业增加研发投入而提供动力，为上市公司提高盈利而增加利润来源	降低资金成本
国有资本增量认购科技创新产业上市公司权益、通过大宗转让适当增加充分竞争行业中稳定盈利公司的权益供给	实现国有资本利用低成本融资优势筹集资本金与分行业有增有减权益的目标	国有资本分行业结构调整有增有减
增加内源权益资金供给	建立增加内源权益资金供给和允许外资权益资金供给增加并重的发展思路	平衡增加境内外资金供给

续表

金融供给侧改革九大措施预测	金融供给侧改革具体目标	措施简述
引导权益市场连续若干年指数小幅增长而不是指数大起大落	实现境内外投资者长期持有中国权益资产和居民财富的权益比重稳定提升的目标	稳定权益市场收益预期
引导IPO与再融资社会资本向科技创新产业上市公司流入、限制或禁止向高风险的小银行与产能过剩的高耗能原材料行业流入	实现IPO和再融资资金准入分行业有保有压的目标	引导IPO和再融资分行业有保有压资金准入

资料来源：君晟研究

《常晟2020年A股市场展望》提出侧重资本市场的金融供给侧改革九大措施预测。为便于投资者阅读，以图表形式列示侧重资本市场建设的金融供给侧改革九大措施的预测。

侧重资本市场建设，增加资金供给与居民权益财富比重，调整居民财富结构，商业银行资金供应资本市场直接融资，降低资金成本，国有资本分行业结构调整有增有减，平衡增加境内外资金供给，稳定权益市场收益预期，引导IPO和再融资分行业有保有压资金准入。

二、统一基准指数年度变幅区间来量化描述年度市场态势

不同机构对权益市场年度态势为牛市、熊市还是平衡市的定性描述有一定分隔标准差异性。为了尽量用通用语言在同一频道讨论，常晟提议用基准指数年度变幅区间来量化定性标准描述某年市场态势。区间对应态势定义：$0 \pm 5\%$ 为平衡市，$10\% \pm 5\%$ 为小牛市，$20\% \pm 5\%$ 或以上为大牛市，$-10\% \pm 5\%$ 小熊市，$-20\% \pm 5\%$ 或以下为大熊市。

可描述为：年变幅大于15%为大牛市，大于5%小于15%为小牛市，大于-5%小于5%为平衡市，大于-15%小于-5%为小熊市，小于-15%为大熊市。

三、常晟2019年预测回顾与2020年预测概述

我在《转换投资理念，提高注重研发投入的科创企业估值20190106》中领先于市场提出："选出有技术累积优势与研发投入比较大的科创型企业，在2019年获得100%—200%的收益也不是不可能。2019年上证指数可能只有5%—10%的增长，如果市场投资理念做出合理调整，形成一定市场共识，今年可以做到选出较大涨幅的股

票组合。"在《坚持提升科创企业估值的投资理念,警惕金融次新股损害市场健康发展 20190303》中提出观点:"创业板指数回到 2018 年第一季度均线即 1900 点(1568 点 +20%,全年 1250 点 +50%),上证指数 3300 点(3000 点 +10%,全年 2494 点 +32%),年度高点应该会高于年末目标。"

实际情况是,创业板指 2019 年末预计收于 1800 点,低于常晟预测的 1900 点,年变幅 42% 为大牛市;上证综指 2019 年末预计收于 3000 点,低于常晟预测的 3300 点,年变幅 19% 为大牛市,但年度高点 3288 点接近 3300 点,科创大牛市和沪深大牛市的 2019 年态势预测均准确。表征市场全景的沪深 300 指数 2020 年末目标 4400 点,预测变幅 10% 为沪深小牛市,预测峰值 4600 点;表征科技创新的创业板指目标 2100 点,变幅 17%,为科创大牛市,预测峰值 2200 点;表征大型企业的上证综指目标 3200 点,变幅 7%,为小牛市,预测峰值 3300 点。2020 年态势预测为沪深小牛市和科创大牛市。

表 2　王维钢博士对创业板指、沪深 300、上证综指 2019 年末目标值的预测

预测日期	2019 年定性	预测指数	2019 年初整数值	2019 年 4 月峰值	2019 年末预测值	2019 年预测变幅	2019 年末实际
2019/3/3	科创大牛市 沪深大牛市	创业板指	1250	1792	1900	52%	1780
2019/1/6	沪深小牛市	上证综指	2500	3288	3300	32%	2984
预测日期	2020 年定性	预测指数	2020 年初整数值	2020 年预测峰值	2020 年末预测值	2020 年峰值变幅	2020 年预测变幅
2019/12/1	沪深小牛市	沪深 300	4000	4600	4400	15%	10%
2019/12/1	科创大牛市	创业板指	1800	2200	2100	22%	17%
2019/12/16	科创大牛市 沪深小牛市	上证综指	3000	3300	3200	10%	7%

资料来源:常晟投资、君晟研究

作者在《金融供给侧改革是 2020 年资本市场主轴 20191201》中指出:"认为指数单年大涨从市场可持续性和权益财富比重稳定性来看未必是好事,连续多年的指数小幅增长比大起大落更加健康。主要市场指数增长 5%—10% 的年份,优秀的投资者可以做到 30% 年收益率。""2020 年继续看好科技创新行业群,一是科技创新行业群的估值提升空间大于银行、周期和消费部门等传统行业,二是中国高新技术产业链环

节进口替代诉求在 2020 年会更加显化。所以，科技创新行业蓝筹股估值将进一步提升，同时受益于产业链环节进口替代的上市公司盈利有望超预期提高。"

在本文中常晟进一步细化三大表征指数的 2020 年末预测值与 2020 年预测变幅、2020 年预测峰值。

表 3 常晟 2020 年末预测值与 2020 年变幅一览

基准指数—表征风格	2019 年末估计整百值	2020 年末常晟预测值	2020 年幅度（%）	2020 年常晟预测峰值
沪深 300—市场全景	4000	4400	10	4600
创业板指—科技创新	1800	2100	17	2200
上证综指—大型企业	3000	3200	7	3300

资料来源：常晟投资、君晟研究

四、用沪深 300 表征市场全景、创业板指表征科技创新

提议机构投资者主要选用沪深 300 指数为市场全景主要跟踪对象，选用创业板指为科技创新蓝筹股主要表征对象，只把更多代表传统经济表现且金融能源占比过高的上证综指作为参考研究对象。

全球主要经济体按特征划分为中美、欧盟、亚太、金砖、四小龙、东盟。中美相对应的表征指数：市场全景指数方面，中国的沪深 300 可对应美国的标普 500；科技创新指数方面，中国的创业板指可对应美国的纳指；大型企业指数方面，中国的上证综指可对应美国的道指。为了构建全市场研究者与机构投资者预测态势讨论的通用语言，提议机构投资者主要选用沪深 300 指数为市场全景主要跟踪对象，选用创业板指为科技创新蓝筹股主要表征对象，只把更多代表传统经济表现且金融能源占比过高的上证综指作为参考研究对象。

本文研究的全球主要经济体包括：中国；美国；欧盟三国（英国、法国、德国）；亚太五国（日本、澳大利亚、新西兰、加拿大、墨西哥、MSCI 亚太）；金砖三国（巴西、印度、俄罗斯）；四小龙（韩国、中国香港、中国台湾、新加坡）；东盟五国（泰国、印度尼西亚、马来西亚、菲律宾、越南）。

本文重点分析中国与美国 10 年权益市场态势表现。在中国市场选用表征市场全

景的沪深 300、表征科技创新的创业板指、表征大企业的上证综指和深证成指，在美国市场选用表征市场全景的标普 500、表征科技创新的纳斯达克指数、表征大企业的道琼斯工业指数、表征美国市场波动率的 VIX 指数。其他经济体选用最主要权益市场指数。中美相对应的表征指数：市场全景指数方面，中国的沪深 300 可对应美国的标普 500；科技创新指数方面，中国的创业板指可对应美国的纳指；大型企业指数方面，中国的上证综指可对应美国的道指。

表 4　华泰、高盛、大摩、国君、常晟 2019 年 11 月末对 2020 年末预测值比较

研究所所长或总量首席	预测指数	预测日期	预测日指数整数值	2019年12月16日	2020年预测峰值	2020年末预测值	预测日到2020年末变幅	2020年预测变幅
国君黄燕铭所长	上证综指	2019/11/2	2900	2984		3300	14%	11%
华泰张馨元策略	沪深 300	2019/11/21	3900	3988		4300	10%	8%
高盛刘劲津策略	沪深 300	2019/11/6	3900	3988	5000	4200	8%	5%
大摩王滢策略	沪深 300	2019/11/29	3900	3988		4180	7%	5%
常晟王维钢	沪深 300	2019/12/1	3900	4000	4600	4400	13%	10%
常晟王维钢	创业板指	2019/12/1	1700	1800	2200	2100	24%	17%
常晟王维钢	上证综指	2019/12/1	2900	3000	3300	3200	10%	7%

资料来源：华泰、高盛、大摩、国君、君晟研究

注：华泰、高盛和摩根士丹利研究团队主要用沪深 300 对中国市场描述预测

中国市场投资者按历史习惯多用上证综指表述市场态势。以上证综指分行业总市值比例 2007—2019 年变化表为例，能源行业总市值占比从 2007 年的 29% 逐步下降到 2019 年的 7%，金融行业 11 年始终维持 38%—39%，金融加能源占比从 2007 年 68% 下降到 2019 年 46%，但占比仍然过高，导致上证综指对全市场真实描述能力越来越弱。

流通市值高与成交活跃的 100 家成分股构成的创业板指较好描述了科技创新蓝筹股的表现。

为了构建全市场研究者与机构投资者预测态势讨论的通用语言，提议主要选用沪深 300 指数为市场全景的主要跟踪对象，选用创业板指为科技创新蓝筹股的主要表征对象，只把更多代表传统经济表现且金融能源占比过高的上证综指作为参考研究对象。

表5 上证综指分行业总市值比例2007—2019年变化

单位（%）

	2007	2008	2009	2010	2011	2012	2013	2014	2015	2016	2017	2018	2019
材料	7	6	8	9	7	8	7	6	7	7	8	7	7
电信服务	1	1	1	1	1	0	0	0	0	1	1	1	1
房地产	2	2	3	3	2	3	3	3	4	4	3	3	3
工业	12	13	13	16	13	13	15	17	19	18	16	15	14
公用事业	3	4	3	3	3	3	4	4	5	4	4	4	4
金融	38	39	38	36	40	41	39	42	34	34	37	39	39
可选消费	3	3	4	5	5	6	7	7	9	9	9	8	7
能源	29	26	24	20	21	18	16	13	10	10	9	9	7
日常消费	2	2	3	3	4	4	4	4	4	5	5	7	8
信息技术	1	1	2	2	2	3	3	4	4	4	4	5	7
医疗保健	1	2	2	2	2	4	3	4	4	4	4	4	5
总　计	100	100	100	100	100	100	100	100	100	100	100	100	100
金融+能源	68	66	61	56	60	60	54	55	44	44	46	48	46
科技—ICT医疗	2	3	3	5	4	4	6	6	8	8	8	9	12
消费—日常　可选	5	5	7	8	9	9	11	9	13	14	14	14	15
制造—工业　材料	19	19	21	25	21	21	22	23	26	25	24	22	21
基础—能源　公用	33	30	27	23	24	22	19	18	14	14	13	13	10
服务—金融地产电信	41	42	41	39	43	44	42	45	39	39	41	42	42

资料来源：君晟研究、WIND

五、若干年指数小幅增长比大起大落更有利于权益比重稳定提升

通过对中美等主要市场10年态势回顾与不同期间各经济体表现比较，可以得出结论：金融供给侧改革引导下连续若干年指数小幅增长比大起大落更有利于境内外投

资者长期持有中国权益资产和居民财富的权益比重稳定提升。

1. 中国市场

2019年,在沪深300指数、创业板指、上证综指和深圳成指这中国四大指数中,表征银行石化比重偏高的大企业表现的上证综指涨幅17%,明显落后于中国其他三个主要指数表现。

2018年中国四大指数全部是跌幅25%—34%的大熊市,深圳成指下跌34%,表现最差。创业板指数2016—2018年连续三年熊市,表现最差。

2017年不同指数分化剧烈。表征全景的沪深300大涨22%,创业板指小跌11%,上证综指和深圳成指均小涨7%—8%。

2013—2017年创业板与全景及大企业表现呈此起彼伏的极端分化现象,2013年创业板指暴涨83%,而其他三个指数小跌7%—11%;2014年创业板指小涨13%,而其他三个指数暴涨52%、53%、36%;2015年创业板暴涨84%,其他三个指数小涨6%、9%、15%;暴涨三年后2016年创业板暴跌28%,而沪深300和上证综指指数小跌11%—12%,深圳成指大跌20%。

在2009年主板三大指数为变幅80%—111%的超级大牛市,随后是2010年小熊市和2011年大熊市。2009年初设的创业板在2010年是变幅14%的小牛市,2011年是暴跌36%的大熊市。

2. 美国市场

在2008年全球经济危机后,美国三大指数连续11年超级大牛市。按分年度判定,三大指数2009年、2013年、2017年、2019年大致3—4年一次全部都是大牛市年度表现,表征市场全景的标普500和全市场30家跨国大企业表现的道指在大牛市年份期间也以小牛市为主、平衡市为辅,没有跌幅5%—15%的小熊市和年跌幅超过15%的大熊市。表征科技创新的纳指大牛市年度更频繁,2009年为44%、2010年17%、2012年16%、2013年38%、2017年28%、2019年30%共六年,其他年份也以6%—13%不等幅度的小牛市为主,只有两年是2011年−2%和2018年−4%的平衡市,没有小熊市和大熊市。

通过对中美等主要市场10年态势回顾,可以得出结论:金融供给侧改革引导下连续若干年指数小幅增长比大起大落更有利于境内外投资者长期持有中国权益资产和居民财富的权益比重稳定提升。

表6 2007—2019年全球主要经济体历年股市态势量化定性一览

（单位：%）

区域	市场指数	2008	2009	2010	2011	2012	2013	2014	2015	2016	2017	2018	2019
中国	市场全景沪深300	大熊-66	大牛97	小熊-13	大熊-25	小牛8	小熊-8	大牛52	小牛6	小熊-11	大牛22	大熊-25	大牛32
中国	科技创新创业板指	—	—	小牛14	大熊-36	平衡-2	大牛83	小牛13	大牛84	大熊-28	小熊-11	大熊-29	大牛42
中国	大型企业上证综指	大熊-65	大牛80	小熊-14	大熊-22	平衡3	小熊-7	大牛53	小牛9	小熊-12	小牛7	大熊-25	大牛20
中国	大型企业深圳成指	大熊-63	大牛111	小熊-9	大熊-28	平衡2	小熊-11	大牛36	小牛15	大熊-20	小牛8	大熊-34	大牛40
美国	市场全景标普500	大熊-38	大牛23	小牛13	平衡0	小牛13	大牛30	小牛11	平衡-1	小牛10	大牛19	小熊-6	大牛26
美国	科技创新纳指5400	大熊-41	大牛44	小牛17	平衡-2	大牛16	大牛38	小牛13	小牛6	小牛8	大牛28	平衡-4	大牛32
美国	大型企业道指30	大熊-34	大牛19	小牛11	小牛6	小牛7	大牛26	小牛8	平衡-2	小牛13	大牛25	小熊-6	大牛21
美国	波动率VIX	大牛78	大熊-46	大熊-18	大牛32	大熊-23	大熊-24	大牛40	小牛-5	大熊-23	大熊-21	大牛130	大熊-50
欧盟	英国	大熊-31	大牛22	小牛9	小熊-6	小牛6	小牛14	平衡-3	平衡-5	小牛14	小牛8	小熊-12	小牛9
欧盟	法国	大熊-43	大牛22	平衡-3	大熊-17	大牛15	小牛18	平衡-1	小牛9	平衡5	小牛9	小熊-11	大牛25
欧盟	德国	大熊-40	大牛24	大牛16	大熊-15	大牛29	大牛25	平衡3	小牛10	小牛7	大牛13	大熊-18	大牛26
亚太	日本	大熊-42	大牛19	平衡-3	大熊-17	大牛23	大牛57	小牛7	小牛9	平衡0	大牛19	小熊-12	大牛20
亚太	澳大利亚	大熊-41	大牛31	平衡-3	小熊-15	大牛15	小牛15	平衡1	平衡-2	小牛7	小牛7	小熊-7	大牛21

续表

区域	市场指数	2008	2009	2010	2011	2012	2013	2014	2015	2016	2017	2018	2019
亚太	新西兰	大熊 -33	大牛 19	平衡 2	平衡 -1	大牛 24	大牛 16	大牛 18	小牛 14	小牛 9	大牛 22	平衡 5	大牛 27
	加拿大	大熊 -36	大牛 31	小牛 14	小熊 -11	平衡 4	小牛 10	小牛 7	小熊 -11	大牛 18	小牛 6	小熊 -12	大牛 19
	墨西哥	大熊 -24	大牛 44	大牛 20	平衡 -4	大牛 18	平衡 -2	平衡 1	平衡 0	小牛 6	小牛 8	大熊 -16	大牛 6
	MSCI 亚太	大熊 -43	大牛 34	小牛 14	大熊 -17	小牛 14	小牛 9	平衡 -2	平衡 -4	平衡 2	大牛 29	大熊 -16	大牛 15
金砖	巴西	大熊 -41	大牛 83	平衡 1	大熊 -18	小牛 7	大熊 -15	平衡 -3	小熊 -13	大牛 39	大牛 27	大牛 15	大牛 28
	印度	大熊 -52	大牛 81	大牛 17	大熊 -25	大牛 26	小牛 9	大牛 30	小熊 -5	平衡 2	大牛 28	小牛 6	小牛 14
	俄罗斯	大熊 -72	大牛 129	大牛 23	大熊 -22	小牛 11	小熊 -6	大熊 -45	平衡 -4	大牛 52	平衡 0	小熊 -7	大牛 40
四小龙	韩国	大熊 -41	大牛 50	大牛 22	小牛 -11	小牛 9	平衡 1	平衡 -5	平衡 2	平衡 3	大牛 22	大熊 -17	小牛 6
	中国香港	大熊 -48	大牛 52	小牛 5	大熊 -20	大牛 23	平衡 3	平衡 1	小熊 -7	平衡 0	大牛 36	小熊 -14	小牛 6
	中国台湾	大熊 -46	大牛 78	小牛 10	大熊 -21	小牛 9	小牛 12	小牛 8	小熊 -10	小牛 11	大牛 15	小熊 -9	大牛 23
	新加坡	大熊 -49	大牛 64	小牛 10	大熊 -17	大牛 20	平衡 0	小牛 6	小熊 -14	平衡 0	大牛 18	小熊 -10	平衡 4
东盟	泰国	大熊 -48	大牛 63	大牛 41	平衡 -1	大牛 36	小熊 -7	大牛 15	小熊 -14	大牛 20	小牛 14	小熊 -11	平衡 -1
	印度尼西亚	大熊 -51	大牛 87	大牛 46	平衡 3	小牛 13	平衡 -1	大牛 22	小熊 -12	大牛 15	大牛 20	平衡 -3	平衡 0
	马来西亚	大熊 -39	大牛 45	大牛 19	平衡 1	小牛 10	小牛 11	小熊 -6	平衡 -4	平衡 -3	小牛 9	小熊 -6	小熊 -7
	菲律宾	大熊 -48	大牛 63	大牛 38	平衡 4	大牛 33	平衡 0	大牛 23	平衡 -4	平衡 -2	大牛 25	小熊 -13	平衡 3
	越南	大熊 -66	大牛 57	平衡 -2	大熊 -27	大牛 18	大牛 22	小牛 8	小牛 6	小牛 15	大牛 48	小熊 -9	小牛 8

资料来源：君晟研究、WIND

3. 不同期间各经济体表现比较

以下分别比较各经济体权益市场的2008年末—2019年末的11年变幅、2010年末—2019年末的9年变幅、2012年末—2019年末的7年变幅、2014年末—2019年末的5年变幅、2016年末—2019年末的3年变幅。2012年末大致是中国创业板三年大牛市的起点。2014年末大致是2015年中国快牛变股灾的起点，2016年末大致是中国股灾后调整结束的时点。

表7　各经济体权益市场11年/9年/7年/5年/3年变幅一览

（单位：%）

区域	经济体	11年变幅	9年变幅	7年变幅	5年变幅	3年变幅
中国	市场全景沪深300	119	27	58	13	20
中国	科技创新创业板指	78	56	149	21	−9
中国	大型企业上证综指	64	6	32	−8	−4
中国	大型企业深圳成指	57	−18	11	−8	0
美国	市场全景标普500	251	152	122	54	42
美国	科技创新纳指5400	454	229	189	84	62
美国	大型企业道指30	221	143	115	58	42
美国	波动率VIX	−68	−29	−30	−34	−10
欧盟	英国	66	25	25	12	3
欧盟	法国	84	56	63	39	22
欧盟	德国	176	92	74	35	16
亚太	日本	170	134	130	37	25
亚太	澳大利亚	84	44	47	27	21
亚太	新西兰	313	239	176	102	63
亚太	加拿大	89	26	37	16	11
亚太	墨西哥	98	15	1	3	−3
亚太	MSCI亚太	89	23	31	23	25
金砖	巴西	200	62	85	125	87
金砖	印度	324	100	111	49	54
金砖	俄罗斯	138	−15	−2	90	30
四小龙	韩国	93	6	9	13	1
四小龙	中国香港	91	19	21	17	25
四小龙	中国台湾	160	33	55	28	29

续表

区域	经济体	11年变幅	9年变幅	7年变幅	5年变幅	3年变幅
四小龙	新加坡	82	1	1	−5	11
东盟	泰国	244	50	11	3	0
东盟	印度尼西亚	358	68	44	19	17
东盟	马来西亚	79	3	−7	−11	−4
东盟	菲律宾	311	83	32	7	13
东盟	越南	206	99	134	77	45

资料来源：君晟研究、WIND

六、全市场2020年策略索引与全国投行研究所所长或总量首席2019—2020年君晟会议交流情况

表8 全市场主要券商2020年A股市场策略展望索引与全国投行研究所所长或总量首席2019—2020年君晟会议主讲交流统计

全国投行研究所所长或总量首席2019—2020在君晟会议主讲日	机构	研究所所长或总量首席	2020年策略报告日期	2020年A股策略展望标题索引	2020年定性
2019/9/1、2020/2/16c、2020/8/30、2018/3/31、2020/4/26c、2020/12/6	广发	郭磊宏观 戴康策略	2019/12/15	戴康 价值重鸣	金融供给侧慢牛
2020/2/16c	国君	黄燕铭所长	2019/11/2	基于CORE模型：棋至中盘	没有大牛大熊
2019/1/27、2020/3/1c、2020/8/30、2019/3/31、12/1、2020/7/18、9/26	兴业	王涵副院长宏观 王德伦策略	2019/11/11	王德伦 拥抱权益时代	第一次"长牛"
2019/5/5、2019/11/2、2020/8/30、2021/1/10	海通	荀玉根策略	2019/11/17	荀玉根 "牛"转乾坤	牛市已在路上
2019/10/7、2020/5/30c	天风	赵晓光副总裁 刘晨明策略			
王 2019/4/20、2020/11/1、邬 2019/8/4、2019/10/20、2020/8/8	长江	王鹤涛副所长 邬博华副所长			

续表

全国投行研究所所长或总量首席 2019—2020 在君晟会议主讲日	机构	研究所所长或总量首席	2020年策略报告日期	2020年A股策略展望标题索引	2020年定性
2019/3/3、2019/10/7、2020/8/8	招商	谢亚轩宏观	2019/11/12	张夏 换挡资产荒,峰峦入莽苍	七年宿命牛
王 2019/1/27、8/4、2020/8/8 杨 2019/10/7、2020/8/30	申万华西	王胜策略 杨国平金工	2019/12/13	王胜 厚积薄发,先谋一时一域	平衡市
武 2019/3/3、2019/9/19、2020/8/8 黄 2020/4/26c	建投	武超则所长 黄文涛宏观			
2019/7/28、2020/11/19	方正	杨仁文所长			
2019/10/7	中泰	李迅雷教授 首席经济学家	2019/12/3	陈龙 时代硬科技,世代新消费	平衡市
2019/7/7、2020/7/18、2020/8/30	兴业全球	张忆东副院长全球策略	2019/11/12	张忆东 全球资产荒与中国核心资产牛市新主角	核心资产牛
胡 2019/7/19 陈 2019/6/2 冯 2019/4/25,9/12,2020/1/15,7/18	安信	胡又文所长 陈果策略 冯福章副所长	2019/11/27	陈果 A股而立:把握"成熟牛"	成熟牛
2019/6/2 2020/8/30	华泰/浙商	李超宏观	2019/11/21	张馨元 坐稳逆全球化中的"顺风车"	趋势年
	中金	王汉锋策略	2019/11/4	王汉锋 以新携老	平衡市
2019/5/11、2019/11/7、2020/9/10	华创	董广阳所长			
2019/1/6、2020/1/5、2020/9/26 2020/7/18	国盛	刘富兵副所长 张启尧策略	2019/12/20	张启尧 周期重估	周期核心资产
	中信	秦培景策略	11/19	秦培景 新时代的"小康牛"	小康牛
	高盛	刘劲津策略	11/6	刘劲津	超配A股
	大摩	王滢策略	11/29	王滢 谨慎乐观,配置调整	指数目标7%
	东方	薛俊策略	11/26	薛俊 抱朴谋新	平衡市
	国金	李立峰策略	12/4	李立峰 由"震荡反复"到"结构牛市"	结构牛市

资料来源:君晟研究。注:c-因疫情取消

七、全市场主要券商 2020 年度 A 股投资策略看好行业统计结果

全市场主要券商 2020 年度 A 股投资策略看好行业统计结果显示：在 15 家参加统计的机构中合计有 14 家几乎一致看好的行业是 5G 为首的科技行业或 TMT 行业，其次 7 家机构看好券商，4—5 家机构看好医药、消费、新能源、银行、汽车。常晟《金融供给侧改革是 2020 年资本市场主轴 20191201》指出："看好科技创新溢价和龙头券商盈利估值双升。"

表 9 全市场主要券商 2020 年度 A 股投资策略看好行业统计

常晟	1	1															
合计	6	8	7	4	5	4	5	1	1	1	4	3	2	2	1	1	1	1	1
机构	科技	=TMT	券商	银行	医药	新能	消费	食品	农业	家电	汽车	地产	机械	交运	商业	电力	金属	建材	社服
广发		1															1	1	1
国君		1	1	1							1								
兴业	1		1									1		1					
海通	1		1																
天风																			
长江																			
招商		1	1		1							1							
申万		1			1							1		1					
建投																			
方正																			
中泰	1					1													
兴业全球	1		1		1		1					1							
安信		1			1														
华泰		1			1														
中金	1			1			1	1	1	1									
中信		1	1	1		1													
高盛			1		1														
大摩														1	1				
东方		1		1															
国金	1				1														

资料来源：君晟研究整理、全国各券商 2020 年宏观策略报告

科技行业大致等同于 TMT 行业，金融行业大致等同于券商保险银行行业。消费行业包含必选消费部门和可选消费部门。大摩看好冷门行业商业与交运，因估值偏高和外部不确定性而改变曾长期看好消费、IT、医疗行业的观点。

第四章
预警市场风险，做好预案为推进金融供给侧改革护航

2020 年 1 月 5 日

一、重申金融供给侧改革九大措施预测，有些措施已经或正在形成共识

我在《金融供给侧改革是 2020 年资本市场主轴 20191201》中做了金融供给侧改革九大措施预测：侧重资本市场建设，增加资金供给与居民权益财富比重，调整居民财富结构，商业银行资金供应资本市场直接融资，降低资金成本，国有资本分行业结构调整有增有减，平衡增加境内外资金供给，稳定权益市场收益预期，引导 IPO 和再融资分行业有保有压资金准入。该文章是《常晟投资 2020 年 A 股市场展望》的组成部分。

我在《十九届集体学习综述与归纳预测 20191026》中预测，2020 年 2 月下旬集体学习主题可能是金融供给侧改革。总书记于 2019 年 2 月 22 日在集体学习会议发言提出"建设一个规范、透明、开放、有活力、有韧性的资本市场"的要求，到目前可以说政策措施还没有完全到位。我提出的九条措施预测，有些已经或正在形成共识，正待逐步酝酿或推出。最新的举措就是 1 月 4 日中国银保监会发布《关于推动银行业和保险业高质量发展的指导意见》，多渠道促进居民储蓄有效转化为资本市场长期资金。我认为金融供给侧改革措施推行过程可能会持续半年到一年。

二、中美系统性摩擦对中国产生六个意外效果

2020 年是美国大选年。我在《中美系统性摩擦对中国的六个意外效果 20191220》中指出：

（1）以华为为代表的中国产业界放弃了自由贸易全球分工、先进技术环节依赖美国的幻想，全力扶持中国同环节后进企业补缺中国 ICT 产业链能力缺失环节，中国自此开启全球产业链独立进程、接过守护自由贸易与人类命运共同体的大旗。常晟自年

中以来抓住了 ICT 产业链能力缺失环节补缺的重大投资机会。

（2）在贸易战压力下，中国政学各界统一了加大改革开放力度的经济发展思路，部分灰心的民营企业家可以重整旗鼓了。

（3）美国对中国的重压让国内社会矛盾让位于国家间矛盾，美国情报机构长期扶持的舆论战线大 V 公众号因失去认同而被迫沉寂。

（4）贸易战导致低端劳动力失业对中国政府并非很大困扰，有技术含量与科技创新能力的企业因低质量竞争者出清反而降低了人力与原材料成本，提升了竞争力与利润率。

（5）香港暴乱的正面意义在于让中央认清了香港政策失误所在和依赖土地财政导致高房价的政治风险及提升深圳与上海核心都市定位的必要性。

（6）美联储 2019 年 5 月报告显示关税主要由美国消费者与进口商承担，但中国失去了部分行业 2%—6% 美国进口市场份额，美国贸易战在逼迫中国产业界做产业升级和过剩产能出清，这是中国 2015 年 11 月 11 日发起供给侧结构性改革以来政府力量尚未能完成的艰巨任务。

三、重视沪深 300 的市场全景刻画作用和创业板指的科技创新表征作用

倡议机构投资者重视沪深 300 的市场全景刻画作用和创业板指的科技创新表征作用，减少关注上证综指的全景刻画表征作用。

2020 年态势预测为目标 4400 点 7% 的沪深小牛市和目标 2100 点 17% 的科创大牛市，目标 3200 点 5% 的上证最小牛市。波幅收窄的上证小阳线比大起大落更有利于稳定收益预期的社保养老和居民投资者长期稳定增加权益配置比例。

我在《全球经济体十年权益市场态势回顾对金融供给侧改革的启示与 2020 年态势预测——常晟投资 2020 年 A 股市场展望 20191216》中对常晟 2019 年预测回顾与 2020 年预测概述如下：实际情况是，创业板指 2019 年末预计收于 1800 点，低于常晟预测的 1900 点，年变幅 42% 为大牛市；上证综指 2019 年末实际 3050 点，低于常晟预测的 3300 点，实际年变幅 22% 为大牛市，但年度高点 3288 点接近 3300 点；科创大牛市和沪深大牛市的 2019 年态势预测均准确。预测表征市场全景的沪深 300 指数（年初值 12 月 1 日预测 4000 点、实际 4097 点）2020 年末目标 4400 点（变幅从 12 月 1 日预测值 10% 调低为 7%）为沪深小牛市，预测峰值 4600 点；表征科技创新的创业板指预

测年初1800点（实际1798点）年末目标2100点变幅17%为科创大牛市，预测峰值2200点；预测表征大型企业的上证综指（年初值12月1日预测3000点、实际3050点）年末目标3200点（变幅从12月1日预测7%调低为5%）为最小牛市，预测峰值3300点，2020年态势预测为沪深小牛市和科创大牛市。5%—15%为小牛市，±5%为平衡市。

对于市场全景态势的判断，我在2019年初还是沿用上证综指。但2019年12月我只把上证综指作为参考指标，更多会以沪深300作为市场全景主要表征指数，重点关注表征刻画科技创新的创业板指数。我期望2020年上证指数小幅上涨，多一些科技创新估值盈利双升引领的结构性行情。投资者精耕细作选一些注重研发投入的科技创新行业好股票，获得100%—200%的个股收益不是不可能的。但是如果上证综指涨幅过大，市场大幅回落风险也会更大。我不太赞同上影线3500点、下影线低于2700点的上证综指预测，希望年线是上影线降低到3300点、下影线抬高到2900点的150点小阳线，波幅收窄的小阳线更有利于稳定收益预期的社保养老和居民投资者长期稳定增加权益配置比例。

四、预测鼓励上市公司现金分红免税与监管政策是金融供给侧改革的重要组成部分

我预测鼓励上市公司现金分红免税与监管政策是金融供给侧改革的重要组成部分，有利于转变大股东和投资者获取回报的主要渠道，提高机构投资者权益比重与居民财富的权益比重。

我在《学习美国什么资本市场制度优势？——上市公司现金分红免税与监管政策是金融供给侧改革组成部分20191219》中预测：

鼓励上市公司现金分红免税与监管政策是金融供给侧改革的重要组成部分，有利于转变大股东和投资者获取回报的主要渠道，提高机构投资者权益比重与居民财富的权益比重。鼓励政策包括上市公司现金分红免税和再融资与现金分红记录及未来分红承诺挂钩的监管政策、上市公司分红计划信息披露与机构投资者股票池准入合规的监管政策。

中国上市公司股东分红现行税收政策是：持股一年以内投资者个人所得税税率为减半10%征收、一年以上免征，外国人免征，居民企业为避免双重负税而免征，境外非居民企业征10%。根据2014年1月13日《人民日报》上《美国上市公司怎么分红》，美国上市公司鼓励现金分红与回购的制度是美国11年长期牛市的基础和美国居民愿意以权益取代储蓄的根源。

五、预警2020年三个可能的市场风险

预警2020年市场风险：行业轮动集中调仓的冲击风险，特朗普为连任铤而走险的地缘政治风险，过快上涨引发的全局性回落风险，投资者和监管层应做好防御外部冲击、稳定股市汇市的预案为金融供给侧改革护航。

第一个风险是来自行业轮动造成机构过于集中持股的行业或白马个股受到集中减持的冲击风险。轮动风险来自估值过高或事件驱动或集中持股等因素造成境内外机构投资者对某一个行业或白马个股从特别看好转变到不太看好，导致比较强的调仓冲击，有可能造成特定行业或白马个股的投资风险。

第二个风险是特朗普在大选支持率偏低的情况下可能会铤而走险，引起地缘政治风险。1月3日爆发的美国袭击伊拉克民用机场刺杀伊朗军事领袖事件是一个开端。地缘冲突有可能是美国继续切香肠提升与中国台湾军事政治互动来触发中美摩擦加剧，有可能是引发波罗的海小国、波兰、乌克兰与俄罗斯的地缘冲突，有可能是升级与中东各国军事政治冲突。

第三个风险是上证综指上涨过快可能导致大幅回落的市场风险。我的观点是上证综指小幅上涨，以创业板指为代表的科技创新行业受盈利预测提升和估值提升而充分上涨。但如果更多表征大市值行业的上证综指短时间内涨太高，那投资者就要注意全局性风险了。

六、会议嘉宾对2020年市场风险的预测汇总

根据王维钢博士的提议，2020年1月5日君晟己亥年收官会议嘉宾对2020年市场主要风险分别作出预测如下：

B Z　某公募机构总监、君晟主持：未提及。

C 崔磊　肇万资产总监：未提及。

D 汪铭泉　锐隆投资董事长、君晟群委：未提及。

E 谢荣兴　所长、君晟群委：未提及。

F 王维钢　常晟投资董事长、君晟群委：预警2020年市场风险，即行业轮动集中调仓的冲击风险、特朗普为连任铤而走险的地缘政治风险、过快上涨的回落风险，投资者和监管层应做好预案为金融供给侧改革护航。

JZ　某公募机构总监：未提及。

K 郝一鸣　润沃沣投资、君晟主持：未提及。

L 金洋　睿通资产董事总经理：第一个是 IPO、再融资的抽水效应，第二个是宏观实体经济的下行，第三个是持续的金融去杠杆力度会超预期，第四个是国际政策政局的不确定，所以指数不会有大的行情。

MC　某公募机构总监、君晟主持：未提及。

NC　某公募机构领导、君晟主持：未提及。

O 黄树军　永望资产总经理：风险上需考虑地缘政治危机等对市场的影响，如大选黑天鹅事件、地域局部冲突等。

PT　某公募机构总监、君晟主持：2020年指数可能波动区间不大，但依然需要防范风险，尤其是一些结构性的风险，比如部分高估值核心资产的业绩不达预期风险；再融资力度加大对市场的可能冲击；市场高估和炒作的板块估值回调的力度等。

QL　某公募机构领导、君晟主持：关于风险，2020年最大的风险可能就是预期和现实不匹配导致的市场调整问题，因为预期往往走在事实的前面，容易产生许多泡沫。

R 徐智麟　钧齐投资董事长、君晟群委：目前整个资本市场也是存量逻辑，并不是增量逻辑。关于风险方面，如果大盘出现普涨可能是风险。

S 郑楚宪　宝樾投资合伙人、君晟主持：下半年国际关系可能又会面临不确定性。

TT　某公募机构领导、君晟主持：主要风险在于，政府逆周期调节力度掌握不好导致出清慢经济增长前景黯淡；政府大力扶持科技用力过猛使得科技泡沫盛行，浪费国家资源。

U 袁鹏涛　中域投资总经理：宏观来看，2700点区域要讲政治要讲核心资产的安全边际，3500点区域要认识到社会大转型大盘整背景下企业业绩和市场流动性并不支持继续大牛市。中美达成第一阶段协议固然美好，但协议本身也许会对经济产生一些短中期负面影响。

第五章
2020 年历次市场预测的后验分析

2020 年 7 月 1 日

  2020 年 1 月 5 日我做出沪深小牛市涨 7%、科创大牛市涨 17%、上证最小牛市涨 5% 的预言。在疫情最严重、市场悲观情绪蔓延的 4 月 3 日做出看好疫情缓解后指数仍能创年度新高的判断，需要勇气和基于大数据分析的判断力。2020 年上半年创业板指变幅 36% 高居第一，超过 10% 的美国纳指，沪深 300 指数变幅 2%、上证综指 −2% 分别排名第三和第五。在 2019 年创业板指和沪深 300 大涨 44% 和 36% 排名第三和第五，创业板指和沪深 300 连续两年表现在全球领先。2020 年 7 月 1 日作者对 2020 年全年态势最新预测更新为：创业板指目标年变幅上调为 40% 至年末 2520 点的科创大牛市，维持沪深 300 目标 4400 点 7%（4000—4600 点）的沪深小牛市和目标 3200 点 5%（2900—3300 点）的上证最小牛市的判断。

  我在 2020 年 1 月 5 日君晟己亥年收官会议书面发言《预警市场风险，做好预案为推进金融供给侧改革护航 20200105》中的 2020 年态势预测为沪深 300 目标 4400 点 7%（4000—4600 点）的沪深小牛市和目标 2100 点 17%（1800—2200 点）的科创大牛市、目标 3200 点 5%（2900—3300 点）的上证最小牛市。

  我在《庚子年新冠肺炎疫情五行预测与火神山雷神山五行分析 20200204—0403》中做出判断："4 月 3 日沪深 3713 点创业板指 1907 点上证 2764 点。尽管全球经济因新冠肺炎疫情有了重大改变，作者判断新冠肺炎疫情对中国经济的损害是一次性而不是永久性的，鉴于欧美经济体受损更为严重，中国经济恢复性增长更早开始，疫情对中国占全球经济增量比重提高的作用是永久性的而不是一次性的，相应中国资产占全球资产价值比重提高是必然的。作者预测，在新冠肺炎疫情缓解后，下半年创业板指仍能创年度新高并年末收于 2200 点变幅 15%，沪深 300 回到年末 4200 点变幅 13%、上证回到年末不低于3000点变幅11%。"在疫情最严重、市场悲观情绪蔓延的4月初做出看好疫情环节后指数仍能创年度新高的判断，需要勇气和基于大数据分析的判断力。

截至2020年6月30日，沪深4164点、创业板指2438点、上证2985点，2020年1月5日和2020年4月3日作者公开书面做的科创大牛市预言已经超额实现。在全球27个经济体和31个市场指数中，2020年上半年创业板指变幅36%高居第一，超过10%的美国纳指，沪深300指数变幅2%、上证综指−2%，分别排名第三和第五。在2019年创业板指和沪深300大涨44%和36%排名第三和第五，创业板指和沪深300连续两年表现在全球领先。

综合基本面情况，2020年7月1日作者对2020年全年态势最新预测更新为：创业板指目标年变幅上调为40%至年末2520点的科创大牛市，维持沪深300目标4400点7%（4000—4600点）的沪深小牛市和目标3200点5%（2900—3300点）的上证最小牛市，谨慎目标为2021年预留充分的上升空间。

表1　全球27个主要经济体的31个市场指数2019年和2020年上半年变幅和排名一览

市场指数	2019年变幅（%）	2020年上半年变幅（%）	2019年排名	2020年上半年排名
中国上证综指	22	−2	18	5
中国创业板指	44	36	3	1
中国沪深300	36	2	5	3
美国道指	22	−10	17	17
美国纳指	35	10	6	2
美国标普500	29	−5	8	11
德国	25	−8	14	15
法国	26	−17	11	28
英国	12	−17	24	29
日本	18	−6	21	13
加拿大	19	−10	19	16

资料来源：君晟研究、WIND

【第六篇】

经济增长篇

第一章
预测衰退：美国 2020 年衰退判断与后续情景预测及对策分析

2019 年 8 月 16 日

作者后记：作者在 2019 年 8 月 16 日公开发表观点预测美国 2020 年衰退，2020 年第二季度起美国因新冠肺炎疫情触发经济史上最严重的衰退。

一、衰退信号的美债 2 年-10 年期利率倒挂和美股暴跌

8 月 13 日特朗普在宾州壳牌石化企业演讲时公开宣称退出 WTO、反对中国发展中国家地位，当日美债 2 年-10 年期利率倒挂，8 月 14 日欧美股市暴跌。这是 3 月 22 日美债 3 月-10 年期利率倒挂之后，又一个接踵而至的美国衰退信号。

格林斯潘已经在造舆论，美债收益率可以为负值，中美贸易摩擦与欧洲政局不稳等因素已导致全球 15 万亿美元负收益债券。（彭博社 8 月 13 日报道）

二、多数主要经济体 2019 年已经在减速

界定美国衰退是个严谨的学术过程，多数主要经济体和周边四小龙都出现了增长减速的情况，中印维持在 5% 以上和美国维持 2.5/1.7% 已经是减缓全球衰退的领头羊了。

界定美国衰退是一项技术性强且难免有争议的工作，美国 NEBR 专门从事衰退界定工作。一般衰退期为 8—16 个月，有些经济学家定义两个季度 GDP 负增长为衰退。

从 IMF 和世界银行 2019 年以来对各主要经济体 GDP 增速预测的逐季不断下调看出，除了中国、美国、印度少数经济体以外，多数 G20 发达经济体如日本，2019/2020 年增速在 0.5%—1.5% 之间低位徘徊。中国、印度、印度尼西亚还能维持 5% 以上的增速，美国 2019/2020 年增速 2.5% 回落到 1.7%，土耳其、阿根廷已经衰

退。率先受特朗普贸易战影响,发挥贸易战金丝雀信号作用的韩国 1.8%、中国香港 0.5%、中国台湾 1.7%、新加坡 1.3%,四小经济体出现 2019 年第一季度 GDP 同比显著放缓。

三、衰退影响期长于衰退期本身

衰退对全局经济的影响不仅仅局限在衰退期。2001 年衰退时,美股在 2000 年已经崩盘,衰退的影响直到 2003 年还未消除,美联储 2004 年仍维持 1% 超低利率。研究过往美国衰退影响期过程,可以帮助我们预测美国衰退开始时间点和股市及利率未来变动。

四、预测美国衰退开始于 2020 年 10 月—2021 年 6 月

历史经验显示 2 年-10 年期美债利率倒挂日与衰退间隔 14—22 个月不等,可以假设美国衰退开始的窗口期在 2020 年 10 月—2021 年 6 月,11 月 3 日总统选举日恰逢其间。

五、预测 2019 年第四季度可能确认美股历史性牛转熊

预计在衰退开始前 12 个月,美国股市在 2019 年第四季度将面临牛确认转熊的真正考验,特朗普为了挽救自己的连任希望下半年一定会逼迫美联储继续降息 2—3 次。熊市的最高点有可能已经在 7 月下旬 27400 点出现。

六、预测特朗普极限施压逼迫美联储下调到 2020 年末基准利率 1%—1.25%

预测特朗普极限施压逼迫美联储下调到 2020 年末基准利率 1%—1.25%,建议中国应尽快降息和信贷结构控制以缓解实体企业关税压力和经营压力。

2019 年 8 月 1 日美联储鲍威尔非常不情愿地自 2008 年以来首次降息到联邦基金利率 2%—2.25%,鲍威尔不愿意承认这是降息周期的开始,表示这只是周期中期调整,美国股市应声不涨反跌。

在特朗普炒鱿鱼极限施压下,鲍威尔极有可能被迫在 2020 年末前把基准利率下调到 1%—1.25%,即再下降 100 点,如果鲍威尔还能继续担任美联储主席的话。

亚太主要经济体印度、韩国、新西兰、澳大利亚央行 2019 年 6 月已启动降息,先于美国进入降息周期,以应对特朗普发动全球贸易战导致全球经济衰退提前到来的黯淡前景。

中国金融决策人士迟迟不愿意现阶段采取降息措施。作者认为存在两大认识误区，一是担心降息不利于对房地产调控、助长大水漫灌，二是担心降息可能增加人民币贬值压力。

作者的观点是：控制压缩房地产信贷规模可以采取规模比例双控制定量措施，降息不意味着放松房地产信贷，金融供给侧结构改革应确保对科技创新为主的实体经济增加信贷规模与比例、对房地产减少信贷规模与比例。由于特朗普与外管局联盟抵御，同时美国与亚太周边经济体纷纷降息，中国降息不会增加人民币贬值压力。反而中国坚持不降息而美国及亚太经济体降息会徒增人民币升值压力，不利于中国出口企业化解特朗普加征关税的负面影响。有鉴于此，作者呼吁央行不要在为时已晚时才降息，应积极引导全社会形成降息预期、尽快实现信贷结构性控制和降息，为中国实体企业减轻负担、缓释社会资金链压力做出实质性贡献。

七、特朗普为推卸触发利率倒挂和股市暴跌的责任而狂发推特转移焦点

8月13日特朗普退出WTO的不负责任言论触发了预示衰退的美债利率倒挂和欧美股市狂跌。2015年2月25日特朗普推特立旗：道指跌1000点总统应该被加农炮极速发射到太阳中去，2018年2月5日道指暴跌1175点已实现了特朗普发射总统的目标值，2019年8月14日道指暴跌800点离1000点发射总统的目标值仅差200点。

2019年8月14日特朗普狂发推特，把暴跌责任推给美联储，造谣中国被贸易战和美国情报机构及附属NED资助的香港暴乱打得快不行了，暗示农民和股民们挺住，中国很快会"投降"的。

从特朗普杂乱无章的言论看出，特朗普在股市暴跌和衰退将至面前有点病急乱投医，中国要谨防特朗普铤而走险。

八、预测特朗普铤而走险的各种策略，有助于中国做出成熟的应对预案

在中国不愿意在美国极限施压下签署不平等贸易协议的情况下，2019年9—12月特朗普有可能铤而走险，宣布退出WTO、实现加征全部3000亿美元中国商品第二部分10%关税，允许情报机构及附属机构NED通过香港警民对峙时激化香港暴乱，宣布强迫韩日同意部署中程导弹，宣布执行"台湾旅行法"派遣官员访问台湾。

只有把特朗普各种恶招都想到，中国政府才能做出成熟的应对预案。

九、2020 年美国衰退将至，这是特朗普亲手缔造的

沉着应对，以战略定力为更严峻事态做好内部准备。香港暴乱与贸易战、科技战、金融战一样，只是中美系统性摩擦的组成部分之一。中国的主要精力应放在抓紧时间投入技术研发与改造非美独立产业链，为未来 5—10 年内美国全面制裁中国的小概率事件做战略准备。

特朗普三鼓而竭、黔驴技穷。希望特朗普说到做到，圣诞节前给手机电脑玩具鞋帽加征关税，美国家长们会在 2020 年 11 月 3 日的选票上为多付出的礼物和日用品开支签单的。如果特朗普不想要，就不会有中美贸易协议了。时间不在特朗普这一边。

第二章
深圳如何提升大湾区世界级核心城市竞争力

2019 年 8 月 16 日

一、深圳吸引知识服务、科技创新企业和 500 强企业的高端人才组合政策

深圳提升核心竞争力要解决的首要问题是制定吸引知识服务、科技创新企业和 500 强企业的高端人才组合政策。

深圳在金融、航运、商贸、高端知识服务、生物医药领域的优势不亚于香港。

一个低税率、安全自由的香港当然是大企业开展商业活动的重要选项。香港动乱降低了商业安全性和自由度,深圳相对香港的商业优势在提升。香港实体经济空心化,经济利益由金融地产家族利益集团掌控瓜分,不利于科技创新企业发展壮大,经济增长的动力已经枯竭,预计未来十年 GDP 潜在增长率正负 1%。

与香港相比,深圳最大的劣势在于高端人才个人所得税税率显著偏高。深圳个人所得税税率按 3%—45% 七级超额累进制、超额部分最高按 45% 征收,高收入的企业管理人员和知识服务人才、技术研发人员等高端人才大部分超额收入都要按最高档 45% 征收个人所得税。虽然深圳在前海地区推行境外高端人才和紧缺人才免征个人所得税政策,但深圳个人所得税政策改革尚未体现中央对改革开放先行示范区的支持力度。

香港薪俸税以应纳税所得额为计税依据,薪俸采用 15% 的标准或 2%—17% 实行五级超额累进税率,利得税和物业税都采用 15% 的标准税率计税。

深圳提升核心竞争力要解决的首要问题是吸引高端知识服务、科技创新企业和 500 强企业的高端人才组合政策,即改革开放先行区实行高端人才个人所得税税率不高于香港,放开高端人才购房限制并提供租房优惠,放开高端人才出入境限制,加大社会企业资本对世界知名大学分校和医疗、基础教育设施投资。深圳政府在大学城和知识城、前海相关区域大规模兴建高端人才购房前廉租公寓和教育医疗科研高端人才

折扣价限制交易住房，配套符合深圳都市形象的医院与教育设施，为教育医疗科研金融等核心知识服务领域高端人才和500强及科技创新企业高端人才提供理想的自由安全居住环境。

我认为高端知识服务领域至少应拓展到高等教育和基础教育、医疗服务、科学研究、金融（包括创业投资、资产管理）、企业服务（包括法律、审计、设计、知识产权）等高端知识服务细分行业领域，其中核心高端知识服务领域至少应包括教育、医疗、科研、金融领域。

二、深圳有明显的科技创新企业成长基因和布局全国放眼世界的宽阔企业家视野

深圳的自由创新环境在充分竞争领域中自然孕育了平安（第29名，金融）、华为（第72名，通信）、腾讯（第331名，互联网）、万科（第332名，地产）、招行（第213名，金融）、正威（第111名，金属）、顺丰（物流）、比亚迪（汽车）、中兴通讯、广核核电等中国各行业龙头或世界500强和大疆、立讯、华大等龙头级科技创新企业，其中华为、腾讯是科技创新企业。2019年度深圳7家500强企业中只有恒大（第230名，地产）是从广州引进的大企业。

作为对照，香港、上海、杭州的世界500强企业排名与行业情况如下：

香港7家世界500强企业是，华润（第80名，综合）、联想（第212名，硬件）、招商局集团（第244名，综合）、怡和集团（第280名，综合）、长江和记（第352名，地产）、友邦保险（第388名，金融）、太平保险（第415名，金融），华润、联想、招商局、太平保险是中资企业，没有科技创新企业。

上海7家世界500强企业是，上汽（第36名，汽车）、宝武钢铁（第162名，金属）、交通银行（第168名，金融）、中国太保（第220名，金融）、浦发银行（第227名，金融）、绿地集团（第252名，地产）、中国远洋（第335名，运输），没有科技创新企业。

杭州4家世界500强企业是，阿里巴巴（第182名，互联网）、吉利控股（第220名，汽车）、物产中大（第249名，贸易）、海亮集团（第473名，金属），其中阿里巴巴是科技创新企业。

相对而言，深圳的自由创新环境在充分竞争领域中自然孕育了中国各行业龙头或500强企业、众多科技创新企业，深圳比香港和上海存在较明显的科技创新企业成长基因和布局全国放眼世界的宽阔企业家视野。

三、深圳提升核心竞争力有助于500强家数跻身前六名强国首都级都市之列

全球主要城市的世界500强数量排行榜中,深圳与上海、香港、大阪都是7家,在全球大都市中位列第9—12名。北京56家和东京38家、巴黎18家、纽约15家、首尔15家都是强国经济首都级城市,凝聚强国中、日、法、美、韩举国精华,不是深圳能赶超的目标。聚集美国互联网巨头的第六位旧金山硅谷有11家世界500强,英国伦敦有10家、瑞士苏黎世有8家,这三个城市可以成为深圳赶超的目标。

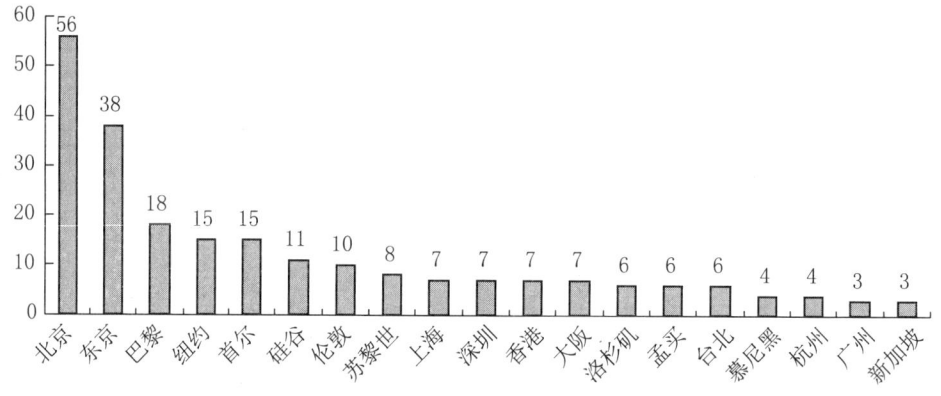

图1 全球主要城市世界500强数量排序

资料来源:财富,君晟研究社区

2019年世界500强门槛值约为250亿美元(折合人民币1800亿元),如果未来5年世界经济徘徊在衰退与复苏边缘,此消彼长,500强门槛值有可能在210亿—250亿美元即1500亿—1800亿元人民币区间波动。以深圳企业自身条件,可能只有1300亿元的比亚迪1家有条件在5年内成长达标。

如果深圳出台提升核心竞争力组合政策,深圳有可能吸引从北京分流和从香港迁移的2—3家500强央企,也有助于深圳本土的1—2家500强候选企业通过并购快速增加经营收入规模达标。

表1 深圳2018年收入前29强企业一览

排名	企业名称	2018年营业收入(万元)
1	中国平安保险(集团)股份有限公司	97683200
2	华为投资控股有限公司	72120200

续表

排名	企业名称	2018年营业收入（万元）
3	正威国际集团有限公司	50511826
4	恒大集团有限公司	46619600
5	招商银行股份有限公司	36564800
6	腾讯控股有限公司	31269400
7	万科企业股份有限公司	29768000
8	比亚迪股份有限公司	13005171
9	中国广核集团有限公司	9785084
10	富德生命人寿保险股份有限公司	9704849
11	中国国际海运集装箱（集团）股份有限公司	9349762
12	深圳顺丰泰森控股（集团）有限公司	9094269
13	招商局蛇口工业区控股股份有限公司	8827785
14	中兴通讯股份有限公司	8551000
15	腾邦集团有限公司	8451484
16	中国航空技术深圳有限公司	8336575
17	神州数码集团股份有限公司	8185805
18	深圳市怡亚通供应链股份有限公司	7007207
19	前海人寿保险股份有限公司	6440466
20	深圳市爱施德股份有限公司	5698379
21	中国燃气控股有限公司	5094136
22	金地（集团）股份有限公司	5069936
23	深圳华侨城股份有限公司	4814234
24	康佳集团股份有限公司	4612680
25	中信银行股份有限公司信用卡中心	4601578
26	深圳市龙光控股有限公司	4446673
27	国药集团一致药业股份有限公司	4312239
28	欧菲光集团股份有限公司	4304281
29	天音通信有限公司	4023901

资料来源：深圳市人民政府

深圳应顺应疏解中央企业离开首都地区的国策，出台具体落地政策吸引从北京分流或从香港迁移的500强中央企业总部迁入深圳。从北京分流或香港迁移的央企目标可以是已经有庞大资产在深圳深耕数十年的香港华润、香港招商局、北京中航技、北京中信，招商局蛇口（900亿元）、中航技深圳（840亿元）、中信证券（370亿元）、中信银行信用卡（460亿元）等已经是深圳本地排名前30强的企业。

并购扩张潜力较大和自身增长潜力较大的深圳本土候选企业，如物流龙头企业顺丰（900亿元）、核电龙头企业广核（1000亿元）最有可能在5年内成长为世界500强企业，同为900亿元的制造业龙头企业中集和中兴通讯可能需要更高速的增长和并购才有条件接近世界500强门槛。

四、深圳实施提升核心竞争力政策吸引科创企业、500强企业入驻

深圳改革开放先行区实施提升核心竞争力政策，特别是高端人才个税降低到平均10%政策有利于筑巢引凤，吸引高端知识服务企事业和科创企业、500强企业入驻，实际可以增加个税及企业所得税税源与规模。

深圳政府可以制定高端人才的认定标准并动态优化，范围包括高端知识服务企业事业单位员工、500强和科技创新企业中至少硕士以上企业员工和学历未到硕士的中高层管理人员，宜宽不宜细。

深圳政府应降低高端人才个人所得税税率到10%或2%—15%超额累进税率，低于香港15%或2%—17%五级超额累进税率的个人所得税税率，可以吸引高端知识服务企业或科技创新企业或香港、北京乃至全球各地500强候选企业到深圳落户创业。

深圳先行区高端人才个税新政出台，深圳可征收的个税规模非但不会减少，还会因大企业迁入而上升。新政可以吸引腾讯高管自愿将纳税地从香港迁回深圳。与其因税率差异而让深圳企业个税税源流出到香港，不如用更优惠的先行区税率把个税税源留在深圳。

五、提升核心竞争力组合政策应改善居民幸福指标和获得感

努力在5年内实现提升人均收入年增6%、降低基尼系数到0.45低于全国水平、出台房地产调控政策使房价年跌7%、提高住宅公私比到50%、压低房价收入比从42倍到21倍的房地产量化调控目标。

为经济健康发展和政治长治久安，深圳应制定相关政策使房价连续5年年跌幅

7%和人均收入年增速6%、房价收入比从42倍5年内下降到21倍的房地产量化调控目标。在下一章《大都市住宅供给侧结构性改革可以实现房地产宏观调控量化目标》中将详细介绍深圳房地产量化调控目标的测算过程。

我们注意到,深圳"十三五"规划明确:"十三五"期间公共住房供应量要大于商品住房供应量,实现住房的多元化,加大公共住房的供应,不仅土地优先供应,公共住房除了公租房,还有人才住房,以及培育租赁市场。深圳政府应进一步制定明确规划,在5年内增加公屋供给、提高公屋占比到至少50%,用市场化手段减少居民对私人住宅的需求,下决心减少对土地财政的依赖,最终实现私人住宅房价5年下跌至少30%的调控目标。

六、深圳在8—10年内GDP有望翻倍,成为比肩旧金山的科技创新之都

深圳推行先行示范区提升核心竞争力组合政策后,深圳在8—10年内GDP有望翻倍,将成为比肩旧金山的科技创新之都,5年内世界500强家数增加到11—12家并跻身全球六强。

深圳不必再忌讳香港和广州的感受,明确定位为大湾区世界级核心城市,以世界级硬核科技优势和最安全自由人居环境超越香港、上海、广州等中国大都市。

表2 深港竞速假设组合

年 度	GDP增速假设	1	2	3	4	5	6	7	8	9	10
港速1	1%	1.01	1.02	1.03	1.04	1.05	1.06	1.07	1.08	1.09	1.10
港速2	2%	1.02	1.04	1.06	1.08	1.10	1.13	1.15	1.17	1.20	1.22
深速1	8%	1.08	1.17	1.26	1.36	1.47	1.59	1.71	1.85	2.00	2.16
深速2	9%	1.09	1.19	1.30	1.41	1.54	1.68	1.83	1.99	2.17	2.37
深速3	10%	1.10	1.21	1.33	1.46	1.61	1.77	1.95	2.14	2.36	2.59
组合1	8—1	1.07	1.14	1.22	1.31	1.40	1.49	1.60	1.71	1.83	1.95
组合2	8—2	1.06	1.12	1.19	1.26	1.33	1.41	1.49	1.58	1.67	1.77
组合3	9—1	1.08	1.16	1.26	1.36	1.46	1.58	1.71	1.84	1.99	2.14
组合4	9—2	1.07	1.14	1.22	1.30	1.39	1.49	1.59	1.70	1.82	1.94
组合5	10—1	1.09	1.19	1.29	1.41	1.53	1.67	1.82	1.98	2.16	2.35
组合6	10—2	1.08	1.16	1.25	1.35	1.46	1.57	1.70	1.83	1.97	2.13

资料来源:君晟研究社区

深圳推行提升竞争力政策后,深圳连续10年以上GDP增速达到10%左右是可以预期的。假设深圳年均增速8%—10%,香港年均增速平均1%—2%,深港GDP比值有望在8—10年内从1:1拉大到2:1以上。如表2显示,分别按深速8%、9%、10%和港速1%、2%做假设组合,可知在8—1和9—2组合,预计在第10年实现目标,在9—1和10—2组合,预计在第9年实现目标,在10—1组合,预计在第8年实现深港GDP比值翻倍。若香港经济增长发生奇迹恢复到3%甚至以上,比值翻倍进程将延长实现期。

具有更强大核心竞争力的深圳将对香港产生虹吸效应。没有经济增长的客观优势,怎么体现社会制度的优越性?

参考附件1—4

附件1:《深沪港三城记》摘录

"香港的金融、国际航运、商贸、高端知识服务以及生物医疗等非重工科研,这五大产业都是亚洲顶级。在亚洲,几乎很难找到一个城市具备五大顶级产业,能与之匹敌也就只有新加坡、东京。香港优良的深水港、高效的国际航运服务和金融、人才及商贸自由港,这三大优势短时间内很难被替代。深圳人目前都能强烈地感受到,深圳的医院、教育资源紧张,教育水平跟不上,软基础与这座城市的实力完全不匹配。"

附件2:高端服务行业

高端服务业既然是一个特殊的服务行业,那么,高端服务业究竟涉及哪些具体领域?关于这一点,尽管目前还没有形成一个共识,但可依据高端服务业的概念来进行判断。

既然高端服务业与低端服务业相对应,那么高端服务业的领域,就只能是服务业的高端部分,包括现代服务业的高端部分和传统服务业的高端部分。从服务对象上讲,则包括生产者服务市场高端领域和消费者服务市场高端领域。由于高端服务业是在工业化比较发达阶段产生的,主要依托信息技术和现代管理理念发展起来的服务业,因而高端服务业的领域以现代服务业的高端部分为主。同时,由于高端服务业以技术性、知识性的服务和公共服务为主,因此高端服务业主要包括金融、民航、传媒、旅游酒店、咨询、会展、教育、医疗、法律等服务领域。

具体地讲,高端服务业主要包括以下领域:(1)现代金融业,如银行、证券、信托、保险、基金、租赁等；（2）现代房地产服务业，如设计、开发、装饰等；（3）现代中介服务业，如会计、审计、评估、法律服务等；（4）现代信息服务业，如移动通信、网络信息、传媒、咨询等工业化后期大规模发展起来的新兴服务业等；（5）现代文化产业，如高端影视、现代传媒、创意设计等；（6）现代旅游业，如高星级酒店、大型旅游景区、综合性旅游休闲设施、专业性旅游服务商、大型旅游门户网站和旅游资讯集成商、旅游会展和城市盛事活动；（7）现代服务外包，如信息管理、数据处理、财会核算、技术研发、工业设计等国际业务。另外，教育培训、会议展览、现代物流等领域也属于高端服务业。

附件3：香港个人所得税税率与港澳税收居民符合条件收入在内地免征个税规定

香港薪俸税：

香港以应纳税所得额为计税依据，薪俸采用15%的标准或2%—17%实行五级超额累进税率，利得税和物业税都采用15%的标准税率计税。纳税人可以采用超额累进税率计算薪俸税，但按超额累进税率征收的薪俸税，不得超过以扣除费用前的总所得乘以标准税率计算出来的税额。香港没有规定个人所得税起征点，而是规定了免税条件和免税额。

根据内地与香港、澳门签署的关于对所得避免双重征税和防止偷漏税安排（以下简称《安排》），执行《安排》受雇所得条款相关规定及计税方法：

（一）港澳税收居民在内地从事相关活动取得所得，根据《安排》受雇所得条款第一款的规定，应仅就归属于内地工作期间的所得，在内地缴纳个人所得税。计算公式为：应纳税额＝（当期境内外工资薪金应纳税所得额×适用税率－速算扣除数）×当期境内实际停留天数÷当期公历天数。

（二）港澳税收居民在内地从事相关活动取得所得，根据《安排》受雇所得条款第二款的规定，可就符合条件部分在内地免予征税；内地征税部分的计算公式为：

应纳税额＝（当期境内外工资薪金应纳税所得额×适用税率－速算扣除数）×（当期境内实际停留天数÷当期公历天数）×（当期境内支付工资÷当期境内外支付工资总额）。

资料来源：关于执行内地与港澳间税收安排涉及个人受雇所得有关问题的公告。

附件4：中国居民三类别个人所得税税率政策

个人所得税根据不同的征税项目，分别规定了三种不同的税率：

综合所得（工资、薪金所得，劳务报酬所得，稿酬所得，特许权使用费所得），适用7级超额累进税率，按月应纳税所得额计算征税。该税率按个人月工资、薪金应税所得额划分级距，最高一级为45%，最低一级为3%，共7级。

经营所得适用5级超额累进税率。适用按年计算、分月预缴税款的个体工商户的生产、经营所得和对企事业单位的承包经营、承租经营的全年应纳税所得额划分级距，最低一级为5%，最高一级为35%，共5级。

比例税率。对个人的利息、股息、红利所得，财产租赁所得，财产转让所得，偶然所得和其他所得，按次计算征收个人所得税，适用20%的比例税率。

资料来源：国家税务总局。

第三章
大都市住宅供给侧结构性改革可以实现房地产宏观调控量化目标

2019 年 8 月 16 日

一、比较新港深广京沪六个东亚大都市经济指标，制定房地产调控量化目标

比较的大都市为六大东亚大都市：新加坡、香港、深圳、广州、北京、上海，按人均 GDP 排序。比较的 2018 年度经济指标包括：人口、面积、GDP、人均 GDP、贸易额、外贸依存度、财政收入、人均收入、房价、公屋与私宅比例、房价收入比、基尼系数。（本节数据来源：中国国家统计局、新加坡统计局、香港特区政府统计处。）

1. 人口与城市面积

2018 年末人口（人）：新加坡 564 万，香港 745 万，上海 2418 万、北京 2171 万、广州 1450 万、深圳 1253 万。

城市面积（平方公里）：新加坡 719、香港 1106、北京 1289、上海 888、广州 785、深圳 764。

2. GDP 与人均 GDP：2018 年与 2019 年第一季度

2018 年 GDP 亿本币 / 亿元人民币 / 亿美元 / 增速：

新加坡　4871 亿新元 /23890 亿元人民币 /3610 亿美元 /3.2%；

香港　28453 亿港元 /24019 亿元人民币 /3630 亿美元 /3.0%。

GDP 按照 2018 年本币与美元及人民币平均汇率折算，对应人民币兑美元平均汇率 6.6168 元。

上海　32680 亿元 / 4939 亿美元 / 6.6%；

北京　30320 亿元 / 4582 亿美元 / 6.6%；

深圳　24222 亿元 / 3661 亿美元 / 7.5%；

广州　22859亿元/3455亿美元/6.5%。

2018年GDP 3万亿元以上的上海和北京领先其他都市，约2.4万亿元或3600亿美元的深圳、香港、新加坡基本持平且略高于广州。

2019年第一季度GDP增长率：新加坡1.2%，香港0.6%，深圳7.6%，上海5.7%，北京6.4%，广州7.5%。

2019年第一季度四小龙GDP亿本币/亿美元/亿元人民币/增速：

中国台湾　4.5万亿新台币/1447/9760/1.7%（高于中国省级区域第6名四川省的9653亿元）；

韩国　455万亿韩元/4045/27289/1.7%（高于中国省级区域第1名的广东省23887亿元）；

新加坡　1234亿新元/911/6140/1.2%（高于中国省级区域第14名的辽宁省5486亿元）。

中国香港　名义GDP 7140亿港元/4.0%，实际GDP 6751亿港元/910亿美元/6139亿元/0.6%（高于中国省级区域第14名辽宁省的5486亿元）。第一季度，新加坡的GDP总量已经超过了香港。

2018年人均GDP万本币/万元人民币/与香港的比值：

新加坡　8.6万新元/42.2万元人民币/131%；

香港　36.5万港元/32.1万元人民币/100%；

深圳　18.6/58%、广州15.8/49%、北京14.0/44%、上海13.5/42%。

2018年人均GDP（万美元）：新加坡6.40、香港4.87、深圳2.92、广州2.37、北京2.11、上海2.04。

参考数据——2019年4月15日IMF《世界经济展望数据库》：2018年世界GDP总量85万亿美元、人口75亿人、人均GDP 11305美元。中国GDP 13.4万亿美元，占比15.8%，人口14.0亿人，占比18.6%，人均GDP 9608美元。

3. 外贸总额与外贸依存度

2018年外贸总额　亿美元=出口+进口/差额：

新加坡进出口总额　7823=出口4118+进口3705/差额+412；

香港进出口总额　11968=出口5692+进口6275/差额-583。

2018年外贸总额　万亿元/亿美元=出口+进口/差额 亿美元：

上海　3.4/5138=出口1.37/2055+进口2.03/3083/-1028

深圳　3.0/4534 = 出口 1.63/2463 + 进口 1.37/2071/+392

广州　1.2/1800 = 出口 1115 + 进口 685/+430

北京　0.5/776 = 出口 226 + 进口 550/−324

根据进出口顺差与逆差，可以简单划分顺差城市广州、深圳、新加坡是生产出口型城市，逆差城市上海、香港、北京是进口消费型城市。

2018 年外贸依存度 = 外贸总额 /GDP 总量：

新加坡　7823/ 3611 = 217%　　　　北　京　776/ 4582 = 17%

香　港　11968/ 3630 = 330%　　　　深　圳　4534/ 3661 = 124%

上　海　5138/ 4939 = 104%　　　　广　州　1800/ 3455 = 52%

新加坡、香港的经济已经高度国际化、高度依赖全球贸易，上海和深圳外贸总额略高于 GDP、适度依赖全球贸易，广州和北京则基本不依赖外贸。

4. 财政收入与财税净上缴额（国防安全或 / 及转移支付支出）

2018 年政府财政收入：新加坡 450 亿美元，香港 765 亿美元，上海 7108 亿元 /1036 亿美元，北京 5786 亿元 /843 亿美元，深圳 3535 亿元 /515 亿美元，广州 6205 亿元 /904 亿美元。按 2018 年人民币兑美元平均汇率 6.6168 元换算。

新加坡作为城市型国家还要独自承担高达 100 亿美元的高昂军费，占 GDP 的 3% 以上，占财政收入的 22%，人均军费开支仅次于美国和以色列。

中国香港特区无需向中央政府上缴用于国防安全外交和转移支付的财政收入。

表 1　2018 年部分省份税收净上缴额排名

单位：亿元人民币

排名	省份	税收净上缴额	排名	省份	税收净上缴额
1	广东	7939	16	河北	−825
2	北京	6898	17	青海	−944
3	上海	6395	18	江西	−1025
4	江苏	4516	19	吉林	−1051
5	浙江	3777	20	安徽	−1096
6	山东	1177	21	湖南	−1209
7	天津	1109	22	西藏	−1273
8	福建	679	23	云南	−1453

资料来源：中国财政部

中国省级区域财政税收净上缴额及财政收入比例：

排名 省市 财税净上缴额亿元 / 财政收入亿元 = 占比：

1 广东　7939/12103 = 66%

2 上海　6395/7108 = 90%

3 北京　6898/5786 = 119%

4 江苏　4516/8630 = 52%

5 浙江　3777/6598 = 57%

全国省级区域中只有 8 个省市是净上缴财政收入的。上海每年把 90% 的财政收入上缴给中央政府，广东上缴 66%。作为中国最富有的 6 个省级经济体，上海和北京向中央上缴了几乎全部财税收入，广东、江苏、浙江上缴了超过一半的财政收入，香港无需向中央上缴财政收入。

参考数据：2018 年中国一般公共预算收入 18.3 万亿元 /+6.2%（其中税收 15.6 万亿元 /+8.3%、非税 2.7 万亿元 /-4.7%，中央 8.5 万亿元 /+5.3%、地方 9.8 万亿元 /+7.0%），全国政府性基金预算收入 7.5 万亿元 /+23%（其中中央 0.4 万亿元 /+4%、地方 7.1 万亿元 /+24%，主要是土地使用权出让收入 6.5 万亿元 /+25%）。

二、居民人均收入不足以维持世界领先的房价收入比和过高的房价资产泡沫

居民人均收入：北京、上海、广州、深圳四大都市不足 1 万美元的人均收入不到香港的 20% 和新加坡的 12%，不足以维持世界领先的房价收入比和过高的房价资产泡沫。

新加坡统计局《2018 年住户收入主要趋势》公布，2018 年新加坡受雇居民住户人均收入 11.15 万新元（合 54.7 万元、8.26 万美元），高于人均 GDP8.6 万新元（合 42.2 万元）。

香港特区政府统计处 2019 年 3 月 15 日公布，2018 年香港本地居民总收入 2.99 万亿港元、比 GDP 2.85 万亿港元高 5%，人均收入 40.1 万港元（合 33.85 万元、5.1 万美元）。

2018 年城镇居民人均可支配收入：上海 64183 元（合 9700 美元）、北京 67990 元（合 10275 美元）、广州 59982 元（合 9065 美元）、深圳 57543 元（合 8696 美元）。深圳和上海、北京人均收入不足 6.8 万元或 1 万美元，人均收入只是香港的 20% 不到和新加坡的 12% 不到。

三、基尼系数：增加普通居民收入水平，让人民提高幸福感和获得感

通过经济加速发展和公平再分配来增加普通居民收入水平，让人民提高幸福感和获得感。

基尼系数是国际上通用的，用以衡量一个国家或地区居民收入差距的常用指标。基尼系数介于0—1之间，基尼系数越大，表示不平等程度越高。

2018年新加坡基尼系数为0.458，为10年来最低。

香港基尼系数经过40年大幅上升25%后稳定在0.54高位附近。香港特区政府统计处的数据显示，1971年至2011年基尼系数上涨了25%、从0.43升至0.537，2015年0.537，2016年0.539，2017年0.539，稳定在0.54附近。

美国主要城市2015年按原本住户收入计算的基尼系数分别是：芝加哥0.531、洛杉矶0.531、纽约0.551、旧金山0.521、华盛顿0.535，与香港同期0.537接近。

由于没有城市基尼系数的官方统计数据，根据上海交大民情研究中心2014年抽样统计数据，中国基尼系数大于0.5的城市排行：第1北京（0.587）、第2广州（0.575）、第3上海（0.567）、第4杭州（0.561）、第13深圳（0.526）。

国家统计局公布的2003—2017年中国基尼系数：0.479、0.473、0.485、0.487、0.484、0.491、0.490、0.481、0.477、0.474、0.473、0.469、0.462、0.465、0.467，基本稳定在0.47附近。作为对照，美国的基尼系数为0.41，欧洲发达国家的基尼系数则是在0.24到0.36之间。

四、单位面积均价：五年内房价回落至少30%到北美大都市均价水平

根据2019年4月17日CBRE世邦魏理仕发布的《2019全球生活报告：城市指南》，在全球35个重点城市中，香港和新加坡蝉联"全球房价最高城市"住宅均价和单位面积均价双榜首和双榜眼，上海、深圳、北京分列住宅均价全球第3、5、9名，单位面积均价全球第6、5、7名。作为发展中国家的大都市，上海、深圳、北京的单位面积均价已经超过了纽约、洛杉矶、温哥华等北美大都市，紧随在欧洲最居不易的大都市巴黎和伦敦之后了。

以经验数据测算，鉴于深圳和上海人均收入不足1万美元的客观事实，上海、深圳的均价从5.2万元五年内回落30%到3.7万元，与温哥华、纽约持平，仍然不失一线世界大都市居不易的形象，房价年均下跌7%也不影响银行房贷资产安全。

表2 全球35个重点城市住宅均价与单位面积均价排行榜

序号	城市	每平方英尺均价（美元）	住宅均价（万美元）	住宅均价（万元）	每平米均价（美元）	每平米均价（万元）
1	香港	2091	124	817	2.25	14.9
2	新加坡	1063	87	579	1.14	7.6
3	上海	714	87	577	0.77	5.1
4	温哥华	559	82	539	0.60	4.0
5	深圳	726	68	450	0.78	5.2
6	洛杉矶	466	68	449	0.50	3.3
7	纽约	526	67	446	0.57	3.7
8	伦敦	776	65	428	0.84	5.5
9	北京	575	63	416	0.62	4.1
10	巴黎	985	63	414	1.06	7.0

资料来源：世邦魏理仕，君晟研究社区

五、公屋与私宅比例：向新加坡学习增加公屋供给至公屋占比50%

公屋与私宅比例方面，香港4:6、新加坡7:3，北京、上海、广州、深圳和香港都应向新加坡学习努力增加公屋供给至公屋占比至少50%，实现住宅供给侧结构性改革。

新加坡有101万个组屋单位，37万个私宅单位，公私比例是7比3。香港有80万个公屋单位40万个资助房屋和160万个私人住宅单位，合计280万个单位，公私比例是4比6。根据8月15日香港政府七项纾民困措施向270万个合资格电力住宅用户户口提供2000元电费补贴，可知香港住宅准确数量，对比实际住房情况，新加坡有82%国民住在组屋，香港只有45%居民住在公屋，人均居住面积为新加坡30平方米、香港15平方米。

香港和深圳都应学习新加坡，努力提高公屋比例至少到50%。

六、房价收入比：四大都市房价收入比长期占据世界前六位

房价收入比：2018年初香港41倍，仅次于北京48倍和上海43倍，排名全世界第3高；2019年初香港49倍，超过北京和上海的45倍，排名世界第一（除去经济崩溃的加拉加斯异常值）。新加坡2018年22倍、2019年22倍，但做到了人人有其屋。2019年房价收入比最高的两个城市加拉加斯和香港都先后爆发了美国策动的颜色革命。

房价收入比 = 户均房价 ÷ 户均年收入，户均房价 = 人均面积 × 户均人口数 × 房价，户均年收入 = 户均人口数 × 人均年收入。房价收入比相当于房产的市盈率。

全球主要城市房价收入比数据半年更新一次，资料来源：https://www.numbeo.com。

2016年初（数据格式为"排序 + 城市 + 房价收入比"）：1 香港 38、2 河内 36、35 北京 33、8 上海 30、9 深圳 30、10 基辅 26、31 广州 18、孟买 35、11 台北 26、18 新加坡 23、4 伦敦 34、12 东京 25、34 巴黎 18、22 纽约 22、44 首尔 17、65 旧金山 14、114 苏黎世 11、143 洛杉矶 9、109 慕尼黑 11、154 柏林 9。

2017年初：1 加拉加斯 254、2 深圳 44、3 河内 37、4 香港 36、5 北京 34、7 上海 33、11 广州 25、6 孟买 33、45 台北 16、15 新加坡 22、8 伦敦 28、23 东京 20、38 巴黎 17、71 纽约 13、33 首尔 18、83 旧金山 12、112 苏黎世 10、192 洛杉矶 6、80 慕尼黑 12、141 柏林 9。

2018年初：1 北京 48、2 上海 43、3 香港 41、4 深圳 40、12 广州 21、5 孟买 28、27 台北 18、7 新加坡 22、8 伦敦 22、63 东京 14、28 巴黎 18、79 纽约 12、25 首尔 18、81 旧金山 12、131 苏黎世 10、155 洛杉矶 8、49 慕尼黑 15、135 柏林 9。

2019年初：1 加拉加斯 143、2 香港 49、3 北京 45、4 上海 45、5 深圳 42、11 广州 29、6 孟买 39、8 台北 32、19 新加坡 22、21 伦敦 21、71 东京 13、29 巴黎 19、100 纽约 12、22 首尔 21、160 旧金山 9、158 苏黎世 9、190 洛杉矶 8、47 慕尼黑 16、134 柏林 11。

2019年中：1 加拉加斯 173、2 香港 49、3 北京 46、4 深圳 45、6 上海 43、7 广州 37、5 孟买 43、11 台北 29、17 新加坡 23、19 伦敦 22、73 东京 14、21 巴黎 21、130 纽约 11、25 首尔 21、202 旧金山 8、192 苏黎世 9、215 洛杉矶 8、47 慕尼黑 16、121 柏林 11。

表3 世界500强集中大都市2016年初—2019年中房价收入比变动

	2016M1	2017M1	2018M1	2019M1	2019M7	500强家数
加拉加斯	0	254	0	143	173	0
香港	38	36	41	49	49	7
北京	33	34	48	45	46	56

续表

	2016M1	2017M1	2018M1	2019M1	2019M7	500强家数
上　海	30	33	43	45	43	7
深　圳	30	44	40	42	45	7
广　州	18	25	21	29	37	3
孟　买	35	33	28	39	43	6
台　北	18	16	18	32	29	6
新加坡	23	22	22	22	23	3
伦　敦	34	28	22	21	22	10
巴　黎	18	17	18	19	21	18
首　尔	17	18	18	21	21	15
慕尼黑	11	12	15	16	16	4
东　京	25	20	14	13	14	38
纽　约	20	13	12	12	11	15
旧金山	14	12	12	9	8	11
苏黎世	11	10	10	9	9	8
洛杉矶	9	6	8	8	8	6
大　阪						7
杭　州						4
柏　林	9	9	9	11	11	—

资料来源：Numbeo，君晟研究社区

选择20个有世界500强企业的代表性世界大都市，研究三年半以来房价收入比变动的情况，可以给决策者一定的启发作用。

七、四大都市制订住宅供给侧结构性改革的房地产调控量化目标

吸取香港严重依赖地产金融、忽视居民幸福感的教训，四大都市应制订住宅供给侧结构性改革的房地产调控量化目标，努力在5年内实现提升人均收入年增速6%、降低基尼系数到0.45低于全国水平、调整政策促使房价年跌幅7%、提高住宅公屋占比到50%、压低房价收入比从42倍到21倍的宏观调控量化目标。

都市长期房价收入比过高，都市居民无法安居乐业，缺乏幸福感和获得感，在外力策动下大都市有发生动乱的风险。北京、上海、深圳、广州四大都市长期占据房价收入比世界前六名，不利于中国经济的健康发展和政治的长治久安，中央不可掉以轻心。

要吸取香港城市经济严重依赖地产金融畸形发展的教训，就是要求四大都市政府不能再限制公屋供给、维持私人住宅土地紧张需求来获取巨额土地出让金收入。中国四大都市政府应制定明确规划，在五年内增加公屋供给、提高公屋占比到至少50%，用市场化手段减少居民对私人住宅的需求，下决心减少对土地财政的依赖，最终实现私人住宅房价五年下跌至少30%的调控目标。

发达国家特大都市伴随经济成长有一些实现房价收入比回落的成功案例，如伦敦从2016年初34倍下降到2019年中的22倍，东京从25倍下降到14倍，纽约从20倍下降到11倍，旧金山从14倍下降到8倍，三年半期间房价收入比都下调了约50%。

中国特大都市要实现房价收入比合理回落，无非房价回落和人均收入提升两个策略。2019年中，中国四大都市平均房价收入比42倍，参考相对于美国、德国大城市的10倍左右合理估值仍算偏高的部分发达经济体首都级都市（伦敦、巴黎、首尔、新加坡）平均21倍的房价收入比，中央应设定五年内中国四大都市房价收入比合理回落一半到21倍的调控目标。深圳、上海、广州的房价收入比上涨50%也只用了三年半，规划五年估值回落一半是理性的。

当然，都市经济增长越快，带动户均收入增长越快，房价下跌目标就相对越小，反之亦然。若经过增加公屋来实现住宅供给侧结构性改革，房价能实现连续五年环比下跌7%，那么都市政府设定户均收入连续五年环比复合增速为6%，即可实现房价收入比五年从42倍减半降到21倍的宏观调控目标。

第四章
君晟十年全球增长预测模型：后疫情恢复期中国引领世界经济

2020 年 6 月 30 日

第一节　疫情衰退下全球经济体 GDP 增速再次下调

一、前 20 大经济体中只有四个亚洲经济体 2020—2021 年复合增速维持微弱正增长

IMF 2020 年 6 月 25 日发布《全球经济展望》调低全球经济体 GDP 增速预测后，前 20 大经济体中只有四个亚洲经济体 2020—2021 年复合增速维持微弱正增长，中国由 5.1% 调低为 4.5% 仍雄踞领头羊地位。

2020 年因疫情出现大面积衰退，单年增速失去考察意义，因此需要用 2020—2021 两年复合增速来考察 2020—2021 年的实际均衡增速变化情况。在前 20 大经济体中只有四个亚洲经济体 2020—2021 年复合增速维持弱正增长，中国 5.1% 调低为 4.5%，印度 4.6% 调低为 0.6%，印尼 4.3% 调低为 2.9%，韩国 1.1% 调低为 0.4%，第二季度受疫情冲击较大的印度被大幅调低预测值。发达经济体中，美国 -0.7% 降低为 -1.9%、日本 -1.1% 调低为 -1.8%、德国 -1.1% 调低为 -1.4%，这三大经济体衰退相对温和，法国 -1.5% 调低为 -3.1%、英国 -1.4% 调低为 -2.3%、意大利 -2.4% 降低为 -3.7%、西班牙 -2.0% 下调为 -3.7%，这四个欧洲经济体衰退相对严重。

表 1　IMF 全球最大 20 个经济体 2020—2021 年 GDP 预测（2020-6-24）

T20	简称	2018 增速（%）	2019 增速（%）	2020 增速（%）	2021 增速（%）	2017 GDP WB（万亿美元）	2018 GDP WB（万亿美元）	2019 GDP WB（万亿美元）	2020 GDP（万亿美元）	2021 GDP（万亿美元）
	全	3.6	2.9	-4.9	5.4	80.95	85.63	88.11	83.75	88.31
1	美国	2.9	2.3	-8.0	4.5	19.49	20.54	21.02	19.34	20.21

续表

T20	简称	2018增速（%）	2019增速（%）	2020增速（%）	2021增速（%）	2017 GDP WB（万亿美元）	2018 GDP WB（万亿美元）	2019 GDP WB（万亿美元）	2020 GDP（万亿美元）	2021 GDP（万亿美元）
1	欧盟	1.9	1.3	−10.2	6.0	17.37	18.77	19.01	17.06	18.09
2	中国	6.8	6.1	1.0	8.2	12.14	13.61	14.44	14.58	15.78
3	日本	0.3	0.7	−5.8	2.4	4.86	4.97	5.00	4.71	4.83
4	德国	1.5	0.6	−7.8	5.4	3.66	3.95	3.97	3.66	3.86
5	印度	6.1	4.2	−4.5	6.0	2.65	2.72	2.83	2.71	2.87
6	英国	1.3	1.4	−10.2	6.3	2.67	2.86	2.90	2.60	2.76
7	法国	1.7	1.3	−12.5	7.3	2.59	2.78	2.81	2.46	2.64
8	意大利	0.8	0.3	−12.8	6.3	1.96	2.08	2.09	1.82	1.94
9	巴西	1.3	1.1	−9.1	3.6	2.05	1.87	1.89	1.72	1.78
10	加拿大	2.0	1.6	−8.4	4.9	1.65	1.71	1.74	1.60	1.67
11	俄罗斯	2.5	1.3	−6.6	4.1	1.58	1.66	1.68	1.57	1.63
12	韩国	2.7	2.0	−2.1	3.0	1.53	1.62	1.65	1.62	1.67
13	西班牙	2.4	2.0	−12.8	6.3	1.31	1.42	1.45	1.26	1.34
14	澳大利亚	2.7	1.8	−4.5	4.0	1.33	1.43	1.46	1.39	1.45
15	墨西哥	2.1	−0.1	−10.5	3.3	1.16	1.22	1.22	1.09	1.13
16	印度尼西亚	5.2	5.0	−0.3	6.1	1.02	1.04	1.09	1.09	1.16
17	荷兰	2.6	1.8	−7.7	5.0	0.83	0.91	0.93	0.86	0.90
18	沙特	2.4	0.3	−6.8	3.1	0.69	0.79	0.79	0.74	0.76
19	土耳其	2.8	0.9	−5.0	5.0	0.85	0.77	0.78	0.74	0.78
20	瑞士	2.7	0.9	−6.0	3.5	0.68	0.71	0.71	0.67	0.69

资料来源：IMF，世界银行

表2 全球20大经济体2020—2021年GDP复合增速测算
IMF Q2：2020-6-24和Q1：2020-4-6

简称	2018（%）	2019（%）	2020e Q2（%）	2021e Q2（%）	AGR Q2（%）	2020e Q1（%）	2021e Q1（%）	AGR Q1（%）
世界	3.6	2.9	−4.9	5.4	0.1	−3.0	5.8	1.3
美国	2.9	2.3	−8.0	4.5	−1.9	−5.9	4.7	−0.7
中国	6.8	6.1	1.0	8.2	4.5	1.2	9.2	5.1
日本	0.3	0.7	−5.8	2.4	−1.8	−5.2	3.0	−1.2
德国	1.5	0.6	−7.8	5.4	−1.4	−7.0	5.2	−1.1
英国	1.3	1.4	−10.2	6.3	−2.3	−6.5	4.0	−1.4
印度	6.1	4.2	−4.5	6.0	0.6	1.9	7.4	4.6
法国	1.7	1.5	−12.5	7.3	−3.1	−7.2	4.5	−1.5
意大利	0.8	0.3	−12.8	6.3	−3.7	−9.1	4.8	−2.4
巴西	1.3	1.1	−9.1	3.6	−3.0	−5.3	2.9	−1.3
加拿大	2.0	1.7	−8.4	4.9	−2.0	−6.2	4.2	−1.1
俄罗斯	2.5	1.3	−6.6	4.1	−1.4	−5.5	3.5	−1.1
韩国	2.7	2.0	−2.1	3.0	0.4	−1.2	3.4	1.1
澳大利亚	2.7	1.8	−4.5	4.0	−0.3	−6.7	6.1	−0.5
西班牙	2.4	2.0	−12.8	6.3	−3.7	−8.0	4.3	−2.0
墨西哥	2.1	−0.3	−10.5	3.3	−3.8	−6.6	3.0	−1.9
印度尼西亚	5.2	5.0	−0.3	6.1	2.9	0.5	8.2	4.3
荷兰	2.6	1.8	−7.7	5.0	−1.6	−7.5	3.0	−2.4
沙特	2.4	0.3	−6.8	3.1	−2.0	−2.3	2.9	0.3
土耳其	2.8	0.9	−5.0	5.0	−0.1	−5.0	5.0	−0.1

资料来源：IMF

二、中美博弈加剧原因是中国持续贸易优势和超常规持续增长

中美博弈加剧的原因是中国取得相对美国的持续贸易优势和中国经济超常规持续增长、中国是少数几个不服从美国霸权管治的主要经济体，美国对中国压制措施无法阻止中美GDP比值快速跨越70%的所谓压制警戒线并借助后疫情经济恢复期于2021年达到78%。

2019年中美GDP比值首次接近70%。由于疫情引发全球衰退，美国受到的冲击远大于中国，结果2020—2021年经济恢复期中美比值于2021年加速调高到78%，美占比从2018年24%轻微调低为23%，而中占比从16%调高为18%。如果没有疫情恢复期因素，中美比从70%到80%可能需要5—10年时间。中美博弈加剧的原因是中国取得相对美国的持续贸易优势和中国经济超常规持续增长、中国是少数几个不服从美国霸权管治的主要经济体，第二经济体经济规模达到美国的70%是美国压制第二经济体最后警戒线的说法在日本和苏联案例中并不属实。1985年美国以贸易战为手段压迫日本签署广场协议同意日元单边大幅升值时日美GDP比值仅为32%，日本在贸易优势上压倒美国而远没有接近美国经济规模的70%。广场协议后美日汇率从250一年后大幅升值到150、1988年升值到120、1990年达到80的历史高点（累计升值213%）。从1986年日本出口总额就从42万亿日元下跌16%，可见日元单边升值可以有效压制日本的贸易优势，因大幅升值而失去贸易优势的日本虽然1995年日美比上升到71%，但1992年起日本告别长期4%增速阶段进入-1%—2%的20年低速徘徊阶段，日美比回落到2005年和2015年的36%和24%。事实上苏联GDP从未接近过美国的70%，在1970—1980年苏联巅峰时期，苏联1975年和1980年GDP约相当于美国的41%和45%。美苏争霸主要在军事与地缘政治领域而非经济领域，苏联从未能在经济规模上挑战美国。美国要削弱中国贸易优势的最佳选择就是故伎重演，逼迫人民币兑美元汇率从7单边升值一倍到隐含的购买力平价转换率3.5。但今时不同往日，美国《2015年贸易便利与强化法案》已经限制贸易伙伴单边改变汇率的操纵汇率行为，中国作为中美博弈底线，也绝不会同意人民币单边升值。

表3　2018—2021年主要经济体与美国GDP总量比值及美中世界占比测算

GDP总量比值	2018年	2019年	2020年	2021年
中美比	66%	69%	75%	78%
日美比	24%	24%	24%	24%
德美比	19%	19%	19%	19%
中日德合计美比	110%	111%	119%	121%
美占比	24%	24%	23%	23%
中占比	16%	17%	18%	18%
世界GDP增速	3.6	2.9	-4.9	5.4

资料来源：IMF，君晟研究

三、中国引领世界复苏：制造大国比服务大国更易于从疫情中恢复

从全球经济体在后疫情时期的经济恢复性增长表现来看，制造大国比服务大国更易于从疫情中恢复经济增长。看好线上服务业和必需服务业，看淡非必需线下服务业。

哈佛大学公共卫生学院的凯斯勒（Stephen Kissler）等 2020 年 4 月 14 日在《科学》杂志发表一篇偏悲观结论的论文 *Projecting the transmission dynamics of SARS-CoV-2 through the postpandemic period*，论证无论是否能研发出疫苗，新冠病毒都可能会陪伴人类到 2025 年。疫情长期化的结果是：社交距离将成为常态，人与人之间日常线下社交会显著减少，转而日常线上社交会继续增加。除了医疗、教育等必需服务业需求外，未来的非必需服务业将受到极大的抑制，人们会压缩非必需服务业的需求。疫情长期化对于旅游、餐饮、院线、商业地产、航空等以及其他一切非必需服务业相关行业可能都是重大的打击，社交媒体、电商、远程教育、远程医疗、在家办公、远程社会服务、VR、AR 等线上服务产业将迎来大发展的重大机遇。

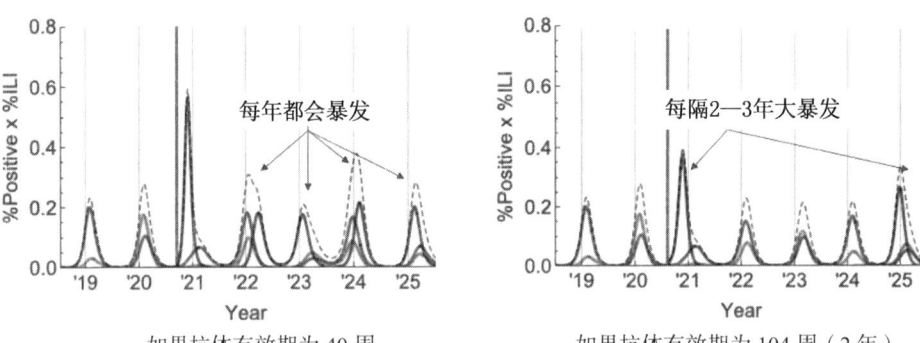

如果抗体有效期为 40 周　　　　　如果抗体有效期为 104 周（2 年）

图 1　抗体有效期 1 或 2 年的未来 5 年新冠肺炎疫情预测曲线

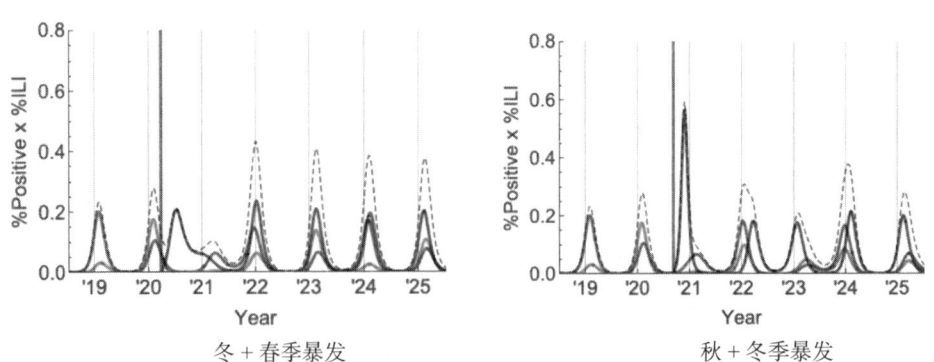

冬 + 春季暴发　　　　　　　　　　秋 + 冬季暴发

图 2　冬春季或秋冬季暴发的未来 5 年新冠肺炎疫情预测曲线

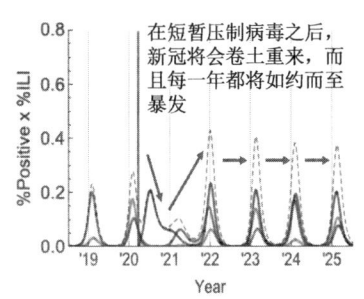

更可能发生的情况

图 3　每年卷土重来假设下的未来 5 年新冠肺炎疫情预测曲线

资料来源：《科学》杂志

第二节　君晟十年全球增长预测模型结论

一、中国 GDP 增量世界占比 2023—2030 年将维持在 33%

中国的 GDP 增量世界占比 2019 年已达 33%，2023—2030 年将可能持续维持在 33% 附近，全球投资者未来 10 年 2020—2030 年对中国人民币资产从严重低配到持续增加配置至接近中国 GDP 总量世界占比（2030 年 20%）是长期趋势。

根据 2019—2022 年世界 GDP 增量构成分析，2019 年中国增量已经达到 33%，高于美国的 19% 和欧盟的 10%，2021 年全球恢复正增长后中国增量占比 26%，仍高于欧盟的 22% 和美国的 19%，日本 2019 年和 2021 年仅贡献 1 和 2%。2020 年全球全面衰退的负增量主要由欧美日贡献合计 90%，而中国等 4 个亚洲经济体的正增长在大型经济体中更是难能可贵。2022 年因发达经济体回归 2018 年增速为参考的长期潜在增长率常态增长，中国增量占比将近 10 年 2023—2030 年维持在 32%—34% 附近，同期美国增量占比从 16% 缓慢回落到 14%。

表 4　主要经济体 2018—2021 年 GDP 增量与增量比重测算

经济体	2018年增量	2019年增量	2020年增量	2021年增量	2018年增量比重	2019年增量比重	2020年增量比重	2021年增量比重
美国	1.06	0.48	−1.68	0.87	21%	19%	38%	19%
中国	1.46	0.83	0.14	1.20	30%	33%	−3%	26%
日本	0.11	0.03	−0.29	0.11	2%	1%	7%	2%
欧盟	1.40	0.24	−1.95	1.03	28%	10%	45%	22%
全世界	4.96	2.48	−4.37	4.58	100%	100%	100%	100%

资料来源：君晟研究，IMF

在 2022—2030 年 9 年中，假设美元兑人民币汇率维持不变，中美 GDP 比值从 2022 年的 80% 以每年 2.5%—3% 的速度递增，上升到大约 2030 年前后两国大致相当。

作者认为制造业强国和持续外贸顺差经济体长期来看有升值压力，因此这里所做的未来 10 年美元兑人民币汇率维持不变的假设是合适的。

表5 2022—2030 年主要经济体与美国 GDP 比值、GDP 总量中美占比与增量中美比重测算

GDP 总量比值	2022 年	2023 年	2024 年	2025 年	2026 年	2027 年	2028 年	2029 年	2030 年
中美比	80%	83%	85%	88%	90%	93%	96%	98%	101%
日美比	24%	23%	23%	23%	23%	23%	22%	22%	22%
德美比	19%	19%	19%	19%	19%	19%	19%	19%	19%
中日德合计美比	123%	125%	127%	130%	132%	135%	137%	140%	142%
美占比	23%	23%	23%	23%	22%	22%	22%	22%	21%
中占比	19%	19%	19%	20%	20%	21%	21%	21%	22%
世界 GDP 增速	1.72	2.91	2.95	2.99	3.02	3.06	3.09	3.13	3.16
GDP 增量比值	2022	2023	2024	2025	2026	2027	2028	2029	2030
增量的美占比	27%	16%	16%	15%	15%	15%	14%	14%	21%
增量的中占比	52%	32%	32%	32%	33%	33%	33%	33%	22%
世界 GDP 增量	2.5	2.6	2.7	2.8	2.9	3.1	3.2	3.3	3.16

资料来源：君晟研究

二、中国大约在 2024 年人均 GDP 脱离中等收入陷阱

君晟十年世界增长模型预测中国大约在 2024 年人均 GDP 世界排名比例上升到 33% 的高收入国家下限并脱离中等收入陷阱，预测中国在 2030 年 GDP 与美国持平，均占世界总量的 20%，中美 GDP 比值从 2019 年 69% 上升到 2030 年 101%。

君晟模型是在 IMF 的 Q2 全球经济展望预测结果上推演而成的。为了测算中国何时脱离中等收入陷阱和中美 GDP 比值变化进度，作者设计了一个在 IMF 2020—2021 年世界增速假设前提下的 2022—2030 年世界各国潜在复合增速假设。假设大多数经济体在 2022 年起恢复 2018 年的增速水平，潜在复合增速假设为 2018 年实际增速的取整数值，中美 2018 年增速为 6.8% 和 2.9%，但为谨慎起见，假设潜在复合增速中国为 5%、美国为 2%。

按世界银行公布的数据，2018年的最新收入分组标准为：人均国民总收入低于995美元为低收入国家，在996至3895美元之间为中等偏下收入国家，在3896至12055美元之间为中等偏上收入国家，高于12055美元为高收入国家。2018年世界银行所统计的218个经济体中，高收入国家81个，中等偏上收入国家56个，中等偏下收入国家47个，低收入国家34个。中国1998年进入中等偏下收入国家行列，2010年进入了中等偏上收入国家行列。

君晟设定世界人均收入排名33%分位为高收入国家下限，要求略高于世界银行的37%。在不同历史时点，高收入下限值随时间而逐步提高。1/3分位的高收入下限和下限参考国1978年分别为0.25万美元和葡萄牙，1988年为0.38万美元和俄罗斯，1998年为0.51万美元和巴西，2008年为1.09万美元和土耳其，2018年为1.23万美元和罗马尼亚。

表6 世界银行不同等级收入国家数及其累计统计

等级	世界银行2018年等级数	等级数比例	WB2018等级累计数量	等级累计数量比例
1	34	16%	218	100%
2	47	22%	184	84%
3	56	26%	137	63%
4	81	37%	81	37%

资料来源：君晟研究，世界银行

根据世界银行的资料，中国在1997年及以前一直都属于低收入国家，1998年进入中等偏下收入国家行列，2010年进入了中等偏上收入国家行列，中国人均国民收入已经接近中等偏上收入国家的平均值。因此，只要中国不掉入中等收入陷阱，中国将会在2025年左右进入高收入国家行列，从而在不到30年的时间里完成从低收入国家到高收入国家的历史性跨越。

表7 君晟按世界银行人均GDP分组标准测算的分组线对应排名和累计国家数比例一览

2018年人均国民总收入分组下限	分组线对应排名	分组线累计数比例	分组线对世界均值比值
0.0000	206	100%	0%
0.0995	175	85%	9%
0.3895	127	62%	34%
1.2055	68	33%	107%

资料来源：君晟研究，世界银行

表8 1978—2018年5个历史时点君晟按世界银行人均GDP高收入国家下限
分组标准测算的下限国家及对应排名和排名数一览

时点	1978年	1988年	1998年	2008年	2018年
下限国家	葡萄牙	俄罗斯	巴西	土耳其	罗马尼亚
排名国家数	138	165	191	200	206
下限排名数	46	54	63	67	67
高收入下限	0.25	0.38	0.51	1.09	1.23
美国GDPpc	1.06	2.14	3.29	4.84	6.29
下限与美国比值	23%	18%	15%	22%	20%

资料来源：君晟研究，世界银行

跨越中等收入陷阱是新兴经济体晋升高收入国家的重大挑战，中国与人均GDP接近的经济体同样面临挑战。俄罗斯2008年曾上升到人均GDP 1.16万美元、世界排名比例32%，由于2012—2015年汇率连年贬值和油价回落而仍徘徊在2018年1.15万美元并回落到34%。墨西哥1998年曾上升到人均GDP 0.55万美元和31%，跻身高收入国家，由于2012—2015年汇率连年贬值而2018年徘徊于约1万美元并排名大幅回落到39%。土耳其2008年约1.1万美元接近高收入国家门槛，但2012—2015年汇率连年贬值2018年下跌到0.94万美元和40%。阿根廷1988年和1998年排名32%和26%，但由于外债占比高和汇率连年贬值而2008年排名降到38%跌出高收入国家，2018年回升到33%下限。

表9 2018年人均GDP与中国接近的十个中大型经济体1978—2018年
5个历史时点人均GDP和人均GDP排名比例一览

人均GDP/经济体	2018年人口世界占比	1978年	1988年	1998年	2008年	2018年
中国	18.34%	0.02	0.03	0.08	0.35	0.98
俄罗斯	1.90%		0.38	0.18	1.16	1.15
墨西哥	1.66%	0.16	0.22	0.55	1.00	0.97
土耳其	1.08%	0.15	0.17	0.45	1.09	0.94
阿根廷	0.59%	0.21	0.40	0.83	0.90	1.17
波兰	0.50%			0.45	1.40	1.54

续表

人均GDP/经济体	2018年人口世界占比	1978年	1988年	1998年	2008年	2018年
马来西亚	0.42%	0.12	0.21	0.33	0.85	1.14
委内瑞拉	0.38%	0.27	0.32	0.39	1.14	1.28
罗马尼亚	0.26%		0.18	0.19	1.04	1.23
哈萨克斯坦	0.24%			0.15	0.85	0.98
人均GDP排名比例/经济体	2018年GDP世界占比	1978年	1988年	1998年	2008年	2018年
中国	15.8%	98%	90%	69%	61%	39%
俄罗斯	1.9%		33%	54%	32%	34%
墨西哥	1.4%	41%	42%	31%	36%	39%
土耳其	0.9%	43%	48%	36%	34%	40%
阿根廷	0.6%	36%	32%	26%	38%	33%
波兰	0.7%			36%	32%	31%
马来西亚	0.4%	50%	44%	41%	39%	35%
委内瑞拉	0.4%	31%	35%	38%	33%	32%
罗马尼亚	0.3%		48%	53%	35%	33%
哈萨克斯坦	0.2%			60%	39%	38%

资料来源：君晟研究，世界银行

注：人均GDP单位万美元，中大型经济体剔除了人口占比低于0.1%的小经济体

波兰作为欧洲新兴经济体已经从1998年0.45万美元快速增长到2008年1.4万美元并成功晋升高收入国家。委内瑞拉从1998年0.39万美元因石油收入快速增长到2008年1.14万美元，虽然近年因美国制裁而恶性通胀，但2018年排名仍高达32%。罗马尼亚在1998年仍仅为0.19万美元，2008年快速上升到1.04万美元，2018年已经触及高收入国家下限33%。

三、2024年中国人均GDP上升到1.27万美元和世界排名33%

君晟全球增长预测模型测算显示2024年中国人均GDP上升到1.27万美元和33%，实现脱离中等收入陷阱和晋升高收入国家的战略目标。

表10 2018—2030年六大经济体人均GDP与高收入下限、中国排名比例一览

人均GDP	2018	2019	2020	2021	2022	2023	2024	2025	2026	2027	2028	2029	2030
高收入下限	1.17	1.16	1.09	1.14	1.19	1.24	1.27	1.33	1.33	1.41	1.49	1.58	1.66
中国排名比	38%	36%	35%	34%	34%	34%	33%	33%	32%	32%	32%	32%	33%
世界	1.12	1.14	1.07	1.11	1.12	1.14	1.16	1.19	1.21	1.23	1.26	1.29	1.31
美国	6.29	6.40	5.86	6.10	6.20	6.31	6.42	6.53	6.65	6.78	6.91	7.05	7.20
中国	0.98	1.03	1.04	1.12	1.17	1.22	1.27	1.33	1.39	1.45	1.52	1.59	1.66
日本	3.93	3.96	3.74	3.84	3.89	3.94	3.99	4.04	4.10	4.15	4.21	4.27	4.33
德国	4.76	4.77	4.39	4.62	4.71	4.80	4.89	5.00	5.11	5.22	5.34	5.47	5.61
英国	4.30	4.33	3.87	4.09	4.11	4.13	4.16	4.18	4.21	4.24	4.27	4.30	4.34
印度	0.20	0.21	0.20	0.21	0.22	0.23	0.24	0.25	0.26	0.28	0.29	0.31	0.32

资料来源：君晟研究，IMF，世界银行

2019年中国人均GDP约1万美元和世界排名36%、低于高收入下限1.16万美元，君晟世界增长预测模型测算显示2024年中国人均GDP上升到1.27万美元和33%，实现脱离中等收入陷阱和晋升高收入国家的战略目标，但在随后六年中维持在32%—33%，预计2030年上升到1.66万美元，仍然在高收入下限附近。

表11 2018—2022—2030年13大经济体潜在增速估计、GDP总量与增量、
人口、人均GDP、人均GDP排名比例一览

经济体	2018增速（%）	潜在复合增速（%）	2022 GDP（万亿美元）	2030 GDP（万亿美元）	2022增量	2030增量	2019人口（亿）	2030人口（亿）	2018 GDPpc	2030 GDPpc	2018 GDPpc排名比	2030 GDPpc排名比
世界	3.6	2.9	88.9	113.0	1.5	3.5	76.8	85.9	1.12	1.31	35%	38%
美国	2.9	2.0	20.6	24.1	0.4	0.5	3.28	3.36	6.29	7.20	5%	4%
中国	6.8	5.0	16.6	24.5	0.8	1.2	14.0	14.7	0.98	1.66	38%	33%
日本	0.3	1.0	4.9	5.3	0.0	0.1	1.26	1.22	3.93	4.33	13%	13%
德国	1.5	2.0	3.9	4.6	0.1	0.1	0.83	0.82	4.76	5.61	9%	8%

续表

经济体	2018增速（%）	潜在复合增速（%）	2022GDP（万亿美元）	2030GDP（万亿美元）	2022增量	2030增量	2019人口（亿）	2030人口（亿）	2018GDPpc	2030GDPpc	2018GDPpc排名比	2030GDPpc排名比
英国	1.3	1.0	2.8	3.0	0.0	0.0	0.67	0.70	4.30	4.34	11%	12%
印度	6.1	6.0	3.0	4.8	0.2	0.3	13.7	15.0	0.20	0.32	75%	69%
法国	1.7	2.0	2.7	3.2	0.1	0.1	0.67	0.64	4.15	4.92	13%	10%
意大利	0.8	1.0	2.0	2.1	0.0	0.0	0.60	0.57	3.45	3.74	14%	14%
巴西	1.3	1.0	1.8	1.9	0.0	0.0	2.11	2.27	0.89	0.86	40%	44%
加拿大	2.0	2.0	1.7	2.0	0.0	0.0	0.38	0.48	4.62	4.18	10%	13%
俄罗斯	2.5	3.0	1.7	2.1	0.0	0.1	1.44	1.39	1.15	1.53	34%	35%
韩国	2.7	3.0	1.7	2.2	0.0	0.1	0.52	0.52	3.14	4.22	17%	13%
澳大利亚	2.7	3.0	1.5	1.9	0.0	0.1	0.25	0.31	5.74	6.08	6%	5%

资料来源：君晟研究，IMF，世界银行

第五章
市场低估 RCEP 对企业盈利拓展和中国加速增长的影响

2020 年 11 月 19 日

　　IMF 在 2020 年 10 月 7 日发布《全球经济展望》新一季报告 A Long and Difficult Ascent。本文从 IMF 汇率假设漏洞观察全球储备增加最稳定货币人民币资产比重的空间，并且在 IMF 2020—2021 年全球各经济体增长预测值基础上修订 2020—2030 年君晟全球增长模型。基于人民币兑美元长期升值预测和 IMF 未来五年美元指数下跌 10% 预测，中国 GDP 规模超过美国的年度可能早于君晟预测的 2030 年。RCEP 和中国将长期维持全球经济增长的龙头和全球 GDP 增量主要贡献者的地位，君晟预测于 2024 年晋升到人均 GDP 高收入经济区域和经济体。

一、主要经济体 IMF 预测 2020 年 10 月和 7 月调整总结分析

　　两年复合正增长经济体绝大部分在亚洲特别是在 RCEP 经济共同体，印度（从 4.6% 到 0.6% 到 −1.2% 合计下调 −5.8%）、阿根廷（从 −0.8% 到 −3.2% 到 −3.8% 合计下调 −3.0%）是少数第三季度继续下调预测值的主要经济体，澳大利亚（从 −0.5% 到 −0.3% 到 −0.7%）和东盟经济体印度尼西亚、马来西亚、泰国第三季度下调预测，美欧主要经济体及巴西、俄罗斯的第三季度预测上调而负值收窄，体现了欧美主要发达经济体的修复韧性。

　　复合增速（本节简称增速）是指根据 IMF 报告日披露的 2020 年和 2021 年预测增速测算的 2020—2021 年两年增速调和均值，可以更好地观察疫情对全球各主要经济体经济增长的实际影响。

　　两年复合增速维持正值的较大经济体包括：世界 0.3%、中国 5.0%、韩国 0.5%、印度尼西亚 2.2%、波兰 0.4%、马来西亚 0.7%、巴基斯坦 0.3%、埃及 3.2%、哈萨克斯坦 0.1%、挪威 0.3%、爱尔兰 0.9%、孟加拉国 4.1%、越南 4.1%、缅甸 3.8%，绝大部分复合正增长的经济体都在亚洲特别是在 RCEP 地区。RCEP 已经超过北美和欧盟成为全球经济复苏的火车头大经济区域。

表1 IMF 三次预测的全球主要经济体 2020—2021 年复合增速差异测算（%）

经济体	增速差 1007—0406	增速差 1007—0624	20e 1007	21e 1007	增速 1007	20e 0624	21e 0624	增速 0624	20e 0406	21e 0406	增速 0406	G20	RCEP
世界	−1.0	0.2	−4.4	5.2	0.3	−4.9	5.4	0.1	−3.0	5.8	1.3	20	15
美国	0.1	1.3	−4.3	3.1	−0.7	−8.0	4.5	−1.9	−5.9	4.7	−0.7	1	0
中国	−0.1	0.5	1.9	8.2	5.0	1.0	8.2	4.5	1.2	9.2	5.1	1	1
日本	−0.4	0.2	−5.3	2.3	−1.6	−5.8	2.4	−1.8	−5.2	3.0	−1.2	1	1
德国	0.1	0.4	−6.0	4.2	−1.0	−7.8	5.4	−1.4	−7.0	5.2	−1.1	1	0
英国	−0.9	0.0	−9.8	5.9	−2.3	−10.2	6.3	−2.3	−6.5	4.0	−1.4	1	0
印度	−5.8	−1.8	−10.3	8.8	−1.2	−4.5	6.0	0.6	1.9	7.4	4.6	1	0
法国	−0.7	0.9	−9.8	6.0	−2.2	−12.5	7.3	−3.1	−7.2	4.5	−1.5	1	0
意大利	−0.6	0.7	−10.6	5.2	−3.0	−12.8	6.3	−3.7	−9.1	4.8	−2.4	1	0
巴西	−0.3	1.4	−5.8	2.8	−1.6	−9.1	3.6	−3.0	−5.3	2.9	−1.3	1	0
加拿大	0.0	0.8	−7.1	5.2	−1.1	−8.4	4.9	−2.0	−6.2	4.2	−1.1	1	0
俄罗斯	0.4	0.7	−4.1	2.8	−0.7	−6.6	4.1	−1.4	−5.5	3.5	−1.1	1	0
韩国	−0.6	0.1	−1.9	2.9	0.5	−2.1	3.0	0.4	−1.2	3.4	1.1	1	1
澳大利亚	−0.2	−0.3	−4.2	3.0	−0.7	−4.5	4.0	−0.3	−6.7	6.1	−0.5	1	1
西班牙	−1.3	0.4	−12.8	7.2	−3.4	−12.8	6.3	−3.7	−8.0	4.3	−2.0	0	0
墨西哥	−1.0	0.9	−9.0	3.5	−2.9	−10.5	3.3	−3.8	−6.6	3.0	−1.9	1	0
印度尼西亚	−2.0	−0.6	−1.5	6.1	2.2	−0.3	6.1	2.9	0.5	8.2	4.3	1	1
荷兰	1.6	0.8	−5.4	4.0	−0.8	−7.7	5.0	−1.6	−7.5	3.0	−2.4	0	0
沙特	−1.5	0.7	−5.4	3.1	−1.3	−6.8	3.1	−2.0	−2.3	2.9	0.3	1	0
土耳其	0.0	0.0	−5.0	5.0	−0.1	−5.0	5.0	−0.1	−5.0	5.0	−0.1	1	0
波兰	0.7	0.7	−3.6	4.6	0.4	−4.6	4.2	−0.3	−4.6	4.2	−0.3	0	0
泰国	−1.2	−0.2	−7.1	4.0	−1.7	−7.7	5.0	−1.6	−6.7	6.1	−0.5	0	1
阿根廷	−3.0	−0.6	−11.8	4.9	−3.8	−9.9	3.9	−3.2	−5.7	4.4	−0.8	1	0

续表

经济体	增速差 1007—0406	增速差 1007—0624	20e 1007	21e 1007	增速 1007	20e 0624	21e 0624	增速 0624	20e 0406	21e 0406	增速 0406	G20	RCEP
尼日利亚	−0.8	0.1	−4.3	1.7	−1.3	−5.4	2.6	−1.5	−3.4	2.4	−0.5	0	0
马来西亚	−2.8	−0.5	−6.0	7.8	0.7	−3.8	6.3	1.1	−1.7	9.0	3.5	0	1
南非	−1.6	−0.2	−8.0	3.0	−2.7	−8.0	3.5	−2.4	−5.8	4.0	−1.0	1	0
菲律宾	−4.8	−2.2	−8.3	7.4	−0.7	−3.6	6.8	1.5	0.6	7.6	4.0	0	0
巴基斯坦	0.1	0.0	−0.4	1.0	0.3	−0.4	1.0	0.3	−1.5	2.0	0.2	0	0
埃及	0.8	1.2	3.5	2.8	3.2	2.0	2.0	2.0	2.0	2.8	2.4	0	0
伊朗	−3.5	−3.5	−12.1	2.5	−5.0	−6.0	3.1	−1.6	−6.0	3.1	−1.6	0	0
哈萨克斯坦	−0.6	0.0	−2.7	3.0	0.1	−2.7	3.0	0.1	−2.5	4.1	0.7	0	0
欧盟	−0.1	1.0	−7.6	5.0	−1.5	−10.2	6.0	−2.4	−7.1	4.8	−1.4	1	0

资料来源：IMF，君晟研究

2020年10月7日与4月6日的两年复合增速差可以描述半年期间IMF增速预测的变化情况。IMF预测印度两年复合增速从4.6%下调5.8%到−1.2%，是全球预测差最大的主要经济体。王维钢博士在6月30日《后疫情恢复期中国引领世界经济和人民币资本项下可兑换吸引全球投资者长期增配人民币资产市场——大数据求是系列专题之开山篇　王维钢观点20200630》报告中已经提出了制造大国比服务大国更易于从疫情中恢复经济增长的观点，印度因制造业比重15%偏低，是受创疫情程度更严重的经济体。

2020年10月7日与6月24日IMF报告比较，欧盟与美国的复合增速预期调高，美国从−1.9%调高1.3%到−0.7%，欧盟从−2.4%调高1%到−1.5%，其中德、法、意有0.4%—0.9%不等幅度的调升。中国从4.5%调高0.5%到5.0%。

我们注意到与印度接壤国家的主要经济体孟加拉国4.1%、缅甸3.8%、尼泊尔1.2%、巴基斯坦0.3%、斯里兰卡0.2%等普遍维复合正增长，印度由于疫情管理失误和服务业比重较高而成为唯一复合增速负值（−1.2%）的南亚经济体。南亚地区有人均GDP低、人口总量大等特征，除印度以外的南亚经济体有望成为承接中国等东亚经济体转移低端出口产业的地区，未来有希望融入RCEP为主体的东亚经济共同体。

二、中国在RCEP基础上继续促进东亚经济一体化的对策

中国应与东盟及日韩继续合作在RCEP和中日韩自贸区基础上构建东亚经济共同体EAEC，拓展与南亚四国经贸合作，促进东亚经济一体化。印度退出对RCEP加强凝聚力减少无谓纷争有长期利益，类似于英国脱欧为德法加强欧盟凝聚力减少纷争提供了长期利益。中国和RCEP在战略上要高度重视与宗教及地缘接近东盟的南亚四国的长期经贸战略合作与融合。团结有凝聚力是RCEP继续进化为东亚经济共同体的重要条件。从中国2016年面临被TPP边缘化的威胁到2020年中国组建RCEP朋友圈成功，特朗普对中国的历史贡献值得赞扬。

表2 亚洲重要经济体2020年宏观指标一览

经济体	人均GDP（万美元）	人口（亿）	复合增速（%）	GDP（万亿美元）	世界人口占比（%）	RCEP人口占比（%）	世界GDP占比（%）	RCEP GDP占比（%）	次区域
世界	1.07	77.63	0.3	83.06	100.0		100.0		
中国	1.06	14.07	5.0	14.86	18.1	62.5	17.9	60.7	东亚
日本	3.90	1.26	−1.6	4.91	1.6	5.6	5.9	20.1	东亚
印度	0.19	13.80	−1.2	2.59	17.8		3.1		南亚
韩国	3.06	0.52	0.5	1.59	0.7	2.3	1.9	6.5	东亚
印度尼西亚	0.40	2.73	2.2	1.09	3.5	12.1	1.3	4.5	东盟
泰国	0.73	0.70	−1.7	0.51	0.9	3.1	0.6	2.1	东盟
马来西亚	1.04	0.32	0.7	0.34	0.4	1.4	0.4	1.4	东盟
菲律宾	0.34	1.09	−0.7	0.37	1.4	4.8	0.4	1.5	东盟
新加坡	6.00	0.06	−0.7	0.34	0.1	0.3	0.4	1.4	东盟
越南	0.35	0.97	4.1	0.34	1.2	4.3	0.4	1.4	东盟
缅甸	0.13	0.54	3.8	0.07	0.7	2.4	0.1	0.3	东盟
柬埔寨	0.16	0.17	1.9	0.03	0.2	0.8	0.0	0.1	东盟
老挝	0.26	0.07	2.5	0.02	0.1	0.3	0.0	0.1	东盟

续表

经济体	人均GDP（万美元）	人口（亿）	复合增速（%）	GDP（万亿美元）	世界人口占比（%）	RCEP人口占比（%）	世界GDP占比（%）	RCEP GDP占比（%）	次区域
文莱	2.44	0.00	1.7	0.01	0.0	0.0	0.0	0.0	东盟
孟加拉国	0.19	1.65	4.1	0.32	2.1	7.3	0.4	1.3	南亚
巴基斯坦	0.12	2.21	0.3	0.28	2.8	9.8	0.3	1.1	南亚
斯里兰卡	0.37	0.22	0.2	0.08	0.3	1.0	0.1	0.3	南亚
尼泊尔	0.11	0.29	1.2	0.03	0.4	1.3	0.0	0.1	南亚

资料来源：IMF，君晟研究

表2列示的亚洲重要经济体按次区域划分，有东北亚区域（简称东亚）的主要经济体中日韩，有东盟十国，有南亚区域的大国印度和南亚四国孟加拉国、巴基斯坦、斯里兰卡、尼泊尔。RCEP现阶段包含的亚洲重要经济体包括中日韩和东盟。

东北亚主要经济体之间有历史宿怨，日本与中国、韩国因历史地缘争执而影响东亚经济融合。2012年美国奥巴马政府挑起中日钓鱼岛纷争，成功破局中日韩自贸区。由于特朗普退出TPP和贸易孤立主义，日本最终下决心加入以中国和东盟为主导的RCEP。中国从2016年面临被TPP边缘化的威胁到2020年中国组建RCEP朋友圈成功。

印度作为2012年RCEP创始谈判国在2019年接近谈判结束时退出，印度退出对RCEP加强凝聚力、减少无谓纷争有长期利益，类似于英国脱欧为德法加强欧盟凝聚力减少纷争提供了长期利益。RCEP从东盟倡议到最终签署历经8年，如果没有印度的搅局，应该在两年前就具备签署的条件。团结、有凝聚力是RCEP继续进化为东亚经济共同体的重要条件。

按2020年GDP规模划分，万亿美元以上大规模经济体有中国14.9万亿美元、日本4.9万亿美元、印度2.6万亿美元、韩国1.6万亿美元、印度尼西亚1.1万亿美元，中等规模经济体有马来西亚0.34万亿美元、泰国0.41万亿美元、菲律宾0.37万亿美元、新加坡0.34万亿美元、越南0.34万亿美元、巴基斯坦0.28万亿美元、孟加拉国 0.32 万亿美元，1000 亿美元以下小规模经济体有缅甸 0.07 万亿美元、柬埔寨 0.03 万亿美元、老挝 0.02 万亿美元、文莱 0.01 万亿美元、斯里兰卡 0.08 万亿美元、尼泊尔 0.03 万亿美元。

按人口规模划分，东亚及南亚、东盟次区域中，人口过亿的大型经济体包括中国 14 亿、日本 1.3 亿、印度 13.8 亿、印度尼西亚 2.7 亿、菲律宾 1.1 亿、越南 1.0 亿、巴基斯坦 2.2 亿、孟加拉国 1.7 亿。人口 3000 万以上的中等经济体包括韩国 0.5 亿、泰国 0.7 亿、马来西亚 0.3 亿、缅甸 0.5 亿人，人口低于 3000 万的小型经济体有新加坡 0.06 亿、老挝 0.07 亿、文莱 0.0044 亿、斯里兰卡 0.22 亿、尼泊尔 0.29 亿人。

按 2020 年人均 GDP 划分，发达经济体有日本 3.9 万美元、韩国 3.1 万美元、新加坡 6.0 万美元、文莱 2.4 万美元，高中等收入新兴经济体有中国 1.1 万美元、马来西亚 1.0 万美元、泰国 0.7 万美元，低中等收入新兴经济体有印度尼西亚 0.4 万美元、菲律宾 0.34 万美元、越南 0.35 万美元、斯里兰卡 0.37 万美元，3000 美元以下低收入新兴经济体印度 0.2 万美元、缅甸 0.13 万美元、柬埔寨 0.16 万美元、老挝 0.26 万美元、巴基斯坦 0.12 万美元、孟加拉国 0.19 万美元、尼泊尔 0.11 万美元。

按 2020—2021 年复合增速划分，2% 以上高速增长经济体有中国 5.0%、越南 4.1%、孟加拉国 4.1%、缅甸 3.8%、老挝 2.5%、印度尼西亚 2.2%，0—2% 中低增长经济体有韩国 0.5%、马来西亚 0.7%、柬埔寨 1.9%、文莱 1.7%、巴基斯坦 0.3%、斯里兰卡 0.2%、尼泊尔 1.2%，小幅衰退经济体有日本 −1.6%、印度 −1.2%、泰国 −1.7%、菲律宾 −0.7%、新加坡 −0.7%。

按各经济体 GDP 在 RCEP 占比分析，中国 61% 和日本 20% 是分量最重的经济体，作为主导者的东盟占比仅 12.7%，韩国 6.5% 和澳大利亚 5.5%，比重也较大。按 GDP 世界占比分析，中国 18% 和日本 6% 是分量最重的经济体，东盟占比仅 3.8%，RCEP 合计占比 29.5%，北美占 28.2%，欧盟占 18.0%。

按各经济体人口在 RCEP 占比分析，中国 62.5% 和东盟 29.6% 合占最主要比重，日本占比 5.6%。按人口世界占比分析，中国 18.1%、东盟 8.6%、日本 1.6%，RCEP 合计占比 29%，北美占 6.4%，欧盟占 5.8%。

中国和 RCEP 在战略上要高度重视与宗教及地缘接近东盟的南亚四国的长期经贸战略合作与融合。南亚四国 GDP 与 RCEP 比值仅 2.9%，未来 RCEP 加强与南亚四国经贸合作的经济意义虽然较小，但合计 4.4 亿人的南亚四国是低收入、高人口、高增长潜力的广阔中低端消费市场和中国低端制造业转移承接地，其中孟加拉国、巴基斯坦、尼泊尔三国均与中国接壤，四国均与中国政治经济关系友好。从RCEP长远和谐发展角度来讲，致力于经济发展的南亚四国比战略野心勃勃且与周边各接壤国都有领土纠纷的印度要更有战略合作价值。

RCEP未来向南亚扩容的前景取决于东盟主导经济体的意愿。东盟有伊斯兰国家印度尼西亚和马来西亚等，有众多重要佛教国家泰国、老挝、缅甸等。而南亚有伊斯兰人口大国巴基斯坦和孟加拉国，有佛教国家尼泊尔和斯里兰卡。东盟和南亚地域相近，宗教文化相近，人口众多、市场广阔，政治环境相对全球热点区域更稳定，未来南亚四国和东盟十国都是经济持续高速增长的新兴经济区域。

RCEP乃至东亚经济体是未来全球经济复苏的火车头，GDP增量占比有望逐步上升到全球的40%—50%，GDP比重将超越北美和欧盟，成为全球第一大经济区域。

表3 RCEP区内主要经济体与世界主要经济区域和2020年宏观指标比较

经济体	人均GDP（万美元）	人口（亿）	复合增速（%）	GDP（万亿美元）	人口世界占比（%）	人口RCEP占比（%）	GDP世界占比（%）	GDP RCEP占比（%）	次区域
世界	1.07	77.6	0.3	83.06	100.0		100.0		
中国	1.06	14.1	5.0	14.86	18.1	62.5	17.9	60.7	东亚
日本	3.90	1.3	−1.6	4.91	1.6	5.6	5.9	20.1	东亚
印度	0.19	13.8	−1.2	2.59	17.8		3.1		南亚
韩国	3.06	0.5	0.5	1.59	0.7	2.3	1.9	6.5	东亚
澳大利亚	5.17	0.3	−0.7	1.33	0.3	1.1	1.6	5.5	亚太
新西兰	3.89	0.05	−1.0	0.19	0.1	0.2	0.2	0.8	亚太
北美	4.72	5.0	0.7	23.45	6.4		28.2		北美
欧盟	3.33	4.5	4.5	14.93	5.8		18.0		欧洲
RCEP	1.09	22.5	4.4	24.48	29.0	100.0	29.5	100.0	亚太
东盟十国	0.47	6.7	1.8	3.12	8.6	29.6	3.8	12.7	东盟
南亚四国	0.16	4.4	2.6	0.71	5.6	19.4	0.9	2.9	南亚

资料来源：IMF，君晟研究

三、RCEP 已超过北美和欧盟，成为 GDP 增量贡献和总量最大的经济区域

君晟测算的全球主要经济区域和最主要经济体宏观指标经比较可知，RCEP 已经超过北美和欧盟，成为 GDP 增量贡献最大和 GDP 总量最大的经济区域。中美 GDP 比值从 2019 年的 67.2% 上升到 2021 年的 75%，提前超越所谓美国 GDP 70% 警戒线，2021 年中国增量占比 22.7%，反超美国的 15.5%，总量占比从 2019 年 16.4% 加速上升到 2021 年的 18.1%。

GDP 总量方面：2020 年合计 GDP 全世界 83.4 万亿美元、G20 为 65.5 万亿美元、RCEP 26.0 万亿美元、北美 23.4 万亿美元、欧盟 14.9 万亿美元。2021 年全世界合计 GDP 90.5 万亿美元、G20 70.9 万亿美元、RCEP 28.3 万亿美元、北美 24.8 万亿美元、欧盟 17.0 万亿美元，RCEP 的 GDP 总量比重 31.3%，持续几年超过北美比重 27.4% 和欧盟比重 18.8%，RCEP 的 GDP 总量比重从 2018 年的 29.4% 提高到 2021 年的 31.3%，增加了 1.9%。

表4 2018—2021年全球主要经济体和主要区域 GDP 总量及增量变化测算

经济体	2018 GDP（万亿美元）	2019 GDP（万亿美元）	2020 GDP（万亿美元）	2021 GDP（万亿美元）	2019 GDP 增量（万亿美元）	2020 GDP 增量（万亿美元）	2021 GDP 增量（万亿美元）
世界	85.7	87.1	83.4	90.5	1.38	−3.75	7.15
G20	67.0	68.2	65.5	70.9	1.28	−2.77	5.41
RCEP	25.2	26.0	26.0	28.3	0.75	0.04	2.32
北美	23.6	24.4	23.4	24.8	0.88	−0.98	1.33
欧元区	13.7	13.4	12.7	14.5	−0.32	−0.65	1.83
欧盟	16.0	15.6	14.9	17.0	−0.34	−0.70	2.12
美国	20.61	21.43	20.81	21.92	0.8	−0.6	1.1
中国	13.84	14.40	14.86	16.49	0.6	0.5	1.6
日本	4.95	5.08	4.91	5.10	0.1	−0.2	0.2
德国	3.97	3.86	3.78	4.32	−0.1	−0.1	0.5

资料来源：IMF，君晟研究

GDP 增量方面：2020 年全世界合计 GDP 减少 3.75 万亿美元，G20 减少 2.77 万亿美元，北美减少 0.98 万亿美元，欧盟减少 0.70 万亿美元，但 RCEP 难能可贵地增加

了 0.04 万亿美元。2021 年全世界合计 GDP 增加 7.15 万亿美元，G20 增加 5.41 万亿美元，RCEP 增加 2.32 万亿美元，北美增加 1.33 万亿美元，欧盟增加 2.12 万亿美元。

主要经济体中，2020 年 GDP 中国增加 0.5 万亿美元，而美国减少 0.6 万亿美元，日本减少 0.2 万亿美元，德国减少 0.1 万亿美元。2021 年 GDP 中国大幅增加 1.6 万亿美元，而美国只增加 1.1 万亿美元，日本增加 0.2 万亿美元，德国增加 0.5 万亿美元。

GDP 总量占比：2020 年 RCEP 的 GDP 世界总量占比 31.2%，G20 占 78.5%、北美占 28.1%、欧盟占 17.9%。主要经济体中，2020 年中国 GDP 世界总量占比 17.7%，而美国占 24.8%，日本占 5.9%，德国占 4.5%。

2021 年 RCEP 的 GDP 总量比重 31.3%，继续超过北美比重 27.4% 和欧盟比重 18.8%，2021 年中国的世界 GDP 总量占比从 2018 年 16.2% 上升到 18.1%、美国下降到 24.1%，日本下降到 5.6%，德国因欧元 2021 年升值假设原因上升到 4.7%。

表5 2018—2021 年全球主要经济体和主要区域 GDP 总量及增量占比变化测算

经济体	2018 GDP 总量占比（%）	2019 GDP 总量占比（%）	2020 GDP 总量占比（%）	2021 GDP 总量占比（%）	2019 GDP 增量占比（%）	2020 GDP 增量占比（%）	2021 GDP 增量占比（%）
世界	100	100	100	100	100	100	100
G20	78.1	78.3	78.5	78.3	92.4	73.8	75.6
RCEP	29.4	29.8	31.2	31.3	54.5	−1.0	32.5
北美	27.5	28.0	28.1	27.4	63.4	26.1	18.6
欧元区	16.0	15.3	15.3	16.1	−23.5	17.3	25.6
欧盟	18.6	17.9	17.9	18.8	−24.5	18.5	29.6
美国	24.1	24.5	24.8	24.1	44.1	16.9	15.5
中国	16.2	16.4	17.7	18.1	30.1	−12.4	22.7
日本	5.8	5.8	5.9	5.6	6.9	4.6	2.7
德国	4.6	4.4	4.5	4.7	−5.6	2.2	7.5

资料来源：IMF，君晟研究

GDP 增量占比：2020 年 RCEP 的 GDP 增量与世界总减少量 3.75 万亿美元的比值是 −1.0%，G20 占世界总减少量的 73.8%，北美占 26.1%，欧盟占 18.5%。主要经济体中，2020 年 GDP 中国增量与世界总减少量的比值是 −12.4%，而美国占世界总减少量的 16.9%，日本占 4.6%，德国占 2.2%。

2021 年 RCEP 的 GDP 增量比重 32.5%，超过北美比重 18.6% 和欧盟比重 29.6%，2021 年中国的世界 GDP 增量占比 22.7%，超过美国的 15.5%、日本的 2.7% 及德国的 7.5%。

四、君晟根据 IMF 预测值测算的主要经济体 2020—2021 年复合增速

君晟根据 IMF 预测值测算的主要经济体 2020—2021 年复合增速：RCEP 4.4%，领先于世界的 0.3%、G20 的 1.9%、北美的 0.7% 和欧盟（本币计价）的 0.2%，中国两年复合增速 5.0%，远高于美国的 −0.7%、日本的 −1.6%、德国的 −1.0% 和全世界的 0.3%，略高于 RCEP 的 4.4%。

根据 IMF 2020 年 10 月 7 日世界经济展望报告各国增长预测值统计可测算得：在疫情衰退期的 2020 年，RCEP 取得难得的 0.1% 正增长，世界 −4.4%、G20 −4.1%、北美 −4.0%、欧盟 −4.4%。在后疫情恢复期的 2021 年，RCEP 高速增长 8.9%，领先于世界的 5.2%、G20 的 8.3%、北美的 5.7% 和按欧元本币计价实际 GDP 增速 7.3%，按照 IMF 欧元兑美元 2021 年年均汇率升值 7.6% 的假设折算的欧盟美元计价 GDP 增速 14.2%。

表 6　按 IMF 2020 年 10 月 7 日和 6 月 24 日全球主要经济体和主要区域 GDP 增速预测值测算的 2020—2021 年复合增速测算

经济体	2019 增速（%）	2020e 1007（%）	2021e 1007（%）	复合增速 1007（%）	2020e 0624（%）	2021e 0624（%）	复合增速 0624（%）
世界	2.9	−4.4	5.2	0.3	−4.9	5.4	0.1
G20	1.9	−4.1	8.3	1.9	−6.7	5.6	−0.8
RCEP	3.0	0.1	8.9	4.4	−1.3	6.3	2.4
北美	3.7	−4.0	5.7	0.7	−8.2	4.5	−2.0
欧元区	−2.4	−4.9	14.4	4.3	−9.9	5.8	−2.4
欧盟	−2.1	−4.4	14.2	4.5	−9.3	5.7	−2.1
美国	2.3	−4.3	3.1	−0.7	−8.0	4.5	−1.9
中国	6.1	1.9	8.2	5.0	1.0	8.2	4.5
日本	0.7	−5.3	2.3	−1.6	−5.8	2.4	−1.8
德国	0.6	−6.0	4.2	−1.0	−7.8	5.4	−1.4

资料来源：IMF，君晟研究

五、君晟全球增长模型对 RCEP 和中国的 GDP 预测

根据君晟全球增长模型预测，RCEP 和中国的 GDP 从 2019 年 26.0 万亿美元和 14.4 万亿美元增长到 2030 年 40.8 万亿美元和 25.6 万亿美元，总量占比从 29.6% 和 16.4% 上升到 34.4% 和 21.6%、2022—2030 年复合增速假设为 4.1% 和 5.0%，GDP 增量从 2019 年 0.9 万亿美元和 0.6 万亿美元上升到 2030 年 1.7 万亿美元和 1.2 万亿美元，增量占比从 40.5% 和 30.1% 上升到 45.7% 和 33.6%，人口从 22.7 亿和 14.0 亿增加到 24.0 亿和 14.7 亿，但人口全球占比从 29.5% 和 18.2% 下降到 28.0% 和 17.2%，人均 GDP 从 1.1 万美元和 1.03 万美元上升到 1.7 万美元和 1.7 万美元。君晟预测 2024 年 RCEP 和中国人均 GDP 上升到 1.37 万和 1.33 万美元，均晋升到高收入经济区域和经济体。RCEP 和中国将长期维持全球经济增长的龙头和增量主要贡献者的地位。

全球主要经济体和区域 2019 年和 2030 年 GDP 总量与增量及占比、人口、人均 GDP 情况如表 7 所示。

表 7 君晟全球增长模型预测的主要经济体和区域 2030 年 GDP 总量与增量及占比、人口、人均 GDP 一览

经济体	2022—2030 复合增速（%）	2019GDP（万亿美元）	2019 GDP 总量占比（%）	2019 增量（万亿美元）	2019 GDP 增量占比（%）	2019 人口（亿）	2019 GDPpc（万美元）
世界	3.0	87.6	100	1.9	100	76.8	1.1
G20	2.9	68.2	77.9	1.3	68.7	45.9	1.5
RCEP	4.1	26.0	29.6	0.8	40.5	22.7	1.1
北美	2.0	24.4	27.9	0.9	47.1	4.9	4.9
欧元区	2.2	13.4	15.3	−0.3	−17.4	3.4	3.9
欧盟	2.4	15.6	17.8	−0.3	−18.2	4.5	3.5
美国	2.0	21.4	24.5	0.8	44.1	3.3	6.5
中国	5.0	14.4	16.4	0.6	30.1	14.0	1.0
日本	1.0	5.1	5.8	0.1	6.9	1.3	4.0
德国	2.0	3.9	4.4	−0.1	−5.6	0.8	4.6
中美比	2.5	0.7	0.7	0.7	0.7	4.3	0.2

续表

经济体	2022—2030复合增速（%）	2030GDP（万亿美元）	2030 GDP总量占比（%）	2030增量（万亿美元）	2030 GDP增量占比（%）	2030人口（亿）	2030 GDPpc（万美元）
世界	3.0	118.4	100	3.6	100	85.9	1.4
G20	2.9	91.7	77.5	2.7	74.0	48.8	1.9
RCEP	4.1	40.8	34.4	1.7	45.7	24.0	1.7
北美	2.0	29.6	25.0	0.6	16.0	5.2	5.7
欧元区	2.2	17.7	15.0	0.4	10.9	3.5	5.1
欧盟	2.4	21.1	17.8	0.5	14.1	4.6	4.6
美国	2.0	26.2	22.1	0.5	14.2	3.4	7.8
中国	5.0	25.6	21.6	1.2	33.6	14.7	1.7
日本	1.0	5.6	4.7	0.1	1.5	1.2	4.6
德国	2.0	5.2	4.4	0.1	2.8	0.8	6.3
中美比	2.5	1.0	1.0	2.4	2.4	4.4	0.2

资料来源：IMF，君晟研究

以2019年和2030年为比较年度，君晟预测RCEP的GDP从2019年26.0万亿美元增长到2030年40.8万亿美元、总量占比从29.6%上升到34.4%；2022—2030年复合增速假设为4.1%，GDP增量从2019年0.9万亿美元上升到2030年1.7万亿美元、增量占比从40.5%上升到45.7%，君晟预测RCEP人口从22.7亿增加到24.0亿，但人口全球占比从29.5%下降到28.0%，人均GDP从1.1万美元上升到1.7万美元。君晟预测2024年RCEP整体人均GDP从2019年1.12万美元上升到1.37万美元，晋升到高收入经济区域。

君晟预测中国的GDP从2019年14.4万亿美元增长到2030年25.6万亿美元，总量占比从16.4%上升到21.6%；2022—2030年复合增速假设为5.0%，GDP增量从2019年0.6万亿美元上升到2030年1.2万亿美元，增量占比从30.1%上升到33.6%，君晟预测RCEP人口从14.0亿增加到14.7亿，但人口全球占比从18.2%下降到17.2%，人均GDP从1.0万美元上升到1.7万美元。君晟预测2024年中国人均GDP从2019年1.03万美元上升到1.33万美元，从中等收入国家晋升到高收入国家。

君晟与 IMF 预测模型有差异之处是 IMF 假设主要货币在未来五年有预期性贬值或升值，君晟在 GDP 增长预测时未计入主要经济体货币间汇率变动。但君晟预测未来十年人民币兑欧元汇率维持离散系数小于 2%，人民币兑美元汇率保守预测轻微升值 5%。如果按 IMF 2020—2025 年美元指数下跌 10% 的假设，则中国 GDP 将早于君晟预测的 2030 年超越美国。

六、重估 RCEP 对中国的实际作用

全球机构投资者包括中国投资者对 RCEP 对中国稳固产业链、化解中美贸易长期摩擦压力的实际作用还远远认识不足，中国人民币资产市场并未给予充分的反应。中国优秀上市公司借助 RCEP 区内零关税的优势在经济区域布局资源要素和产能，中国相当于在复制日本、韩国、中国台湾在过去 20 年通过转移组装制造产能向中国转移对美贸易顺差的战略部署。君晟会议过去两年发掘的十倍股立讯精密、英科医疗都受益于 RCEP。

全球最大自贸区建成，对有创新能力的中国优势龙头上市公司拓展发展空间是影响深远的。我们观察到，这几年国内一些优秀企业如立讯精密、英科医疗等为消减贸易战的影响，已经把企业对美国出口的部分产能转移到越南、墨西哥或其他东盟、南亚国家。未来这些跨区域布局的中国上市公司不需要担心中美贸易战加剧的影响了，RCEP 有利于中国优势企业把供应链改造得更加有韧性。对美国出口的部分就直接从这些低成本经济体的最后组装制造环节控股境外子公司出口，但是境外子公司的投资主体还是这些中国优势上市公司，全资或控股境外企业的业绩还可以合并在中国上市公司的报表里。中国居民企业在境外投资企业产生的国民收入虽然不是中国的 GDP，但仍是中国的 GNP。由于中国企业使用更低的境外人力成本，境外子公司的盈利能力可能会超过同等规模的境内子公司。中国相当于在复制日本、韩国、中国台湾在过去 20 年对中国转移对美贸易顺差的战略部署，把最低端的组装环节从中国再转移到东南亚、南亚经济体。RCEP 最根本的意义是区内零关税，这样中国企业在全经济区域布局资源要素，制造成本会更低。

【第七篇】

科技创新篇

第一章
从旧经济到新经济的蓝筹行业切换仍将持续

2018 年 3 月 31 日

为真实揭示指数成分股的盈利预测变化、估值变化、市值变化和盈利增速变化，在研究中把亏损股和市值占比及估值差异性较大的行业或公司定义为异常值公司，全体剔除异常后定义为正常全体。观察区间分别为 2017 年度和 2018 年第一季度。

个股或指数全体的当年市值变幅可以由当年盈利预测变幅和当年市盈率变幅两部分来解释。

深创 100 指数（即创业板指 399006.SZ）有 100 家创业板蓝筹成分股，其中 2017 年亏损公司 5 家，2017 年盈利预测下调 50% 的温氏为对统计干扰较大的异常值公司，正常全体共 94 家。

上证 50 指数有 50 家主板蓝筹成分股，其中 2017 年无亏损公司，市值占比 41% 的 12 家银行公司因行业估值显著低于全市场其他公司为异常值公司，正常全体共 38 家。

一、深创 100 指数与上证 50 指数的行业分布特征分别为新经济和旧经济

两个指数行业分布重合度极低，重合的行业只有机械、制药、化工、食品。在 22 个二级行业中，上证 50 有 62% 市值分布于大金融行业，大金融及能源合计 77%，只涉及 13 个二级行业。深创 100 主要分布于软件、电子（含通信、硬件）、机械、制药、服务、食品等六大行业合计 81%，只涉及 11 个二级行业。

从上证 50 和深创 100 的行业分布来看，在新经济龙头企业 BATJ 和高端制造独角兽未能在国内上市之前，上证 50 代表了中国的旧经济，深创 100 代表了中国的新经济。从旧经济到新经济的蓝筹行业切换将分为两个阶段，第一阶段是市场机构投资者逐步增加新经济行业蓝筹配置、降低旧经济行业蓝筹配置，第二阶段是互联网平台企业和高端制造业独角兽在上海和深圳陆续上市后替换现有的旧经济大蓝筹和未能继

续成长的新经济中小蓝筹，逐步实现上证 50 的行业结构改善和深创 100 的更新持续成长。在可以预见的将来，从旧经济到新经济的蓝筹行业切换仍将持续。如果中国机构投资者的主要资金长期配置在金融、能源、白酒这样的高盈利旧经济蓝筹中，中国如何实现中国制造 2025 的产业升级目标？如何最终取得中美贸易战的胜利？

二、头部企业出现部分行业高估

以行业市值最大公司为行业头部企业，以市值排名第 2—11 名的 TOP 10 合理市盈率均值为行业估值均值，合理市盈率范围为 0—100 倍。以头部估值与行业估值均值的比值衡量头部估值合理性。全市场在 61 个三级行业中有盈利预测的公司 1982 个，比值低于 0.5 的行业有 10 个、多数是周期制造业，比值高于 1.4 的行业有 11 个、多数是医疗、制药、软件、银行行业。华大和顺丰比同行业高估原因是限售股尚未解禁、总市值远大于流通市值。（除东财、中石油等公司）行业头部高估企业 2017 年迄今股价大幅上升的归因解释主要是估值提升而不是盈利预测调高。招行盈利上调 13%、PE18E 上升 44%，国旅盈利上调 25%、PE18E 上升 72%，恒瑞盈利下调 10%、PE18E 上升 145%，讯飞盈利下调 22%、PE+218%，乐普 PE+88%，美年 PE+127%。

三、深创 100 指数的特征分析

扣除 5 家亏损公司和温氏后的正常全体，2017 年度的当年盈利预测上升 4%、当年市盈率下降 1%、同比市值上升 3%，2018 年第一季度的当年盈利预测下调 1%、当年市盈率上升 10%、同比市值上升 9%。

2017 年末（最后预测）的 2017 年盈利预测一致预期与截至 2018 年 3 月末公布的实际 2017 年净利比较，全体及正常全体的实际比预测差额 −76 亿元和 −80 亿元，其中 5 家亏损公司实际与预测多亏损 20 亿元，温氏实际比预测多 4 亿元，正常全体的预测和实际 2017 年净利增幅分别为 44% 和 24%。根据最新盈利预测一致预期，正常全体的 2018—2019 年盈利增速为 47% 和 31%，均比 2017 年实际增速 24% 要高。

四、上证 50 指数的特征分析

扣除 12 家银行后的正常全体：2017 年度的当年盈利预测上升 8%、2017 当年预测市盈率上升 19%（从 2017 年初 16 倍到年末 19 倍）、同比市值上升 29%，2018 年第一季度的当年盈利预测上调 7%、2018 当年市盈率下降 13%（从 2018 年初 16 倍到第一季末 14 倍）、同比市值上下跌 6%。

12 家银行：2017 年度的当年盈利预测上升 5%、2017 当年预测市盈率上升 21%（从 2017 年初 6 倍到年末 7.2 倍）、同比市值上升 27%，2018 年第一季度的当年盈利预测上调 0、2018 当年市盈率下降 1%（从 2018 年初 6.7 倍到一季末 6.6 倍）、同比市值下跌 1%。

2017 年末（最后预测）的 2017 年盈利预测一致预期与截至 2018 年 3 月末公布的 2017 年实际净利比较，全体及正常全体的实际比预测差额 49 亿元和 80 亿元，12 家银行实际比预测少 32 亿元，正常全体的预测和实际 2017 年净利增幅分别为 33% 和 35%。根据最新盈利预测一致预期，正常全体的 2018—2019 年盈利增速为 26% 和 16%，均显著低于 2017 年实际增速 35%。

五、深创 100 指数与上证 50 指数的正常全体比较

增速：深创 100 的 2017 年盈利增速 24%，低于上证 50 的 35%，但深创 100 的 2018—2019 年盈利增速 47% 和 31% 要显著高于上证 50 的 2018—2019 年盈利增速 26% 和 16% 近一倍。

盈利预测：2017 年初与年末的 2017 年盈利预测比较，深创 100 上调 4%，上证 50 上调 8%，而银行上调 4%。2018 年年初与一季末的 2018 年盈利预测比较，深创 100 下调 1%，上证 50 上调 7%，而银行上调 0。

估值：深创 100 的 2017 年当年预测市盈率年初和年末均为 30 倍，上证 50 的 2017 年当年预测收益率从年初 16 倍上升 20% 到年末 19 倍。2018 年年初与一季末的 2018 年当年预测市盈率比较：深创 100 从年初 24 倍上升到一季末 27 倍，上证 50 的 2018 年当年预测收益率从年初 16 倍下跌到一季末 14 倍。

市值：上证 50 的 2017 年同比市值变幅 29%、获利额 2.5 万亿元（银行获利额 1.5 万亿元、上证 50 全体 4 万亿元），深创 100 的 2017 年同比市值变幅仅 3%、获利额 540 亿元，2017 年市场主要获利筹码集中在上证 50 成分股。上证 50 的 2018 年一季度同比市值变幅 −6%、减少额 7000 亿元，深创 100 的 2018 年一季度同比市值变幅仅 3%、增加额 1777 亿元（扣除温氏减少额 160 亿元后深创 100 全体 1600 亿元）。

六、结论：估值目标与行业轮动预期持续

以上对深创 100 指数和上证 50 指数在 2017 年度和 2018 年第一季度的增速盈利

估值市值变化分析，可以解释上证50在2017年度市值增幅优于深创100的内在逻辑，也可以解释2018年立春日以来市场资金从上证50到深创100行业轮动的合理性和可持续性。经过一年运行，部分行业头部企业已比行业均值高估，股价大幅上涨归因于估值提升远多于盈利预测上调。

根据两个指数正常全体的2017年和2018年盈利增速的差异以及目前当年预测市盈率的变化差异，在盈利预测后三季维持稳定假设下，预判深创100的目标当年预测市盈率从一季末27倍上升到30—32倍，仍有10%—20%同比市值变幅空间，预判上证50的目标当年预测市盈率从一季末14倍上升到15.5—16倍，仍有10%—15%同比市值变幅空间。以年度计算的目标市值变幅，深创100为+20%—+30%，上证50为+5%—+10%。基于量化分析可以判断，从上证50到深创100的蓝筹行业切换仍将持续。

第二章
转换投资理念，提高注重研发投入的科创企业估值

2019年1月6日

一、中国资本市场市值行业分布变化趋势需体现中国科创产业升级进程

ICT行业5—10年内在中国资本市场中占20%以上市值才能客观描述中国在世界产业链中实现战略升级的发展态势。目前中国与美国市场差距仍比较大，从A股结构来看中国资本市场市值30%还是在大金融领域。全市场总市值：大金融（银行9.0万亿元、非银4.1万亿元、地产2.2万亿元）合计15.3万亿元约占28%，ICT（电子3.1万亿元、计算机2.0万亿元、通信0.9万亿元）合计6万亿元约占10%。

表1 全部行业2018年末市盈率、市净率一览

申万行业情况一览			
行业名称	总市值（亿元）	平均市盈率	平均市净率
SW银行	90163	6.4	0.9
SW非银金融	41606	15.7	1.6
SW医药生物	40863	36.6	4.2
SW化工	32669	20.9	1.9
SW电子	30993	38.4	3.6
SW食品饮料	28786	32.4	5.8
SW采掘	26432	23.4	1.2
SW交通运输	23091	17.5	1.8
SW房地产	22026	11.2	1.5
SW机械设备	20985	30.9	2.1
SW汽车	20956	17.1	1.9
SW公用事业	20568	23.8	1.7

续表

申万行业情况一览			
行业名称	总市值（亿元）	平均市盈率	平均市净率
SW 计算机	19719	52.7	3.8
SW 电气设备	16526	28.9	2.2
SW 建筑装饰	16515	11.4	1.3
SW 有色金属	16276	32.7	2.5
SW 传媒	15125	38.8	2.5
SW 家用电器	13238	17.4	3.4
SW 商业贸易	9724	23.8	1.8
SW 通信	9309	55.5	2.2
SW 轻工制造	8590	24.4	2.6
SW 农林牧渔	8148	38.6	2.7
SW 钢铁	7495	8.8	1.3
SW 国防军工	6789	71.1	2.1
SW 建筑材料	6518	15.8	2.1
SW 纺织服装	5852	28.1	2.2
SW 休闲服务	3789	38.1	2.8
SW 综合	2921	32.0	1.5

资料来源：WIND

我在《从旧经济到新经济的蓝筹行业切换仍将持续20180331》曾统计过："上证50指数有62%市值分布于大金融行业，大金融及能源合计77%，深创100指数主要分布于软件、电子（含通信、硬件）、机械、制药、服务、食品等六大行业合计81%。"

在市场低迷的情况下，投资者更倾向于紧缩战线，增配确定性高盈利预期的银行白酒等行业。注重研发投入的科创企业盈利规模不如银行白酒这类企业，投资者弃之如敝屣，近年来科创企业市值比重与行业估值整体大幅下降。科创企业经营者在加大研发投入和维持较高盈利规模之间两难取舍，在市值下降压力下屈从于资本市场价值观偏好。资本市场盈利偏好某种程度上约束了科创企业经营者加大研发投入的决心和力度，对中国科创产业集群加快技术升级赶超世界先进水平是不利的。

资本市场需要把社会资本有效配置到能够提升中国在世界产业链格局中战略地位的产业集群领域，因此需要引导市场投资价值理念。我们应该借助中央做出科创板决策的东风，进一步倡导提升注重研发投入的科创企业估值水平。

二、华为是通过巨大研发投入已经取得 5G 技术领先优势的全球企业

最近两年美国政府全面封杀华为在西方国家 5G 业务的拓展，美国对单一公司全力封杀的现象在全球经济史上比较罕见。

华为高研发投入形成的 5G 技术领先优势是美国封杀的根源。2018 年末各个主要国家接踵开展 5G 的测试，包括 AT&T、爱立信、诺基亚在美国等国和华为在中国、英国、德国、日本、意大利的商用测试，测试结果让人吃惊，华为与竞争者的技术差异非常大。这些测试结果说明美国政府有计划地封杀华为是有原因的，华为与竞争者诺基亚、爱立信在 5G 专利技术储备上差距拉开了。

根据 GSA 2018 年末发表的报告：在 5G 发展方面，截至 2018 年 12 月中旬，全球 197 家运营商对 226 张 5G 移动网络和 5GFWA 网络进行了测试、试验、计划部署、试商用部署和商用部署。全球有 14 家运营商宣布已经试商用部署 / 非常有限地可用部署了非 3GPP 标准兼容 /3GPP 标准兼容的 5G 服务。

根据 2018 年 12 月 AT&T 在美国的测试结果，5G（下行速度 195Mbps）与 4G（187Mbps）差异很小，表明美国 AT&T 的 5G 设备供应商还没有真正实现 5G 技术换代。

2018 年 11 月在英国，华为与运营商 Three 进行了 5G 路由器测试，最高速度 2Gbps、平均速度为 1Gbps，远超过同期诺基亚与英国运营商 700Mbps 的测试结果。2017 年 10 月底，沃达丰携手华为打通了意大利第一个 5G 端到端链接，下行速率高达 2.7Gbps，2018 年 12 月，华为与意大利运营商 TIM 进行 5G 测试，速率高达 2.7Gbps。2018 年 2 月末，华为与印度运营商 Bharti Airtel 进行了首次 5G 测试，速率达 3Gbps。华为与日本第一大运营商 NTT Docomo 的 5G 测试成果最为显著，速率达到 4.52Gbps，这相比 AT&T 2018 年 12 月 5G 网络测试约 195Mbps 快了 21 倍多。

《5G 测试确认，诺基亚 700M/ 秒，爱立信 1GB/ 秒，华为超快》2019 年 1 月 1 日 https://t.cj.sina.com.cn/articles/view/6608569207/189e6c37700100cx38?from=tech&subch=

三、中国尤其是华为已经取得 5G 标准与专利的数量与质量领先优势

全世界 5G 标准立项数中国移动排第一、华为排第二，中国制造商和运营商合计占了全球 5G 标准立项数的 42%（中国 21 项与全球 50 项），美国对华为的封锁政策在实施上会比较困难。

全世界 5G 标准立项并且通过的企业是中国移动 10 项，华为 8 项，爱立信 6 项，高通 5 项，日本 NTTDOCOMO 4 项，诺基亚 4 项，英特尔 4 项，三星 2 项，中兴 2 项，法国电信 1 项，德国电信 1 项，中国联通 1 项，西班牙电信 1 项，Esa 1 项。按国家统计，中国 21 项，美国 9 项，欧洲 14 项，日本 4 项，韩国 2 项。

中国信息通信研究院知识产权中心发布有关 5G 标准必要专利统计显示，华为以 1970 件 5G 声明专利排名第一，全球占比 17%，诺基亚 1471 件占 13%，LG 1448 件占 12%，其余前 10 位企业为爱立信、三星、高通、中兴、英特尔、大唐和夏普，中国三家企业占 30%。

目前诺基亚和爱立信在 5G 技术上还没有跟上华为的脚步，测试速度跑不起来。2019 年是 5G 全面实施的元年，限制华为的国家像美国、英国、加拿大、澳大利亚会意识到要么放弃与其他全球发达国家同步发展 5G，要么只能让华为重新加入本国市场竞争。英国军情六处处长扬格认为，5G 技术基本上以中国技术、主要是华为技术为基础，英国在是否使用华为 5G 技术上面临艰难抉择。华为轮值董事长胡厚崑曾表示：若美国允许华为参与 5G 建网，4 年可省 200 亿美元。美国的封杀华为政策需要美国消费者买单。

《围绕争取 5G 全球领先，我们正在不断加速》2019 年 1 月 11 日

http://news.idcquan.com/tx/157190.shtml

《英国军情六处：华为技术是 5G 基础，很难抉择用不用》2018 年 12 月 4 日

https://new.qq.com/omn/20181204/20181204A0YHMC00

四、华为是注重研发投入、引导升级的全球领军企业，是被围追堵截的"红一方面军"

华为已经不能只作为行业单一子领域领导企业来看待，华为是中国唯一一个可以在 ICT 行业多个子领域里与全球 500 强企业对标抗衡的中国公司。华为对标 500 强 ICT 跨国企业情况：华为在 ICT 消费者业务领域的赶超对标跨国企业是苹果、三星，在网络通信设备领域对标思科、爱立信、诺基亚，在 IT 服务领域对标 IBM，在半导

体领域对标高通、德仪、博通、NVIDIA、Intel，在计算机办公设备领域对标HP，在计算机软件-云计算服务领域对标VMWare。

表2 华为对标500强ICT跨国企业情况

	名称	领域	潜在跨国竞争企业	范围
1	Apple	计算机/办公设备	华为	全球
2	Alphabet	互联网服务和零售	百度	华人
3	Microsoft	计算机软件		
4	Amazon	互联网服务和零售	阿里，京东，华为	华人
5	Facebook	互联网服务和零售	腾讯	华人
6	Intel	半导体/电子元件	华为	全球
7	Oracle	计算机软件		
8	Cisco	网络通信设备	华为	全球
9	IBM	信息技术服务	华为	全球
10	eBay（+Paypal）	互联网服务和零售	阿里，腾讯，京东	华人
11	NVIDIA	半导体/电子元件	华为	全球
12	Broadcom	半导体/电子元件	华为	全球
13	Texas Instruments	半导体/电子元件	华为	全球
14	QCOM	半导体/电子元件	华为	全球
15	Priceline	互联网服务和零售	携程	全球
16	NetFlix	互联网服务和零售		
17	SalesForce	互联网服务和零售		
18	HP	计算机/办公设备	华为，联想	全球
19	TSLA	电子/电气设备		
20	VMWare	计算机软件	华为	全球

资料来源：君晟研究

五、应提升引导加大研发投入理念的华为关联ICT产业集群估值水平

由于现在华为还不是上市公司，要研究与华为产业关联度较高的A股港股ICT产业科创上市公司产业集群作为可投资标的。中国ICT科创上市公司在2018年整体跌幅比较大,有些上市公司受困于贸易战的影响,市场对盈利预期打了很大的折扣。

表3 华为MATE20智能手机2018年全球供应商一览

企业	供应产品	企业	供应产品
台积电	芯片代工	三星	刚性OLED
长盈精密	金属外观件	电连技术	连接器
硕贝德	天线主要供应商,Mate20 Pro供货占比超80%	欣旺达	锂电池
信维通信	NFC、MIMO等天线以及无线充电	安洁科技	配套产品
立讯精密	快速充电/无线充电	常州富稀科技	石墨烯液冷散热方案
欧菲科技	摄像头/指纹模组	汇顶科技	指纹芯片
舜宇光学	摄像头模组	思立微	指纹芯片
丘钛科技	指纹模组	FPC	指纹芯片
光宝科技	摄像头模组	科大讯飞	语音技术
联创电子	准直器/镜头	汉王科技	M-PEN
比亚迪	后盖/金属中框/摄像头组装/塑胶件	索尼	CIS
水晶光电	3D摄像头滤光片	豪威科技	CIS
京东方	柔性OLED面板	Lumentum	VESEL
LGD	柔性OLED、LCD面板	AMS	DOE元器件
JDI	LCD面板	DNP	DOE元器件
夏普	LCD面板	安费诺	无线充电接收端

资料来源:君晟研究

ICT科创企业与其他行业企业最重要的差别是研发投入的数量与质量。没有研发投入的数量与质量,科创企业做得再大也只能是联想。科创企业舍得研发投入,才能在未来有可能取得技术领先优势。这也是为什么创投公司愿意投资还没有盈利的科创企业的部分原因。

ICT行业不能完全从今年明年的盈利预测来判断投资价值,不能拿银行白酒这类低技术高盈利行业的估值区间来类比研发投入较大的ICT科创行业的合理估值区间,盈利高的银行白酒行业对中国产业升级未必有多大贡献。目前公募私募机构投资者最喜欢这些确定性高盈利行业，如果投资者长期偏好确定性高盈利的行业，要利用资本市场促进中国产业升级的难度很大。投资者不能投资非上市公司华为，不能支持华为全球竞争，那么接受华为关联ICT产业集群上市公司更高估值水平是投资者能做出的微薄贡献。

六、中央推出科创板决策是推动市场转换投资理念的东风

2018年年末中央领导吹响了建设科创板的号角，我们应该跟进倡导市场转换投资理念。

2019年市场指数变幅大概率是正数。投资者不要太在意个股估值的影响，要研究ICT科创企业的研发投入的数量和质量。在整个经济从磨底到复苏的过程中，投资者要对小市值高弹性的ICT科创企业多关注，选出有技术累积优势与研发投入比较大的科创型企业，在2019年获得100%—200%的收益也不是不可能。2019年指数可能只有5%—10%的增长，如果市场投资理念做出合理调整，形成一定市场共识，2019年可以做到选出较大涨幅的股票组合。

第三章
坚持提升科创企业估值的投资理念，警惕金融次新股损害市场健康发展

2019 年 3 月 3 日

一、如何理性看待全年目标

2019 年 2 月 22 日中央领导关于金融与经济共生共荣关系的论述高屋建瓴，投资者应该深刻领会中央营造良好市场环境、打造长期持续牛市来支持科技创新与实体经济的精神。基于基本面的重大变化，我们在 2019 年 1 月 6 日君晟会议中坚定看多并作为少数派倡导提升科创企业估值投资理念的基础上，进一步上调 2019 年指数目标。

以下我要说的年末指数目标可能一周或一个月就能到达，在现在的乐观环境中看上去有点保守。但作为理性投资者，先做保守预测是慎重的选择。我设立一个小目标，预判：创业板指数回到 2018 年一季度均线即 1900 点（1568 点、+20%，全年 1250 点、+50%），上证指数 3300 点（3000 点、+10%，全年 2493.9 点、+32%），年度高点应该会高于年末目标。从指数变幅来看，上述目标如能实现，2019 年及农历己亥年已经是变幅超过 20% 的大牛市了。为多年持续慢牛的长远考虑，初步目标不可过高，实现时间进度不可过快。

二、坚持 2019 年初公开提出并付诸实践的科技创新投资理念

2019 年 1 月 6 日君晟会议，我坚定提出"机构投资者应该转换投资理念，提升注重研发投入科创企业的估值"，并付诸实践。我提出观点："2018 年年末中央领导吹响了建设科创板的号角，我们应该跟进倡导市场转换投资理念。投资者不要太在意个股估值的影响，要研究 ICT 科创企业的研发投入的数量和质量。选出有技术累积优势与研发投入比较大的科创型企业，在 2019 年获得 100%—200% 的收益也不是不可能。"

科创板对机构投资者的现实意义在于现有可类比科创上市公司估值空间对标拓展。

机构投资者在半年内难以在科创板规模配置。科创板第三季度推出首批上市公司后，由于前五日自由波动和涨跌停板放宽到 20% 的活跃交易规则，活跃投资者会高举高打积极参与科创板的交易。前几批科创板公司至少在上市半年内持续显著高估（例如普遍 100—200 倍动态市盈率），这是机构投资者难以规模配置科创板的原因。基于上述预期，在第三季度前可与科创板企业对标的创业板、中小板科创蓝筹企业将持续获得估值提升的动力。

三、科创板过度活跃可能是整体市场风险的威胁

上交所在科创板规则创新上透支了中央支持：科创板规则总体可行，但问题集中在停板从 10% 放大到 20% 和技术人员限售期从 3 年减为 1 年。在科创板开盘半年内，科创板显然将成为活跃投资者的乐园。剧烈波动和短期获利机会可能吸引市场资金持续流入，届时部分投资者可能减持上涨乏力的主板和中小板创业板股票来筹集资金参与。这对中国资本市场加剧波动可能构成一定威胁。

深交所已经意识到交易规则的差异性可能带来入市资金的跨板流出，已经提出创业板做注册制改革试点的诉求。半年后创业板也可能会在交易规则上取得与科创板一致的改革进展，或许科创板涨跌停板恢复 10%，或许其他板块同样放开到 20%。

四、注重研发投入的科创企业估值空间理应拓宽

为了阐述机构投资者转换投资理念的必要性，我扼要复述 2019 年 1 月 6 日发言的重要观点："ICT 科创企业与其他行业企业最重要的差别是研发投入的数量与质量。没有研发投入的数量与质量，科创企业做得再大也只能是联想。科创企业舍得研发投入，才能在未来有可能取得技术领先优势。这也是为什么创投公司愿意投资还没有盈利的科创企业的部分原因。"

"ICT 行业不能完全从今年明年的盈利预测来判断投资价值，不能拿银行白酒这类低技术高盈利行业的估值区间来类比研发投入较大的 ICT 科创行业的合理估值区间，盈利高的银行白酒行业对中国产业升级未必有多大贡献。目前公募私募机构投资者最喜欢这些确定性高盈利行业，如果投资者长期偏好确定性高盈利的行业，要利用资本市场促进中国产业升级的难度很大。投资者不能投资非上市公司华为，不能支持华为全球竞争，那么接受华为关联 ICT 产业集群上市公司更高估值水平是投资者能做出的微薄贡献。"

五、同层级金融企业合理估值与市值规模受同质性约束

金融行业细分行业有银行、保险、证券、信托，根据业务规模与市值规模可进一步细分为四大头部银行、商业银行、中心城市银行、区域城市银行、农商银行、四大头部券商、后六家十大券商、中型券商、区域券商、两大头部保险、大中型保险、小型保险、信托、民营综合金融。有利于提升特点公司比同细分行业可比公司的因素可以包括业务特色竞争能力、创新能力、抗风险能力。例如商业银行中的招商银行，估值持续高于其他可比商业银行。

1. 银行梯级估值分布

银行按业务规模和市值规模可分为四大头部银行、股份制银行、中心城市银行、区域城市银行、农商银行五个梯级。规模较大的银行A股/港股估值接近，优质股如招商银行估值港股接近A股，小银行A股估值显著高于港股。同一金融股的港股估值对A股估值有制约作用，A股溢价过高是显然的做空理由。

四大头部银行：A股/港股总市值1万亿元交易币种以上、2019年市盈率（下同）5.6—6.2倍的工农中建。

股份制银行：A股/港股市值2000亿—5000亿元交易币种/5—6.4倍的交通、兴业、浦发、中信、民生、光大、平安，唯一估值领先股是近8000亿元/8.5倍的招商银行（平安7.8倍）。

中心城市银行：市值700亿—1300亿元/5.2—6.1倍的北京、上海、华夏、宁波、江苏、南京，略高估的是宁波7.4倍。华夏应是市值规模落后的股份制银行。

区域城市银行：市值300亿—500亿元/5.2—8倍的杭州、郑州、长沙、西安、青岛、成都、贵阳。高估的是新股青岛370亿元、15倍。

农商银行：市值100亿—200亿元/10—14倍的青农、常熟、无锡、张家港、吴江、江阴、紫金。明显高估的是次新股紫金300亿元、27倍。

数据更新到2019年3月8日。

2. 券商梯级估值分布

券商按业务和市值规模可分为四大头部券商、前十大六家券商、中型券商、区域券商四个梯级。券商市值梯级分层也较明显，第四位海通1600亿元与第五位申万1300亿元，第十位国信1100亿元与第11位东方900亿元，中型券商下限500亿元与

区域券商上限 400 亿元，各梯级间市值有一定差距。前十大券商多数在内地和香港两地上市，同一金融股的港股估值对 A 股估值有制约作用，A 股溢价过高是显然的做空理由。

四大头部券商：A 股总市值 1600 亿元以上 /21—27 倍的中信、华泰、国君、海通。市场一致预测 2019 年净利润中信 122 亿元、华泰 87 亿元、国君 82 亿元、海通 62 亿元，按四大头部券商的业务规模和盈利水平比较，目前中信 24 倍、近 3000 亿元，而国君 21 倍、1700 亿元显著低估，如按中信和海通的 24—27 倍估值水平，国君合理估值 2000 亿—2200 亿元。

前十大六家券商：A 股总市值 1100 亿—1300 亿元 /17—23 倍的申万、广发、招商、银河、国信、建投。建投 53 倍、2100 亿元显著高估，根据建投与其他五家同阶层券商的业务规模和盈利水平比较，建投解禁前合理估值在 27 倍、近 1100 亿元，目前估值高估一倍。

中型券商七家：市值 500 亿—900 亿元 /26—47 倍的东方、光大、方正、国投安信、财通、长江、兴业。580 亿元市值的次新股天风实际是区域券商，但 11 元、估值 160 倍明显高估，天风解禁前预计至少回落到 5.5 元、估值 80 倍、近 300 亿元。

区域券商 22 家：市值 200 亿—400 亿元 /30—60 倍的长江、浙商等 21 家和 580 亿元 160 倍的天风。显著高估的华林、西部等 10 家次新券商 2017 年市盈率超过 100 倍或亏损。区域券商在熊市期间经营风险大、盈利稳定性低，即使在牛市中恢复正常盈利水平，但不具有可持续性，只能作为投机性品种。在业务资源向头部券商集中的时代，区域券商难以持续获得更好的盈利水平。

六、次新金融股上市后半年系统性高估、全部会在解禁前大幅下跌

次新金融股历史上都经历过在上市初期到限售解禁期半年前的显著高估期，且在解禁前均股价大幅下跌。例如张家港行 2017 年 1 月上市后从 4.6 元三个月炒到 30 元，随后两个月回落到 15 元，解禁月跌到 10 元，目前从 2018 年底部 6 元回升到 7 元。第一创业 2016 年 5 月上市后两个月从 4 元炒到 28 元，超高估值维持了四个月，2016 年从 25 元用六个月时间回落到解禁月的 9 元，目前从 2018 年底部 5 元回升到 7.6 元。

猪年伊始，中信建投、中国人保、紫金银行三个次新金融股陆续启动并持续涨停。中信建投 2018 年 6 月继港股后 A 股上市，从 6 元涨到 10 元后持续回落到 10

月 6.2 元，2019 年 2 月 11 日从 12 元启动到 3 月 1 日 22 元。（更新数据：中信建投 2019 年 3 月 8 日 28 元，2017 年市盈率 69 倍、2018 年市盈率 53 倍、市值 2100 亿元，港股折合 6 元 A/H 溢价超 4 倍。）根据中信建投与其他五家同层级大券商业务规模和盈利水平以及估值水平比较，显著高估的中信建投 2019 年 6 月解禁前合理估值在 14 元、27 倍、约 1100 亿元，目前估值高估近一倍。

中国人保 2018 年 11 月继港股后 A 股上市，从 4 元涨到 8 元后持续回落，2019 年 2 月 15 日 5.7 元启动到 3 月 1 日近 9 元。（更新到 2019 年 3 月 8 日数据：太保 A/H 溢价 34%、33/24 元，人寿 A/H 溢价 61%、28/17.5 元，新华 A/H 溢价 57%、49/31 元，平安 A/H 溢价 0、69/69 元，人保 A/H 溢价 293%、11.6/3 元。）参考太保和人寿、新华溢价水平合理估计人保 A 股溢价 50%，人保在解禁前合理回落到 4.5 元，目前 11.6 元，股价大约高估 1.5 倍。

紫金银行 2019 年 1 月 A 股上市，从 4.5 元涨到 7.3 元后持续回落到 5 元，2019 年 2 月 21 日 5.4 元启动到 3 月 1 日近 9 元。（更新到 2019 年 3 月 8 日数据：紫金银行 10.6 元、市盈率 27 倍、市值 390 亿元。）农商行六家企业估值范围 10—14 倍，紫金解禁前按 14 倍合理估值回落到 5.3 元，目前股价大约高估一倍。

合理定价的估算假定不计入行业估值水平整体波动和特定企业盈利超预期波动带来的股价变动。

七、金融次新股估值远高于同层级行业估值范围的情形不可持续

第一，同层级金融企业同质性较强。同层级金融企业的同质性较强，品种较多，特定公司不具有稀缺性。

第二，金融企业盈利可预测性高，有明显的合理估值范围。科创企业有创新业务带来新市场和新收入增长的可能性，估值范围理应拓宽，不能仅仅用类比确定性高盈利公司的估值模型及依据今明年的盈利预测简单估算公司价值。但金融企业业务同质性强，没有盈利 SURPRISE 机会，盈利可预测性高，因此有合理估值范围。

第三，金融企业多数有同一公司境内外市场估值可对标。多数金融企业同时有 A 股和港股，除了特色蓝筹股招行和平安以外，多数金融企业普遍港股比 A 股折价 20%—60%，因此金融企业很难获得比同层级企业高很多的估值。

第四，金融企业不能获得小市值公司溢价。多数金融企业都是大市值上市公司，

不具备小市值公司估值溢价的基本条件。

八、恶炒金融次新股不利于市场健康发展

市场活跃投资者狂炒金融次新股对市场长期稳健发展是有伤害的。

第一，拉升金融次新股过度消耗市场存量资金。金融次新股解禁前流通股规模比一般行业次新股要大很多，人保和建投解禁前流通市值有110亿元、紫金40亿元，上规模的活跃投资者出入容易而更乐意阶段性持有。在市场增量资金总量有限增加的假设下，金融次新股过度消耗市场存量资金，这对中央科创板决策引导市场资本流入科创企业鼓励科技创新的战略意图是削弱的。

第二，金融次新股带动银行股整体大涨可能揭示了阶段性见顶信号。金融次新股的疯狂上涨也会不可避免地带动同层级金融企业估值提升。在牛市的后期如果出现银行股大幅上涨，那么投资者应视为市场阶段性见顶的信号。如果银行股大涨但指数不涨，那么意味着活跃投资者和机构投资者在有步骤地撤离市场。

第三，金融股整体过快上涨可能引发监管措施出台。金融股特别是银行股股价过度上涨在大量消耗市场存量资金的同时，也推动了上证指数过快上涨，非理性繁荣与中央期望良好环境营造长期慢牛的良好愿景背道而驰，进而可能引发监管措施出台伤害投资氛围。

第四，活跃投资者恶炒金融次新股，可能吸引持股投资者卖旧买新，造成市场局部失血。

九、追求长期慢牛和稳健发展是中央活跃资本市场决策的目标

中国投资者都很羡慕2009—2018年美国长期牛市，中国投资者要从过去三轮熊长牛短的历史吸取一定教训，珍惜来之不易的温暖局面。美国市场从2009年2月7600点起步，到2018年10月26000点见顶，每年涨幅只有2009、2013、2017三年20%左右，其余年份仅10%左右，2015年微跌2%。在长期牛市中，以机构为主的投资者通过长期持股获取了跟随企业成长的长期收益。

中国活跃投资者如果只追求集中资金优势博傻金融次新股挣快钱，只会把来之不易的大好局面毁于一旦。中国资本市场不应是挣快钱的地方，而是中国居民财富长期增加配置的主战场。中国居民财富结构从以房地产为主、存款为辅、较少权益的格局，转向类似美国的以权益为主、房地产为辅、少量存款的格局，可以为资本市场持续带来财富结构调整的长期增量资金来源。中国居民财富权益化结构调整是长期慢牛的真正基础之一。

中央活跃资本市场搞活金融的战略决策目的是强化金融与经济的共生关系，吸引社会资本通过直接融资市场支持科技创新和实体经济。如果事与愿违，社会资本热衷于短炒，那么真正受伤害的是中国投资者整体和中国资本市场本身。

与其临渊羡鱼，不如退而结网。中国投资者需要转换投资理念，以长期投资理念和支持科技创新理念来选择投资对象，才能真正在资本市场获得长期可观收益，才能真正以金融力量支持中国通过科技创新实现产业升级与实体经济健康成长。

第四章
科创蓝筹估值有可持续支撑力量

2019 年 3 月 31 日

一、科创蓝筹估值支撑力量四大来源

科创蓝筹估值支撑力量来自国家政治力量、鼓励研发投入的科技创新价值观、境外机构投资者持续增加 A 股蓝筹权重、科创板新上市公司估值将显著高估预期。

（1）国家政治力量从科创板入手鼓励社会资本加大对科创企业的风险投资力度，实质性促进中国战略性新兴产业的发展速度。

（2）资本市场偏爱确定性高盈利大蓝筹而轻视科创蓝筹的投资理念不符合中国科技创新促进产业结构升级的战略目标，我在 2019 年 1 月 6 日君晟会议发言中率先提出转变投资理念，提升注重研发投入的科创企业估值。

（3）科创蓝筹估值提升受 MSCI 指数成分股权重逐季提高的加持是可持续的。较多价值投资者都认同随着 MSCI 2019 年分三次逐季提高 A 股成分股权重比例，新加入 MSCI 指数成分股的 27 个科创蓝筹将为更多境内外机构投资者主动或被动配置。

（4）业界一致预期科创板新上市公司估值普遍偏高，这一高估预期为对标科创板的科创蓝筹提升估值提供了可持续支持。44 家科创板拟申报企业已披露，从投资者观感来看，申报企业整体上行业地位和财务数据质量并不比已经上市的科创蓝筹有多少优势，与其坐等科创板新股高估值面世，不如在已有的科创蓝筹精选市值较大、流动性较好、估值相对合理的品种长期持有，静待科创蓝筹估值提升。

二、营造慢牛比纵容疯牛要困难

2019 年 3 月上中旬市场站稳 3000 点以后有两个重要事件对稳定市场有积极影响，一是监管部门及时查处场外违规配资，调低市场浮躁的音量，二是监管部门鼓励主流分析师对金融次新股的过度炒作后敢于做出负面评级，促成短期快速股价翻番的金融次新股回落。

2019年3月22日美股大幅调整和主流策略首席提示牛市回撤风险引发的市场连续四天下调。在制造业PMI上升和已经证伪的准备金下调消息刺激下，2019年3月29日指数出现快速上涨，上证指数快速从2995点修复到3090点，创业板指数从1627点修复到1694点，一举改变了四天调整的趋势和市场悲观预期。

牛市初期，市场下调需要借助外部因素。一周后来看美股22日单日大跌并未改变美股继续向上的趋势，由长期熊市转旺过程中的中国股市外因性调整持续难度比从长期牛市转弱过程中的美国股市更大。如果每次都要靠美股下跌来带动A股深度调整，而美股本身下跌的力度和频度都是有限的，那么A股调整难度也会加大。

做空力量也在寻找机会，只有做出震荡调整趋势才有踏空轻仓机构和新进场增量投资者加仓建仓换仓的机会。踏空轻仓机构占全市场机构投资者的比重还是比较大的，急需在市场调整期择优加仓。

三、增量资金持续性流入比集中性流入对市场长期健康运行更有意义

市场活跃和赚钱示范效应对吸引社会资本从房地产投资转向权益投资有积极作用。市场在3000—3100点区间平稳整理时间越长，未来上升空间越大。2019年3月上证指数在3000—3100点区间强势整理，上海成交8万亿元，深圳成交10万亿元，其中创业板3万亿元，全市场换手18.6万亿元。如果能在3000—3100区间整理三个月，充分换手成交60万亿元，那么未来市场再上台阶将更有底气。然而营造慢牛比放任疯牛难度更大，虽然我希望市场小涨小跌夯实基础，但市场投资者特征的变化不容我们的美好愿望都实现。

四、科技创新优势更能支持估值提升

基于研发投入的科技创新优势才是支持估值有效提升的动力，行业轮动和主题驱动对估值提升的支持作用弱于科技创新优势。

行业轮动只是实现中小市值上市公司的估值修复，投资主题驱动可以提升主题相关个股估值脱离同行业可比公司。但传统制造业和确定性高盈利企业有其合理的历史估值区间，研发投入有限的非科创企业比有研发投入支持技术创新优势的科创企业在市场调整期有更大的估值回落机会。

因此，注重研发投入的科创蓝筹理应估值提升，创业板指数空间仍然大于上证指数。暂时维持2019年3月3日君晟会议发言提出的上证指数3300点和创业板指数1900点的年末目标，以3月末上证指数3100点和创业板指数1700点而言，创业板的空间应大于上证指数。

五、市场调整为轻仓机构加仓换仓提供良好机会

全市场偏股混合型基金、普通股票型基金、灵活配置型基金三类偏股型基金合计2019年年初净值规模1.7万亿元、市值规模1万亿元、整体仓位73%，起初仓位并不高，体现了公募基金在年初整体还是比较谨慎的。从公募基金管理人整体来做收益回顾，发现管理人2019年第一季度整体收益率分布在16%—24%区间，整体收益率相对数百个个股第一季度动辄50%以上甚至100%涨幅的表现来看并不高。总体来看公募基金管理人第一季度平均收益率有20%，优秀的公募基金管理人做到24%，有几家大型公募基金管理人整体收益率由于行业配置结构和股票仓位问题只有17%。可见以公募基金为代表的机构投资者年初谨慎轻仓位的情况不在少数。

公募基金整体上利用2019年3月中旬市场调整完成了2019年第二次加仓的整体动作。从华泰金工统计结果看，2019年2月下旬市场强制启动时全市场公募基金仓位从81%加到84%，3月中旬仓位从82%加到87%。全市场偏股型基金年初大消费比例显著大于大周期、大金融、TMT，2月加仓大周期、大金融减仓信息技术，3月中旬加仓大消费、减仓大周期。

六、应重视投资者特征、仓位、行业比重变化趋势的影响

在2019年2月22日政治局会议中央做出重新认识经济与金融关系、重新定位资本市场的重大决策后，资本市场彻底点燃重启，增量投资者陆续入市是2019年3月重要市场特征。2月25日是存量资金从增量递减转变为增量递增的二阶导数转折点，是全市场投资者对2月22日中央讲话的强烈反应。

在2019年第一季度的运行中，有几个观察点需要引起重视：（1）投资者风险偏好的变化趋势：3月深圳市场新增近300万户投资者，缺乏长期熊市经验的投资者比久经考验历经熊市的投资者多，增量投资者中新入市的90后投资者比相对谨慎的70—80后投资者多。（2）机构仓位调整的变化趋势：年初不看好2019年市场前景并空仓轻仓的投资者比年初看好2019年前景并重仓的投资者要多，逢市场调整加仓或换仓的需求比以往要显著。（3）机构配置调整的变化趋势：年初持有绩优蓝筹股的机构投资者比持有科创蓝筹股的机构投资者要多得多，机构低配的行业有增配置的需求，超配的行业有减配置的需求。

七、偏好金融次新股或主题投资的活跃投资者也有活跃市场的积极作用

活跃投资者与机构投资者相比交易行为模式差异较大，对快速切换的市场主题和次新股参与力度更大且反应更快，更乐意积极改变市场价格，对业绩与估值敏感度更低，对政策敏感度更高，更乐于运用场外配资和疑似操纵价格等违规市场行为。监管部门及时打击券商营业部从业人员配合场外配资行为和引导主流机构分析师敢于对比同业显著高估的金融次新股给予负面评级，对稳定规范市场健康运行都是有积极作用的。

道不同不相为谋，不同投资理念的投资者要互相尊重差异性，在市场中坚守自己的投资理念，都能从自己认同度高和符合价值观的公司市值变动中获利。活跃投资者收益率高于机构投资者的例子比比皆是，不必羡慕无研发技术优势的伪5G概念股东方通信已经上涨近十倍或金融次新股短期内股价翻番，投资者选出并守住自己可以理解和可以长期认同的投资标的，不轻易高位追市场热点，这才是坚定信念投资者应有的投资价值观。

八、金融次新股如预期调整为市场存量增量资金腾出资金空间

金融次新股已经完成在牛市启动初期引领人气带动市场的阶段性使命。金融次新股同质性比较强，上市前半年强势后一定会在小非解禁前6个月回归同层级股票的合理估值水平。

金融次新股陆续回归同层级可比公司的估值区间，新撤出来的资金陆续进入其他板块，为其他低估值行业提供了新的承接力量。

九、结论：调整到3000点以下都是增量和轻仓空仓投资者加仓建仓机会

在2019年3月火热的投资氛围下，我在2019年3月3日君晟会议发言中提出3300点和1900点目标似乎太保守了，感觉一个礼拜就能实现。做投资不能盲目乐观，先确定一个保守的目标不是坏事。

在指数大涨过程中，各类型股票都有上涨机会，机构投资者更难取得超额收益。在指数波动不大的时期，机构投资者才能发挥发掘有长期价值个股的研究优势，才更有可能取得超额收益。

不要热望指数天天大涨，先要考虑市场调整时的应对策略。在市场大涨初期，短期调整是给增量资金和空仓轻仓机构很好的入市机会。调整到3000点以下都是增量资金和轻仓空仓投资者加仓建仓的机会。

第五章
优化居民财富结构,科创板启动有利于提升科创蓝筹估值

2019 年 7 月 7 日

一、中国居民财富分布调整将遵循国家鼓励资本市场发展的调整方向

经过多年居民加杠杆增配房产资产,近年中国的居民财富分布结构中 50% 左右在房产资产,40% 左右在存款类产品,只有 5%—10% 在权益类资产。这个结构恰好和美国居民财富分布相反,美国是 55% 左右在权益类,住房在 10%—15%,剩下部分是在共同基金和其他一些现金类产品。

2019 年 2 月中央领导提出发展资本市场的主张,是看到了中美之间居民财富结构差异导致中美资本市场长期表现差异。2009 年以来,美国股市基本上处于一个持续牛市,6 月在美元降息预期下美国股市又重新创新高。中国资本市场近十年表现乏善可陈,中央政府在培育长期稳定且持续增长的权益投资群体与来源的政策布局上还需要做出更多的努力。为顺应中央加快发展资本市场和"房住不炒"的精神,央行、银监会高层公开呼吁中国居民财富结构应降低房屋资产比重、调高权益资产配置。2019 年以来房地产以土地与房屋抵押品优势仍然占据了信贷增量与存量的较大比重,央行和银保监会在信用结构性调整时强调收紧房地产信贷、放松实体经济信贷。

二、资本市场的行业资产配置应符合国家鼓励科技创新政策导向

中央大力推行科创板,本意在于引导鼓励上市公司群体加大研发投入的投资价值理念,让更多社会资本通过股权投资方式支持更多的科技创新企业壮大发展并通过科创板上市套现获利,形成科技创新社会价值导向和社会资本良性循环。如果未来五年、十年或者更长时间,中国的资本市场头部企业仍然只集中在白酒、金融、地产行业,这样的市值头部结构是不太健康的。在市值比重配置上,中国机构投资者未来提升科技创新企业的市值配置比重是符合国家利益和鼓励科技创新导向的。

美国资本市场这十年的蓬勃发展，对市值增长贡献最大的主要是 FAANG 互联网科技巨头，FAANGM 包括脸书、亚马逊、苹果、奈飞、谷歌、微软。中国互联网领军企业未必说做到美国互联网领军企业那么大的规模，但 ATBBJAX 中国互联网主要公司，包括阿里、腾讯、字节跳动（拟上市）、百度、京东、爱奇艺、小米，以及未上市公司华为，已经形成中国在新经济领域参与全球竞争的第一集团军。

三、中美两国机构投资者风格稳定性有差别

比较两个国家的机构投资者风格稳定性可以发现，美国机构投资者更稳定成熟一些，可能与中国机构投资者业绩考核短期化有关。很多中国公募基金经理短期排名压力很大，受风险偏好变化引导做出急剧的行业风格转化，导致了第二季度以来市场的结构变化。

2019 年年初在中央鼓励科创企业政策的引导下，机构投资者有一波对科技创新企业增加配置的操作。但是 5 月贸易战升级之后，相当部分偏好 TMT 行业的公募基金经理做了急剧的风格转化，减持 TMT 行业配置比重转为配置茅台为代表的消费行业和金融行业，目前茅台、平安都是在历史最高位上。

四、科创蓝筹成分股估值区间随着科创板高估值运行将有望合理提升

2019 年 7 月初主板蓝筹股组成的上证 50 指数 3000 点已经接近 4 月最高点 3042 点，创业板龙头蓝筹股组成的创业板指 7 月初 1550 点，离 2019 年年初 1250 点涨幅约 20%，比 4 月高位 1777 点下跌 13% 左右。

科创板推出后，市场普遍预期科创板整体估值将持续较高。现在科创板 IPO 发行估值已经通过询价机制极限接近市场较高估值水平定价，甚至发行市盈率高过同行业在创业板或中小板的同类型蓝筹公司合理估值水平。科创板上市公司持续高估值的态势对同行业中小板创业板蓝筹股有估值提升的引导作用，可以预期创业板指数中的蓝筹成分股估值水平有一个合理的回升过程。提升科技创新蓝筹股的合理估值区间是一个长期的目标，机构投资者需要对鼓励科技创新的投资理念有一个理性再认识。

第六章
不认同全面牛市泡沫，市值增量向科技创新经济集中是美中资本市场发展共同路径

2020 年 7 月 18 日

一、市场恐慌时和狂热时保持冷静和敢于表达少数派观点，需要勇气和判断力

我在 2020 年 1 月 5 日君晟己亥年收官会议书面发言《预警市场风险，做好预案为推进金融供给侧改革护航 20200105》中的 2020 年态势预测为：沪深 300 目标 4400 点、7%（4000—4600 点）的沪深小牛市和目标 2100 点、17%（1800—2200 点）的科创大牛市以及目标 3200 点、5%（2900—3300 点）的上证最小牛市。

2020 年 1 月 22 日我发表《ALL IN 科技创新行业群（ICT+医药），维持市场风险预警 20200122——直面疫情的庚子年新年献词》：

> 回顾 2003 年 SARS 期间市场表现，建立以下基本认识：2002 年 12 月 15 日 SARS 河源首例，11 月 30 日 1434，第一个月末 12 月 31 日见底 1358，2003 年 1 月 31 日 1500，5 月 30 日创新高 1567，5 月 SARS 结束。
>
> 疫情是年度调仓最好机会，ALL IN 科技创新行业群（ICT 经济部门和医药经济部门），市场下行期间不跌反涨科技创新蓝筹股后续会领涨。
>
> 上证综指 2900 点、创业板指 1900 点以下恐慌性减持投资者是年度输家，恐慌期上证综指会见年度下影线 2900 点，市场情绪平复后创业板指很快会收复失地创新高、沪深 300 会重见 4200 点、上证综指会重见 3000 点。
>
> 维持 12 月初判断：2020 年态势预测为目标 4400 点、7%（4000—4600 点）的沪深小牛市和目标 2100 点、17%（1800—2200 点）的科创大牛市以及目标 3200 点、5%（2900—3300 点）的上证最小牛市。波幅收窄的上证小阳线比大起大落更有利于稳定收益预期的社保养老和居民投资者长期稳定增加权益

配置比例。

祝朋友们身体健康，百病不侵，新年快乐！

合格的策略宏观首席和机构投资者，在市场恐慌期，不能勇敢地站出来发出理性声音稳定市场情绪，怎么对得起自己和客户。鄙视所有散播恐慌情绪的所谓医疗专家和投资专家。疫情很严重，建议各位朋友做好防护，减少人际接触，以成熟心态面对全民困难。与亲朋好友共勉，祝庚子年新春大吉！

我在《庚子年新冠肺炎疫情五行预测与火神山雷神山五行分析20200204—0403》做出判断："尽管全球经济因新冠肺炎疫情有了重大改变，我判断新冠肺炎疫情对中国经济的损害是一次性而不是永久性的，鉴于欧美经济体受损更为严重，中国经济恢复性增长更早开始，疫情对中国占全球经济增量比重提高的作用是永久性的而不是一次性的，相应中国资产占全球资产价值比重提高是必然的。我预测，在疫情缓解后，下半年创业板指仍能创年度新高并年末收于2200点、变幅15%，沪深300回到年末4200点、变幅13%、上证回到年末不低于3000点、变幅11%。"在疫情最严重、市场悲观情绪蔓延的4月初做出看好疫情缓解后指数仍能创年度新高的判断，需要勇气和基于大数据分析的判断力。4月3日沪深3713点、创业板指1907点、上证2764点，4月3日—7月14日沪深4807点涨幅30%、创指2859点涨幅50%、上证3415点涨幅24%。

二、最主要基本面是疫情给了中国加速追赶美国经济规模的历史机遇

（深度论述过程请参见经济增长篇和货币储备篇相关章节）

IMF Q2全球经济展望调低GDP增速预测后，前20大经济体中，只有四个亚洲经济体2020—2021年两年复合增速维持微弱正增长（2020年只有中国微弱正增长），中国从5.1%调低为4.5%，仍雄踞领头羊地位。中美博弈加剧的原因是中国取得相对美国的持续贸易优势和中国经济超常规持续增长，中国、德国、俄罗斯是少数几个不服从美国霸权管治的主要经济体，美国对中国压制措施无法阻止中美GDP比值快速跨越70%的所谓压制警戒线并借助疫情经济恢复期于2021年达到78%。从全球经济体在后疫情时期的经济恢复性增长表现来看，制造大国比服务大国更易于从疫情中恢复经济增长，中德是全球复苏两个领导者。看好线上服务业和必需服务业，看淡非必需线下服务业。

中国的GDP增量世界占比2019年已达33%，2023—2030年将可能持续维持在33%附近，全球投资者未来十年2020—2030年对中国人民币资产从严重低配到持续增加配置至接近中国GDP总量世界占比（2030年20%）是长期趋势。君晟十年世界增长模型预测中国大约在2024年人均GDP世界排名比例上升到33%的高收入国家下限并脱离中等收入陷阱，预测中国在2030年GDP与美国持平，均占世界总量的20%，中美GDP比值从2019年69%上升到2030年101%。君晟模型是在IMF的Q2全球经济展望预测结果上推演而成的。为了测算中国何时脱离中等收入陷阱和中美GDP比值变化进度，我们设计了一个在IMF 2020—2021年世界增速假设前提下的2022—2030年世界各国潜在复合增速假设。假设大多数经济体在2022年起恢复2018年的增速水平，潜在复合增速假设为2018年实际增速的取整数值，中美2018年增速为6.8%和2.9%，但为谨慎起见假设潜在复合增速中国为5%、美国为2%。2019年中国人均GDP约1万美元和世界排名36%、低于高收入下限1.16万美元，君晟世界增长预测模型测算显示2024年中国人均GDP上升到1.27万美元和33%，实现脱离中等收入陷阱和晋升高收入国家的战略目标，但在随后六年中维持在32%—33%，预计2030年上升到1.66万美元仍然在高收入下限附近。

人民币国际化近五年来进展不大的原因是人民币在金融资产投资资本项下可兑换进度不足和人民币资产市场规模扩大力度不够。如果中国能按君晟提议的推行人民币在金融资产投资资本项下可兑换开放政策，随着外资可持有的中国股票和债券人民币资产市场规模稳步有序扩容，可以期待未来五年中人民币全球贸易结算使用率从近五年的约2%、排名第5—6名提高到6%，超过英镑约7%和日元约3.4%，成为排名在美元和欧元之后的第三大国际贸易结算货币。中国要设定合理可实现的人民币国际化目标，在50年内中国应继续尊重美元为主的国际贸易结算体系，维护美元霸主地位，中国的战略目标只是设定为人民币的全球贸易结算使用率从不足2%提升到IMF赋予人民币的SDR权重11%的一半左右即约6%。

君晟再次倡议尽早实现人民币在金融资产投资资本项下可兑换开放，未来六年中国将迎来人民币资产市场规模加速扩大的黄金期，外资持有人民币股票和债券资产合计规模将从2019年末的5000亿美元稳定增长到2025年末的2.4万亿美元。人民币资产市场有序稳步开放的规划完成后，外资持总市值比例5%和持流通市值比例6.8%及持债市值比例4.5%、持有人民币资产市值比例4.7%都在中国金融安全可控的范围之内，监管当局无须担忧有序开放人民币资产市场期间人民币在资本项下可兑换对人民币汇率的冲击。建议中国应有序减少 3 万亿美元外汇储备规模，以适应人民币结算规模扩大导致中国进口贸易对外汇储备需求减少的变化，有利于减少中美长期摩擦背景下中国持有的美元资产外汇储备战略安全的忧虑和美元内在价值下降的损失。由于疫情和经济衰退而美联储大规模扩大债务，美联储在特朗普政治压力下纠结于维持正利率还是向欧日看齐选择负利率以无限提供流动性，因此长期来看美国利用美元铸币税优势超发美元稀释美元实际价值将导致美元内在价值长期潜在趋势转为边际负值。

三、中国经济长期增长来源在科技创新经济

中国经济的长期增长来源一定是在科技创新经济包括互联网产业群和先进制造产业群，而不是在银行、地产垄断产业群或周期传统产业群，资本市场行业配置和估值市值的长期优先方向必然是科技创新群组。

2020 年 7 月以来上半年涨幅差异较大的不同行业群轮动和涨幅落后行业估值修复是暂时的，全市场市值增量长期向科技创新产业群组集中是未来十年的客观趋势，这一美国十年牛市的精髓就是中国投资者学习的很好榜样。FANNGM 六大互联网公司占 2009—2019 十年纳市市值增量的 37%，占 2019 年初迄今纳市增量的 50%，是纽市增量的两倍，占 2020 年纳市增量的 64%。

大起大落不利于中国资本市场长期稳定发展，不认同全面牛市的观点，不认同流动性过剩必然推动股市综合指数全面大涨。社会资本资源要优先配置到中国产业链补强环节的科技创新产业群。传统经济的银行、地产垄断产业群和周期产业群长期在低估值范围波动是合理的，科技创新经济以研发投入为导向的互联网产业群和先进制造产业群允许在未盈利期和成长期享受高估值是国际惯例。

四、落实银行让利反哺实体经济特别是科技创新的政策

落实银行让利反哺实体经济特别是科技创新的政策，引导盈利从垄断银行业向以科技创新为优先的实体经济部门转移，可以推动市值增量向科技创新经济集中。

银行部门是高股息率权益，适合低风险偏好的稳定收益主体如境外主权基金和银行理财产品。银行的全社会利润占比过高对实体经济和科技创新有抑制作用。

2019 年 10 月 3 日我在《全球流动性长期宽裕背景下结构化降息有助于金融反哺实体，扶持中国企业增加盈利与研发投入》提出了"2016 年中国银行业税前 ROE 和

ROA 超出世界银行业均值的幅度分别达到 37% 和 54%，表明相比世界银行业获取了超额利润的中国银行业有能力反哺实体经济"的观点。

近一年来我多渠道呼吁银行反哺实体经济和科技创新的主张，一直没有得到监管部门的接受和认可。在疫情对实体经济的压力下，2020 年 6 月 17 日国务院常务会李克强总理提出金融系统让利 1.5 万亿元，LPR 下降一个点。中央政府及银保监会应该要高度重视防范银行让利在金融系统内让利空转、向地产行业让利、向垄断行业让利，各监管部门应实时监督银行向实体经济特别是研发投入为导向的科技创新部门和先进制造业部门让利。

现阶段机构投资者认同赋予银行的净利润平均合理动态市盈率估值 5 倍 PE，赋予科技创新部门平均合理估值 50 倍 PE，赋予制造业平均合理估值 20—30 倍 PE。假设银行每年兑现向非金融地产的实体经济部门上市公司让净利占到全社会实体经济部门 80% 的合计 1 万亿元（即假设 1.5 万亿 × 净利率 80% × 实体经济上市公司占全社会比 80%，实际可能无法达到），按实体经济上市公司平均市盈率 25 倍，可合理净增加全市场总市值 20 万亿元，可以弥补实体经济自身受全球衰退影响的净利润和市值下跌。

五、不认同全面牛市泡沫，提倡市值增量向科技创新经济集中

我在 2020 年 7 月 8 日—14 日高位连续三次发表不认同全面牛市泡沫和提倡市值增量向科技创新经济集中是美中资本市场发展共同路径的观点。

高位回落对中国资本市场长期平稳发展是好事，大起大落是对长期投资者长期持有中国人民币权益资产信心的负资产，中国主要指数在区间波动给了境内外机构投资者包括境外主权基金有了合理估值的建仓空间。我调高 2020 年末创指 2520 点年变幅 40% 的科创大牛市、维持沪深 4400 点 7%（4000—4600 点）的沪深小牛市、沪指 3200 点 5%（2900—3300 点）的上证最小牛市的年度目标。即下半年后五个月如果能在当前指数上下 3% 区间波动，机构投资者有望在价值发现和价值重估、盈利预测调高、国际投资者增配人民币资产等因素推动下取得净值新高的空间。

截至 2020 年 6 月 30 日，沪深 4164 点、创指 2438 点、沪指 2985 点，我在 2020 年初所做的科创大牛市预言和 1 月 22 日中国疫情暴发时及 4 月 3 日全球疫情最严重时所坚持的疫情缓和后再创新高的预言都已经超额实现。在全球 27 个经济体和 31 个

市场指数中，2020 年上半年创业板指变幅 36% 高居第一，超过变幅 10% 的美国纳指，沪深 300 指数变幅 2%、上证综指 -2%，分别排名第三和第五。在 2019 年创业板指和沪深 300 大涨 44% 和 36%，排名第三和第五，创业板指和沪深 300 连续两年表现在全球领先。

截至 2020 年 7 月 17 日，沪深 4545/4097 点、2020 年变幅 10.9%，沪指 3214/3050 点、变幅 5.4%，创指 2662/1798 点、变幅 48.1%，全市场 336 个 ETF 中 2020 年收益率超过 53.1% 的公募基金有 7 个，常晟相对排名前 2.4%，全市场 302 个 LOF 中 2020 年收益率超过 53.1% 的公募基金有 13 个，常晟相对排名前 4.6%，全市场 3855 个混合型公募基金中 2020 年收益率超过 53.1% 的公募基金有 175 个，常晟相对排名前 4.4%。

2020 年 7 月暴涨以来，我于 7 月 8 日 17：35 沪深 4774 点、沪指 3406 点、创指 2652 点，7 月 10 日 14：01 沪深 4783 点、沪指 3406 点、创指 2792 点，7 月 14 日 9：51 沪深 4804 点、沪指 3439 点、创指 2841 点，在公开平台中三次发表不认同全面牛市泡沫和提倡市值增量向科技创新经济集中是美中资本市场发展共同路径的观点。7 月 17 日周变幅为沪深 4545 点下跌 4.4%、沪指 3214 点下跌 5.0%、创指 2662 点下跌 4.2%。

我基本维持 2019 年 12 月初对沪深 300 和上证综指的年度判断：2020 年态势预测为年末目标 4400 点变幅 7%（4000—4600 点区间波动）的沪深小牛市和目标 2100 点 17%（1800—2200 点）的科创大牛市、目标 3200 点 5%（2900—3300 点）的上证最小牛市。调高 2020 年末创业板指目标为 2520 点，维持沪深 4400 点、上证 3200 点的年末目标。即下半年后五个月如果能在当前指数上下 3% 区间波动，机构投资者有望在价值发现和价值重估、盈利预测调高、国际投资者增配人民币资产等因素推动下取得净值新高的空间。只要不出现全面牛市泡沫，机构投资者就有信心乐观。

第七章
美国、中国系统重要性创新经济体 SIIE 市值预测

2020 年 7 月 21 日

一、君晟 SIIE 中国系统重要性创新经济体 TOP10 名单

参考系统重要性和市值及盈利因素综合排序，君晟提出君晟 SIIE 中国系统重要性创新经济体 TOP10 名单如下：腾讯、阿里、华为、字节跳动、京东、美团、金山小米、百度、网易、拼多多、滴滴（后备）。

本课题研究了中国新经济公司中的 29 家上市公司和 5 家未上市公司。其中中国市场 A 或 H 股市值合计 1.72 万亿美元，美国市场 O 或 N 股市值合计 1.13 万亿美元，扣除阿里、京东、网易三家美港两地上市的 0.83 万亿美元重复市值，29 家上市公司合计 2.02 万亿美元。5 家非上市公司合计市值 1.04 万亿美元，全部 34 家中国新经济公司合计市值 3.06 万亿美元。

本文主要研究的中国新经济公司包括 2019 年中国互联网企业 100 强前 22 家企业系的 33 家公司和中国系统重要性新经济公司华为合计 34 家公司，包括蚂蚁科技、华为、字节跳动、京东数科、滴滴出行五家非上市公司和 29 家上市公司，本专题的市值和盈利预测均以 2020 年 7 月 16 日为计算基期。其中：腾讯系 3 家（腾讯、腾讯音乐、阅文），阿里系 2 家（阿里、蚂蚁科技），美团，没有上市计划的华为，字节跳动，京东系 2 家（京东、京东数科），拼多多，滴滴出行，金山小米系 5 家（小米、金山软件、猎豹移动、金山办公、金山云），百度系 2 家（百度、爱奇艺），网易 2 家（网易、有道），新浪 2 家（新浪、微博），搜狐 2 家（搜狐、搜狗），4 家 A 股垂直领域小市值公司用友网络、三六零、芒果超媒、苏宁易购，5 家 N 或 O 股垂直领域小市值公司携程网、哔哩哔哩、唯品会、汽车之家、58 同城。

界定为系统重要性创新经济体的企业系按合计市值排序，包括腾讯 T、阿里 A、字节跳动 B、美团 M、京东 J、拼多多 P、滴滴 D、金山 K、百度 B、网易 N，即 TAB

MJP DKBN。

参考系统重要性和市值及盈利因素综合排序，君晟提出君晟中国 SIIE 创新经济体 TOP10 名单如下：腾讯、阿里、华为、字节跳动、京东、美团、金山小米、百度、网易、拼多多（未上市微利的滴滴后备）。SIIE 是系统重要性创新经济体 Systemically Important Innovation Economy 的缩写，E 的其他替代用词可以是 Ecosystem（生态系统）、Enterprise system（企业系）、Entity（实体）。经济体往往不只是一个公司、不只是涉足一个细分赛道，用公司描述是不足够的。

表1 君晟中国 SIIE 创新经济体 TOP10 名单的上市或未上市公司数与市值及盈利、创始人基本信息一览

SIIE	腾讯	阿里	华为	字节跳动	京东	美团	金山小米	百度	网易	拼多多	滴滴	合计
上市公司家数	3	1			1	1	5	2	2	1		16
未上市家数		1	1	1	1			1			1	5
合计家数	3	2	1	1	2	1	5	2	2	1	1	21
上市市值	0.67	0.65			0.11	0.14	0.085	0.043	0.064	0.10		1.85
未上市市值		0.20	0.60	0.14	0.03			0.017	0.004		0.07	1.06
合计市值	0.67	0.85	0.60	0.14	0.14	0.14	0.08	0.06	0.07	0.10	0.07	2.91
上市盈利	167.90	193.49			12.66		17.48	14.34	20.39	−11		415.24
未上市盈利		38.57	107.13	51.16	0.00	1.59					0.14	198.59
合计盈利	167.90	232.07	107.13	51.16	12.66	1.59	17.48	14.34	20.39	−11	0.14	613.83
创始人	马化腾	马云	任正非	张一鸣	刘强东	王兴	雷军	李彦宏	丁磊	黄峥	程维	
籍贯	广东汕头	浙江杭州	浙江金华	福建永定	江苏宿迁	福建龙岩	湖北仙桃	山西阳泉	浙江宁波	浙江杭州	江西上饶	
大股东	南非MIH	软银	华为持股会	张一鸣	腾讯	腾讯	雷军	李彦宏	丁磊	腾讯	软银	

资料来源：君晟研究。其中市值、盈利的单位为万亿美元

君晟中国 SIIE 创新经济体 TOP10 名单，合计 16 家上市公司和 5 家未上市公司共 21 家企业，上市公司市值合计 1.85 万亿美元、未上市公司市值合计 1.06 万亿美元共 2.91 万亿美元，上市公司盈利合计 415 万亿美元，未上市公司盈利合计 199 万亿美元，全部盈利合计 614 万亿美元，整体法市盈率为 48 倍。

表 2 中国创新经济各企业系主要公司市值基本情况与美中细分赛道对标情况一览

中国互联网100强2019	企业系	CN AH ticker	中国市场AH主公司	CN ON ticker	美国市场ON主公司	CNsub ticker	上市子公司	中市值AH	中市值ON	中市值	细分赛道	US ticker	美国对标公司	美市值	美中对标值
1	腾讯	0700.HK	腾讯控股					0.632		0.632	社交、游戏、音乐、门户	FB.O	脸书	0.69	1.1
1	腾讯					TME.N	腾讯音乐		0.000	0.027	流媒体音乐平台	SPOT.N	SPOTIFY	0.05	1.9
1	腾讯					0772.HK	阅文		0.000	0.007	在线阅读平台				
2	阿里	9988.HK	阿里巴巴-SW	BABA.N	阿里巴巴			0.646	0.646	0.646	电商、云服务	AMZN.O	亚马逊	1.5	2.3
5	阿里	688ATG.SH 99AG.HK	蚂蚁科技 ANT TECH GROUP					0.20		0.200	用移动互联、大数据、云计算提供普惠金融服务	PYPL.O	PAYPAL	0.2	1.0
7	美团	3690.HK	美团点评					0.140		0.140	本地生活服务				
—	华为	99HW.HK 388HW1.SZ	华为 HUAWEI					0.60		0.600	智能终端、5G、IoT、云计算	AAPL.O	苹果		2.8
8	字节跳动	99BD.HK 688BDT.SH	字节跳动 ByteDance					0.140		0.140	短视频、社交平台、直播电商	FB.O	脸书		4.9
4	京东	9618.HK	京东集团-sw	JD.o	京东			0.109	0.109	0.109	电商	AMZN.O	亚马逊		
4	京东	688JDD.SH	京东数科 JD Digits					0.03		0.030	以 AI 驱动产业数字化				6.6
11	拼多多			PDD.O	拼多多				0.100	0.100	电商	EBAY.O	eBay	0.0	0.4
21	滴滴	99DD.HK	滴滴出行 DIDI					0.07		0.070	出行服务	UBER.N	优步	0.1	0.8
15	金山	1810.HK	小米集团-W					0.047		0.085	智能终端	AAPL.O	苹果	1.7	19.8
15	金山	3888.HK	金山软件					0.007		0.007	办公软件服务、云服务、网络/云游戏	MSFT.O	微软	1.5	18.3
15	金山					CMCM.N	猎豹移动		0.000	0.000	互联网安全软件				
15	金山					688111.S	金山办公	0.025	0.025	0.025	办公软件服务				

续表

中国互联网100强 2019	企业系	CN AH ticker	中国市场 AH 主公司	CN ON ticker	美国市场 ON 主公司	CNsub ticker	上市子公司	中市值 AH	中市值 ON	中市值	细分赛道	US ticker	美国对标公司	美市值	美中对标值
15	金山					KC.O	金山云		0.006	0.006	云服务				
3	百度			BIDU.O	百度				0.043	0.043	搜索、无人驾驶、AI	GOOGL.O	谷歌	1.0	24.3
3	百度					IQ.O	爱奇艺		0.017	0.017	长视频流媒体平台	NFLX.O	奈飞	0.2	14.0
6	网易	9999.HK	网易-S	NTES.O	网易			0.064	0.064	0.064	社交、游戏、音乐、门户				
6	网易					DAO.N	有道		0.004	0.004	智能学习				
10	新浪			SINA.O	新浪				0.003	0.003	门户	AABA.O	ALTABA	0.0	
10	新浪					WB.O	微博		0.008	0.008	社交短消息	TWTR.N	推特	0.0	3.4
12	搜狐			SOHU.O	搜狐				0.000	0.000	门户				
12	搜狐					SOGO.N	搜狗		0.002	0.002	移动搜索				
17	用友	600588.SH	用友网络					0.021		0.021	客户关系管理软件服务	CRM.N	SALESFORC	0.2	8.0
9	三六零	601360.SH	三六零					0.019		0.019	网络安全软件	FEYE.O	FIREEYE	0.0	0.2
19	芒果	300413.S2	芒果超媒					0.017		0.017	长视频流媒体平台		奈飞		
14	苏宁	002024.S2	苏宁易购					0.015		0.015	电商		eBay		
16	携程			TCOM.O	携程网				0.016	0.016	在线旅行服务	BKNG.O	BOOKING	0.1	4.5
22	哔哩哔哩			BILI.O	哔哩哔哩				0.014	0.014	长视频流媒体平台		Youtube@合		
20	唯品会			VIPS.N	唯品会				0.014	0.014	电商		eBay		
18	汽车之家			ATHM.N	汽车之家				0.010	0.010	互联网汽车营销平台				
13	58同城			WUBA.N	58同城				0.008	0.008	本地生活服务分类信息				

资料来源：君晟研究。市值单位为万亿美元

所有创始人仍然是公司实际控制人,但不一定都是大股东。阿里和滴滴的大股东是软银,京东、美团、拼多多的大股东是腾讯,但实际控制人分别是刘强东、王兴、黄峥。十位实际控制人暨创始人中,籍贯浙江的有马云、任正非、丁磊、黄峥四位,福建的有张一鸣和王兴,广东、江苏、湖北、山西各有一位。

二、企业系的分拆上市

企业系为腾讯 T、阿里 A、字节跳动 B、美团 M、京东 J、拼多多 P、滴滴 D、金山 K、百度 B、网易 N。

中国创新经济双头部企业的腾讯系和阿里系是两种生态系统:腾讯是佛系大股东,阿里并购企业一般要求在系统内强势控制。腾讯系有 23 家公司上市,包括前 5 大市值公司中除阿里以外的四家腾讯、美团、京东、拼多多及第 9 大市值公司腾讯音乐,只有腾讯音乐和阅文是腾讯实际控制,其他公司美团、京东、搜狗的第一大股东腾讯以双重股权结构向创始人或原大股东放弃实际控制权。受支付牌照不允许外资参股的政策限制,阿里和京东剥离出蚂蚁科技和京东数科独立上市。

阿里和京东受支付牌照必须纯内资的法规限制,分别剥离蚂蚁科技和京东数科。两家互联网普惠金融服务公司正在准备在中国市场的港股和科创板上市,在上市前均为纯内资公司。阿里两家公司合计市值高达 8500 亿美元,京东两家公司合计市值 1400 亿美元。

腾讯系包括了除阿里以外的全部前五名中国上市公司即腾讯、美团、京东、拼多多及第 9 名腾讯音乐,腾讯持有市值 1465 亿美元 23 家创新经济上市公司,扣除未上市的滴滴出行 559 亿美元后合计 907 亿美元,这 23 家公司的合计市值 9822 亿美元。

在众多成长期上市前入股的创新经济公司中,腾讯以双重股权结构制度放弃投票控制权,选择不干预管理层经营管理只做第一大股东。

根据京东的招股说明书,腾讯是持股 17.8% 的京东第一大股东,但投票权只有 4.4%;持股 15.5% 的创始人刘强东投票权高达 79.5%,是京东的实际控制人,沃尔玛持股 10.1%,京东员工持股平台持股 1.4%。搜狗持股 38.2% 的第一大股东腾讯有 52.2% 投票权,持股 39.2% 的原大股东搜狐和张朝阳有 44.7% 投票权,持股 5.3% 的创始人王小川有 0.7% 投票权。

根据美团的招股说明书,腾讯是持股 20.14% 的美团第一大股东,但投票权只有

表 3 中国创新经济企业系的分拆上市主公司与子公司市值及净利比较

企业系	CN AH ticker	主公司	主公司市值	CNsub ticker	子公司	子公司市值	主公司净利	母子市值比	企业系市值合计	细分赛道
腾讯	0700.HK	腾讯控股	0.73	TME.N	腾讯音乐	0.028	191.4	25.9	0.76	社交、游戏、音乐、门户
腾讯				0772.HK	阅文	0.007	−3.4	97.6		在线阅读平台
阿里	9988.HK	阿里巴巴-SW	0.73	688ATS.SH/HK	蚂蚁科技	0.20	229.4	3.7	0.93	电商、云服务
京东	9618.HK	京东集团-SW	0.14	688JD.SH	京东数科	0.03	32.5	4.6	0.17	电商
金山	3888.HK	金山软件	0.007	688111.SH	金山办公	0.024	10.6	0.3	0.03	办公软件服务、云服务、网络/云游戏
金山				CMCM.N	猎豹移动	0.000	0.0	23.5		互联网安全软件
金山				KC.O	金山云	0.000	−2.2	23.5		云服务
百度	BIDU.O	百度	0.043	IQ.O	爱奇艺	0.017	24.9	2.6	0.06	搜索、无人驾驶、AI
网易	NTES.O	网易	0.064	DAO.N	有道	0.004	22.7	14.7	0.07	社交、游戏、音乐、门户
新浪	SINA.O	新浪	0.003	WB.O	微博	0.008	0.0	0.3	0.01	门户
搜狐	SOHU.O	搜狐	0.000	SOGO.N	搜狗	0.002	0.0	0.2	0.00	门户

资料来源：君晟研究、WIND，市值单位为万亿美元

4.4%；最大股东是腾讯，持股约为 20%；王兴、红杉资本分别持股 11% 左右；穆荣均持股 2.5% 左右；王慧文持股 0.7% 左右；阿里巴巴持股 1.4% 左右；其他投资者持股 52% 左右。蘑菇街第一大股东腾讯持股 18.0%。

在 2020 年度的腾讯投资年会暨 IF 大会上，腾讯公布截至 2020 年 1 月 16 日腾讯总计投资企业超过 800 家，其中 70 多家已上市，逾 160 家成为市值或价值超 10 亿美元的独角兽。投资对象覆盖医疗健康、金融和电商领域，其中企业服务占到投资的五分之一，彰显了公司开始向产业互联网倾斜的趋势。2019 年年会披露的对照数据是：腾讯 11 年来投资 700 家企业，其中 63 家已经上市，122 家成为市值或价值超过 10 亿美元的独角兽，腾讯投资的公司持股超过 5% 的公司总市值合计超过 5000 亿美元。

表 4　腾讯持股的上市公司股权市值排名

CN ticker	新经济　上市公司	腾讯持股比例	市值（亿美元）	腾讯持有市值	市值排名
0700.HK	腾讯		6323	0	2
TME.N	腾讯音乐	51%	272	140	9
0772.HK	阅文	57%	72	41	26
3690.HK	美团	18%	1403	254	3
9618.HK	京东	18%	1102	197	4
PDD.O	拼多多	17%	1022	169	5
99DIDI.HK	滴滴	11%	4900	559	
SOGO.N	搜狗	39%	19	7	42
BILI.O	哔哩	13%	142	18	19
VIPS.N	唯品会	10%	145	14	18
WUBA.N	58 同城	23%	83	19	24
DOYU.O	斗鱼	37%	39	15	33
HUYA.N	虎牙直播	37%	52	19	30
0780.HK	同程艺龙	22%	38	8	34
2858.HK	易鑫集团	21%	16	3	43

续表

CN ticker	新经济 上市公司	腾讯持股比例	市值（亿美元）	腾讯持有市值	市值排名
MOGU.N	蘑菇街	17%	4	1	48
0419.HK	华谊腾讯娱乐	16%	2	0	50
1896.HK	猫眼娱乐	14%	20	3	41
NIO.N	蔚来	13%	160	20	16
6060.HK	众安在线	10%	84	9	23
2013.HK	微盟集团	8%	29	2	36
QTT.O	趣头条	8%	10	1	46
BITA.N	易车	8%	11	1	45
8083.HK	中国有赞	6%	30	2	35

资料来源：君晟研究、WIND、腾讯控股

三、中国系统重要性未上市公司的上市前景和市值预测

虚拟代码 99HW.HK/388HWI.SZ 华为 6000 亿美元、虚拟代码 99BD.HK/688BDT.SH 字节跳动 1400 亿美元、虚拟代码 688ATG.SH/99AG.HK 蚂蚁科技 2000 亿美元、虚拟代码 688JDD.SH 京东数科 300 亿美元、虚拟代码 99DD.HK 滴滴出行 700 亿美元，五家公司合计估值 1.04 万亿美元。

1. 虚拟代码 99HW.HK/388HWI.SZ 华为 HUAWEI INVESTMENT

华为是中国最系统性重要公司，虽然不是上市公司，但财务透明，定期披露财务信息的水准已经超过多数上市公司。实际控制人不同意上市。如果实际控制人改变心意，以华为的规范透明治理结构，华为可以三个月内实现 IPO 上市。按发行后市值 6000 亿美元、向全球主权基金及境内外战略投资者战略配售和全体国民普惠配售，华为在深圳和香港市场先后 IPO 释放 10% 和 5% 流通股分别筹集 600 亿美元和 300 亿美元，可合计筹集 900 亿美元或 6300 亿元，其中深圳市场发行的流通股票为可由全球主权基金和境外战略投资者配售认购的人民币资产，香港市场发行的流通股票为港元类美元资产。

表 5 华为 2018—2019 年财务数据和 2020 年君晟盈利预测与估值测算表

	销售收入	净利润	经营活动现金流	运营商业务	企业业务	消费者业务	研发费用	净利润+研发费合计
2019H1（亿元）	4014	349		1550	346	2097	659	1008
2019H1 占比	47%	8.70%		52%	39%	45%		
2019H1（亿美元）	573	50		221	49	300		
2020H1（亿元）	4540	418		1596	363	2558	100	518
2020H1 增速	13%	20%		3%	5%	22%		
2020H1 占比		9.2%		35.2%	8.0%	56.3%		
2020H1（亿美元）	649	60		228	52	365		
2019A（亿元）	8588	627	914	2967	897	4673	1317	1944
2019A 增速	19%	6%	22%	4%	9%	34%		
2019A 占比		7.3%		34.5%	10.4%	54.4%	15.3%	22.6%
2019A（亿美元）	1245	91	132	430	130	677	191	282
2020E（亿元）	9748	750	914	3056	942	5701	1400	2150
2020E 增速	14%	20%	0	3%	5%	22%		
2020E 占比		7.7%		31.4%	9.7%	58.5%	14.4%	22.1%
2020E（亿美元）	1393	107	131	437	135	814	200	307
目标市盈率		30					15	20
目标市值		3214					3000	6214

资料来源：华为 2018—2019 年度报告和 2020 年上半年报告、君晟研究预测

根据 2019 年和 2020 年上半年华为公开披露的财务数据预测，2020 年收入近万亿元即近 1400 亿美元，净利润 750 亿元即 107 亿美元，消费者业务收入 5700 亿元即 814 亿美元，研发费用按预算 1400 亿元即 200 亿美元。华为 2019/2020 年净利润率为 7.3%/7.7%、研发费用占收入比高达 15.3%/14.4%，研发费用是净利润的两倍。由于华为是世界较少见的过度研发公司，估值方法选择为盈利市盈率和市值比研发费用倍数 MV/RD 综合考虑，给予 107 亿美元净利润的 30 倍市盈率和 200 亿美元研发费用

的 15 倍 MV/RD，合计测算出华为 2020 年合理市值约 6000 亿美元，隐含经济意义是研发费用的一半计入净利润计算市值，对应按净利润 107 亿美元 56 倍市盈率、按净利润和研发费用合计值的 20 倍估值。

表 6　华为研发费用倍数法估值测算表

净利与研发费用合计（亿美元）	307	307	307	107	107	107
目标市盈率 / 研发倍数	17	20	30	30	50	56
目标市值（亿美元）	5221	6143	9214	3214	5356	5999

资料：君晟研究

参考案例：2020 年 6 月 30 日君实生物发布在国内市场首次使用市值 / 研发费用倍数 MV/RD 的估值方法，科创板 IPO 发行价对应市值倍数为研发费用的 51.11 倍、发行后总市值 483.56 亿元，询价结果确定的发行价 55.50 元，相较 H 股 6 月 29 日收盘价折合 52.03 元溢价约 6.67%。

我猜测实际控制人不愿意面对上市后干部员工身价从普遍千万元跨越到普遍亿万元的减持压力，不愿意身价升值的干部员工丧失斗志而安于财富带来的美好生活。我见多了在深圳南山区创业板上市科技公司管理层股东们在上市后减持股份套现、放弃奋斗创业的事业而转为风险投资者，能够如马化腾、马云、任正非、张一鸣这样的富贵而不忘终身事业的企业家都是有情怀的理想主义者，腾讯创业的五个小伙伴除马化腾外都已经离职减持享受人生并做股权投资去了。有没有办法缓解实际控制人上市顾虑的办法呢？并非没有。华为员工持股会可以在上市前承诺绝大部分股权 50 年不减持，华为控股权自我"封印"，高管员工只能分红不能套现走人。华为上市时可以约定控股股东存量减持筹资额 900 亿美元的 10% 约 90 亿美元和一部分股权捐赠用于设立华为科技大学和华为科学研究院、华为科学基金会。中国科技都市深圳迄今没有如北京、上海、武汉、西安、广州、杭州、成都这些一线城市那样拥有成建制的一线高等学校和科学研究机构。深圳的富豪也没有像美国历史上的富豪如 1804 年布朗、1865 年康奈尔、1876 年约翰·霍普金斯、1891 年斯坦福那样捐出身家创办一所青史留名的世界级高校。中美高端科学人才竞争中，中国持续处于劣势。北大清华科大成了美国高校研究生预科班，成了硅谷和美国芯片研发的技术骨干培训中心。如果有了超过美国知名高校基本软硬件条件和科学家薪酬的深圳创新型私立高校容身，中国本科高校培养的美国大量华裔半导体芯片领域科学家是否有可能有一部分回到深圳来创业和继续学术研究呢？

表7　全球顶尖的100位半导体材料科学家中华裔华人概况一览

世界排名	姓　名	本科院校	工作单位
1	杨培东	中国科学技术大学	美国加州大学伯克利分校教授
2	殷亚东	中国科学技术大学	美国加州大学河滨分校终身教授
3	黄暄益	纽约市立大学皇后学院	台湾清华大学教授
4	夏幼南	中国科学技术大学	美国乔治亚理工学院教授
5	孙玉刚	中国科学技术大学	美国阿贡国家实验终身研究员
6	吴屹影	中国科学技术大学	美国俄亥俄州立大学终身教授
20	段镶锋	中国科学技术大学少年班	美国加州大学洛杉矶分校终身教授
34	邹祖炜	台湾大学	美国特拉华大学
43	万梅香	中国科学技术大学	中国科学院化学研究所
49	任志锋	华中科技大学	美国波士顿学院终身教授
62	鲍哲南	南京大学	美国斯坦福大学化学工程系教授
66	蒋业明	麻省理工学院	美国麻省理工学院材料系教授
76	马晓龙	清华大学	美国密歇根大学终身正教授
80	梁锦荣	美国宾夕法尼亚大学	美国哥伦比亚大学教授
99	孟祥敏	兰州大学	中国科学院理化技术研究所研究员

资料来源：中国大学排行榜

美国高校是美国国家竞争力的本源。中国政府应学习美国历史上鼓励富豪捐款给高等学校并冠名的制度。1804年尼古拉斯·布朗捐款5000美元并改名罗得岛学院为布朗大学。1843年服装零售大王保罗·杜兰捐资创办了杜兰大学。1876年巴尔的摩银行家约翰·霍普金斯捐出700万美元给约翰·霍普金斯大学和约翰·霍普金斯医院。1891年铁路富豪利兰·斯坦福夫妇为了纪念小儿子共同捐资建立了小利兰·斯坦福大学。1887年地产大亨乔纳斯·克拉克创办了克拉克大学。1865年西联汇款创始人埃兹拉·康奈尔创立康奈尔大学。在美国史上富豪成立的众多慈善基金会中，1913年成立的洛克菲勒基金会、1906年成立的卡内基教学促进基金会、1907年成立的塞奇基金和福特基金会对高等教育的资助最为突出。1997年至2004年美国高等教育获得了基金会 372 亿美元的捐赠，2001 年超过 9/10 的基金会对高等教育进行了捐赠、总金额创历史新高达到 73 亿美元。根据 2011 年在《美国教育纪事》发布的《对高等教育的私人捐赠列表》显示，盖茨千年教育计划在 20 多年中捐赠现金将近 10 亿美元，排名第一位。李嘉诚累计为汕头大学捐赠了 80 亿元。2014 年陈启宗通过家族基金晨兴基金会向美国哈佛大学公共卫生学院捐赠 3.5 亿元，创下了哈佛 378 年史上金额最大的单笔捐款，哈佛大学将学院的名字改为哈佛陈曾熙公共卫生学院。2016 年中国时任第二富豪陈天桥宣布成立 10 亿美元基金支持加州理工学院研究脑部科学，并首批捐赠 1.15 亿美元。为什么中国教育部不能鼓励汕头大学直接改名叫李嘉诚大学，以鼓励更多富豪向中国高校捐款或出资兴办高校？

君晟预测如果实际控制人因战略原因改变不上市的本意，那么华为投资在 3 个月内会在香港和深圳创业板上市，虚拟代码分别为 99HW.HK/388HWI.SZ。

2. 虚拟代码 99BD.HK/688BDT.SH　字节跳动 ByteDance

字节跳动是中国目前唯一全球化运营的互联网公司，2020 年估值 1400 亿美元或 1 万亿元，2019/2020 年净利润 30/51 亿美元，对应 2020 市盈率 27 倍。字节跳动是有资格引起美国政府制裁的华为之后第二家系统性重要公司。细分赛道是短视频、社交平台、直播电商，对标中美企业是腾讯和脸书，字节跳动的占用移动时间长度是腾讯的一半，是中国排位在腾讯和阿里之后的第三大平台型创新经济公司。君晟预测在 1—2 年内字节跳动科技会在香港和上海科创板上市，虚拟代码分别为 99BD.HK/688BDT.SH。

表 8　字节跳动 2018—2019 年财务数据和君晟 2020 年盈利预测

字节跳动	2018A	2019A	2020E
收入（亿元）		1173	2000
净利润（亿元）		207	358
收入（亿美元）	74	170	286
净利润（亿美元）	13	30	51
平均汇率	6.62	6.90	7.00
收入增速		130%	68%
净利增速		130%	71%
收入净利润率	18%	18%	18%

资料来源：字节跳动 2018—2019 年公开信息、君晟研究盈利预测

3. 虚拟代码 688JDD.SH　京东数科 JD Digits

京东数科与蚂蚁科技由于支付牌照公司不允许外资股东持股的同样原因，京东数科 2017 年从京东集团剥离为纯内资企业。京东数科 2018—2019 年实现连续盈利，但未披露具体财务数据。2020 年公司透过媒体对外宣称估值 2000 亿元即约 300 亿美元。

上市前融资和剥离过程大致如下：2016 年 1 月，京东数科前身京东金融完成 A 轮融资，引入红杉资本中国基金、嘉实投资、中国太平作为领投方，融资 66.5 亿元人民币，估值 466.5 亿元人民币。

2017 年 3 月，京东数科启动重组，从京东集团剥离，京东集团出售所持京东金融 68.6% 股份，获得约 143 亿元现金，京东数科由此整体估值 500 亿元，相比 A 轮融资略微提升。2017 年 6 月，京东数科完成股权重组交割，成为只有中国投资者为股东的纯内资公司，财务数据将不再纳入京东集团的合并财务报表。分拆前，京东金融第一大股东为京东集团（持股 68.6%），刘强东通过控制集团实现对京东金融的控制；分拆后，自然人股东刘强东（持股 16.67%）、陈生强（7.95%）合计持股接近 25%。根据分拆安排，京东集团在京东数科实现累积税前盈利后将可以获得其税前利润的 40%，这部分收益权相当于获得京东金融 40% 的干股。为了在科创板 A 股上市，公司需要确保同股同权的治理结构，上述 40% 的收益权实质上是补偿刘强东及京东集团让渡投票权。

2018 年 7 月，京东金融宣布 B 轮融资进度，引入中金资本、中银投资、中信建投和中信资本等国有资本融资 130 亿元，投后估值 1330 亿元。B 轮融资后，京东的利润分成权被稀释到 36%，京东新增投资 17.8 亿元取得 36.8% 的股权，京东数科的估值约为 2225 亿元。

2020 年 6 月 28 日，京东数科接受国泰君安、中信证券等科创板上市辅导。科创板上市前股权结构：第一大股东刘强东个人持有京东数科 14.02% 的股权，第三大股东京东数科 CEO 陈生强持股 6.69%。实控人为国泰君安投资管理股份有限公司的第二大股东宿迁东泰锦荣投资管理中心持股 12.33%，刘强东通过宿迁博大合能基金管理合伙企业（持股 4.42%）、宿迁明进创元企业管理咨询合伙企业（持股 3.8%）、宿迁领航方圆股权投资中心（持股 3%）间接持有京东数科的股份。

君晟预测在 2020 年内京东数科会在上海科创板上市，虚拟代码分别为 688JDD.SH。

4. 虚拟代码 99DD.HK 滴滴出行 DIDI

2012—2018 年累计亏损 390 亿元，2012—2019 累计亏损 500 亿元，估算 2019 年利润 -100 亿元，滴滴管理层披露 2020 年某月利润微弱转正，君晟预测 2020 年净利为 >0 万美元。

表 9 滴滴 2018—2019 年财务数据和 2020 年君晟盈利预测

滴滴出行	2018A	2019A	2020E
税前利润（亿元）	-109	-110	>0
净利润（亿美元）	-16.5	-15.9	>0

资料来源：滴滴 2018—2019 年财务数据公开信息、君晟研究预测

未盈利公司估值困难，Uber 上市后下跌和未盈利独角兽 WeWork2019 年因估值大幅下调而上市失败，导致国际市场对滴滴出行上市估值出现较大分歧。2020 年，滴滴出行市值估计在 400 亿—700 亿美元大幅波动，滴滴出行能否说服国际资本市场在一年内实现 IPO 发行，未知数较大。

表 10 五家未上市创新经济体的市值预测概况汇总

Virtual ticker	中国市场 AH 主公司	中企市值（万亿美元）	净利 2019A（亿美元）	净利 2020E（亿美元）	PE20E	美国对标公司	美企市值（万亿美元）	美中对标值	细分赛道
688ATG.SH 99AG.HK	蚂蚁科技 ANT TECH GROUP	0.20	23.0	38.6	52	PAYPAL	0.20	1.0	移动互联普惠金融服务
99HW.HK 388HWI.SZ	华为 HUAWEI	0.60	90.9	107.1	56	苹果	2.08	2.8	智能终端、5G、IoT、云计算
99BD.HK 688BDT.SH	字节跳动 ByteDance	0.14	30.0	51.2	27	脸书	0.80	5.7	短视频、社交平台、直播电商
688JDD.SH	京东数科 JD Digits	0.03				PAYPAL	0.20	6.7	以 AI 驱动产业数字化
99DD.HK	滴滴出行 DIDI	0.07	-15.9	0.1	4900	优步	0.06	0.8	出行服务

资料来源：君晟研究、WIND

四、中美创新经济体按细分赛道对标，市值比作为美中对标值

五大平台型：社交（脸书对腾讯、字节跳动）、电商及云服务与支付（亚马逊对

阿里系和京东系）、智能终端（苹果对华为、小米）、搜索及无人驾驶及AI（谷歌对百度）、办公软件服务与云服务及云游戏（微软对金山系），在社交、电商云服务支付领域中美对标头部经济体市值接近，在智能终端、搜索、软件服务中美对标经济体差距较大，苹果主要竞争者华为还未上市。八大垂直领域中：在网络安全和音乐领域中国企业市值有优势，出行领域中美唯一头部企业市值接近，在长视频/自制视频、CRM、短消息社交、在线旅行领域美国企业市值有一定优势，第一代互联网企业门户领域巨头雅虎、美国在线与新浪、搜狐均已业态老化。

1. 社交平台、游戏、音乐、门户：脸书对标腾讯、字节跳动、网易。脸书与腾讯的市值对标值为1.1，规模相当，两家头部企业都已经形成社交领域自然垄断格局。网易作为上市20年的老三家门户网站中唯一还富有生命力的幸存者，在游戏、音乐和精品电商领域都取得成功。字节跳动是中国少有的全球扩张的新兴经济体，字节跳动旗下抖音及海外版TikTok在全球App Store和Google Play的总下载量已经突破20亿次，TikTok已经成为全球下载量第三的非游戏应用。字节跳动的过于快速崛起已经成功引起了美国政府注视，字节跳动有幸成为仅次于华为而被美国政府限制发展的中国企业。

2.1. 头部电商：亚马逊对标阿里、京东，美国电商行业已经形成亚马逊自然垄断，次级竞争者eBay与亚马逊差距较大，对标拼多多、苏宁、唯品会。中国电商行业仍然在阿里、京东等多巨头竞争过程中，增长迅猛的第三名拼多多还没有盈利但市值已经与京东相当了。

2.2. 云服务：亚马逊、微软、谷歌对标阿里、腾讯、金山云，云服务行业美中均是双寡头格局、第三名相对较弱。

2.3. 支付、普惠金融服务：PAYPAL对标蚂蚁科技、微信支付@腾讯、京东数科，中国巨头蚂蚁市值与PAYPAL相当。

3. 智能终端：苹果对标华为、小米、韩国三星。苹果是美国第一市值公司，华为未上市无法给予动态公认市值，小米与苹果差距巨大。

4. 搜索、无人驾驶、AI：谷歌对标百度。谷歌相对百度市值有巨大优势。

5. 办公软件服务、云服务、网络/云游戏：微软对标金山系。金山系上市公司共五家，包括智能终端领域的小米集团、金山软件、互联网安全软件的猎豹移动、办公软件服务领域的金山办公、云服务领域的金山云，金山系实际控制人为雷军，金山软件分拆猎豹移动 2014 年、金山办公 2019 年、金山云 2020 年上市。金山系合计市值为 850 亿美元,与微软 1.55 万亿美元和苹果 1.67 万亿美元市值均有较大差距。

根据小米的招股说明书,持股 31.41% 的第一大股东创始人雷军投票权比例超过 50%,是小米的实际控制人,天使投资晨兴资本持股 17.19%,联合创始人林斌持股 13%,DST 和启明创投持股合计约 11%,其他持股的联合创始人有黎万强、洪峰、刘德、王川等人。

6. 出行服务:优步对标滴滴。虽然滴滴尚未规模盈利也未上市,但估计市值与优步相当。

7.1. 长视频流媒体平台:奈飞对标爱奇艺、腾讯视频、优酷 @ 阿里。美国长视频行业已经形成头部自然垄断格局,奈飞于 2018 年结束亏损开始小规模盈利。中国长视频仍处在百度、腾讯、阿里 BAT 三家巨头拼亏损抢份额的过度竞争阶段,还看不到三进二的机会,6 月腾讯有意入股爱奇艺结束无限战争的信息还没有实质性进展。

7.2. 自制流媒体平台:Youtube@ 谷歌对标哔哩哔哩。Youtube 和哔哩哔哩以 UP 主自制流媒体为特征区别于长视频流媒体平台。Youtube 被谷歌收购,哔哩哔哩上市后吸收腾讯和阿里入股,虽然仍然亏损但势头良好。

8. 门户:ALTABA 对标新浪。雅虎和美国在线是美国 2000 年前崛起的第一代门户型互联网企业,新浪、网易、搜狐同是 2000 年上市的中国第一代互联网企业,但门户型互联网企业模式已经衰落。雅虎有幸以雅虎中国入股幼年期的阿里巴巴成为第二大股东,现在已经出售常规业务并退市。新浪和搜狐均已衰落,只有网易业态迭代成功,在社交、游戏、音乐、精品电商领域获得增长新动力而避免被后浪淘汰的结局。新浪孵化的微博,在上市前引入阿里巴巴为第一大股东,2020 年新浪正在酝酿从美国退市。搜狐孵化的搜狗,在上市前引入腾讯为非实际控制的第一大股东,搜狐市值已经小于自己的写字楼物业价值了。

9. 短消息社交平台:推特对标微博。推特是微博市值的 3.4 倍。短消息社交平台在价值观与舆论引导中扮演重要的角色,推特成为特朗普直接与选民沟通和表达个人意见的主要渠道。

10. CRM 客户关系管理软件服务:SALESFORCE 对标用友。SALESFORCE 是用友的 8 倍市值,差距较大。

11. 网络安全软件：FIREEYE 对标三六零。三六零 2016 年从美国退市后 2017 年借壳江南嘉捷上市成功，A 股市值比美股市值高出数倍，三六零是对标企业 FIREEYE 的 5 倍市值。由于中国科创板已经放开红筹公司直接上市，因此三六零暂时是退市中概股借壳上市最后一个案例。

12. 在线旅行服务：BOOKING 对标携程。BOOKING 的市值是携程的 4.5 倍，两家企业分别是各自国家在线旅行服务的龙头企业。

13. 在线音乐平台：SPOTIFY 对标腾讯音乐，腾讯音乐市值是 SPOTIFY 约 2 倍，两家企业分别是各自国家在线音乐平台的寡头企业，两家公司互有参股。

五、中美对标创新经济体 2021 年盈利预测与市价 PE21E 估值分析

社交：腾讯 198 亿美元 32 倍 vs 脸书 282 亿美元 24 倍，腾讯音乐 7.5 亿美元 35 倍 vs SPOTIFY 预测继续亏损；电商云服务：阿里 251 亿美元 26 倍 vs 亚马逊 238 亿美元 63 倍，京东 22 亿美元 50 倍；本地服务：美团 17 亿美元 82 倍；智能终端：小米 20 亿美元 23 倍 vs 苹果 666 亿美元 25 倍；软件服务：金山软件 1 亿美元 58 倍 vs 微软 558 亿美元 28 倍；搜索 AI：百度 22 亿美元 20 倍 vs 谷歌 309 亿美元 33 倍；长视频：爱奇艺 −5 亿美元 −31 倍 vs 奈飞 41 亿美元 57 倍；短消息：微博 6 亿美元 14 倍 vs 推特 1 亿美元 207 倍；CRM：用友 2 亿美元 108 倍 vs SALESFORCE 7 亿美元 239 倍。未上市公司 2020 年盈利预测与市价 PE20E 估值：华为 107 亿美元 56 倍，字节跳动 51 亿美元 27 倍，蚂蚁科技 38.6 亿美元 52 倍，京东无预测数据，滴滴微弱扭亏为盈大于 0。

六、中美创新经济体一年内市值预测汇总如下

中国创新经济体目标市值：腾讯和阿里都有望从目前 6300 亿—6500 亿美元上升到 1 万亿美元，一年内变幅 58% 和 55% 领涨中国创新经济，美团、字节跳动、小米、金山、金山云、百度、网易均有 40%—50% 的一年内变幅。美国创新经济体目标市值：脸书 9000 亿美元、亚马逊和苹果 2 万亿美元、谷歌 1.2 万亿美元、微软 1.8 万亿美元、奈飞 3000 亿美元，平均一年内变幅 16%—30%。

美国对标公司中，脸书从目前 7000 亿美元上看目标市值 9000 亿美元变幅 31% 目标估值 PE21E32 倍，亚马逊从目前 1.5 万亿美元上看目标市值 2 万亿美元变幅 34% 目标估值 34 倍，苹果从目前 1.67 万亿美元上看目标市值 2 万亿美元变幅 20% 目标

估值 30 倍，谷歌从目前 1.04 万亿美元上看目标市值 1.2 万亿美元变幅 16% 目标估值 39 倍，微软从目前 1.55 万亿美元上看目标市值 1.8 万亿美元变幅 16% 目标估值 32 倍，奈飞从目前 2300 亿美元上看目标市值 3000 亿美元变幅 29% 目标估值 74 倍，PAYPAL 从 2000 亿美元小涨到 2200 亿美元变幅 10% 目标估值 80 倍，因未来业绩不易预测而维持 eBay 和优步市值不变，推特和 SALESFORCE 维持市值不变对应估值 200 和 240 倍。

腾讯和阿里都有望从目前 6300 亿—6500 亿美元上升到 1 万亿美元，幅度 58% 和 55%，双巨头上破万亿美元是确定性最强的投资预期。蚂蚁科技和京东数科 2020 年内上市后目标市值 2400 亿美元和 400 亿美元。美团挑战 2000 亿美元变幅 43%，字节跳动如果能在一年内上市则首先从 1400 万亿美元上看 2000 亿美元变幅 43%。拼多多 2020 年上半年涨幅最大且 2021 年有望由亏转盈利，预测维持现有市值对应 PE21E 相当于 350 倍。小米市值从 470 亿美元上看 700 亿美元，变幅 49% 目标估值 35 倍。金山软件从 70 亿美元挑战 100 亿美元，变幅 53%。科创板上市的金山办公估值较高，给予从 250 亿美元上试 300 亿美元的目标。金山云从 60 亿美元上看 100 亿美元，变幅 60%。百度从 430 亿美元上看 600 亿美元，变幅 41%。爱奇艺若不与腾讯视频并购重组，仍然会维持亏损，暂时维持现有市值。网易从 640 亿美元上看 900 亿美元市值，幅度 42%。其他小市值垂直领域公司中新浪、微博、搜狗、唯品会等 PE21E 目前均低于 20 倍，暂时未给予较高目标市值。2019—2022 年复合增速较快（大于 20%）的公司包括腾讯 21%、腾讯音乐 20%、美团 107%、小米 20%、金山办公 58%、百度 109% 等。

七、中国供应链加速本土技术迭代升级和产能非线性进口替代增长

在中国企业暂时处于技术落后和市场占比落后的先进制造业供应链战略环节，美国对中国的技术压制政策有效推动了中国产业界转向扶持中国未必技术最先进但是受美国限制的高技术供应链环节加速本土技术迭代升级和产能非线性进口替代增长。特朗普在美国高校科研机构研究领域和科技企业研发领域排斥美国华裔华人的政策，有希望触动华人华裔回归中国创业。华人华裔学成归国、中年归国和退休归国是归国科技人才创业的三个年龄阶段，ICT 供应链关键环节的半导体产业创新经济领域，市值 6000 亿元的 688981.SH 中芯国际创始人张汝京 1997 年受邀请从美国退休后回上海创业，市值 1200 亿元的 688012.SH 中微公司创始人尹志尧 60 岁从美国退休后带团队回上海创业。先进制造业创新经济领域有，2020 年大涨 9 倍的 300677.SZ 英科医疗刘方毅、300548.SZ 博创科技朱伟、300308.SZ 中际旭创刘圣、300582.SZ 英力特华桂潮。互联网产业创新经济领域，有百度李彦宏、搜狐张朝阳、拼多多黄峥。

疫情在美国暴发后，特朗普政府密集出台一系列限制华人华裔的政策规划：

（1）限制华人华裔创办的科技企业又称中概公司到美国资本市场上市的政策。

（2）限制华人华裔在高等教育研究机构和高科技企业研发环节从业的政策，FBI 调查众多华裔科学家。

（3）限制高技术设备和产品向中国企业出口的政策，其中以美国政府对华为全面制裁最有代表性。

（4）准备出台限制中国共产党员及其家属获得美国签证的政策。

特朗普限制华人华裔创办科技企业到美国资本市场上市的政策系统性地推动已上市中概股企业到香港第二上市，先行者阿里巴巴、京东、网易已完成，后续仍有优质科技创新企业到香港第二上市。美国政府出台取消香港特殊关税地位以压制香港国安法的政策，试图打压香港国际金融中心地位。但美国压制政策导致科技中概股批量到香港二次上市的实际效果，实际上帮助香港稳固了亚洲最大国际金融中心的地位而不是削弱。中国政府更明确了香港作为中国企业进入资本市场的主场，中国资本逐渐取得香港股市的定价主导权。

第八章
未来十年慢牛特征是市值增量持续向科技创新集中,率先提倡研发引导的中国创新指数投资策略

2020 年 7 月 31 日

一、不认同全面牛市泡沫,调整后市场投资氛围重新转好

2020 年 7 月 8、10、14 日我三次公开发表观点表达不认同全面牛市泡沫、主张市值增量继续向科技创新集中的观点《不认同全面牛市泡沫,市值增量向创新经济集中是美中资本市场发展共同路径——大数据求是专题——君晟领涨未月会议王维钢观点20200718》。7 月 14 日市场开始调整,上周受中美互撤领馆影响市场有单日较大调整,我认为调整后市场投资氛围重新转好。2020 年领涨的科技创新部门包括信息技术和医药行业有所回调后,在市场反复向上的过程中仍然继续领涨。特别是已经调整 10%—20% 的龙头品种,我们看到这些领涨品种已经展现出继续领涨上升的欲望。

二、中美摩擦冲击后美中市场都会缓慢或快速地修复

中美摩擦会持续加剧,在美国大选前后还会有比关闭总领馆更严重的政治外交甚至军事冲突爆发。每次中美摩擦冲突都会对全球资本市场造成冲击,但随后美中市场都会缓慢或快速地修复,从 2018 年以来历次中美摩擦冲突造成的冲击烈度呈现逐渐衰退的迹象。冲击造成的快速回落为新资金低位入场提供了难得的机会。只要在上证综指和沪深 300 这些主要指数短期涨幅不是过快过大的情况下,2020 年下半年是机构投资者安全的运行期,机构投资者有比较好的操作空间,净值持续创新高是有可能的。

三、优秀基金经理 2020 年所募千亿元增量资金会强者自我强化

优秀基金经理所募增量资金会强者自我强化。2020 年表现前 5% 的公募基金主要

配置在疫苗、半导体、互联网、消费电子等科技创新行业，这批优秀基金的管理人在 2020 年陆续新发产品合计新增资金上千亿元，常态预期是优秀基金经理会继续增持自己已经长期持有的重仓蓝筹股。2020 年 1—7 月，全市场募集非货币和债券类偏股型基金合计 6800 亿元。

四、不赞同市场热点会从科技创新部门向金融地产周期部门转移的观点

涨幅落后行业轮动补涨和估值修复是阶段性的，不赞同市场热点会从科技创新部门向金融地产周期部门转移的观点。未来十年慢牛的主要特征是市值增量将持续向科技创新集中，美国十年牛市中 FANNGM 六大科技巨头的市值增量占纳市 40% 且相当于纽交所整体市值增量。在《美国中国系统重要性创新经济体 SIIE 市值预测——大数据求是系列专题——君晟科技创新申月会议王维钢观点 20200721》中，参考系统重要性和市值及盈利因素综合排序，君晟提出 SIIE 中国系统重要性创新经济体 TOP10 名单如下：腾讯、阿里、华为、字节跳动、美团、京东、金山小米、百度、网易、拼多多、滴滴后备。

五、北向资金是贯彻中央意图引领全市场投资者理性投资理念的风向标

北向资金对中央意图有较强敏感性，是贯彻中央意图引领全市场投资者理性投资理念的风向标。量为价先，2019 年初至 2020 年 6 月过去一年半大陆市场成交额维持在 5000 亿—6000 亿元，但 2020 年 6 月 30 日后明显有境内外增量资金持续入市，且增量资金并不同于 2015 年那样是主要来自场外配资和融资。

我在 2018 年以来通过多个渠道建议中国外管当局减少美元资产配置，部分外汇储备可以在香港市场通过认购美元计价权益指数基金方式经陆港通渠道长期配置在大陆市场高股息率蓝筹股，长期收益率和安全性预期远高于美国国债和美国权益。

我们关注到北向资金对中央意图有较强敏感性，是贯彻中央意图引领全市场投资者理性投资理念的风向标。因此，投资者要高度重视成交额从上半年平均 5000 亿元上升到下半年平均 1 万亿元的客观事实。

中国人民币权益和债券市场未来 5—10 年将持续扩容，并通过吸纳境外主权基金在内的全球机构投资者持续增配人民币资产来实现提高人民币国际化水平。详细论述请参见《后疫情恢复期中国引领世界经济和人民币资本项下可兑换吸引全球投资者长期增配人民币资产市场 20200630》。

六、短期冲击不改变反复波动的慢牛长期趋势

未来十年最大的全球趋势就是美中政治外交军事领域持续博弈摩擦和美中经济科技领域持续竞争，短期冲击不改变反复波动的慢牛长期趋势，也无法改变中国 GDP 在 2029 年超越美国的客观发展规律。

我判断未来十年市场会呈现反复波动的慢牛趋势，短期冲击调整不影响大趋势。十年牛市启动是 2019 年初，会至少持续到 2029 年新中国成立 80 周年。未来十年最大的趋势就是美中政治外交军事领域持续博弈摩擦和美中经济科技领域持续竞争，美中摩擦无论如何加剧甚至局部军事冲突，都无法改变中国 GDP 在 2029 年实现超越美国的客观发展规律。

七、中国最优秀的科技创新企业不只是在规模偏小的创业板和科创板成分股中

看好科技创新不意味着无视现阶段整体高估值而无原则地看好创业板和科创板指数及其成分股表现，中国最优秀的科技创新企业不只是在规模偏小的创业板和科创板成分股中。

根据我近期所做的"研发引导的中国创新指数"研究课题，中国最优秀的科技创新企业不只是在规模偏小的创业板和科创板成分股中，而是分布在美国中概股、香港市场、深圳中小板和上海深圳主板以及 2020 年上市尚未加入科创 50 成分股的科创板创新企业，创业板入选中国创新指数的成分股只占指数总市值的 13%、科创板成分股只有 12 家入选中国创新指数且只占 4%。在《寻找表征中国创新经济的最优投资策略：研发收入比引导的 CII 中国创新指数——君晟科技创新申月会议王维钢观点 20200801》报告中，为了寻找对标美国 FAANGM TOP6 组合的中国创新经济体集群，我在全市场率先提倡设立跨市场的以研发收入比引导的中国创新指数来全面表征中国创新经济蓬勃态势。未来十年市值增量持续主要来自先进制造产业群和互联网产业群构成的创新经济体集群，这是不可阻挡的长期趋势。

第九章
寻找表征中国创新经济的最优投资策略：研发收入比引导的 CII 中国创新指数

2020 年 8 月 1 日

一、美中全市场指数比较：市值增量持续向创新经济集中的必然性和趋势性

美国十年牛市中 FAANGM 6 大科技巨头 TOP 6 的全方位表现论证了市值增量持续向创新经济集中的必然性和趋势性。

美中常用指数分别是表征传统经济的道 30 和上证综指、表征经济全景的标普 500 和沪深 300、表征创新经济的纳指和创业板指。上证综指因权重过大的金融、地产、能源行业市值萎缩或滞胀等自身缺陷，无法代表中国经济蓬勃发展的基本面，创业板指因成分股规模偏小估值偏高和低估值非创新企业温氏高净利占比等自身缺陷，无法全面表征中国创新经济的真实表现。

美国常用指数是道琼斯工业指数、标普 500、纳斯达克指数，其中只有纳斯达克指数是包括纳市全部 2778 个成分股合计 17.3 万亿美元的全市场综合指数，道指只有 30 个大型工业蓝筹股成分股合计 8.3 万亿美元，标普 500 包括 505 个大中型蓝筹股成分股合计 28.39 万亿美元。代表纽交所全部股票的 NYA.GI 纽交所综合指数 NYSE Composite Index 不出名不常被引用，是由全部纽交所 2020 个可交易股票合计 28.41 万亿美元组成的全市场综合指数。道指主要表征美国传统经济，标普 500 主要表征美国经济全景，纳指主要表征美国创新经济。全美市场合计 4798 家上市公司，合计市值 45.5 万亿美元。

本文定义 FAANGM 美国 6 大科技巨头合称为 TOP 6，TOP 6 是代表美国创新经济的系统重要性创新经济体，是由脸书 F、苹果 A、亚马逊 A、奈飞 N、谷歌 G、微软 M 六家科技巨头组成。在大数据求是系列专题报告的前一篇《美国中国系统重要性创新经济体 SIIE 市值预测》中已经测算了这六家科技巨头的市值和盈利预测及估值情况，本文将进一步系统讨论 TOP 6 借助资本市场从初创企业大浪淘沙发展到世界科技巨头的成长概况，以论证市值增量向创新经济集中的必然性和趋势性。本文构建 TOP 6 指数作为一个与全美市场各主要指数比较的美国创新指数。

中国常用指数是上证综指、沪深 300、创业板指，其中只有上证综指是全部可交易股票的上海全市场综合指数。沪深 300 指数包括中国沪深两市 300 个大中型蓝筹股成分股，创业板指是由最具代表性的创业板 100 家上市企业股票组成，反映创业板市场层次的运行情况，创业板指数中新兴产业、高新技术企业占比高，成长性突出，兼具价值尺度与投资标的的功能。

中国市场三大常用指数的特征分别与道指 30、标普 500、纳指对应，类似地，上证综指主要表征中国传统经济，沪深 300 主要表征中国经济全景，创业板指主要表征中国创新经济。

上证综指虽然是全市场综合指数，但由于传统经济部门的金融、地产、能源三大传统经济垄断行业市值占比 2009 年末高达 60%，只能表征中国传统经济。以中国石油为代表的能源行业市值占比从 2010 年末 19.4% 大幅萎缩至 2020 年 7 月的 3.2%，中石油和中石化市值从 2009 年末的 2.4 万亿元和 1.1 万亿元萎缩到 2020 年 7 月末的 8000 亿元和 4800 亿元。金融行业虽然净利全市场占比从 2009 年末 54% 维持到 2020 年 7 月末的 53%，但市值全市场占比从 2009 年末 31% 下降到 2020 年 7 月的 22%，其中工农中建四大行合计市值从 2009 年末 5.15 万亿元到 2020 年 7 月末 5.42 万亿元仅增长 5%，盈利能力极高的金融地产服务部门行业整体动态估值始终只能在 5—6 倍。上证综指因金融、地产、能源传统经济行业比重巨大而无法表征中国经济蓬勃发展的基本面，其误导全世界投资者的表象就是从熊市最低点 2008 年末到 2019 年末上证综指只上涨了 1 倍，从 2009 年末到 2019 年末上证综指十年止步不前仍在 3000 点。上证综指十年长期表现大幅落后于全世界大多数经济体的指数，更遑论与美国三大常用指数比较。

因此，结论是用上证综指描述中国资本市场表现是最没有说服力的，即使小修小补修改规则也不能改变上证综指被全市场机构投资者抛弃的命运。不少个人投资者仍刻舟求剑固守以上证综指 3000 点为牛熊分界线，殊不知轻舟已过万重山，机构投资者在过去十年已经在中国科技创新经济领域获得了丰厚的权益投资回报。迄今仍然看不清大趋势而痴迷于传统经济行业轮动的投资者，需要认真研读本报告，更新原有投资理念，才能在未来十年慢牛市中有所斩获。

创业板指在表征中国创新经济方面有明显的缺陷，主要原因就是创业板指100家成分股仍然规模普遍偏小、估值整体偏高和高盈利占比的低估值非创新企业温氏对创业板指有过度影响。借壳上市的非创新企业温氏股份在创业板指数中盈利占比高达24.4%，由于农业企业温氏动态估值仅5—6倍、与其他99家创新企业动态估值平均57倍有显著差异，有经验的研究者一般会剔除温氏后考察创业板指数的整体盈利和估值。2019年初温氏占创业板的市值比例为7.3%，2020年7月末市值占比已经下降到3.0%。

二、美国创新经济最佳代表是TOP 6，中国最优表征是CII中国创新指数

美国创新经济的最佳代表是TOP 6，中国创新经济的最优表征指数是200个成分股构成的研发收入比引导的CII中国创新指数。

中国真正意义上的大规模创新企业主要在美国和香港市场IPO上市，在中小板和深圳主板、上海主板、上海科创板也有一批比创业板成分股规模更大、效益更好的创新企业。

在本报告重要主题即CII中国创新指数的200个成分股中，创业板入选66家，家数占比达到33%，但市值占比只有13%，香港主板恒生科技指数30个成分股中只有22家入选中国创新指数但市值占比高达30%，美国纽纳两市共有20家中概股入选中国创新指数但市值占比高达28%。为了避免两地上市企业重复计算市值，中国创新指数只按首次IPO上市市场计算成分股隶属板块，阿里巴巴和京东、网易只计入先上市的美国市场而未计入第二上市的香港市场，中芯国际、君实生物只计入先上市的香港市场而不计入第二上市的上海科创板板块。

表1 CII中国创新指数200个成分股的上市板块来源分析

板　块	中国创新指数家数	市值（万亿美元）	家数占比	市值占比	家均市值
深圳主板	10	0.14	5%	3%	136
中小板	41	0.44	21%	11%	107
创业板	66	0.54	33%	14%	82
上海主板	25	0.42	13%	11%	166
科创板	17	0.15	9%	4%	87
香港主板	21	1.15	11%	29%	549
美国纽市	8	0.74	4%	19%	920

续表

板块	中国创新指数家数	市值（万亿美元）	家数占比	市值占比	家均市值
美国纳市	12	0.38	6%	10%	321
中国创新	200	3.95	100%	100%	198
深圳市场	117	1.12	59%	28%	325
上海市场	42	0.56	21%	14%	253

资料来源：君晟研究、WIND、HKSE、SSE、SZSE、NYSE、NASDAQ

科创板指是由 50 个上市满一年的科创板大市值成分股组成的，但科创板入选中国创新指数的成分股只有 17 个，包括 5 个 2021 年初才计算市值的 2020 年上市公司和 12 家科创板指成分股。科创板指由于入选的 50 个成分股普遍估值高于同行业同类型的深圳和上海市场创新企业，在上市一年后解禁的科创板限售股没有理由长期持有不高位减持，可以预见科创板指在运行第一年内有一定幅度回落。

科创板和注册制下创业板的优势在于允许未盈利和未有收入的创新企业和已境外上市红筹企业及双重股权结构创新企业在中国境内 IPO 融资，为真正意义的创新企业提供了在中国境内快速进入市值重估的成长通道，这对促进中国创新股权投资和中国创新产业加速进化有巨大意义。因此科创板虽良莠不齐但买者自负，科创板现阶段相对整体高估值水平为吸引大型创新企业到中国境内上市提供了重要理由。

表 2　美中全市场指数成分股家数与总市值一览

指数代码	指数/板块	指数简称	成分股家数	总市值（万亿美元）
DJI.GI	道琼斯工业指数	道指 30	30	8.3
SPX.GI	标普 500 指数	标普 500	505	28.4
IXIC.GI	纳斯达克全部公司	纳指	2778	17.0
NYA.GI	纽交所全部公司	纽指	2020	28.4
	FAANGM 六大科技	TOP6	6	6.5
	美国全部上市公司	纽纳全部	4798	45.4
	纳指 -TOP6	纳指 -TOP6	2772	10.5
HSCI.HI	香港全部上市公司	恒生综指	3511	7.6
000985.CSI	中国内地全部上市公司	中证全指	3913	11.1
	中国内地和香港全部上市公司		7424	18.7

续表

指数代码	指数/板块	指数简称	成分股家数	总市值（万亿美元）
	深圳主板		458	1.3
399101.SZ	深圳中小板	中小板综	957	1.9
399102.SZ	深圳创业板	创业板综	832	1.3
000001.SH	上海主板	上证综指	1525	6.2
	上海科创板	科创板综	140	0.4
399107.SZ	深圳全部上市公司	深证综指	2247	4.5
	上海全部上市公司		1665	6.6

资料来源：君晟研究、WIND

不常用的 000985.CSI 中证全指是中国内地全部 3913 家上市公司构成的综合指数，中国内地全部上市公司合计 11.1 万亿美元。同样不如恒生指数常用的 HSCI.HI 恒生综指（包括了 3511 家香港全部上市公司合计 7.6 万亿美元）。中国内地和香港市场共有 7424 家上市公司合计 18.7 万亿美元，全美市场合计 45.4 万亿美元，是中国内地和香港市场的 2.4 倍。深圳市场 2247 家上市公司合计 4.5 万亿美元，包括深证主板 458 家 1.3 万亿美元、中小板 957 家 1.9 万亿美元、创业板 832 家 1.3 万亿美元。上海市场 1664 家上市公司合计 6.6 万亿美元，包括上海主板 1525 家 6.2 万亿美元和上海科创板 140 家 0.4 万亿美元。

备注：恒生综合指数涵盖在香港联合交易所主板上市股份总市值约 95%，提供了一项全面的香港市场指标。恒生综合指数采用流通市值加权法计算，可以用作发行指数基金、互惠基金及表现量度基准。推出日期：2001 年 10 月 3 日；指数追溯至：2000 年 1 月 3 日；基日：2000 年 1 月 3 日；基值：2000；计算货币：港元；检讨周期：每半年；指数调整周期：每季。

中证全指是指从中国 A 股市场中所有的股票里选取所有的样本股形成的一个股市指数，中证全指由剔除 ST、*ST 股票，以及上市时间不足 3 个月等股票后的剩余股票构成样本股。中证全指具有较高的市场代表性，可作为投资标的和业绩评价基准，并可作为其他指数的样本空间。指数计算：中证全指指数系列采用派许加权方法，按照样本股的调整股本数为权数加权计算，公式为：报告期指数 = 报告期样本股的调整市值 / 基期 ×1000，其中，调整市值 = Σ（股价 × 调整股本数）。调整股本数为采用分级靠档的方法对样本股股本进行调整后的股本。

三、TOP6 盈利占比和市值占比、市值增量占比显著持续提高

表征美国创新经济的 TOP6 盈利占比和市值占比、市值增量占比显著持续提高，盈利增速显著快于全美各主要指数，显示市值增量持续向创新经济集中是美国十年慢牛的主要特征。

TOP6 净利润占全美公司已经从 2009 年 3% 上升到 2021 年 10 %，TOP6 与道指净利润比值从 2009 年 14% 上升到 2021 年 50%。

TOP6 市值占全美公司已经从 2008 年末 3% 上升到 2020 年 7 月的 10 %。2009—2019 年 TOP6 市值增量 4.4 万亿美元，占纳指增量 11.6 万亿美元的 37%，同期道指增量只有 4.9 万亿美元。2019 年初—2020 年 7 月末 TOP6 市值增量 1.9 万亿美元，占纳指增量 3.1 万亿美元的 61%，同期道指 30 和标普 500 的增量各只有 0.3 万亿美元，TOP6 增量是道指和标普增量的近 6 倍，纽交所合计市值减少 3.3 万亿美元。TOP6 市值占全美公司已经从 2008 年末 3% 上升到 2020 年 7 月的 10 %，TOP6 与道指净利润比值从 2008 年末 18% 上升到 2020 年 7 月的 108%。TOP6 在盈利增速上表现出抗经济波动的稳定性，在 2014 年纳指盈利下降 27%、纽指下降 5%、全美下跌 10% 时，TOP6 仍维持 7% 增长，在 2015 年纽指盈利下跌 24% 且全美下跌 19% 时，TOP6 维持 9% 增长，在 2018 年全美盈利增长仅 7% 时，TOP6 大幅增长 38%，在 2020 年预测盈利纳指纽指全部大幅下降时，TOP6 维持了 1% 的正增长，2021 年增速更提高到 30%。

（1）盈利占比变动分析：2009 年 TOP6 净利润占全美公司的 3%（在金融危机年 2008 年曾短暂上升到 6%），TOP6 与道指净利润比值为 14%（只有苹果和微软是道指成分股），纽约市场占比高达 86% 而纳指占比只有 14%。而 TOP6 净利润占全美公司已经从 2009 年 3% 上升到 2021 年 10 %，TOP6 与道指净利润比值从 2009 年 14% 上升到 2021 年 50%。

（2）市值占比变动分析：TOP6 市值占全美公司已经从 2008 年末 3% 上升到 2020 年 7 月的 10 %，TOP6 与道指净利润比值从 2008 年末 18% 上升到 2020 年 7 月的 108%。

（3）市值增量占比变动分析：

2009—2019 年 TOP6 市值增量 4.4 万亿美元，占纳指增量 11.6 万亿美元的 37%，同期道指增量只有 4.9 万亿美元。2019 年初—2020 年 7 月末 TOP6 市值增量 1.9 万亿美元，占纳指增量 3.1 万亿美元的 61%，同期道指 30 和标普 500 的增量各只有 0.3 万

亿美元，TOP6 增量是道指和标普增量的近 6 倍，纽交所合计市值减少 3.3 万亿美元。

表 3　2009 年末—2019 年末和 2019 年初—2020 年 7 月末的美中主要市场指数市值增量比较

增量T6占比	2009—2019	2009—2019 T6占比	2018—2020	2019—2020	2018—2020 T6占比	2019—2020 T6占比
道指30	4.9		2.1	0.3		
标普500	18.8	23%	6.8	0.3	51%	584%
纳指	11.6	37%	7.0	3.1	50%	61%
纽指	20.0	22%	2.9	−3.3	119%	−57%
TOP6	4.4	100%	3.4	1.9	100%	100%
纽纳全部	31.6	14%	9.9	−0.2	35%	−768%
纳指-TOP6	7.3	60%	3.5	1.2	98%	158%
恒生综指	5.0	86%	2.5	−1.6	140%	−114%
中证全指	5.2	84%	4.2	2.3	82%	82%

资料来源：君晟研究、WIND

（4）盈利增速变动分析：

表 4　2013—2021 年的美中主要市场指数盈利增速分析

盈利增速	2013	2014	2015	2016	2017	2018	2019	2020	2021
道指30	2%	−1%	−9%	−7%	11%	18%	4%	−15%	11%
标普500	19%	0	−8%	5%	14%	15%	9%	−42%	5%
纳指	63%	−27%	1%	5%	28%	9%	13%	−25%	16%
纽指	14%	−5%	−24%	8%	37%	7%	2%	−63%	−8%
FAANGM TOP6	6%	7%	9%	10%	7%	38%	15%	1%	30%
纽纳全部	22%	−10%	−19%	7%	35%	7%	4%	−54%	1%
纳指-TOP6	89%	−36%	−3%	3%	39%	−3%	11%	−42%	11%
恒生综指	13%	8%	−10%	−7%	29%	0	11%	−3%	16%
中证全指	20%	8%	−2%	1%	29%	−7%	5%	15%	16%

资料来源：君晟研究、WIND

TOP6 在盈利增速上表现出抗经济波动的稳定性，在 2014 年纳指盈利下降 27%、纽指下降 5%、全美下跌 10% 时，TOP6 仍维持 7% 增长，在 2015 年纽指盈利下跌

24%且全美下跌19%时，TOP6维持9%增长，在2018年全美盈利增长仅7%时，TOP6大幅增长38%，在2020年预测盈利纳指纽指全部大幅下降时，TOP6维持了1%的正增长，2021年增速更提高到30%。

四、科技创新公司在上市后才真正进入成长的旅程

研究TOP6公司2007—2021年盈利变动过程，可以看出科技创新公司在上市后才真正进入成长的旅程。

TOP6的成长历程对中国发展创新经济的启示是，要允许有较高研发收入比的初创型创新企业及早进入资本市场获得融资持续支持下快速成长，允许创新企业相当长一段时期不盈利或盈利微小不稳定。在2009—2020年期间，TOP6从5家公司7000亿美元市值开始，2012年新增上市的脸书630亿美元，历年累计苹果还回购了2009年末股本89亿股的15%约13亿股，至2020年7月合计市值6.5万亿美元，10年半时间TOP6合计市值增加8倍。美国大型蓝筹公司在2009—2020年期间持续回购股份，是支持股价的重要因素。TOP6的2009—2019年市值10年均变幅高达22%，远高于道指的9%和全美的13%及纽指的11%、标普的12%，中证全指的9%只与道指相当，远逊色于纳指的18%和TOP6的22%。TOP6的2009—2019年净利10年均变幅19%，而道指变幅仅6%、纽指仅7%，包含TOP6的纳指变幅14%，相比较的香港市场整体年均变幅为10%、中国沪深市场整体为11%，相当于标普500的11%。美国两市合计盈利从2009年8346亿美元增长到1.9万亿美元，中国两市合计盈利2009年为4574亿美元增长到1.2万亿美元，美中市场盈利比从1.8下降到1.6。从2009年到2020年，TOP6合计净利润约280亿美元增长580%到1630亿美元，占纳指净利比重从24%上升到超过40%。

美国初创科技公司有较便捷的上市机会，苹果和亚马逊成立3年、奈飞和谷歌成立5—6年就上市了。苹果和微软是20世纪70年代PC时代诞生的老公司，亚马逊、奈飞、谷歌是第一代网络股泡沫前诞生的中生代公司。

中生代公司在上市后才经历了成长的主要过程，亚马逊2015年脱离亏损边缘净利润超过1亿美元、2016年就快速破10亿美元、2018年加速破100亿美元，完成从初创公司向高盈利科技巨头的快速转变过程。脸书2009年上市前净利润超过1亿美元、2015年和2016年快速破10亿美元和100亿美元，是初创公司向高盈利巨头转变速度最快的公司。奈飞上市早在2002年第一次网络股泡沫破灭后，2007—2012年盈利一直徘徊在2亿美元以下，直到2017—2018年终于实现盈利上台阶超过10亿美元，预计2018—2021年维持较高的盈利增速，几乎不受经济危机和疫情的影响。但

由于奈飞的细分赛道是长视频垂直领域，再次踏上 100 亿美元的台阶会是一个比其他五家多领域平台型巨头更漫长的过程。从规模上，前五家除脸书 6500 亿美元外都已经迈过万亿规模，只有奈飞还在 2000 亿美元台阶上，奈飞规模与其他五家并不匹配，只不过美国投资者首先提出了 FANNG 的概念，且有些投资者并不认同老公司微软也是真正的网络科技巨头。

表 5　美国 TOP6 历年净利润与盈利台阶突破年度和成立—上市年度分析

年度＼公司	苹果（亿美元）	微软（亿美元）	亚马逊（亿美元）	谷歌（亿美元）	脸书（亿美元）	奈飞（亿美元）
2007	35	141	5	42	0	0.7
2008	48	177	6	42	0	0.8
2009	57	146	9	65	1.2	1.2
2010	140	188	12	85	4	1.6
2011	259	232	6	97	7	2.3
2012	417	170	−0.4	107	0.32	0.2
2013	370	219	3	129	15	1.1
2014	395	221	−2	144	29	2.7
2015	534	122	6	158	37	1.2
2016	457	168	24	195	102	1.9
2017	484	212	30	127	159	5.6
2018	595	166	101	307	221	12.1
2019	553	392	116	343	185	18.7
2020	559	480	102	259	201	28.7
2021	659	558	238	347	282	41.4
超过 1 亿 / 年份			2015	2007 前	2009	2009
超过 10 亿 / 年份	2007 前		2016		2015	2018
超过 100 亿 / 年份	2010	2007 前	2018	2011	2016	—
成立年份	1977	1975	1994	1998	2004	1997
上市年份	1980	1986	1997	2004	2012	2002
成立—上市年数	3	11	3	6	8	5
上市年数	40	34	6	16	8	18

资料来源：君晟研究、WIND

2014年2月新CEO萨提亚·纳德拉上任后,微软全面从办公软件向云服务转型,摆脱了PC时代IBM、SUN、甲骨文等巨头增长放缓的大企业病宿命,成为移动互联网时代的弄潮儿和领军企业。

1. TOP6市值演化历程

在2009—2020年期间,TOP6从5家公司7000亿美元市值开始,2012年上市的脸书新增630亿美元,历年累计苹果还回购了2009年末股本89亿股的15%约13亿股,至2020年7月合计市值6.5万亿美元,10年半时间TOP6合计市值增加8倍。2009—2019年市值10年均变幅:TOP6高达22%,远高于道指的9%和全美的13%及纽指的11%、标普的12%。中证全指的9%只与道指相当,远逊色于纳指的18%和TOP6的22%。

表6 美中主要市场指数2009—2019年十年均变幅测算

指数 \ 年度	2009(万亿美元)	2019(万亿美元)	2020(万亿美元)	10年倍数	10年均变幅
道指30	3.3	8.2	8.3	2.5	9%
标普500	9.5	28.3	28.3	3.0	12%
纳指	2.7	14.3	16.9	5.3	18%
纽指	11.0	30.9	28.2	2.8	11%
TOP6	0.7	5.1	6.5	7.2	22%
纽纳全部	13.7	45.3	45.0	3.3	13%
纳指-TOP6	2.0	9.3	10.3	4.7	17%
恒生综指	4.4	9.4	9.8	2.1	8%
中证全指	4.0	9.2	10.8	2.3	9%

资料来源:君晟研究、WIND

2. 美国大型蓝筹公司在2009—2020年期间持续回购股份,是支持股价的重要因素

以信息行业的软件子行业为例,2009—2020年期间,IBM回购了2009年末股本13.1亿股的32%约4.1亿股,苹果回购了2009年末股本88.8亿股的15%约13亿股,VISA回购了2009年末股本和2015年增股量合计值37.1亿股的15%约3.3亿股,万事达卡回购了2009年末股本和2014年增股量合计值22亿股的14%约1.6亿股,甲骨文回购了2009年末股本50.1亿股的32%约19.4亿股。巨量回购后,IBM市值从

2009年1700亿美元回落到2020年1100亿美元,约下降35%,甲骨文市值只增长了38%,与苹果在回购15%股本基础上市值仍然增长466%的表现相比可谓天壤之别。

表7 美国信息技术蓝筹公司2009—2020年股本回购与市值变化测算

名　称	苹　果	VISA	万事达	甲骨文	IBM
市值2020（亿美元）	15320	3824	3075	1699	1109
市值2009（亿美元）	2706	739	332	1229	1709
市值变幅	466%	417%	826%	38%	−35%
股本2020（亿股）	75.8	19.4	10	30.7	8.9
股本2009（亿股）	88.8	22.8	11.6	50.1	13.1
股本增加（亿股）		14.3	10.3		
增股后股本（亿股）	88.8	37.1	22	50.1	13.1
股本差额	−13	−3.3	−1.6	−19.4	−4.1
股本差幅	−15%	−15%	−14%	−39%	−32%

资料来源：君晟研究、WIND

3. 2009—2019年净利10年均变幅

道指变幅仅6%,TOP6变幅19%,纽指仅7%,包含TOP6的纳指变幅14%,相比较的香港市场整体年均变幅为10%、中国沪深市场整体为11%。中国市场整体净利年均变幅近11%,相当于标普500的11%,但低于TOP6的19%和纳指的14%,高于纽指的7%和道指的6%以及美国市场整体的9%。

4. 美中市场盈利规模分析

美国两市合计盈利从2009年8346亿美元增长到1.9万亿美元,中国两市合计盈利2009年为4574亿美元增长到1.2万亿美元,美中市场盈利比从1.8下降到1.6。TOP6合计净利润从2009年约280亿美元增长580%到2020年预测1630亿美元,TOP6占纳指净利比重从2009年24%上升到2020年超过40%。

表8 美中主要市场指数2009—2019年十年均变幅测算

盈　利	盈利2009（万亿美元）	盈利2019（万亿美元）	净利10年倍数	10年均变幅
道指30	0.2	0.4	1.8	6%
标普500	0.4	1.2	2.8	11%
纳指	0.115	0.424	3.7	14%

续表

盈 利	盈利2009（万亿美元）	盈利2019（万亿美元）	净利10年倍数	10年均变幅
纽指	0.7	1.5	2.0	7%
TOP6	0.028	0.161	5.8	19%
纽纳全部	0.835	1.9	2.3	9%
纳指-TOP6	0.1	0.3	3.0	12%
恒生综指	0.3	0.7	2.5	10%
中证全指	0.2	0.5	2.8	11%
中国两地市场	0.5	1.2	2.7	10%
美中盈利比	1.8	1.6		

资料来源：君晟研究、WIND

五、君晟提出以研发收入比引导的CII.CSI中国创新指数200个成分股选择投资策略

港沪深各市场板块现有7个科技创新类别指数：399006.SZ创业板指数、399673.SZ创业板50指数、000688.SH科创板50成分指数、399016.SZ深证创新指数、000067.SH上证新兴产业指数、HSTECH.HI恒生科技指数、000171.CSI中国战略新兴产业成分指数。在现有各市场板块7个科技创新类别指数480个成分股和全部美国上市科技中概股的基础上，君晟提出以研发收入比引导的CII.CSI中国创新指数200个成分股选择投资策略，即根据三年平均研发收入比不低于4%、计算日总市值不低于20亿美元、上市当年末市值计入指数、剔除无研究机构覆盖公司和两地IPO上市重复计算市值及增补非7个创新指数成分股但市值超100亿美元创新企业的中国创新指数候选成分股条件选择确定200个成分股。随着未来创新企业更重视研发投入和净利及市值成长，以后年度研发收入比和市值门槛将据实提高。

港沪深各市场板块现有7个科技创新类别指数，简介如下：

创业板指数是深交所多层次资本市场的核心指数之一，由最具代表性的100家创业板上市企业股票组成，反映创业板市场层次的运行情况。创业板指数新兴产业、高新技术企业占比高，成长性突出，兼具价值尺度与投资标的的功能。

创业板50指数从创业板指数的100只样本股中，选取考察期内流动性指标最优的50只股票组成样本股。创业板50指数侧重样本股流动性、市值集中度和资产配置效率，样本股公司集中了创业板市场内知名度高、市值规模大、流动性好的企业，为

投资者提供了分享创业板市场高成长的良好工具。

上证科创板 50 成分指数由上海证券交易所科创板中市值大、流动性好的 50 只证券组成，反映最具市场代表性的一批科创企业的整体表现。上证科创板 50 成分指数的计算公式为：报告期指数 = 报告期样本的调整市值 / 除数 × 1000。其中，调整市值 = ∑（证券价格 × 调整股本数 × 权重因子）。调整股本数的计算方法、除数修正方法参见指数计算与维护细则。权重因子介于 0 和 1 之间，以使单个样本权重不超过 10%，前五大样本权重合计不超过 40%。

深证创新指数从创新资源、创新投入和创新绩效三个维度对上市公司创新发展能力进行综合评价，选取深圳 A 股市场排名前 100 的股票作为样本股。指数采用等权重方式计算。该指数刻画了深圳市场创新型企业整体运行特点，推动上市公司创新发展，为市场提供创新主题投资的业绩衡量基准和投资标的。

上证新兴产业指数选择沪市中规模大、流动性好的 50 家新兴产业公司组成，以综合反映沪市新兴产业公司的整体表现。

恒生科技指数将会追踪经筛选后最大 30 家于香港上市的科技企业。恒生科技指数的选股范畴，主要涵盖与科技主题高度相关的香港上市公司，包括网络、金融科技、云端、电子商贸及数码业务。指数选股准则并会考虑合资格公司是否利用科技平台进行营运、研究发展开支占收入之比例及收入增长。经上述筛选后，市值最大的 30 只股票将被纳入成为指数成分股。

推出日期：2020 年 7 月 27 日；基日：2014 年 12 月 31 日；基值：3000；检讨周期：每季；加权方法：流通市值加权；货币：港元；成分股数目：固定 30。

表9　8 个创新类指数概况分析

（市值、盈利单位：亿美元）

指数序号	1	2	3	4	5	6	7	8
指数名称	创业板指	创业板50	科创50	深证创新	上证新兴	恒生科技	新兴成指	中国创新
成分股家数	100	50	50	100	50	30	100	200
2020 年 7 月末指数值	2667	2419	1401	4177	8573	7013	1876	8069
2020 年 7 月末市值	7092	4837	1574	8519	6199	19360	10178	39039
2018 年末指数值	1251	1002	0	2121	5533	3460	882	3750

续表

指数序号	1	2	3	4	5	6	7	8
指数名称	创业板指	创业板50	科创50	深证创新	上证新兴	恒生科技	新兴成指	中国创新
2018年末市值	2770	1323	0	3526	3747	5400	3903	17162
2018末指数值	1798	1512	1000	3084	7090	4715	1289	5606
2019年末市值	4545	2867	1101	6028	5016	12754	6880	26680
盈利2018A	68	44	16	171	229	117	138	362
盈利2019A	95	49	19	227	204	445	218	739
盈利2020E	166	84	23	267	217	449	259	827
盈利2021E	198	107	29	326	263	593	323	1108
当时价PE2018A	40	30	0	21	16	46	28	47
当时价PE2019A	48	59	57	27	25	29	32	36
市价PE2020E	43	58	69	32	29	43	39	47
市价PE2021E	36	45	54	26	24	33	31	35
盈利增速GR2020E	74%	72%	17%	18%	6%	1%	19%	12%
盈利增速GR2121E	19%	28%	29%	22%	21%	32%	25%	34%
复合盈利增速CAGR2018-2021E	42%	34%	24%	24%	5%	72%	33%	45%

资料来源：君晟研究、WIND、SSE、SZSE、HSIndex

中国战略新兴产业成分指数选取节能环保、新一代信息技术产业、生物产业、高端装备制造、新能源产业、新材料产业、新能源汽车、数字创意产业、高技术服务业等领域具有代表性的100家上市公司，采用自由流通股本加权方式，以反映中国战略新兴产业上市公司的走势。

在现有各市场板块7个科技创新类别指数480个成分股和全部美国上市科技中概股的基础上，君晟提出以研发收入比引导的中国创新指数200个成分股选择投资策略。随着未来创新企业更重视研发投入和净利及市值成长，以后年度研发收入比和市值门槛将据实提高。

中国创新指数候选成分股条件：三年平均研发收入比不低于4%，计算日总市值不低于20亿美元，上市当年末市值计入指数，剔除无研究机构覆盖的公司，剔除两地IPO

上市企业的重复计算市值，增补非 7 个创新指数成分股但市值超 100 亿美元创新企业。

（1）候选成分股的产生：在现有港沪深各市场板块 7 个科技创新类指数成分股和全部美国上市科技中概股的基础上，在全市场筛选出候选成分股合计 365 个公司。

（2）增补非 7 个创新指数成分股但市值超 100 亿美元创新企业：共计 31 个。包括非恒生科技指数成分股的香港创新企业（主要是医药行业：石药集团、中国生物制药、比亚迪股份、中国中车、君实生物-B、复星医药、药明生物、药明康德、翰森制药、百济神州）和科创板非成分股的 2020 年上市企业（沪硅产业-U、君实生物-U、寒武纪-U、奇安信-U、中芯国际-U）和上海主板的万泰生物及甘李药业等。

（3）剔除无研究机构覆盖的创新公司 9 个：金山云、金力永磁、晶晨股份、华兴源创、东方通信、金证股份、银之杰、三诺生物、微芯生物。即使盈利预测为负数也可以入选中国创新指数，但没有研究机构覆盖的创新公司不可以成为机构投资者信赖的长期投资标的。

（4）剔除两地 IPO 上市企业的重复计算市值，中国创新指数只按首次 IPO 上市市场计算成分股隶属板块，阿里巴巴和京东、网易只计入先上市的美国市场而未计入第二上市的香港市场，中芯国际、君实生物只计入先上市的香港市场而不计入第二上市的上海科创板板块。中国中车、复星医药、药明康德只计入先上市的上海市场而不计入第二上市的香港市场。

（5）上市当年末市值计入指数：在 200 个成分股中有 5 个 2020 年上市的创新企业万泰生物、沪硅产业-U、寒武纪-U、奇安信-U、甘李药业按规则于上市当年末市值计入中国创新指数，中国创新指数以同口径基数的成分股范畴计算年度变幅。

表 10　CII 中国创新指数中 2021 年初新增市值的 2020 年上市成分股一览

代码	名称	CII	市价（元）	市值（亿美元）	盈利 2018A（亿美元）	盈利 2019A（亿美元）	盈利 2020E（亿美元）	盈利 2021E（亿美元）
603392.SH	万泰生物	198	215.0	133	0.4	0.3	0.6	1.1
688126.SH	沪硅产业-U	197	38.8	138	0.0	−0.1	0.0	0.1
688256.SH	寒武纪-U	200	238.6	137	−0.1	−1.7	−0.7	−0.4
688561.SH	奇安信-U	201	119.2	116	−1.3	−0.7	−0.3	0.2
603087.SH	甘李药业	199	196.0	112	1.4	1.7	1.9	2.3

资料来源：君晟研究、WIND

六、大中华区 8 个科技创新指数全面比较

中国创新指数的 2018—2021 年复合增速 49% 及恒生科技指数 72%、创业板指数 43% 高于其他 5 个大中华区科技创新指数。中国创新指数 2019 年变幅 49% 领先除创 50 的 51% 外其他 6 个指数，2020 年迄今变幅 48%，落后于创 50 指数 70% 涨幅，但大致相当于除上证新兴 26% 和深证创新 41% 以外的其他 4 个指数。中国创新指数的市值和 2020 年预测盈利规模远大于其他 7 个指数，恒生科技为中国创新的 49% 和 58%，创业板指为 19% 和 21%，创 50 仅为 13% 和 11%，科创 50 只有 4% 和 3%。中国创新的核心指标 2020 年研发收入比高达 14%，远高于恒生科技的 6% 和创业板指的 4.3%、创 50 的 6.0%、科创 50 的 6.4%。中国创新指数的 2020 年研发与净利之和与收入比值高达 24%，高于其他指数的 16%—20%。中国创新指数成分股共 200 个，来自美国纽纳两市场合计 20 家、市值 1.14 万亿美元、市值占比高达 28.6%，来自香港主板 21 家、市值 1.15 万亿美元、市值占比高达 29.1%，来自创业板 66 家但市值占比仅 13.6%，来自中小板 41 家和上海主板 25 家的市值占比分别为 11.1%、10.5%，来自科创板只有 17 家、市值占比 3.7%，来自深圳主板只有 10 家、市值占比 3.4%。中国创新指数 200 个成分股 2018 年末、2019 年末、2020 年 7 月末市值分别为 1.7 万亿美元、2.6 万亿美元、4.0 万亿美元，其中信息技术 1.87 万亿美元、可选消费 1.15 万亿美元、医疗 0.59 万亿美元、工业 0.26 万亿美元。恒生科技指数 30 个成分股三时点市值分别为 0.54 万亿美元、1.28 万亿美元、1.94 万亿美元，其中信息技术 9239 亿美元、可选消费 9533 亿美元。创业板指数 100 个成分股三时点市值分别为 2770 亿美元、4545 亿美元、7459 亿美元，其中信息技术 2041 亿美元、可选消费 402 亿美元、医疗 2660 亿美元、工业 1466 亿美元。科创 50 指数 50 个成分股 2019 年末和 2020 年 7 月末市值分别为 1101 亿美元、1689 亿美元，其中信息技术 1017 亿美元、医疗 332 亿美元、工业 188 亿美元、材料 145 亿美元。中国创新指数在市值规模上显著大于包括恒生科技指数在内的其他 7 个指数，更能表征中国创新经济蓬勃发展的客观事实。中国创新指数 200 个成分股市值分布在信息技术 47%、可选消费 29%、医疗 15%、工业 7%，恒生科技指数 30 个成分股分布在信息技术 48%、可选消费 49%，创业板指数 100 个成分股分布在信息技术 27%、可选消费 5%、医疗 36%、工业 20%，科创 50 指数 50 个成分股分布在信息技术 60%、医疗 20%、工业 11%、材料 9%。在 11 大

WIND 一级行业中，8 个科技创新指数基本都没有覆盖基础部门的公用事业和能源行业、服务部门的地产和电信服务行业，各创新科技指数的金融行业只有东方财富和同花顺两家科技金融公司，除创 50 指数占比 8% 以外其他 7 个指数占比仅 1%—4%，除科创 50、上证新兴、新兴成指数外其他 5 个指数中材料市值占比只有 1%—3%，除创业板指、创 50 包括温氏以外其他 6 个科技创新指数都没有覆盖日常消费行业。中国创新指数主要覆盖科技部门信息与医疗两大行业和互联网电商可选消费行业，合计 81% 的行业结构远好于其他 7 个科技创新指数，恒生科技指数只覆盖信息技术和可选消费，完全忽略了香港主板中众多优秀的医疗保健创新企业。综上所述，无论从覆盖市值规模和科技部门覆盖行业结构来看，中国创新指数是包括境外主权基金的全球人民币资产机构投资者最佳的主动管理和 ETF 被动配置的基准指数。

1. 大中华区 8 个科技创新指数估值、增速、基准日发布日、业绩表现、市值与盈利指数间比值、研发收入比、研发费用 + 盈利之和与收入比值比较

概述：2018—2021 年复合增速：中国创新指数 49%、恒生科技指数 72%、创业板指数 43%，高于其他 5 个大中华区科技创新指数。

为提高与美国市场各主要指数和大中华区其他 7 个科技创新指数的可比性，中国创新指数基准日设定为 2009 年末，大致相当于创业板指、创 50、新兴成指的基准日，早于恒生科技基准日 2014 年末和深圳创新指数 2012 年末及科创 50 指数 2019 年末。

表 11 大中华区 8 个科技创新指数表现分析

指　数	中国创新	恒生科技	创业板指	创 50	科创 50	深创新	沪新兴	新兴成指
市价 PE2020E	51	43	45	61	74	33	30	41
市价 PE2021E	37	33	38	48	58	27	24	33
GR2020	13%	1%	75%	73%	17%	18%	6%	19%
GR2021	36%	32%	19%	28%	29%	22%	21%	25%
CAGR 2018-2021	49%	72%	43%	34%	24%	24%	5%	33%
指数基准日	2009/12/31	2014/12/31	2010/5/31	2010/5/31	2019/12/31	2012/12/31	2003/12/31	2010/12/31
指数发布日	2020/7/31	2020/7/27	2010/6/1	2014/6/18	2020/7/23	2006/2/27	2016/12/1	2017/1/25
2019 变幅	49%	36%	44%	51%	0	45%	28%	46%

续表

指　　数	中国创新	恒生科技	创业板指	创50	科创50	深创新	沪新兴	新兴成指
2020变幅	48%	52%	55%	70%	51%	41%	26%	52%
市值占指数比	100%	49%	19%	13%	4%	22%	16%	27%
盈利占指数比	100%	58%	21%	11%	3%	34%	28%	33%
研发收入比2018A	5%	6%	4%	6%	6%	6%	3%	6%
研发收入比2019A	5%	6%	4%	6%	7%	6%	3%	6%
研发+净利与收入比2018A	11%	10%	12%	17%	17%	14%	8%	15%
研发+净利与收入比2019A	16%	18%	14%	17%	19%	15%	8%	17%
收入2020E	7496	4364	1233	579	172	2667	4268	2388
收入2021E	9138	5266	1526	723	210	3124	4768	2883
研发收入比2020E	14.0%	6.0%	4.3%	6.0%	6.4%	5.9%	2.7%	5.4%
研发费用2020E	1048	263	52	35	11	158	117	129
研发+净利与收入比2020E	24%	16%	18%	21%	20%	16%	8%	16%

资料来源：君晟研究、WIND

近期表现：主要原因是中国创新指数两大头部企业腾讯和阿里2020年迄今涨幅只有43%和18%，落后于创业板50指数头部企业动辄翻倍的涨幅，宁德时代、迈瑞医疗、智飞生物、东方财富、爱尔眼科、康泰生物、蓝思科技、亿纬锂能、沃森生物、汇川技术这些创50前十大市值企业合计市值2020年迄今涨幅116%。

指数间市值比值和2020年预测盈利比值：恒生科技为中国创新的49%和58%，创业板指为19%和21%，创50仅为13%和11%，科创50只有4%和3%。

核心指标2020年研发收入比：中国创新高达14%，高于恒生科技的6%和创业板指的4.3%、创50的6.0%、科创50的6.4%。

2020年研发与净利之和与收入的比值：中国创新指数24%，高于其他指数的

16%—20%，上海新兴指数因非创新企业比重较高的结构性原因而显著低于其他7个创新指数，只有8%。

2. 中国创新指数成分股8个上市板块中的分布家数与分布市值及市值占比

表12　中国创新指数成分股8个上市板块中的分布家数与分布市值及市值占比测算

特征码	板块	中创家数	市值（万亿美元）	家数占比（%）	市值占比（%）	家均市值（亿美元）
000	深圳主板	10	0.14	5.0	3.4	136
002	中小板	41	0.44	20.5	11.1	107
300	创业板	66	0.54	33.0	13.6	82
600	上海主板	25	0.42	12.5	10.5	166
688	科创板	17	0.15	8.5	3.7	87
HKD	香港主板	21	1.15	10.5	29.1	549
USN	美国纽市	8	0.74	4.0	18.6	920
USO	美国纳市	12	0.40	6.0	10.0	331
CII	中国创新	200	3.97	100.0	100.0	198

资料来源：君晟研究、WIND

概述：中国创新指数成分股共200个成分股，其中来自美国纽纳两市场合计20个、市值1.14万亿美元、市值占比高达28.6%，来自香港主板21家、市值1.15万亿美元、市值占比高达29.1%，两地IPO上市的阿里巴巴、京东、网易归属于首次上市地美国市场板块。来自创业板的成分股家数最多66家但市值只有5400亿美元，占比仅13.6%，来自中小板41家和上海主板25家的市值占比分别为11.1%、10.5%。来自科创板只有17家、市值占比3.7%，其中12家是科创板成分股、5家2020年上市企业虽已列名中国创新指数但市值依规则要到2020年末加入中国创新指数，来自深圳主板只有10家、市值占比3.4%。

3. 大中华区8个科技创新指数近年市值和各一级行业最新市值比较

概述：中国创新指数200个成分股2018年末、2019年末、2020年7月末市值分别为1.7万亿美元、2.6万亿美元、4.0万亿美元，其中信息技术1.87万亿美元、可选消费 1.15 万亿美元、医疗 0.59 万亿美元、工业 0.26 万亿美元。恒生科技指数 30 个成分股三时点市值分别为 0.54 万亿美元、1.28 万亿美元、1.94 万亿美元，其中信息技术 9239 亿美元、可选消费 9533 亿美元。创业板指数 100 个成分股三时点市值分别为 2770 亿美元、4545 亿美元、7459 亿美元，其中信息技术 2041 亿美元、可选消费 402 亿美元、医疗 2660 亿美元、工业 1466 亿美元。科创 50 指数 50 个成分股 2019 年末和 2020 年 7 月末市值分别为 1101 亿美元、1689 亿美元，其中信息技术 1017 亿美元、医疗 332 亿美元、工业 188 亿美元、材料 145 亿美元。中国创新指数在市值规模上显著大于包括恒生科技指数在内的其他 7 个指数，更能表征中国创新经济蓬勃发展的客观事实。

表 13　大中华区 8 个科技创新指数行业市值分布测算

	代码/家数	CII.CSI	HSTECH.HI	399006.SZ		399673.SZ	000688.SH	399016.SZ	000067.SH	000171.CSI
	指数	中国创新	恒生科技	创业板指	创指—温氏	创 50	科创 50	深创新	沪新兴	新兴成指
	指标			市值亿美元						
	2018 年末	16928	5400	2770	2567	1323		3526	3747	3903
	2019 年末	26271	12754	4545	4289	2867	1101	6028	5016	6880
	2020 年 7 月末	39655	19416	7459	7242	5167	1689	8910	6440	10658
制造	材料	386	0	198	198	72	145	286	888	771
制造	工业	2606	0	1466	1466	1277	188	1763	1214	1937
消费	可选消费	11555	9533	402	402	83	7	1211	304	56
消费	日常消费	49	0	385	168	57	0	0	0	0
科技	信息技术	18718	9239	2041	2041	1250	1017	4188	2203	4779
科技	医疗保健	5922	540	2660	2660	2011	332	1462	1830	2962
服务	金融	418	104	308	308	418	0	0	0	110

资料来源：君晟研究、WIND

4. 大中华区 8 个科技创新指数近年末指数值和各一级行业市值占比比较

概述：中国创新指数 200 个成分股分行业市值占比：信息技术 47%、可选消费 29%、医疗 15%、工业 7%。恒生科技指数 30 个成分股分行业市值占比：信息技术 48%、可选消费 49%。创业板指数 100 个成分股分行业市值占比：信息技术 27%、可选消费 5%、医疗 36%、工业 20%。科创 50 指数 50 个成分股分行业市值占比：信息技术 60%、医疗 20%、工业 11%、材料 9%。

在 11 大 WIND 一级行业中，8 个科技创新指数基本都没有覆盖基础部门的公用事业和能源行业、服务部门的地产和电信服务行业，只有新兴成指覆盖了能源行业一家企业杰瑞股份。各创新科技指数的金融行业只有东方财富、同花顺两家科技金融公司，除创 50 指数的金融市值占比 8% 以外，其他指数金融占比仅 1%—4%。除科创 50 指数 9% 和上海新兴产业指数 14%、中国战略新兴产业成分指数 7% 外，其他 5 个指数中材料市值占比只有 1%—3%。除了创业板指和创 50 包括温氏和立华两家日常消费行业企业，其他所有科技创新指数都没有覆盖日常消费行业。

中国创新指数的行业布局集中在技术含量更高的科技部门信息技术和医疗保健两大行业和消费部门的可选消费行业（主要是互联网电商），三大行业市值占比合计 81%，远高于恒生科技指数以外的其他六个科技创新指数，材料部门和工业部门只有 1% 和 7%，远低于恒生科技指数以外的其他六个科技创新指数。而恒生科技指数只覆盖信息技术和可选消费，完全忽略了香港主板中众多优秀的医疗保健创新企业（占比仅 3%），更没有材料和工业部门中的先进制造业创新企业。因此，中国创新指数主要覆盖科技部门信息与医疗两大行业和互联网电商可选消费行业，行业结构远好于其他 7 个科技创新指数。

综上所述，无论从覆盖市值规模还是科技部门覆盖行业结构来看，中国创新指数是包括境外主权基金的全球人民币资产机构投资者最佳的主动管理和 ETF 被动配置的基准指数。

表 14　大中华区 8 个科技创新指数指数值与行业市值占比测算

家　数	200	30	100	99	50	50	100	50	100
指　数	中国创新	恒生科技	创业板指	创指—温氏	创50	科创50	深创新	沪新兴	新兴成指
指　标	指数值 / 行业市值占比								
2018 年末	3843	3460	1251	1251	1002	0	2121	5533	882
2019 年末	5731	4715	1798	1798	1512	1000	3084	7090	1289
2020 年 7 月末	8490	7155	2795	2795	2569	1513	4351	8960	1958
材　料	1%	0	3%	3%	1%	9%	3%	14%	7%
工　业	7%	0	20%	20%	25%	11%	20%	19%	18%
可选消费	29%	49%	5%	6%	2%	0	14%	5%	1%
日常消费	0	0	5%	2%	1%	0	0	0	0
信息技术	47%	48%	27%	28%	24%	60%	47%	34%	45%
医疗保健	15%	3%	36%	37%	39%	20%	16%	28%	28%
金　融	1%	1%	4%	4%	8%	0	0	0	1%

资料来源：君晟研究、WIND

5. 大中华区 8 个科技创新指数近三年净利和一级行业 2020 年预测净利比较

概述：中国创新指数 200 个成分股合计 2018—2020 年净利润 318 亿美元、619 亿美元、779 亿美元，其中信息技术 416 亿美元、可选消费 193 亿美元、医疗 69 亿美元、工业 78 亿美元。恒生科技指数 30 个成分股合计 2018—2020 年净利润 117 亿美元、445 亿美元、450 亿美元，其中信息技术 240 亿美元、可选消费 210 亿美元。创业板指数 100 个成分股合计 2018—2020 年净利润 68 亿美元、95 亿美元、166 亿美元，其中信息技术 46 亿美元、可选消费 8 亿美元、医疗 34 亿美元、日常消费 47 亿美元、工业 24 亿美元。科创 50 指数 50 个成分股合计 2018—2020 年净利润仅 16 亿美元、19 亿美元、23 亿美元，其中信息技术 9 亿美元、医疗 2 亿美元、工业 8 亿美元。

表15　大中华区8个科技创新指数净利润测算

指　　数	中国创新	恒生科技	创业板指	创指—温氏	创50	科创50	深创新	沪新兴	新兴成指
指　　标				年度净利（亿美元）					
2018年末	318	117	68	59	44	16	171	229	138
2019年末	691	445	95	75	49	19	227	204	218
2020年7月末	779	450	166	126	84	23	267	217	259
材　　料	16	0	3	3	1	3	14	40	29
工　　业	78	0	24	24	21	8	54	58	60
可选消费	193	210	8	8	2	0	68	32	1
日常消费	2	0	47	7	2	0	0	0	0
信息技术	416	240	46	46	27	9	105	44	117
医疗保健	69	−1	34	34	25	2	27	44	48
金　　融	6	0	4	4	6	0	0	0	2

资料来源：君晟研究、WIND

6. 大中华区8个科技创新指数各一级行业2020年预测净利占比比较

概述：中国创新指数200个成分股2020年预测行业净利润占比：信息技术50%、可选消费23%、医疗8%、工业9%。恒生科技指数30个成分股行业预测净利润占比：信息技术53%、可选消费47%。创业板指数100个成分股预测行业净利润占比：信息技术28%、可选消费5%、医疗21%、日常消费29%（主要是温氏）、工业14%。科创50指数50个成分股预测行业净利润占比：信息技术41%、医疗11%、工业35%、材料13%。

表16　大中华区8个科技创新指数行业净利润占比测算

行业净利润占比	材料	工业	可选消费	日常消费	信息技术	医疗保健	金融
创业板指	2%	14%	5%	29%	28%	21%	3%
创指—温氏	2%	19%	6%	5%	37%	27%	3%
深创50	1%	25%	2%	2%	33%	29%	7%
科创50	13%	35%	1%	0	41%	11%	0
深创新	5%	20%	25%	0	39%	10%	0
沪新兴	18%	27%	15%	0	20%	20%	0

续表

行业净利润占比	材料	工业	可选消费	日常消费	信息技术	医疗保健	金融
恒生科技	0	0	47%	0	53%	0	0
中新兴	11%	23%	0	0	45%	19%	1%
中国创新	8%	9%	23%	0	50%	8%	1%

资料来源：君晟研究、WIND

七、哪些知名企业因研发比不到4%而落选中国创新指数成分股

表17　因研发收入比未超过4%而落选中国创新指数成分股的知名企业名单

（市值、收入、研发费用单位：亿美元，市价单位：交易币种元）

代码	名称	市价	市值	收入20E	研发收入比	研发20E
300498.SZ	温氏股份	23.9	218	135.1	0.9%	1.2
300122.SZ	智飞生物	160.5	367	21.4	2.2%	0.5
300015.SZ	爱尔眼科	45.7	270	16.8	1.4%	0.2
300413.SZ	快乐购	65.3	166	22.0	2.1%	0.5
300759.SZ	康龙化成	111.0	120	6.9	1.4%	0.1
300122.SZ	智飞生物	160.5	367	21.4	2.2%	0.5
300015.SZ	爱尔眼科	45.7	270	16.8	1.4%	0.2
300413.SZ	芒果超媒	65.3	166	22.0	2.1%	0.5
688036.SH	传音控股	102.6	117	42.4	3.1%	1.3
000333.SZ	美的集团	67.1	674	405.5	3.3%	13.6
000338.SZ	潍柴动力	16.2	182	261.0	2.9%	7.5
000651.SZ	格力电器	57.0	490	264.9	3.2%	8.6
600019.SH	宝钢股份	4.9	156	394.0	2.7%	10.6
600104.SH	上汽集团	18.0	301	1107.3	1.7%	18.4
600745.SH	闻泰科技	134.0	239	99.6	3.7%	3.7
601012.SH	隆基股份	53.1	286	70.5	0.9%	0.7
601698.SH	中国卫通	22.2	127	4.3	2.2%	0.1
601989.SH	中国重工	5.0	161	59.3	2.0%	1.2
600309.SH	万华化学	66.2	297	95.8	2.6%	2.5
600760.SH	中航沈飞	63.8	128	39.9	0.9%	0.4
603993.SH	洛阳钼业	4.5	131	124.6	0.7%	0.9

续表

代码	名称	市价	市值	收入20E	研发收入比	研发20E
600050.SH	中国联通	5.1	225	441.1	0.4%	2.0
600703.SH	三安光电	24.6	157	12.5	2.2%	0.3
600893.SH	航发动力	37.5	121	40.4	1.8%	0.7
1833.HK	平安好医生	118.1	163	9.9	0.0%	0.0
0992.HK	联想集团	4.5	70	514.4	2.6%	13.6
0772.HK	阅文集团	50.7	66	12.9	0.0%	0.0
6060.HK	众安在线	45.4	86	26.0	0.0%	0.0
0285.HK	比亚迪电子	25.9	75	110.6	3.6%	4.0
603993.SH	洛阳钼业	4.5	131	124.6	0.7%	0.9
002271.SZ	东方雨虹	51.5	116	31.6	2.0%	0.6
GDS.O	万国数据	80.2	122	8.3	0.5%	0.0
TME.N	腾讯音乐	16.0	269	42.4	0.0%	0.0
VIPS.N	唯品会	21.6	145	124.8	2.2%	2.7

资料来源：君晟研究、WIND

各板块各举知名企业一例：创业板温氏股份研发收入比为0.9%、深圳主板潍柴动力2.9%、中小板东方雨虹2.0%、上海主板闻泰科技3.7%、科创板传音控股3.1%、香港主板联想集团2.6%、美国中概股唯品会2.2%。

深圳和上海市场只列示市值超100亿美元的知名企业，创业板的温氏股份、智飞生物、爱尔眼科、快乐购、康龙化成，中国战略新兴产业指数成分股的深圳主板的美的集团、潍柴动力、格力电器、中环股份和上海主板的宝钢股份、上汽集团、闻泰科技、隆基股份、中国卫通、中国重工、万华化学、中航沈飞、人民网、洛阳钼业、中国联通、三安光电、航发动力，科创板50成分股的传音控股、中国通号，香港主板恒生科技指数成分股中的平安好医生、联想集团、阅文集团、众安在线、比亚迪电子，美国互联网中概股的万国数据、腾讯音乐、唯品会。

八、研发收入比4%是一个很低的科技创新企业认定标准

FAANGM TOP6的研发收入比中，苹果6%、微软14%、亚马逊13%、谷歌16%、脸书19%、奈飞8%，苹果的6%接近极小值4%。

表18 标普前100中46家科技股研发收入比的极大值、极小值、均值、标准差测算

标普前100中46家科技股	总市值（亿美元）	PE20E	37家研发收入比	信息20家研收比	医疗17家研收比	信息业PE20E	医疗业PE20E
极大值	16438	1509	47%	24%	47%	76	132
极小值	626	5	4%	6%	4%	5	13
均 值	2745	39	17%	15%	18%	38	40
标准差	3859	30	9%	5%	12%	30	30

资料来源：君晟研究

在标普500指数成分股市值前100强中有46家科技部门的信息技术和医疗健康行业上市公司，包括可选消费部门的科技创新公司亚马逊和奈飞。扣除未披露研发费用的9家信息技术行业的金融信息服务公司如VISA万事达和医疗健康行业的医疗保险公司，其余37家科技部门（信息+医疗行业）上市公司的研发收入比均值为17%、标准差9%、PE均值39倍，信息行业20家公司研收比均值15%±5%、PE均值38±30倍，医疗行业17家研收比均值18%±12%、PE均值40±30倍。

下面列示了标普500强科技部门排名前列的21家信息技术和医疗保健行业，包括两家可选消费行业的科技创新上市公司总市值、研发收入比及估值情况。

表19 标普500强科技部门前21家信息技术和医疗保健行业
创新上市公司总市值、研发收入比及估值测算

行 业	市值排名	代 码	名 称	总市值（亿美元）	研发收入比	PE20E
信息技术	1	AAPL.O	苹果	16438	6%	29
信息技术	2	MSFT.O	微软	15459	14%	32
可选消费	3	AMZN.O	亚马逊	15239	16%	150
信息技术	4	GOOG.O	谷歌	10443	16%	40
信息技术	6	FB.O	脸书	6653	19%	33
医疗保健	8	JNJ.N	强生	3827	14%	31
信息技术	15	INTC.O	英特尔	3875	20%	26
信息技术	17	NVDA.O	英伟达	3100	22%	38
信息技术	20	ADBE.O	ADOBE	2832	17%	19

续表

行业	市值排名	代码	名称	总市值（亿美元）	研发收入比	PE20E
可选消费	23	NFLX.O	奈飞	2186	8%	53
信息技术	24	PYPL.O	PAYPAL	2108	9%	11
医疗保健	26	MRK.N	默克	2564	23%	65
信息技术	27	CSCO.O	思科	2097	13%	53
医疗保健	30	PFE.N	辉瑞	2089	15%	86
信息技术	32	CRM.N	SALES FORCE	1992	15%	14
信息技术	33	ORCL.N	甲骨文	1993	15%	15
医疗保健	36	ABT.N	雅培	2085	8%	13
医疗保健	37	LLY.N	LILLY	1721	23%	1509
医疗保健	38	ABBV.N	ABBVIE	1698	23%	16
医疗保健	39	TMO.N	TMO	1769	4%	48
医疗保健	41	AMGN.O	AMGEN	1535	16%	28

资料来源：君晟研究、WIND

九、中国创新指数与美国最强市场指数纳指和世界最强组合TOP6的历年表现比较

中国创新指数跑赢纳指和TOP6的年度有2009—2010年、2013—2015年、2017年、2019年迄今各时段，2015年纳指小胜中国创新指数2.4%，中国创新指数跑输纳指和TOP6的年度只有2011—2012年、2016年、2018年。金融危机暴跌年度2008年是纳指同时取得对TOP6和中国创新指数约10%超额收益率的唯一年度。2009年世界经济从全球金融危机中复苏，TOP6和中国创新指数相比纳指有1倍和3倍的涨幅表现。

表20 中国创新指数与纳指和TOP在2008—2019年指数变幅及差值和单位均值倍数测算

年份	纳指	TOP6	中国创新指数	纳指净值	TOP6净值	中国创新净值	中创新—纳指差值	中创新—TOP6差值
2008	−40.5	−51.6	−50.7	1.0	1.0	1.0	−10.2	0.9
2009	43.9	94.3	156.4	1.4	1.9	2.6	112.5	62.1
2010	16.9	13.4	26.7	1.7	2.2	3.2	9.8	13.3

续表

年份	纳指	TOP6	中国创新指数	纳指净值	TOP6净值	中国创新净值	中创新—纳指差值	中创新—TOP6差值
2011	−1.8	8.4	−16.4	1.7	2.4	2.7	−14.6	−24.8
2012	15.9	28.4	11.0	1.9	3.1	3.0	−4.9	−17.5
2013	38.3	37.6	62.7	2.6	4.2	4.9	24.4	25.1
2014	13.4	15.4	24.5	3.0	4.9	6.1	11.1	9.1
2015	5.7	25.4	23.0	3.2	6.1	7.5	17.3	−2.4
2016	7.5	7.4	−2.6	3.4	6.6	7.3	−10.1	−10.0
2017	28.2	43.5	75.0	4.4	9.4	12.8	46.8	31.5
2018	−3.9	1.8	−24.8	4.2	9.6	9.6	−21.0	−26.6
2019	35.2	45.4	49.5	5.7	13.9	14.4	14.3	4.1
2020	15.9	29.4	43.9	6.6	18.0	20.7	28.0	14.5
0101—0221	7.0	9.9	13.6	7.1	19.8	23.5	6.6	3.7
0221—0325	−24.3	−19.3	−12.4	5.3	16.0	20.6	11.8	6.9
0325—0729	40.2	45.9	44.6	7.5	23.3	29.8	4.4	−1.3

资料来源：君晟研究、WIND

以 2008 年末历史底部为起点，纳指、TOP6、中国创新指数单位净值均为 1.0，中国创新指数累计净值表现除了 2012 年以外持续取得相对 TOP6 的领先。2008 年末到 2020 年 7 月末单位净值倍数分别是：中国创新指数 20.7 倍、TOP6 20 倍、纳指 7 倍，相比较的是创业板指 2.7 倍、沪深 300 2.6 倍、深证成指 2.1 倍、上证综指 1.8 倍。

中国创新指数主要覆盖科技部门信息与医疗两大行业和互联网电商可选消费行业、工业部门的先进制造（电气设备和高端装备）、材料部门的新材料、金融部门的科技金融，行业结构远好于其他 7 个科技创新指数，中国创新指数在市值规模上显著大于包括恒生科技指数在内的其他 7 个指数，更能表征中国创新经济蓬勃发展的客观事实。无论从覆盖市值规模还是科技部门覆盖行业结构来看，中国创新指数是包括境外主权基金的全球人民币资产机构投资者最佳的主动管理和 ETF 被动配置的基准指数。

十、CII中国创游指数成分股名单

制作：君晟研究　　报告日：2020/7/31　　基准日：2009/12/31

PER20E 盈利研发和的市值信数是市值与2020年预测盈利及研发费用之和的比值

市值MV、收入、盈利E、研发费用R&D的单位：亿美元

代码	名称	研发收入比%	市值	盈利20E	市值占比%	市价PE 20E	收入20E	研发20E	PER 20E	行业简称	行业1
000708.SZ	中信特钢	4.20	140	8.5	0.35	17	106.4	4.5	11	新材料	材料
600143.SH	金发科技	4.00	59	3.4	0.15	17	48	1.9	11	新材料	材料
300699.SZ	光威复材	12.80	58	0.9	0.15	62	3	0.4	44	新材料	材料
300285.SZ	国瓷材料	6.10	49	0.9	0.12	57	3.6	0.2	46	新材料	材料
688019.SH	安集科技	21.20	33	0.1	0.08	263	0.5	0.1	137	新材料	材料
002643.SZ	万润股份	7.60	23	0.8	0.06	28	4.6	0.3	20	新材料	材料
300737.SZ	科顺股份	4.40	23	0.9	0.06	26	8.8	0.4	18	新材料	材料
300750.SZ	宁德时代	6.70	708	7.6	1.78	93	76.3	5.1	56	电气设备	工业
300014.SZ	亿纬锂能	7.20	159	2.9	0.4	55	13.8	1	41	电气设备	工业
600406.SH	国电南瑞	5.50	141	7.4	0.35	19	52.8	2.9	14	电气设备	工业
300124.SZ	汇川技术	11.90	124	2.1	0.31	60	14.4	1.7	33	电气设备	工业
300308.SZ	中际旭创	6.80	60	1.2	0.15	48	9.7	0.7	32	电气设备	工业
300207.SZ	欣旺达	5.60	54	1.2	0.14	43	43.5	2.5	15	电气设备	工业
300274.SZ	阳光电源	4.80	44	1.6	0.11	27	22.8	1.1	16	电气设备	工业

续表

代码	名称	研发收入比%	市值	盈利20E	市值占比%	市价PE 20E	收入20E	研发20E	PER 20E	行业简称	行业1
002028.SZ	思源电气	6.70	31	1.5	0.08	21	11.7	0.8	14	电气设备	工业
002706.SZ	良信电器	8.80	26	0.5	0.07	50	3.9	0.3	30	电气设备	工业
600031.SH	三一重工	4.00	256	19.6	0.65	13	125.7	5	10	高端装备	工业
601766.SH	中国中车	5.20	222	18.7	0.56	12	350.3	18.1	6	高端装备	工业
600150.SH	中国船舶	5.00	133	0.7	0.33	183	32.3	1.6	57	高端装备	工业
002050.SZ	三花智控	4.40	122	2.2	0.31	56	17.2	0.8	41	高端装备	工业
601100.SH	恒立液压	4.30	114	2.3	0.29	48	9.5	0.4	41	高端装备	工业
002690.SZ	美亚光电	5.80	58	0.9	0.15	62	2.6	0.1	54	高端装备	工业
300450.SZ	先导智能	9.40	56	1.5	0.14	37	7.9	0.7	25	高端装备	工业
300024.SZ	机器人	5.20	35	0.5	0.09	76	4.1	0.2	52	高端装备	工业
300474.SZ	景嘉微	21.60	33	0.4	0.08	83	1.3	0.3	48	高端装备	工业
688006.SH	杭可科技	5.80	31	0.6	0.08	51	2.2	0.1	42	高端装备	工业
300457.SZ	赢合科技	7.10	27	0.6	0.07	43	3.6	0.3	31	高端装备	工业
300751.SZ	迈为股份	6.00	27	0.5	0.07	52	3	0.2	39	高端装备	工业
002595.SZ	豪迈科技	4.30	25	1.3	0.06	19	6.8	0.3	16	高端装备	工业
002791.SZ	坚朗五金	4.80	68	0.9	0.17	76	9.6	0.5	50	专业服务	工业
300012.SZ	华测检测	8.90	56	0.8	0.14	69	5.4	0.5	43	专业服务	工业
300059.SZ	东方财富	7.70	308	4.5	0.78	69	9.1	0.7	59	科技金融	金融
300033.SZ	同花顺	28.00	110	1.8	0.28	62	3.3	0.9	41	科技金融	金融

续表 1

代码	名称	研发收入比%	市值	盈利20E	市值占比%	市价PE 20E	收入20E	研发20E	PER 20E	行业简称	行业1
BABA.N	阿里巴巴	9.20	6812	194.6	17.18	35	946.3	86.7	24	网络电商	可选消费
JD.O	京东	2.30	1124	13	2.84	87	1010.7	23.6	31	网络电商	可选消费
PDD.O	拼多多	9.60	1099	−10.8	2.77	−102	68.5	6.6	−259	网络电商	可选消费
3690.HK	美团点评-W	10.10	1455	1.6	3.67	886	160.4	16.2	82	网络服务	可选消费
TCOM.O	携程网	30.60	161	−3.9	0.41	−42	37.4	11.4	21	网络服务	可选消费
0780.HK	同程艺龙	22.10	40	0.7	0.1	54	9.7	2.1	14	网络服务	可选消费
300770.SZ	新媒股份	5.80	39	0.8	0.1	48	2	0.1	42	网络服务	可选消费
1211.HK	比亚迪股份	4.10	309	4.9	0.78	63	203.8	8.3	23	新能源车	可选消费
NIO.N	蔚来	68.70	141	−9.6	0.36	−15	20	13.8	34	新能源车	可选消费
002607.SZ	中公教育	7.50	282	3.6	0.71	79	18.4	1.4	57	在线教育	可选消费
DAO.N	有道	25.20	47	−1.2	0.12	−40	4.2	1.1	−397	在线教育	可选消费
1797.HK	新东方在线	10.50	44	−0.6	0.11	−77	2.5	0.3	−146	在线教育	可选消费
300741.SZ	华宝股份	7.30	49	1.8	0.12	27	3.3	0.2	24	食品	日常消费
0981.HK	中芯国际	17.40	420	2.3	1.06	185	36.3	6.3	49	半导体	信息技术
603501.SH	韦尔股份	6.30	254	3.2	0.64	79	27.5	1.7	51	半导体	信息技术
688126.SH	沪硅产业-U	9.00	182	0	0.46	—	3	0.3	680	半导体	信息技术
688012.SH	中微公司	8.40	169	0.4	0.43	400	3.7	0.3	229	半导体	信息技术
603986.SH	兆易创新	10.40	156	1.5	0.39	101	6.7	0.7	70	半导体	信息技术
002371.SZ	北方华创	11.80	148	0.7	0.37	211	8.2	1	88	半导体	信息技术

续表

代码	名称	研发收入比%	市值	盈利20E	市值占比%	市价PE 20E	收入20E	研发20E	PER 20E	行业简称	行业1
688256.SH	寒武纪-U	239.20	143	−0.7	0.36	−192	0.9	2.1	107	半导体	信息技术
688008.SH	澜起科技	15.50	143	1.6	0.36	87	3.2	0.5	67	半导体	信息技术
603160.SH	汇顶科技	19.80	136	3.3	0.34	42	11.6	2.3	24	半导体	信息技术
300782.SZ	卓胜微	9.80	113	1.1	0.29	99	3.3	0.3	77	半导体	信息技术
002049.SZ	紫光国微	5.60	110	1	0.28	106	5.1	0.3	83	半导体	信息技术
300661.SZ	圣邦股份	16.50	81	0.4	0.2	213	1.6	0.3	124	半导体	信息技术
300223.SZ	北京君正	23.70	59	0.2	0.15	292	0.7	0.2	163	半导体	信息技术
002180.SZ	纳思达	6.50	58	1.7	0.15	33	35.3	2.3	14	半导体	信息技术
0522.HK	ASM PACIFIC	9.00	46	1.6	0.12	29	21.5	1.9	13	半导体	信息技术
300316.SZ	晶盛机电	6.60	46	1.3	0.12	35	5.9	0.4	27	半导体	信息技术
300724.SZ	捷佳伟创	5.00	44	0.8	0.11	53	5	0.3	41	半导体	信息技术
002475.SZ	立讯精密	7.00	586	9.5	1.48	61	125.4	8.8	32	电子	信息技术
002415.SZ	海康威视	9.30	495	19.8	1.25	25	91.6	8.5	17	电子	信息技术
000725.SZ	京东方A	5.50	230	5.5	0.58	42	193.2	10.7	14	电子	信息技术
2382.HK	舜宇光学科技	5.40	206	6.6	0.52	31	63.4	3.4	21	电子	信息技术
300433.SZ	蓝思科技	5.40	206	5.8	0.52	36	53.6	2.9	24	电子	信息技术
002241.SZ	歌尔股份	5.40	198	2.8	0.5	70	70.5	3.8	30	电子	信息技术
002938.SZ	鹏鼎控股	4.90	169	4.7	0.43	36	41.6	2.1	25	电子	信息技术
002600.SZ	领益智造	4.90	121	3.8	0.31	32	40.1	2	21	电子	信息技术

续表 1

代码	名称	研发收入比%	市值	盈利20E	市值占比%	市价PE 20E	收入20E	研发20E	PER 20E	行业简称	行业
000100.SZ	TCL科技	4.30	121	4.7	0.31	26	99	4.3	13	电子	信息技术
002916.SZ	深南电路	4.90	105	2.4	0.27	43	19.5	0.9	31	电子	信息技术
002841.SZ	视源股份	5.30	98	2.5	0.25	40	26.5	1.4	25	电子	信息技术
2018.HK	瑞声科技	8.50	96	3.2	0.24	30	28.1	2.4	17	电子	信息技术
600183.SH	生益科技	4.50	94	2.7	0.24	35	22.3	1	25	电子	信息技术
002236.SZ	大华股份	10.20	92	5.3	0.23	17	40.9	4.2	10	电子	信息技术
002414.SZ	高德红外	17.20	89	1	0.22	91	5	0.9	48	电子	信息技术
300408.SZ	三环集团	5.40	71	1.7	0.18	43	5.2	0.3	37	电子	信息技术
002179.SZ	中航光电	9.30	69	1.8	0.17	38	15.7	1.5	21	电子	信息技术
002008.SZ	大族激光	9.90	61	1.9	0.15	33	17	1.7	17	电子	信息技术
688002.SH	睿创微纳	17.00	50	0.6	0.13	81	1.9	0.3	54	电子	信息技术
002925.SZ	盈趣科技	7.10	39	1.6	0.1	25	6.4	0.5	19	电子	信息技术
000988.SZ	华工科技	4.90	34	0.9	0.08	36	9.4	0.5	24	电子	信息技术
6088.HK	FIT HON TENG	5.60	33	2	0.08	17	43.6	2.5	8	电子	信息技术
300115.SZ	长盈精密	9.40	31	0.9	0.08	34	15.5	1.4	13	电子	信息技术
300747.SZ	锐科激光	5.90	29	0.5	0.07	57	3.5	0.2	41	电子	信息技术
002025.SZ	航天电器	10.70	28	0.7	0.07	41	6.2	0.7	21	电子	信息技术
002273.SZ	水晶光电	5.50	28	0.9	0.07	32	5.7	0.3	24	电子	信息技术

续表

代码	名称	研发收入比 %	市值	盈利20E	市值占比 %	市价 PE 20E	收入 20E	研发 20E	PER 20E	行业简称	行业1
688188.SH	柏楚电子	10.90	27	0.4	0.07	64	0.7	0.1	55	电子	信息技术
300296.SZ	利亚德	4.10	26	1.4	0.07	19	13.7	0.6	13	电子	信息技术
300476.SZ	胜宏科技	4.70	26	0.9	0.06	29	7	0.3	21	电子	信息技术
300567.SZ	精测电子	13.10	24	0.5	0.06	46	3.7	0.5	24	电子	信息技术
0700.HK	腾讯控股	7.60	6602	161.4	16.65	41	676.7	51.3	31	互联网	信息技术
NTES.O	网易	11.30	628	20.4	1.58	31	99.6	11.2	20	互联网	信息技术
BIDU.O	百度	15.90	412	13.9	1.04	30	159.1	25.3	11	互联网	信息技术
601360.SH	三六零	19.90	188	5.5	0.47	34	20.6	4.1	20	互联网	信息技术
IQ.O	爱奇艺	8.20	155	−10.3	0.39	−15	46.8	3.8	−24	互联网	信息技术
BILI.O	哔哩哔哩	12.50	143	−2.6	0.36	−54	15.4	1.9	−199	互联网	信息技术
ATHM.N	汽车之家	15.10	104	4.8	0.26	22	13	2	15	互联网	信息技术
OCFT.N	金融壹账通	55.30	88	−2.3	0.22	−38	5	2.7	217	互联网	信息技术
WUBA.N	58同城	13.30	83	3.9	0.21	21	22.7	3	12	互联网	信息技术
WB.O	微博	15.80	78	4.9	0.2	16	17.6	2.8	10	互联网	信息技术
YY.O	欢聚	8.10	63	1.4	0.16	44	38.1	3.1	14	互联网	信息技术
HUYA.N	虎牙直播	6.50	53	1.2	0.13	44	16	1	24	互联网	信息技术
DOYU.O	斗鱼	8.50	43	1.3	0.11	32	14.2	1.2	17	互联网	信息技术
MOMO.O	陌陌	5.30	39	3.9	0.1	10	24	1.3	7	互联网	信息技术
SOGO.N	搜狗	17.70	33	0.3	0.08	104	11.8	2.1	14	互联网	信息技术

续表

代码	名称	研发收入比%	市值	盈利20E	市值占比%	市价PE 20E	收入20E	研发20E	PER 20E	行业简称	行业1
300017.SZ	网宿科技	9.60	31	0.6	0.08	56	9.6	0.9	21	互联网	信息技术
SINA.O	新浪	16.80	26	1.8	0.07	15	21.5	3.6	5	互联网	信息技术
300113.SZ	顺网科技	13.40	24	0.4	0.06	60	2.3	0.3	34	互联网	信息技术
688111.SH	金山办公	37.50	259	1.1	0.65	246	3.7	1.4	107	软件	信息技术
600588.SH	用友网络	18.30	219	1.5	0.55	143	14.3	2.6	53	软件	信息技术
600570.SH	恒生电子	42.20	164	1.9	0.41	87	6.7	2.8	35	软件	信息技术
002555.SZ	三七互娱	6.60	138	4	0.35	35	24	1.6	25	软件	信息技术
002410.SZ	广联达	26.60	130	0.6	0.33	214	6	1.6	59	软件	信息技术
002602.SZ	世纪华通	5.90	129	5.6	0.33	23	24.8	1.5	18	软件	信息技术
300454.SZ	深信服	24.80	125	1.3	0.32	96	8.6	2.1	36	软件	信息技术
002230.SZ	科大讯飞	14.20	115	1.6	0.29	74	18.3	2.6	28	软件	信息技术
002624.SZ	完美世界	18.20	107	3.4	0.27	31	14.7	2.7	18	软件	信息技术
600845.SH	宝信软件	10.30	95	1.6	0.24	58	11.9	1.2	33	软件	信息技术
0268.HK	金蝶国际	15.30	92	0.4	0.23	243	5.3	0.8	77	软件	信息技术
300253.SZ	卫宁健康	10.60	71	0.8	0.18	92	3.6	0.4	62	软件	信息技术
3888.HK	金山软件	28.10	70	0.6	0.18	115	9.8	2.8	21	软件	信息技术
600536.SH	中国软件	20.70	67	0.5	0.17	131	13.6	2.8	20	软件	信息技术
603444.SH	吉比特	16.40	64	1.6	0.16	40	3.9	0.6	28	软件	信息技术
300496.SZ	中科创达	15.70	56	0.5	0.14	113	3.5	0.6	53	软件	信息技术

续表

代码	名称	研发收入比%	市值	盈利20E	市值占比%	市价PE 20E	收入20E	研发20E	PER 20E	行业简称	行业1
002439.SZ	启明星辰	20.40	53	1.3	0.13	42	5.7	1.2	22	软件	信息技术
300418.SZ	昆仑万维	9.30	45	3.4	0.11	13	6.4	0.6	11	软件	信息技术
688088.SH	虹软科技	33.30	41	0.4	0.1	94	1.1	0.4	51	软件	信息技术
300315.SZ	掌趣科技	23.60	37	1	0.09	35	3.3	0.8	20	软件	信息技术
688023.SH	安恒信息	23.10	28	0.2	0.07	147	2	0.5	44	软件	信息技术
300010.SZ	立思辰	5.70	28	0.2	0.07	120	3	0.2	70	软件	信息技术
300451.SZ	创业慧康	9.80	27	0.6	0.07	48	2.7	0.3	33	软件	信息技术
300682.SZ	朗新科技	11.40	26	1	0.06	24	6.4	0.7	14	软件	信息技术
300369.SZ	绿盟科技	19.60	25	0.5	0.06	55	3.1	0.6	24	软件	信息技术
2400.HK	心动公司	10.10	24	0.8	0.06	29	5.3	0.5	18	软件	信息技术
300188.SZ	美亚柏科	14.20	24	0.6	0.06	39	3.9	0.5	21	软件	信息技术
300166.SZ	东方国信	8.90	21	0.9	0.05	22	3.8	0.3	16	软件	信息技术
1810.HK	小米集团-W	3.20	461	15.8	1.16	29	349.3	11.3	17	通信	信息技术
000063.SZ	中兴通讯	12.70	239	8.9	0.6	27	153.7	19.6	8	通信	信息技术
300628.SZ	亿联网络	7.70	81	2.2	0.21	37	4.6	0.4	32	通信	信息技术
300136.SZ	信维通信	7.20	77	2	0.19	38	10.2	0.7	28	通信	信息技术
603712.SH	七一二	23.50	49	0.7	0.12	67	4.1	1	29	通信	信息技术
600498.SH	烽火通信	9.50	48	1.5	0.12	31	39.5	3.8	9	通信	信息技术
300502.SZ	新易盛	7.00	34	0.6	0.09	63	2.7	0.2	46	通信	信息技术

续表 1

代码	名称	研发收入比%	市值	盈利 20E	市值占比%	市价 PE 20E	收入 20E	研发 20E	PER 20E	行业简称	行业
603236.SH	移远通信	7.00	30	0.4	0.08	80	8.2	0.6	32	通信	信息技术
002396.SZ	星网锐捷	12.30	27	1.1	0.07	25	15.9	2	9	通信	信息技术
300768.SZ	迪普科技	22.40	27	0.4	0.07	61	1.4	0.3	35	通信	信息技术
002583.SZ	海能达	11.10	25	0.9	0.06	27	13.4	1.5	10	通信	信息技术
300638.SZ	广和通	9.60	23	0.4	0.06	63	4	0.4	31	通信	信息技术
002912.SZ	中新赛克	24.50	21	0.5	0.05	40	1.7	0.4	22	通信	信息技术
688561.SH	奇安信-U	49.40	123	−0.3	0.31	−383	6.4	3.2	43	信息服务	信息技术
002373.SZ	千方科技	8.00	50	1.7	0.13	29	15.3	1.2	17	信息服务	信息技术
300168.SZ	万达信息	10.80	46	0.4	0.11	102	3.7	0.4	54	信息服务	信息技术
300773.SZ	拉卡拉	5.70	42	1.5	0.1	29	8.1	0.5	22	信息服务	信息技术
300271.SZ	华宇软件	9.40	31	1	0.08	30	6.6	0.6	19	信息服务	信息技术
002674.SZ	宇信科技	9.20	30	0.5	0.08	56	4.8	0.4	30	信息服务	信息技术
000938.SZ	紫光股份	7.10	128	3.1	0.32	41	90.7	6.4	13	硬件	信息技术
603019.SH	中科曙光	6.70	83	1.1	0.21	75	14.9	1	39	硬件	信息技术
000977.SZ	浪潮信息	4.10	78	1.9	0.2	42	92.1	3.8	14	硬件	信息技术
000066.SZ	中国长城	6.70	77	1.8	0.19	42	18.9	1.3	25	硬件	信息技术
000997.SZ	新大陆	8.90	26	1.3	0.07	20	10.1	0.9	12	硬件	信息技术
603259.SH	药明康德	4.60	371	3.8	0.94	97	23.3	1.1	76	生命	医疗保健
300347.SZ	泰格医药	4.10	116	1.5	0.29	76	5	0.2	67	生命	医疗保健

续表

代码	名称	研发收入比%	市值	盈利20E	市值占比%	市价PE 20E	收入20E	研发20E	PER 20E	行业简称	行业1
000661.SZ	长春高新	5.70	288	4	0.73	72	13.3	0.8	61	生物	医疗保健
2269.HK	药明生物	5.90	280	2	0.7	142	7.6	0.4	116	生物	医疗保健
300601.SZ	康泰生物	9.60	216	1.2	0.55	180	3.8	0.4	138	生物	医疗保健
6160.HK	百济神州	221.60	191	−10.3	0.48	−19	3.7	8.3	−94	生物	医疗保健
300142.SZ	沃森生物	10.10	178	1.4	0.45	131	5.2	0.5	94	生物	医疗保健
002007.SZ	华兰生物	4.30	170	2.4	0.43	71	6.6	0.3	64	生物	医疗保健
603392.SH	万泰生物	15.10	163	0.6	0.41	252	3.1	0.5	147	生物	医疗保健
603087.SH	甘泰药业	6.70	127	1.9	0.32	66	4.9	0.3	56	生物	医疗保健
688363.SH	华熙生物	4.20	99	1.1	0.25	94	3.5	0.1	83	生物	医疗保健
300676.SZ	华大基因	10.80	94	1.8	0.24	53	8.5	0.9	35	生物	医疗保健
300357.SZ	我武生物	4.60	51	0.5	0.13	98	1.1	0.1	89	生物	医疗保健
300482.SZ	万孚生物	8.10	48	0.9	0.12	52	4.5	0.4	38	生物	医疗保健
300009.SZ	安科生物	6.60	41	0.6	0.1	69	2.9	0.2	52	生物	医疗保健
300463.SZ	迈克生物	4.20	41	1	0.1	42	5.6	0.2	34	生物	医疗保健
300760.SZ	迈瑞医疗	9.20	604	8.4	1.52	72	29.3	2.7	55	医疗	医疗保健
0241.HK	阿里健康	4.00	358	0.1	0.9	3498	23.5	0.9	340	医疗	医疗保健
300003.SZ	乐普医疗	6.50	109	3.2	0.28	34	13.2	0.9	27	医疗	医疗保健
300529.SZ	健帆生物	4.70	84	1.1	0.21	76	2.8	0.1	68	医疗	医疗保健
002901.SZ	大博医疗	8.30	60	0.8	0.15	72	2.3	0.2	59	医疗	医疗保健

续表 1

代码	名称	研发收入比%	市值	盈利 20E	市值占比%	市价 PE 20E	收入 20E	研发 20E	PER 20E	行业简称	行业
688029.SH	南微医学	5.60	46	0.5	0.12	97	2.2	0.1	77	医疗	医疗保健
688139.SH	海尔生物	12.20	38	0.4	0.09	97	1.9	0.2	61	医疗	医疗保健
688016.SH	心脉医疗	13.30	31	0.3	0.08	116	0.6	0.1	89	医疗	医疗保健
600276.SH	恒瑞医药	16.20	717	9.8	1.81	73	43.1	7	43	制药	医疗保健
3692.HK	翰森制药	11.20	256	4.3	0.65	59	15	1.7	43	制药	医疗保健
1177.HK	中国生物制药	10.20	246	4.7	0.62	52	39.4	4	28	制药	医疗保健
600196.SH	复星医药	6.60	205	5.1	0.52	40	47.1	3.1	25	制药	医疗保健
1093.HK	石药集团	6.40	157	6.4	0.4	25	37.2	2.4	18	制药	医疗保健
1877.HK	君实生物	27241	142	-1	0.36	-139	1.7	470.9	0	制药	医疗保健
002001.SZ	新和成	5.60	91	5.7	0.23	16	16.4	0.9	14	制药	医疗保健
300558.SZ	贝达药业	23.10	79	0.5	0.2	169	2.9	0.7	69	制药	医疗保健
002821.SZ	凯莱英	8.20	72	1	0.18	69	4.6	0.4	51	制药	医疗保健
002422.SZ	科伦药业	6.40	46	1.4	0.12	33	26.1	1.7	15	制药	医疗保健
002653.SZ	海思科	6.10	44	0.8	0.11	54	6.2	0.4	37	制药	医疗保健
688166.SH	博瑞医药	24.90	35	0.2	0.09	148	0.9	0.2	74	制药	医疗保健
300630.SZ	普利制药	20.90	28	0.7	0.07	40	2	0.4	25	制药	医疗保健

资料来源：君晟研究

后记
预言季：君晟研究 2021 年十大预测——2021 年新年献词

奇幻的 2020 年即将结束，全球复苏的 2021 年即将到来。

值此新年元旦之际，王维钢博士以君晟研究 2021 年十大预测作为君晟研究社区的新年献词，与朋友们分享。

一、预言季：11 月到 1 月

2020 年的 11 月到次年 1 月，全球各金融机构宏观策略经济学家和机构投资者负责人、研究院校经济学家都会发表 2021 年全球宏观经济参数预测和重要基础资产目标位以及变动幅度预测报告，部分预测学者喜欢用"十大预言"的标题。

二、十大预言

预言一　外汇：美元指数下跌 3.3% 到 87，欧元与人民币保持稳定并兑美元同升值约 3.5%。

美元指数从 90 跌到 87 变幅 −3.3%、波动区间 80—90，美元兑人民币汇率从 6.53 冲高 6.6 落低 6.0 下跌 0.23 到 6.3 元年贬值 3.7%，欧元兑人民币汇率 8.0 维持稳定，欧元兑美元汇率从 1.23 上涨 0.04 到 1.27 升值 3.5%。

预言二　商品：美元小幅贬值不会推动原油和基本金属等大宗商品大幅涨价而是波动剧烈地小幅上涨，其中原油上涨 10%、铜上涨 5%。

表征能源、贵金属与避险情绪、基本金属的大宗商品核心品种年收益率分别为 NYMEX 原油从 48 冲高 57 落低 43 上涨 5 到 53 变幅 10%、伦敦金现从 1880 冲高 1900 回落 1700 下跌 80 到 1800 变幅 −4%，LME 铜从 7820 上涨 380 到 8200 变幅 5%。

预言三　股指：沪深年末目标 5700 点上涨 9%、创指目标 3300 点上涨 11%、上证目标 3700 点上涨 7%，美元贬值预期增加了沪深与创指 2021 年美元计价收益率表现继续优于美国三大股指 8%—10% 并继续排名 33 个主要经济体股指前三分之一的可能性。

表征市场全景的沪深300从5211到5700点，人民币与美元计价年收益率为9.4%和13.3%，标普500从3732到3900点变幅4.5%，中美市场全景股指收益率差幅约9%，表征创新经济的创业板指从2966到3300点，人民币与美元计价年收益率为11.3%和15.2%，纳指收益率5%、中美创新经济股指收益率差幅约10%，表征传统经济的上证综指从3473到3700点变幅6.5%，道指30从30400到31000点，人民币与美元计价年收益率为6.5%和10.3%，道指30收益率2%，中美传统经济股指收益率差幅约8%。

中美股指2021年表现整体判断：沪深300与创业板指2021年在全球33个主要经济体股指中排名第5—8位就很好了，表现将继续优于美国三大股指。

拓展阅读：《王维钢：全球主要汇率三次预测回顾与汇率及商品预测再讨论——君晟会议发言王维钢观点20201230》

预言四　创新优先的新能源、军工、网络、电子、医疗、家电家居行业表现最佳。

工业部门先进装备制造行业集群的新能源设备和军工、科技部门的互联网和消费电子及半导体和医疗、可选消费部门的家电和家居行业中有创新优势的先进制造企业表现最佳。

拓展阅读：《听播！王维钢：创新优先的局部牛市——2021年君晟投资中国策略报告20201210》

预言五　中国通过开放金融投资资本项下可兑换扩大人民币资产市场来吸引全球经济体增加人民币资产比重。

中国逐步实现全球外汇储备人民币占比和全球贸易支付额人民币占比，均从2%五年内上升到IMF特别提款权人民币占比11%一半即约6%的战略目标，建议中国外汇储备的规模从近3.17万亿美元减少到2.5万亿美元、美元比例从高于35%降到20%、欧元比例从约20%增到60%。

拓展阅读：《货币稳定性安全性收益性鼓励全球经济体增加外汇储备的人民币资产权重——大数据求是系列——君晟总量年度会议王维钢观点20200830》

预言六　进入亚太欧盟北美三体合纵连横时代和欧中俄美多极共治新时代。

RCEP经济圈建设和中欧投资协定推动了中国对美国常年巨额贸易顺差和关键高技术产业链环节减少依赖的进程，有利于加速实现中国与亚太、欧盟、北美三大经济共同体贸易投资关系均衡化的战略目标，这些关键变化会让中国在与亚欧经济体贸易投资时减少美元使用比例并增加人民币与欧元使用比例。

2021 年 RCEP 共同体是率先进行正常产业链循环的经济圈，2020 年 GDP 总量占比 31.2% 的 RCEP 已经超过北美 28.1% 和欧盟 17.9% 成为全球 GDP 总量占比最大的经济区域，2021 年 GDP 增量占比 32.5% 的 RCEP 超过北美 18.6% 和欧盟 29.6% 成为全球增量贡献最大的经济区域。迎接百年未有之大变局，就是要终结 1990—2020 年 30 年美国一超独霸时代、开启欧中俄美多极国际社会共同维护与制定国际规则的新时代，国际社会要共同规范美国的国际行为，不能允许地球村霸滥用双重标准、从其他国家攫取单边利益。

拓展阅读：《国际社会要求美国遵守国际规则与人类共同核心价值观——全球国力博弈年终专稿 20201231》

预言七　中国 2021、2022 年增速为 8.5% 和 5.5%。

2021、2022 年增速起落较大，符合经济发展规律，2021—2030 年中国长期潜在增速维持在 5%—5.5% 都是舒适的。中国领导 RCEP 经济圈带动全球经济复苏的强度、美欧从疫情衰退中恢复的需求对中国出口有强劲拉动是中国股指表现继续领先的最大基本面。

主流机构 2021/2022 年预测：IMF 10 月 8.2%/5.8%，大摩 9%/5.4%，交行 9%，德 9.5%。政府增速目标是长期潜在增速、低于市场一致预期范围不意味着收紧货币财政政策来人为压低 2021 年正常复苏的经济增长。

拓展阅读：《王维钢：GDP 目标值低于市场预期不意味着收紧货币财政政策，经济增长企业经营投资理念都应倡导创新优先 20201211》

预言八　新基建与碳达峰碳中和成为经济发展主要动力。

新基建的基本金属消费金额占比要小于传统基建的基本金属消费占比，新基建政策主要受益的行业是信息技术设备、新能源装备、能源金属、新材料等科技部门和工业部门先进制造行业集群，相对来说基本金属钢铁有色和建材、煤炭、原油等传统高能耗原材料和能源部门的周期重工业行业集群并不是新基建的主要受益行业。

碳达峰与碳中和的国家承诺要求中央扭住供给侧改革主线和需求侧管理政策，来限制钢铁有色等高耗能原材料行业的产能扩张和消费需求，进而限制中国对铁铜铝锰等基本金属与原油煤炭等化石能源的需求增长。

拓展阅读：《王维钢：全球主要汇率三次预测回顾与汇率及商品预测再讨论——君晟会议发言王维钢观点 20201230》

预言九　达里奥和罗奇两位大师对美元暴跌 30% 或 35% 的预言三年内不会实

现，中美欧主观都不愿意本币单独升值。

2018年11月达里奥所做美元指数从97贬值30%到68的预测和2020年6月罗奇所做美元指数从97贬值35%到63的预测三年内都不会实现。

中国主观上不希望人民币升值但外界认为贸易优势造成升值压力，美国新政府主观上可以接受美元走弱以利于出口带动经济复苏并稀释美国外债且市场一致预期美元进入长期贬值周期，但欧盟主观上不愿意欧元比美元强过多、已经加大放水救经济力度，美元兑欧元汇率单边较大幅度贬值难度也是很大的。

美元指数没有人民币权重，只与欧元58%、日元14%、英镑12%、加元9%、瑞郎4%、瑞典克朗4%有关，所以美元指数涨跌与美元兑人民币汇率无关。我预测三方博弈的结果是2021年人民币不会大幅升值（10%以上），美元也不会大幅贬值（10%以上）。

拓展阅读：《王维钢：全球主要汇率三次预测回顾与汇率及商品预测再讨论——君晟会议发言王维钢观点20201230》

预言十　创新优先的经济增长观念和企业经营理念与投资理念将作为机构投资者的共识更广泛地被接受。

君晟基调：创新优先的局部牛市。结构化行情是中国股市永恒的主基调，2021年行业配置和个股选择的作用比2019—2020年更为重要。2021年继续全面牛市是不切实际的幻想。创新经济相对于传统经济的市值扩张优势将长期存在，不存在经济部门持续轮动问题。

君晟倡导创新优先的经济增长观念和企业经营理念与投资理念：经济增长观念要从重数量转向重质量，从重收入转向重创新。上市公司经营理念要从只重视市占率和盈利转向更重视创新与研发投入，从只重视更容易的利用垄断优势与平民争利转向重视更困难的与国际先进企业竞争的创新能力建设。投资者应更新理念，不能只容忍品牌消费企业长期高估值，更要乐于接受有创新优势能力的先进制造与服务企业长期高估值。

拓展阅读：《听播！王维钢：创新优先的局部牛市——2021年常晟投资中国策略报告20201210》

三、经济预测的主要作用

经济预测的主要作用是指导各国政府做出宏观经济政策调整，指导各国企业做出企业投资决策调整，指导居民和机构投资者做出国别与类别及行业的资产配置调整。

机构投资者负责人的预测最终与业绩表现相关。

四、全世界最强的经济预测者依次在买方机构投资者、卖方金融机构和旁观方研究院校宏观策略经济学家

卖方宏观策略经济学家市场影响力最大，目标是指导客户投资和影响全市场投资者的看法，但回测的结果准确率差异较大。买方宏观策略经济学家直接肩负投资责任，对错直接关乎业绩表现和客户认同，目标不是指导客户投资而是为了影响市场同业的看法和宣示本投资机构的投资研究判断能力，相当部分买方负责人只做不说或不公开发表见解。旁观者研究院校经济学家相对知名度较大、部分被政府机构引为智囊，但发表的观点更模棱两可和定性多于定量分析，多发表政策解读评论、较少发表具体政策调整建议。

以竞技场为比喻，旁观方更接近评论员，买方类似运动员，卖方有如教练。

五、三个方面宏观策略经济学家更擅胜场，各具优势

卖方宏观策略经济学家偏有预测准确度与影响力和收入相关的绩效考核压力，有时兼顾对买方心理疏导，买方宏观策略经济学家偏实战效果、市场化优胜劣汰，旁观方研究院校经济学家学术严谨且理论功底扎实，距离金融市场实践稍远而在动态知识更新上稍逊于金融市场一线的买方和卖方经济学家。

六、经济预测的常规思路：趋势延续，趋势反转、趋势不明时预测波动区间，从确定性变动衍生经验推理，SURPRISE 惊人预言。经济预测的可信度需要回测检验

王维钢博士的预测总结：主要经济体经济增速与宏观参数预测，主要经济体股指变幅区间波幅、美元指数与主要货币间汇率变幅区间波幅、大宗商品变幅区间波幅。希望君晟十大预测一家之言对各位机构投资者朋友有参考价值。

特以本文为王维钢、谭晓雨新著《全球国力博弈的中国投资机会》的后记。

凡是过往，皆为序章。祝福各位朋友 2021 年更上一层楼，大家共同进步！

王维钢博士

常晟投资、君晟研究社区创始人

2021 年 1 月 1 日